L'HOMME QUI RIT - T. I

L'HOMME QUI RIT

I

Du même auteur
dans la même collection

L'ART D'ÊTRE GRAND-PÈRE.

LES BURGRAVES.

LES CHANSONS DES RUES ET DES BOIS.

LES CHÂTIMENTS.

LES CONTEMPLATIONS.

CROMWELL.

LES FEUILLES D'AUTOMNE. LES CHANTS DU CRÉPUSCULE.

HERNANI.

L'HOMME QUI RIT (deux volumes).

LA LÉGENDE DES SIÈCLES (deux volumes).

LES MISÉRABLES (trois volumes).

NOTRE-DAME DE PARIS.

ODES ET BALLADES. LES ORIENTALES.

QUATREVINGT-TREIZE.

RUY BLAS.

THÉÂTRE : Amy Robsart. Marion de Lorme. Hernani. Le Roi s'amuse.

THÉÂTRE : Lucrèce Borgia. Ruy Blas. Marie Tudor. Angelo, tyran de Padoue.

LES TRAVAILLEURS DE LA MER.

Dans la collection Grand Format

POÈMES.

VICTOR HUGO

L'HOMME QUI RIT

I

Introduction
par
Marc EIGELDINGER et Gérald SCHAEFFER

Chronologie et notes
par
Gérald SCHAEFFER

*Publié avec le concours
du Centre national des Lettres*

GF-Flammarion

© 1982, FLAMMARION, Paris.
ISBN 2-08-070359-5

CHRONOLOGIE

1797: Léopold, le « sans-culotte Brutus Hugo », épouse Sophie Trébuchet, « Vendéenne ».

1798 (novembre): Naissance, à Paris, d'Abel, frère aîné de Victor Hugo.

1800 (septembre): Naissance, à Nancy, d'Eugène, second frère de V. H.

1802 (26 février): Naissance, à Besançon, de Victor-Marie Hugo; pas de baptême; parrain civil: Lahorie.
(avril): Léopold Hugo, muté à Marseille, quitte Besançon, avec femme et enfants.
(novembre): Sophie à Paris.

1803 (février): Léopold à Bastia, avec ses trois fils.
(mai): Porto-Ferrajo (île d'Elbe). Léopold y rencontre une jeune Corse, Catherine Thomas, qui le suivra dans ses déplacements et deviendra sa seconde femme en 1821.

1804 (février): Sophie s'installe à Paris avec ses trois fils, 24, rue de Clichy, où se cachera le général Lahorie, compromis dans la conspiration de Cadoudal et Pichegru.

1806 (10 avril): Naissance de Juliette-Joséphine Gauvain (Juliette Drouet).

1809 (juin): Installation de Sophie et de ses fils aux Feuillantines; Lahorie s'y cache; les enfants jouent dans le jardin avec Victor et Adèle Foucher.

1811 (mars): Sur ordre de Joseph Bonaparte, roi d'Espagne, Sophie et ses enfants rejoignent Léopold à Madrid, où celui-ci vit avec Catherine Thomas.

1812 (avril) : Retour à Paris de Sophie, Eugène et Victor ; Abel reste à Madrid, avec son père.
(octobre) : Lahorie est fusillé, après l'échec du complot royaliste fomenté par le général Malet.

1814 : Les époux Hugo entament un procès qui aboutira à la séparation en 1818 ; les enfants retombent sous l'autorité paternelle.

1815 (février) : Eugène et Victor internes à la pension Cordier.
(septembre) : Victor inaugure son premier *Cahier de vers français*.

1818 (septembre) : Retour au domicile maternel.
(novembre) : Première inscription de Victor à la Faculté de droit (études abandonnées en 1821). *Bug-Jargal*, 1re version.

1819 (mars) : Odes royalistes couronnées aux Jeux Floraux de Toulouse.
(avril) : V. H. et Adèle Foucher s'avouent leur amour.
(décembre) : *Le Conservateur littéraire*, revue fondée par les frères Hugo.

1820 (mars) : *Ode sur la mort du duc de Berry* ; gratification de Louis XVIII. Publication de *Bug-Jargal* dans *Le Conservateur littéraire*.
(décembre) : V. H. décline l'offre, faite par Chateaubriand, d'un poste à l'ambassade de Berlin.

1821 (avril) : Pour mieux affirmer sa fraternité, Vigny signe sa lettre à V. H. de ses deux prénoms : Victor-Alfred.
(27 juin) : Mort de la mère de V. H.
(octobre) : V. H. achève les quinze premiers chapitres de *Han d'Islande*.

1822 (janvier) : Nouveau refus à Chateaubriand, qui offrait un poste à Londres.
(juin) : *Odes et Poésies diverses* ; pension royale de mille francs.

(novembre) : V. H. demande à son père l'autorisation de se consacrer aux lettres.
(12 octobre) : Mariage avec Adèle Foucher; témoin de V. H., Vigny. Une crise de folie frappe Eugène au repas du soir.

1823 (février) : Publication de *Han d'Islande,* quatre petits volumes sans nom d'auteur. Nouvelle revue : *La Muse française;* V. H. parmi les fondateurs.
(juillet) : Naissance de Léopold-Victor, qui mourra en octobre.

1824 (mars) : *Nouvelles Odes.*
(28 août) : Naissance de Léopoldine. Marraine : Catherine, seconde femme du général Hugo.
(septembre) : Mort de Louis XVIII.

1825 (avril) : Les époux et l'enfant à Blois, chez le père de V. H. Légion d'honneur à Lamartine et à V. H., en récompense « des nobles efforts [...] pour soutenir la cause sacrée de l'Autel et du Trône ».
(mai) : Hugo rentre seul à Paris. *Ode sur le Sacre.*

1826 : *Bug-Jargal,* 2ᵉ version, sans nom d'auteur.
(2 novembre) : Naissance de Charles.
(novembre) : *Odes et Ballades.* Naissance de Claire, fille du sculpteur Pradier et de Juliette Drouet.

1827 : Début de l'amitié avec Sainte-Beuve.
(décembre) : *Cromwell* et sa *Préface.*

1828 (29 janvier) : Mort du père de V. H.
(2 février) : *Amy Robsart,* échec : une seule représentation.
(21 octobre) : Naissance de Victor — qui signera François-Victor.

1829 (janvier) : *Les Orientales.*
(février) : *Le Dernier Jour d'un condamné. Un duel sous Richelieu (Marion de Lorme),* reçu par la Comédie-Française, est interdit par la censure de Charles X. V. H. refuse les places offertes et l'augmentation de sa pension.

1830 (25 février) : Première représentation d'*Hernani.*
(28 juillet) : Naissance d'Adèle.

1831 (mars) : *Notre-Dame de Paris*. Crise conjugale.
(août) : Première de *Marion de Lorme*.
(novembre) : *Les Feuilles d'automne*.

1832 (octobre) : Installation 6, place Royale (place des Vosges). V. H. y logera jusqu'en 1848.
(novembre) : *Le Roi s'amuse*, aussitôt interdit.

1833 (Nuit du 16 au 17 février) : Début de la liaison avec Juliette Drouet, qui durera cinquante ans.
(février) : *Lucrèce Borgia*.
(mai) : *Han d'Islande*, nouvelle édition et *Préface*.
(novembre) : *Marie Tudor*. Juliette, sifflée, abandonne le rôle de Jane.

1834 (janvier) : *Étude sur Mirabeau*.
(mars) : *Littérature et Philosophie mêlées*.
(avril) : Rupture définitive avec Sainte-Beuve. Insurrection de Paris. Massacre de la rue Transnonain.
(juillet) : *Claude Gueux*, dans la *Revue de Paris*.
(août) : Voyage avec Juliette, en Bretagne ; dès lors, traditionnel voyage d'été : Picardie et Normandie (1835) ; Bretagne et Normandie (1836) ; Belgique (1837) ; Champagne (1838) ; Rhin (1839-1840) ; Pyrénées, Espagne (1843).

1835 (avril) : *Angelo, tyran de Padoue*.
(octobre) : Candidat à l'Académie française. *Les Chants du crépuscule*.

1836 : Début des relations avec Auguste Vacquerie.
(février) : 2 voix à l'Académie.
(décembre) : Nouvel échec, 4 voix. Après un troisième échec en février 1840 (une élection nulle en décembre 1839), V. H. sera élu le 7 janvier 1841 et reçu le 3 juin.

1837 (20 février) : Mort d'Eugène, à Charenton ; son titre de vicomte passe à V. H. ; celui-ci est présenté au duc et à la duchesse d'Orléans.
(juin) : *Les Voix intérieures*.
(21 octobre) : « Tristesse d'Olympio ».

1838 (8 novembre) : Première de *Ruy Blas*.

1839 (juillet) : Barbès condamné à mort ; poème « Au roi Louis-Philippe ». Manifestations à Paris ; Louis-Philippe commue la peine en travaux forcés à perpétuité.
(août) : Adèle et les enfants à Villequier, chez les Vacquerie ; Léopoldine y rencontre le frère d'Auguste : Charles.

1840 (mai) : *Les Rayons et les Ombres*.
(14 décembre). *Le Retour de l'Empereur*, Ode publiée en brochure.
(15 décembre) : Transfert des cendres de Napoléon aux Invalides.

1842 (janvier) : *Le Rhin*.
(13 juillet) : Mort du duc d'Orléans. V. H. présente à Louis-Philippe les condoléances de l'Institut.

1843 (14 février) : Mariage de Léopoldine et de Charles Vacquerie.
(7 mars) : Première des *Burgraves* ; échec.
(printemps) : Rencontre de Léonie Biard.
(4 septembre) : Léopoldine et Charles se noient dans la Seine, près de Villequier.
(9 septembre) : V. H., ouvrant *Le Siècle*, y lit le récit du drame. Ébranlement religieux — « je crois, j'attends une autre vie ».
(novembre) : Début de la liaison avec Mme Biard.

1845 (13 avril) : V. H. pair de France.
(juillet) : V. H. et Léonie surpris en flagrant délit d'adultère ; Léonie en prison puis au couvent.
(novembre) : V. H. commence à écrire un roman, *Les Misères*, qui deviendra *Les Misérables*.

1846 : Mort de Claire Pradier, à l'âge de vingt ans.

1847 (14 juin) : Discours en faveur du retour en France de Louis-Napoléon Bonaparte.

1848 (février) : V. H. interrompt la rédaction des *Misères ;* il tente en vain de faire proclamer la régence de la duchesse d'Orléans, puis, la République proclamée, repousse l'offre de Lamartine : la mairie du VIIIe arrondissement et le ministère de l'Instruction publique.
(4 juin) : V. H. — qui ne se présentait pas — est élu

député de Paris, septième de la liste; huitième, Louis-Napoléon démissionne. V. H. se sépare peu à peu de la droite.
(15 septembre) : Discours contre la peine de mort à la Constituante.
(août) : *L'Événement,* fondé par V. H. et ses fils, Paul Meurice et Auguste Vacquerie, publie d'abord un article réservé sur la candidature de Louis Bonaparte à la présidence de la République.
(septembre) : *L'Événement* publie un article plutôt favorable à la candidature de Lamartine.
(novembre) : *L'Événement* apporte son soutien à Louis-Napoléon.
(10 décembre) : Louis-Napoléon est élu à la présidence.

1849 (9 juillet) : Discours sur la misère à l'Assemblée : acte décisif de la vie politique de V. H. ; sa rupture avec la droite est consacrée avec les interventions sur l'enseignement (loi Falloux), la liberté de la presse et la déportation.

1850 (21 août) : Discours sur la tombe de Balzac.

1851 (10 février) : Première attaque directe contre Louis-Napoléon à la Législative.
(11 juin) : Charles est condamné à six mois de prison ferme pour un article de *L'Événement* contre la peine de mort.
(septembre) : *L'Événement,* interdit, est aussitôt remplacé par *L'Avènement du peuple,* saisi à son tour. François-Victor et Paul Meurice sont condamnés à neuf mois de prison.
(2 décembre) : Coup d'État du prince-président. Élu membre du comité de résistance, V. H. court les barricades et tente en vain de soulever le peuple.
(11 décembre) : Début de l'exil, V. H. fuit en Belgique, où Juliette le rejoint, avec une malle de manuscrits. Rédaction d'*Histoire d'un crime*.

1852 (août) : *Napoléon-le-Petit,* pamphlet écrit en un mois. Départ pour Jersey, installation à Marine-Terrace.

1853 (septembre) : Mme de Girardin, de passage à Jersey, initie les Hugo, d'abord réticents, au spiritisme.
(11 septembre) : Première séance réussie. Léopoldine reconnue sous le nom d'*âme soror*.
(15 septembre) : Les Tables ordonnent à V. H. de terminer *Les Misérables*.
(novembre) : *Les Châtiments*.

1854 : V. H. travaille aux *Contemplations*, à *La Fin de Satan*, à *Dieu*. Il se bat pour le condamné à mort de Guernesey, Tapner.
(10 février) : Exécution de Tapner.

1855 (octobre) : Le proscrit Jules Allix, participant aux séances des Tables, est interné pour démence furieuse; V. H. décide de mettre fin aux séances. Expulsion de trente-cinq proscrits de Jersey.
(31 octobre) : V. H. et François-Victor se rendent à Guernesey, à l'hôtel de l'Europe; Juliette s'installe dans une pension de famille.

1856 (avril) : *Les Contemplations*.
(mai) : V. H. achète Hauteville House; emménagement en novembre.
(décembre) : Première attaque de la grave maladie nerveuse d'Adèle, fille de V. H. V. H. travaille à *Dieu*; nombreux dessins; conception de *L'Ane*.

1857 (17 mars) : Hetzel conseille à Hugo de remettre à plus tard *La Fin de Satan* et *Dieu* et l'engage à composer des poèmes narratifs — annoncés déjà en 1856 — *Les Petites Épopées*, qui deviendront *La Légende humaine*, puis *La Légende des Siècles* (1859).
(décembre) : Juliette s'installe dans la maison de « la Fallue » d'où elle peut voir V. H. à son balcon.

1858 : V. H. achève *La Pitié suprême*.
(janvier) : Première faille parmi les procrits : Adèle et sa fille retournent à Paris; Adèle renoue aussitôt avec Sainte-Beuve. Les deux femmes rentreront à Guernesey en mai, avec Auguste Vacquerie. Mort de la duchesse d'Orléans.

(juin) : Douleur au larynx, furoncles : Hugo, gravement malade, interrompt tout travail pour trois mois.
(septembre) : Guéri, V. H. se remet au travail.

1859 (18 août) : V. H. refuse l'amnistie offerte par Napoléon III ; les deux tiers des proscrits décident de rentrer en France.
(septembre) : *La Légende des Siècles, Première Série*.
(novembre) : Après avoir achevé *Les Chansons des rues et des bois*, V. H. se remet à *La Fin de Satan*.

1860 (février) : Adèle part seule pour Paris ; retour en mars. Achèvement de *L'Ange Liberté*.
(25 avril) : V. H. reprend le manuscrit des *Misérables*.
(fin mai) : Il met en route *Philosophie, commencement d'un livre*, texte envisagé d'abord comme une vaste préface pour *Les Misérables*.
(14 mai) : V. H. à Jersey, pour un meeting de soutien à Garibaldi.

1861 (25 mars) : V. H. quitte Guernesey, avec le manuscrit des *Misérables*; Juliette et Charles l'accompagnent, Londres, Bruxelles : ainsi reprennent les traditionnels voyages d'été : Belgique (1861, 62, 64, 65, 68, 69) ; Allemagne (1862, 63, 64, 65) ; Luxembourg (1862) ; Hollande (1867) ; Suisse (1869).
(7 mai) : A Waterloo.
(3 septembre) : Retour à Guernesey.

1862 (mars) : Publication, à Bruxelles, de la Ire Partie des *Misérables*; à Paris, en avril.
(mai) : A Bruxelles et à Paris, IIe et IIIe Partie.
(juin) : IVe et Ve Partie.

1863 : V. H. classe ses manuscrits, projette une deuxième série de *La Légende* et prépare *Quatrevingt-treize* ; rédaction de *William Shakespeare*.

1864 (avril) : *William Shakespeare*.
(mai) : Préface — qui ne sera publiée qu'en 1865 — à la traduction de Shakespeare par François-Victor.

1865 (avril) : V. H. achève *Les Travailleurs de la mer*, commencés en juin 1864.
(octobre) : *Chansons des rues et des bois*.

1866 (mars) : *Les Travailleurs de la mer*.
(avril-mai) : V. H. constitue le dossier de *L'Homme qui rit* et relègue au second plan le projet de *Théâtre en liberté* jusqu'en 1869.

1867 (mai) : *Introduction* à *Paris-Guide*, ouvrage collectif.

1868 (avril) : Mort de Georges, âgé d'un an, petit-fils de V. H., fils d'Alice et de Charles.
(16 août) : Naissance de Georges II, à Bruxelles — à qui ses parents donnent le prénom de leur premier enfant. V. H. achève *Par Ordre du roi*, qui deviendra *L'Homme qui rit*.
(27 août) : Mort d'Adèle, femme de V. H. depuis 1822 ; elle est enterrée à Villequier.

1869 (avril) : *L'Homme qui rit*.
(14 septembre) : A Lausanne, congrès de la paix et de la liberté ; discours de V. H., président d'honneur.
(octobre) : A Bruxelles, fait la connaissance de sa nouvelle petite-fille, Jeanne, née le 29 septembre.
(6 novembre) : De retour à Guernesey.

1870 (2 septembre) : Capitulation de Sedan.
(5 septembre) : Retour de V. H. à Paris, après dix-neuf années d'exil.
(13 septembre) : V. H. reçoit la visite de Louise Michel, qui signe ses articles « Enjolras ».

1871 (28 janvier) : Armistice franco-allemand.
(8 février) : Élections législatives, grosse majorité rurale de la droite, mais majorité de gauche à Paris ; les trois premiers élus : Louis Blanc, V. H., Garibaldi. L'élection de Garibaldi annulée, V. H. démissionne par solidarité.
(13 mars) : Mort brutale de Charles, à Bordeaux.
(18 mars) : Enterrement à Paris ; vaste cortège populaire au milieu des fédérés présentant les armes.
(21 mars) : Bruxelles. V. H. réprouve les excès de la Commune, puis blâme la répression.
(30 mai) : Le gouvernement belge expulse V. H. qui avait publiquement offert asile aux proscrits de la

Commune. Installation au Luxembourg. Rédaction de *L'Année terrible*.
(25 septembre) : Retour à Paris.

1872 (janvier) : Échec à une élection partielle.
(février) : Adèle, de retour de la Barbade, est internée à l'asile de Saint-Mandé.
(avril) : *L'Année terrible*.
(8 août) : A Jersey, avec Juliette, Alice, les enfants, François-Victor.
(10 août) : Guernesey.
(décembre) : Commence à écrire *Quatrevingt-treize*. Début d'une liaison de cinq ans avec Blanche, la lingère de Juliette.

1873 (juin) : V. H. termine *Quatrevingt-treize*.
(31 juillet) : Retour à Paris. François-Victor, toujours plus malade, mourra le 26 décembre.

1874 (février) : *Quatrevingt-treize*.

1875 (20 avril) : Guernesey.
(28 avril) : Retour à Paris.
(mai) : *Actes et Paroles, I. Avant l'Exil*.
(novembre) : *Actes et Paroles, II. Pendant l'Exil*. Annonce de *Toute la Lyre*.

1876 : Élu sénateur de la Seine.
(février) : Lettre au président de la République contre le prochain départ des déportés.
(22 mai) : V. H. propose l'amnistie des Communards; refus du Sénat.
(10 juin) : Discours aux obsèques de George Sand, lu par Paul Meurice.
(juillet) : *Actes et Paroles, III. Depuis l'Exil*.
(octobre) : Gambetta rompt avec la tendance Hugo et s'élève contre l'amnistie totale.

1877 (février) : *La Légende des Siècles, Nouvelle Série*.
(mai) : *L'Art d'être grand-père*.
(novembre) : *Histoire d'un crime*, t. I.

1878 (mars) : *Histoire d'un crime*, t. II.
(avril) : *Le Pape*.
(27 juin) : Congestion cérébrale.

(juillet-novembre) : Convalescence à Guernesey.
(novembre) : A Paris, dernier domicile, 130, avenue d'Eylau, avec Juliette.

1879 (février) : *La Pitié suprême*.

1880 (mars) : Vote de l'amnistie partielle.
(avril) : *Religions et Religion*.
(juillet) : Amnistie totale.
(octobre) : *L'Ane*.

1881 (27 février) : V. H. entre dans sa 80e année ; fête populaire sous ses fenêtres ; baptême à son nom de l'avenue qu'il habite.
(mai) : *Les Quatre Vents de l'Esprit*.

1882 (janvier) : Réélu sénateur, en tête de liste.
(mai) : *Torquemada*.

1883 (11 mai) : Mort de Juliette.
(juin) : *La Légende des Siècles, Dernière Série*.

1885 (22 mai) : Mort de Victor Hugo.
(1er juin) : Funérailles nationales ; défilé du peuple toute la journée.

1886-1902 : 18 volumes d'œuvres posthumes, publiés par les soins de Paul Meurice ; en particulier, *La Fin de Satan* (1886), *Toute la Lyre* (1888 et 1893), *Dieu* (1891).
Nombreux inédits, jusqu'à nos jours, publiés par divers spécialistes.

Chronologie établie d'après l'édition Jean Massin, Le Club français du livre, 1967.

INTRODUCTION

Commencé à Bruxelles de juillet à octobre 1866, le roman fut repris à Guernesey, en novembre. Après une interruption de tout l'hiver, Hugo poursuit son travail de mai à juillet, d'octobre 1867 à l'été 1868. Le 14 avril 1868, son petit-fils Georges meurt à Bruxelles. Le 16 août, dans les marges de la Conclusion, au chapitre III, où Dea interprète la chanson espagnole, qui appelle Gwynplaine, Hugo note la naissance du second petit-fils, appelé Georges lui aussi : « Aujourd'hui, comme je venais d'écrire cet appel à un absent, petit Georges est revenu [...] Alice l'a remis au monde. » C'est le 23 août 1868, à dix heures et demie du matin, Bruxelles, 4, place des Barricades que Hugo termine *L'Homme qui rit* (note du manuscrit). Il ajoute : « Ce livre, dont la plus grande partie a été écrite à Guernesey, a été commencé à Bruxelles le 21 juillet 1866, et fini à Bruxelles, le 23 août 1868. »

On peut retenir, avant d'aborder le texte, quelques éléments qui permettent de comprendre dans quelle atmosphère ce roman a été composé : paru en avril-mai 1869, il rencontre une incompréhension à laquelle Hugo s'attendait. « Le succès s'en va, écrit-il en été 1869. Est-ce moi qui ai tort ? Est-ce mon temps qui a tort ? Si je croyais avoir tort, je me tairais. Mais ce n'est pas pour mon plaisir que j'existe ; je l'ai déjà remarqué. »

Bruxelles-Guernesey-Bruxelles : tels sont, géographiquement et symboliquement, les lieux où Hugo a composé son texte. Lieux d'exil, de deuil, sur le plan politique et familial : « J'écris ceci le 11 août [1866], au moment même où, à Jersey, on pend un homme, Bradley, pour lequel j'ai vainement écrit » ; « 16 avril. Mon doux petit Georges est mort avant-hier 14 avril 1868. Je reçois la nouvelle aujourd'hui. Reviens, doux ange. » Dans cette atmosphère, on peut lire, non l'interprétation du roman proprement dit, mais la tonalité que le poète lui donne. De ce point de vue, peut-être la querelle des critiques — roman pessimiste ? roman optimiste ? — trouverait-elle sa solution. Pierre Albouy oppose à juste titre la noyade volontaire du Gilliatt des *Travailleurs de la mer,* abandonné de celle qu'il aime, à la noyade par laquelle Gwynplaine rejoint Dea : « Dans le roman hugolien, une seule mort est plus triomphante encore que celle de Gwynplaine ; c'est quand, à la fin de *Quatrevingt-treize,* l'âme de Gauvain guillotiné s'envole, en emportant dans sa lumière l'âme sombre et sauvée de Cimourdain qui vient de se suicider [1]. » Ce rapprochement permet à P. Albouy de voir dans ces deux romans « de la prophétie révolutionnaire et démocratique » une fin ouverte, coïncidant avec la notion d'utopie, ouverture sur l'avenir. « Ainsi l'*idéologie,* non point dans le détail des idées exposées, mais en tant qu'elle est une force d'ouverture, détermine la structure et en est inséparable », deux grands mythes nourrissent ces romans : « le mythe du *Satyre,* ou mythe titanique ; le mythe de *Satan sauvé* [2] ».

La démonstration de P. Albouy a retenu longuement notre attention, dans la mesure où elle rend compte exactement du problème. Si le suicide demeure pour Hugo « un acte irréligieux », il s'agit de ne pas esquiver cette question, quand le romancier la traite par le biais de ses héros. Deux lignes se rejoignent dans la perspective finale de *L'Homme qui rit :*
1. *métaphysique* de Hugo, exprimée par ses notes à propos de la mort de Georges I et la naissance de Georges II, réincarnation, réapparition : la mort est une ouverture, une renaissance ;
2. *politique* de Hugo, exprimée par les fins de *Quatrevingt-treize* et de *L'Homme qui rit ;* historiquement, les héros, en tant qu'individus symboliques d'une Humanité idéale, juste et démocratique, ne sauraient

l'emporter dans leur lutte contre une société asservie par les fanatismes ecclésiastiques et aristocratiques.

Leur mort volontaire apparaît comme une *figure* de style, doublement justifiée : sur le plan religieux, si l'on admet la métaphysique hugolienne, ils n'attentent pas au pouvoir souverain de la Divinité, puisqu'ils savent qu'un autre monde s'offre à eux ; sur le plan narratif, ils s'effacent, mais en ayant marqué le monde d'une promesse pour les misérables, d'une menace pour les puissants : bientôt, la liberté et la justice régneront ici-bas. L'exil, la renonciation au combat ne permettraient pas, dans la perspective romanesque, une fin de récit à la fois délimitée et ouverte ; seule, la mort correspond aux intentions narratives du romancier : tombés sous les coups du pouvoir, les héros disparaîtraient en véritables vaincus. Le suicide est donc bien la solution cohérente, qui installe le récit dans une perspective d'optimisme prophétique. L'échec est provisoire — « viendront d'autres horribles travailleurs », dira bientôt Rimbaud, qui reprendront la lutte.

Un fait confirme cette interprétation : comme le relève P. Albouy, le véritable suicide de Gwynplaine « serait celui [...] dont le loup Homo le détourne pour le conduire auprès de Dea » : *tentation sinistre*, simple aspiration au repos, en opposition à la noyade finale, « réponse attendue à l'appel de la vraie vie ». Il faut y insister, d'un point de vue narratif : la tentation du suicide clôt le Livre IX (II), la noyade clôt la *Conclusion* (IV), pour que s'opposent deux *types* de mort volontaire, non que s'enchaînent deux tentatives de suicide. Certes le vocabulaire utilisé dans les deux scènes est identique : *ombre - sinistre - tranquille - calme*. Mais dans la première scène, Gwynplaine « regarda le fleuve » : « Ses idées, qu'il croyait claires, étaient troubles. [...] L'ombre lui offrait le grand lit tranquille, l'infini des ténèbres. Tentation sinistre. » Si, dans la scène finale, les pas qui mènent au gouffre sont « rigides et sinistres », c'est en regardant une étoile, visible pour lui seul, que Gwynplaine sort de cette vie ; dans la première scène : « Il regarda l'ombre infinie au-dessus de son front. [...] Puis sa tête s'abaissa lentement, comme tirée par le fil invisible des gouffres », dans la seconde : au « Soit ! », acquiescement jeté à l'ombre, au néant, répond un « Oui ! », reprenant un « Je viens », double réponse à l'appel de la femme-étoile, Dea ; « la tête renversée en arrière », Gwynplaine ne va pas *tomber*, le texte le dit avec une remarquable formule, antithèse absolue de l'attirance des gouffres vers un dernier labyrinthe fatal : « Il avançait sans hâte et sans hésitation, avec une précision fatale, comme s'il n'eût pas eu tout près le gouffre béant et la tombe ouverte. »

Les acteurs et le récit

Cette mort de Gwynplaine conduit à considérer la nature du héros et la fonction des acteurs qui gravitent autour de lui. Gwynplaine est défini par la dualité irréductible et sa mort apparaît au lecteur comme la seule résolution possible de cette dualité, manifestée à plusieurs niveaux. Il est à la fois saltimbanque et lord Clancharlie, il incarne le peuple et appartient à l'aristocratie, il associe en lui le haut et le bas de telle manière que son destin se présente sous la forme d'une alternance d'ascensions et de chutes. Il est un être double par le contraste de la misère et de la grandeur, par l'affrontement des ténèbres et de la clarté, par le penchant à l'idéal, contredit dans sa chair par la tentation. Sa conscience est écartelée entre le bien et le mal, entre l'aspiration au ciel et le vertige de l'abîme, irréconciliables dans l'espace terrestre. Cette contradiction est en quelque sorte contenue dans les deux explications possibles du début de son nom : d'une part *gwyn* signifie en gallois ou en gaélique *blanc*, de l'autre Gwynn, auquel il est fait allusion dans *Les Travailleurs de la mer,* représente le dieu gallois des cultes agraires et des enfers. Gwynplaine est « homme symbole en même temps qu'homme en chair et en os » (II, IX, II), il symbolise la destinée partagée entre la perdition, la séduction de la chair (Josiane) et le salut de l'âme (Dea). Il rencontre son étoile, la perd par sa faute et la retrouve dans la mort, à travers « la grande fraternité de l'azur». La cohérence du personnage est dans son masque, sa grimace qui, comme le drame hugolien, synthétise le rire et l'angoisse, la comédie et la tragédie. C'est dans sa monstruosité que réside l'unité de Gwynplaine, monstruosité où l'âme et le corps cohabitent dans la division, entretenue par les ambiguïtés oniriques. Alors que le songe et la rêverie sont connotés positivement dans *Les Travailleurs de la mer*, ils le sont négativement dans *L'Homme qui rit*, en tant que sources d'une séduction funeste ; «l'enfoncement de la rêverie» expose Gwynplaine au péril, il captive son imagination et l'assujettit aux tentations du désir. Curieux renversement qui témoigne de l'ambivalence de la rêverie, de sa polarité redoutable, orientée tantôt vers les hauteurs, tantôt vers les gouffres. «La rêverie est un creusement», dit le *Promontorium somnii*, *creusement* qui *abandonne* «la surface, soit pour monter, soit pour descendre [3]».

Les principaux acteurs, associés au destin du héros, se répartissent en trois catégories : les personnages féminins, les adjuvants et les antagonistes — encore que Dea puisse se rattacher au deuxième groupe et Josiane au troisième. Si, dans *Les Travailleurs de la mer*, Gilliatt remplit la fonction de voyant, c'est Dea qui, dans *L'Homme qui rit*, assume le double rôle d'aveugle et de voyante, de même qu'Homère et Milton sont, au regard de Hugo, les deux poètes pourvus avant tous les autres du don de la voyance. Dea incarne «la cécité voyante», elle voit non par les yeux, mais par le cœur, elle possède avec une acuité singulière l'aptitude à percevoir les vérités du monde invisible et spirituel, à s'aventurer par la connaissance intuitive dans le mystère et à éprouver intérieurement cet «éblouissement idéal», inconnu à la plupart des hommes. Dans la représentation de *Chaos vaincu*, elle est auréolée des pouvoirs de la voyance, par lesquels elle participe du réel et du surréel grâce aux vertus de la transparence [4].

On voyait qu'elle était aveugle et l'on sentait qu'elle était voyante. Elle semblait debout sur le seuil du surnaturel. Elle paraissait être à moitié dans notre lumière et à moitié dans l'autre clarté. Elle venait travailler sur la terre, et travailler de la façon dont travaille le ciel, avec de l'aurore (II, II, IX).

Au-delà de sa présence terrestre, Dea est une créature astrale et angélique, elle figure l'innocence et dispense autour d'elle les clartés de l'âme ; c'est la métaphore récurrente de l'étoile qui, tout au long du roman, signifie son action salvatrice. Gwynplaine « sentait sur lui la contemplation d'une étoile », elle est « l'étoile de la mer », qui le guide et dont il peut attendre la rédemption, la lumière astrale qui luit dans l'opacité comme le signe de la résurrection.

Alors que Dea est assimilée à la clarté permanente de l'étoile, Josiane l'est à la fulgurance et à la mobilité de la comète, flamboiement du désir, « monde de lave et de braise », *fournaise* d'un volcan ouvert sur les abîmes, sur les brûlures de la mort.

> C'est l'immense incendiaire du ciel. L'astre marche, grandit, secoue une chevelure de pourpre, devient énorme. [...] Épouvantable approche céleste. Ce qui arrive sur vous, c'est le trop de lumière, qui est l'aveuglement ; c'est l'excès de vie, qui est la mort (II, VII, III).

Josiane s'oppose à Dea comme la *pourpre* à la *blancheur*, comme l'*ange noir* et terrestre à l'*ange blanc* et céleste, en un combat qui est vécu par Gwynplaine dans les couches souterraines de son inconscient et qui symbolise la dualité de sa nature ou tout au moins son déchirement existentiel.

> Deux instincts, l'un l'idéal, l'autre le sexe, combattaient en lui. Il y a de ces luttes entre l'ange blanc et l'ange noir sur le pont de l'abîme [...].
> Le combat entre les deux principes, le duel entre son côté terrestre et son côté céleste, s'était passé au plus obscur de lui-même, et à de telles profondeurs qu'il ne s'en était que très confusément aperçu (II, III, VIII).

Bien que vierge, Josiane représente l'envers de l'innocence, l'empire de la chair, le trouble de la sexualité, le rêve de la volupté bestiale, attachée aux éléments de la terre et de l'eau. Elle appartient au ciel par la fugacité de son éclat, aux enfers par sa perversité ténébreuse. L'univers dans lequel elle se meut à son aise, c'est le *chaos* où s'affrontent « le haut et le bas » dans une matière marquée d'« une immense souillure » et propice à l'épanouissement de la monstruosité. Gwynplaine devient « le monstre de [ses] rêves » et elle conçoit son union avec lui sous le signe de l'alliance du monstre extérieur, lui avec son visage défiguré, et du monstre intérieur, elle, animée par sa passion dévorante. Le chaos est l'espace où le jour et la nuit demeurent indifférenciés, où la difformité gouverne les êtres et les substances, où les « fiançailles du Styx et de l'Aurore » s'accomplissent dans l'oubli de l'âme.

Parmi les adjuvants de Gwynplaine et de Dea sont Ursus et Homo, couple aux noms inversés et uni par une relation d'amitié, selon laquelle le misanthrope peut se sentir plus proche de l'animal que de l'homme. Ursus, bateleur et ventriloque, philosophe et poète, représente dans le roman le discours, la parole, la manie du soliloque, des jeux de l'éloquence, correspondant tantôt à l'entraînement du délire verbal, tantôt au bavardage pédantesque, tantôt à ce que P. Albouy appelle un *langage déréglé* qui confine à l'expression de l'*absurde*[5] ou à un certain automatisme. Le monologue remédie, illusoirement peut-être, au sentiment farouche de la solitude, mais, au-delà de cette illusion, Ursus incarne la bonté et le dévouement dressés contre l'action des antagonistes : les comprachicos et Barkilphedro. Les comprachicos, organisés en association secrète, fabriquent avec des enfants des monstres, destinés à divertir une société pervertie, tandis que Barkilphedro, l'analogue de sieur Clubin dans *Les Travailleurs de la mer*, est l'opposant qui, à l'intérieur de cette société corrompue, exerce à son profit une action occulte et sournoise. Il signifie la méchanceté, l'envie qui prend les proportions de la haine ; il assume la fonction, toujours présente dans les romans de l'exil, de l'acteur ténébreux, chargé de figurer la « force de dévastation », le goût de la destruction refermée sur elle-même.

Les relations fondamentales entre les acteurs du récit peuvent être schématisées ainsi :

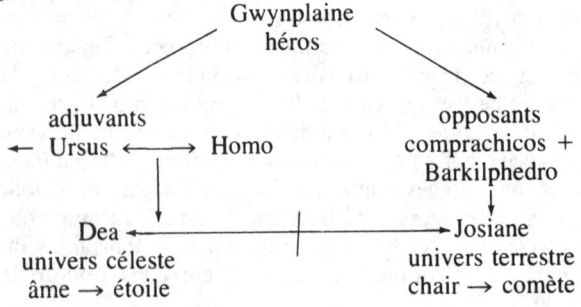

```
                    Gwynplaine
                      héros
            ↙                      ↘
    adjuvants                      opposants
  ← Ursus ⟷ Homo                comprachicos +
                                  Barkilphedro
         ↓                              ↓
      Dea ←                    → Josiane
  univers céleste              univers terrestre
   âme → étoile                  chair → comète
```

Il convient toutefois de compléter ce schéma, parce qu'il ne rend pas compte de la relation qui s'instaure entre Gwynplaine et les deux acteurs féminins :

```
              ↗ Dea    = union dans le spirituel (+)
Gwynplaine
              ↘ Josiane = union dans la monstruosité (—)
```

Le récit est tenu, dans *L'Homme qui rit,* par un narrateur, Nous, personnage installé par l'auteur parmi les autres personnages ou parfois au-dessus d'eux, qui s'adresse à quelques reprises au lecteur, Vous, et qui intervient fréquemment par ses observations, ses commentaires et ses digressions, selon une technique fréquente dans le roman hugolien. Le narrateur et Ursus, tous deux poètes à leur manière, Gwynplaine aussi, recourent au monologue, à la *parole intérieure,* commune aux solitaires et aux exilés, qui est par dédoublement un dialogue avec soi ou une communication avec la nature. Le monologue sourd des profondeurs de l'être comme la voix et le langage de la conscience. « Le monologue est la fumée des feux intérieurs de l'esprit » (I, II, IV). Il est l'instrument dont usent le narrateur et le personnage hugoliens, lorsqu'ils traversent le désert de l'univers ou de la société, lorsqu'ils sont confrontés à la tourmente des éléments ou à celle de leur conscience. Il correspond au temps de la réflexion et de l'explication, du songe et de la rêverie, mais aussi à l'introduction de la durée poétique dans le récit.

La narration, dans *L'Homme qui rit,* est ordonnée cycliquement par la disposition de certaines composantes textuelles, par l'organisation du temps et de l'espace. La première partie et la conclusion portent le même titre, « La Mer et la Nuit », puis *Chaos vaincu,* placé volontairement au centre du roman et repris à la fin, répond exactement à la technique de la *mise en abyme,* en tant qu'épisode poétique et scénique, contenant non seulement la thématique globale de *L'Homme qui rit,* mais le cheminement du récit, tantôt horizontal, tantôt vertical, de l'obscurité vers la lumière. La première partie se situe durant l'hiver 1690, tandis que la seconde, après un bond de quinze ans, se situe pendant l'hiver et le printemps 1705, en opérant des retours dans le passé — des *analepses,* selon la formule de Gérard Genette — motivés par la légitimation des personnages ou par la volonté de brosser une fresque historique de l'Angleterre. Quant aux déplacements spatiaux, ils s'ordonnent également en fonction d'une structure cyclique : la mer ⟶ la péninsule de Portland ⟶ la province anglaise ⟶ Londres, le lieu des tentations et des chutes ⟶ la mer, vers la Hollande et vers la délivrance. Ils se font sur la mer à l'aide de l'« ourque biscayenne », puis de la panse hollandaise, sur la terre par la marche et surtout par le moyen de « la maison roulante » — souvenir de Vigny — la *green-box,* le théâtre ambulant, où est représenté *Chaos vaincu.* Cette composition circulaire, établie dans sa progression sur la répétition et l'alternance des motifs, les épreuves auxquelles le héros est soumis, les parcours dans le labyrinthe, l'itinéraire de la quête à travers les pièges de l'ombre vers la clarté, la métamorphose spirituelle et la mort-résurrection dans les étoiles autorisent une lecture initiatique du roman [6].

« *Le clair-obscur de la métamorphose* »

Ramener l'œuvre romanesque de Hugo à la structure antithétique de l'ombre et de la lumière apparaît de plus en plus comme une opération réductrice, car ombre et lumière ne s'opposent pas dans une sorte de manichéisme irréductible, elles sont aussi complémentaires, elles entretiennent des relations d'échange, elles passent incessamment de l'une à l'autre et peuvent être le lieu de la métamorphose ou de la transfiguration. Les contraires s'amalgament, s'interpénètrent et l'unité procède du drame conflictuel de la dualité. La clarté et l'obscurité n'existent pas indépendamment, elles s'impliquent réciproquement, comme Dieu et Satan, le Bien et le Mal postulent une croyance établie sur la simultanéité. C'est Ursus qui l'exprime :

> La foi au diable est l'envers de la foi en Dieu. L'une prouve l'autre. Qui ne croit pas un peu au diable ne croit pas beaucoup en Dieu. Qui croit au soleil doit croire à l'ombre. Le diable est la nuit de Dieu. Qu'est-ce que la nuit ? la preuve du jour (II, III, VI).

De même, comme l'affirme Josiane, « l'Olympe a deux versants ; l'un, dans la clarté, donne Apollon ; l'autre, dans la nuit, donne Polyphème » (II, VII, IV). La destinée humaine se compose d'un « vertige double », celui de l'ascension et celui de la chute, elle offre deux aspects indissociables : un visage tourné vers la transparence et une face plongée dans l'obscurité. Tel est aussi le sentiment que suggère la représentation de *Chaos vaincu*, où la lumière s'associe à l'ombre, de même que l'âme s'intègre dans la matière. « Toute cette nuit et tout ce jour mêlés se résolvaient dans l'esprit du spectateur en un clair-obscur où apparaissaient des perspectives infinies » (II, II, IX). Il n'en est pas autrement des principaux acteurs du roman, partagés dans leur être entre le soleil et la nuit. Gwynplaine se trouve au « point d'intersection [...] du rayon noir et du rayon blanc », il est à la fois « l'habitant de la lumière » et « l'habitant des ténèbres », à la Chambre des lords, sa tête *mêle* « hideusement l'ombre et la lumière ». Dea aveugle a les yeux « pleins de ténèbres et de rayons ». Quant à la duchesse Josiane, elle possède un œil bleu et un œil noir, de telle sorte que « le jour et la nuit étaient mêlés dans son regard » ; elle est définie par l'accouplement de termes antithétiques : il émane d'elle des «scintillations nocturnes», elle est «spectre, mais solaire», «la ténébreuse éclatante», elle unit en son corps la clarté et l'ombre, comme «un astre» qui serait *pétri* «dans de la boue». Le microcosme est, à l'image du macrocosme, écartelé entre le soleil et la nuit, il est fait de ces deux substances métaphysiques et morales, il oscille entre elles et évolue de l'une à l'autre, comme dans le creuset des transformations. L'interrogation du narrateur est au centre de la cosmologie et de l'anthropologie hugoliennes.

> Est-ce que l'homme a, comme le globe, deux pôles ? Sommes-nous, sur notre axe inflexible, la sphère tournante, astre de loin, boue de près, où alternent le jour et la nuit ? Le cœur a-t-il deux côtés, l'un qui aime dans la lumière, l'autre qui aime dans les ténèbres ? Ici la femme rayon; là la femme cloaque (II, VII, IV).

Bien que les deux pôles de la nuit et du soleil soient unis dans le clair-obscur par la circulation et l'ambiguïté, il n'en demeure pas moins que certaines valeurs sont attachées à l'un ou à l'autre. La nuit est simultanément une *présence* et une *absence,* la présence d'un langage, de l'inconnu et du mystère, puis l'absence du vide, de la rupture, l'angoisse suscitée par la disparition du soleil. Elle représente le chaos, l'univers des abîmes, des profondeurs, que ce soit celles de la mer ou du ciel, liées à la peur de la mort, la vaste sphère du rêve où émergent les puissances de l'inconscient. Elle symbolise la fatalité, le poids invincible de la destinée et «les fermentations obscures voulues par le Créateur» (II, II, VII). Dans le parcours de la presqu'île de Portland, la nuit est associée au paysage hivernal et onirique, à la «vaste opacité livide», où se mêlent la neige et le froid, la solitude et la mort dans un désert en proie à l'épouvante, au fantastique. Elle est l'image de la captivité, que ce soit celle du désespoir, de la tentation de s'absorber par le suicide dans «l'infini des ténèbres» ou que ce soit celle du déchaînement de l'éros charnel. La nuit peut aussi figurer l'injustice du système féodal, l'oppression politico-sociale ou le déroulement de l'histoire. «L'histoire, c'est la nuit» (II, VII, III). La nuit, connotée négativement la plupart du temps, coïncide avec les forces hostiles à l'homme, avec les forces de l'insondable et de l'irrationnel, qui sont au service de la fatalité.

Le sémantisme solaire est, dans *L'Homme qui rit*, de même que dans *Les Travailleurs de la mer*, moins récurrent que le nocturne. La lumière a la propriété de dissiper le chaos, de l'organiser avec le concours du *verbe* ; elle purifie, elle « lave les dieux » et opère le réveil de la conscience au moment de la naissance de l'aurore, en apportant la parole du Bien et de l'intégrité, ainsi que le langage de la justice.

> L'aurore est une voix.
> A quoi servirait le soleil si ce n'est à réveiller la sombre endormie, la conscience ?
> La lumière et la vertu sont de même espèce (II, VII, I).

Le soleil est l'image de la délivrance et de l'affranchissement ; par un phénomène d'ambiguïté, il est lié à l'amour et à la mort, comme la nuit. Il accomplit l'acte de la transfiguration tant au niveau cosmique qu'érotique, acte cyclique de la répétition et du renouvellement.

> La réapparition de l'astre est une habitude de l'univers.
> La création n'est pas autre chose qu'une amoureuse, et le soleil est un amant.
> La lumière est une cariatide éblouissante qui porte le monde (II, III, IX).

La mort, en tant qu'ouverture sur l'infini, dépasse l'univers ombreux, produit « le déchirement des ténèbres » et débouche sur la plénitude de la lumière éternelle. « Après la mort, l'œil se rouvrira, et ce qui a été un éclair deviendra un soleil » (I, II, XVIII). Gwynplaine est, avant sa mort, « le damné de la nuit », parce qu'il porte sur son visage le masque sombre de son destin, tandis que les personnages féminins sont marqués du signe de la solarité : le corps de Josiane émet un rayonnement, une clarté maléfique et « une dilatation lumineuse », Dea, « la proscrite de la lumière », possède le soleil dans son âme et son cœur, elle est l'« aveugle lumineuse », représentant la rédemption aurorale de l'amour.

L'Homme qui rit, dans sa structure totale, évoque le

cheminement de l'ombre vers la lumière, la métamorphose des ténèbres en clarté. C'est dans cette optique que *Chaos vaincu* exprime la signification globale du roman : l'évanouissement de la nuit par le surgissement de l'aube et la « victoire de l'esprit sur la matière ». L'homme, prisonnier du chaos nocturne, lutte contre les puissances instinctives de la nature et les forces bestiales du corps. Dans ce combat inégal, il est délivré par le chant de la lumière, célébrant le triomphe de l'aube, qui est en même temps celui de l'âme, il est affranchi de sa « noire carapace » qui le retenait sur la terre et devient apte à conquérir dans le futur l'espace céleste. Le chant libérateur vient de Dea, revêtue d'« une majesté d'astre » ; il oppose à l'opacité du corps la transparence de l'esprit, promet la métamorphose spirituelle, la résurrection dans la lumière, qui sous-tend la cohérence du roman et préfigure le dénouement. Cette lumière n'est pourtant pas celle du soleil, mais celle de l'étoile, qui figure en permanence dans le roman la présence réelle et symbolique de Dea, la vocation stellaire qu'elle a mission d'accomplir dans l'ici-bas, puis dans l'au-delà. Gwynplaine et Dea composent déjà sur la terre un couple sidéral, amalgamant l'ombre et la lumière, formant un univers où les perceptions visuelles, olfactives et auditives s'unissent à la faveur du langage des synesthésies. « Ils se serraient l'un contre l'autre dans une sorte de clair-obscur sidéral plein de parfums, de lueurs, de musiques, d'architectures lumineuses, de songes » (II, II, V). L'ombre aspire à se résorber dans la lumière, mais le mariage stellaire ne s'achève que dans le ciel et dans la délivrance des âmes, car « la chair est cendre, l'âme est flamme » (II, IX, II). L'union parfaite se réalise par-delà la mort, dans l'espace spirituel et la clarté astrale. Gwynplaine, au moment de sa mort volontaire, discerne dans le ciel « absolument noir » une seule étoile, l'image de son salut, de la fusion indissoluble de son âme avec celle de Dea dans la durée immuable de l'éternité. Le clair-obscur, théâtre de la métamorphose et de la transfiguration, constitue un des principes de la cohérence de *L'Homme qui rit* et une des structures majeures du roman, plus proche par là de l'organisation sémantique des *Misérables* que des *Travailleurs de la mer*, où le nocturne ne se résout pas dans la diffusion de la lumière spirituelle [7].

« Le Verbe du Peuple »

Passer sous silence le contenu idéologique de *L'Homme qui rit* serait amputer le roman d'un dessein avoué du narrateur et de l'une de ses dimensions centrales qui le situent dans la ligne des *Misérables* et qui préfigurent *Quatrevingt-treize*. *L'Homme qui rit*, comme *Les Misérables*, est une épopée du peuple, étayée sur une idéologie politico-sociale, et il continue *Les Travailleurs de la mer* par le décor spatial, par la relation entre l'océan et la mort, alors que le sentiment de la rupture et le drame de la proscription sociale établissent un lien indissoluble entre les trois romans de l'exil. Victor Hugo est frappé dans l'Angleterre du début du XVIIIe siècle par la cohabitation de la liberté et des survivances féodales, sensibles dans la rigueur inhumaine de la législation, la persistance des privilèges aristocratiques et l'arbitraire du pouvoir monarchique. Le droit reconnu à la liberté est sans cesse contredit par la partialité de la justice et le despotisme royal, mais aussi par la misère du peuple, le contraste outrageant de la richesse et de la pauvreté. «C'est de l'enfer des pauvres qu'est fait le paradis des riches» (II, II, XI). Le roman est, à travers les péripéties de l'intrigue et le discours de Gwynplaine à la Chambre des lords, une dénonciation des méfaits de la royauté, une mise en accusation de la classe aristocratique, qui abuse de ses prérogatives et exerce sur le peuple une oppression, comparable à celle des temps de la féodalité. Un fossé infranchissable sépare le haut et le bas de la société, nulle communication ne s'instaure, sinon à travers la tyrannie que la richesse impose à la pauvreté dans l'ignorance du mépris. La fatalité est, dans *L'Homme qui rit*, plus sociale que métaphysique, elle correspond, non à l'*ananké des choses*, comme dans *Les Travailleurs de la mer*, mais à l'*ananké des lois*, illustrée dans *Les Misérables*. Elle s'exprime sous la forme du mal social et du dénuement du peuple. Gwynplaine est un monstre défiguré et mutilé, non par la nature, mais par les hommes, le produit de la fatalité culturelle et la représentation de « la monstruosité sociale [8] ». La destinée, symbolisée dans le roman par la porte, apparaît comme un *piège*, contre lequel les personnages luttent vainement et par lequel ils sont vaincus. Selon une perspective rousseauiste, Gwynplaine oppose nature et société comme la dichotomie irréductible du principe spirituel du Bien et du principe physique du Mal. « La société est la marâtre. La nature est la mère. La société, c'est le monde du corps; la nature, c'est le monde de l'âme » (II, IX, II). Seule la nature peut promettre à l'homme, au-delà de la mort, « la transfiguration dans l'aurore » et au couple la résurrection stellaire.

Contre la société aristocratique de l'Angleterre, représentée par la Chambre des lords, Gwynplaine, qui est issu du *gouffre* et des *profondeurs,* se fait le défenseur de la cause du peuple, des opprimés et des deshérités. Il devient « le lord des pauvres », qui parle en leur nom, au nom de l'humanité souffrante et malheureuse, écrasée par la misère et l'injustice. Il s'élève contre la « Babel sociale », proclame la souveraineté du peuple et le droit à la démocratie par les moyens dont il dispose, c'est-à-dire par la puissance de la parole. « Je serai le Verbe du Peuple » (II, IX, II). Il prophétise le retour à la République, à laquelle son père est demeuré fidèle dans l'exil, l'avènement du « dégel sombre » et de « la rouge aurore de la catastrophe »; il entrevoit l'acheminement progressif de l'ombre vers la lumière et l'éclatement solaire de la vérité dans le futur. Il pressent que les faux paradis, établis sur les pouvoirs de la richesse, s'écrouleront devant les vrais paradis, où le peuple découvrira le bonheur et la liberté. De même qu'Enjolras, il déploie sa pensée dans l'espace de l'utopie et ébauche le rêve saint-simonien et fouriériste d'un âge d'or dont l'accomplissement est à venir. Gwynplaine est simultanément un être réel qui porte les stigmates de la souffrance et un être symbolique, figurant le destin de l'humanité.

— Qui suis-je ? je suis la misère, [...]
— Je suis un monstre. dites-vous. Non, je suis le peuple. [...] Vous êtes la chimère, et je suis la réalité. Je suis l'Homme. Je suis l'effrayant Homme qui rit [...]
— Je suis un symbole. [...] J'incarne tout. Je représente l'humanité telle que ses maîtres l'ont faite. L'homme est un mutilé. Ce qu'on m'a fait, on l'a fait au genre humain (II, VIII, VII).

Par sa grimace et sa difformité, Gwynplaine est un raccourci de l'humanité, opprimée par la fatalité sociale, il est l'*Homme*, qui échoue dans le présent et auquel l'avenir donnera raison. C'est le propre du discours utopique de déclencher le rire, d'être voué à la défaite dans l'actuel et de révéler la vérité de son contenu dans le futur. « Un avenir mythique est la seule issue au problème social », écrit Henri Meschonnic à propos de *L'Homme qui rit* [9]. Gwynplaine, héros mythique, vaincu dans le temps présent de l'histoire, énonce un langage prophétique dont la réalité sociale et éthique sera authentifiée demain. Comme la plupart des héros hugoliens, il vit et parle dans le temps de l'Apocalypse, qui est celui des changements et des résurrections.

Le discours mythique

« La raison d'être des mythologies et des polythéismes est là », déclare le narrateur (I, II, VII). Elle est présente pour expliquer l'« horreur sacrée » de l'ouragan, les aspects monstrueux de la nature et de l'homme, « les métamorphoses [qui] sont l'affaire des dieux » (II, III, IX), mais aussi la nature du héros, les fonctions qu'il assume dans le récit et les mutations auxquelles il est soumis par le destin. Héros mythique, Gwynplaine associe en lui l'exemplarité et la monstruosité ; sa conscience est partagée entre « l'adversité et la prospérité », elle est habitée par la confrontation de « ces deux frères ennemis, le fantôme pauvre et le fantôme riche », écartelée par la dualité : « Abel et Caïn dans le même homme » (II, VIII, IV). Alors que Gilliatt s'identifie avec Job, Gwynplaine est Job à rebours, « une sorte de contraire de Job », puisque la *prospérité* engendre en lui l'*adversité,* qu'elle lui impose les épreuves et les tentations qui consacrent son échec. Mais, dans l'enceinte de la Chambre des lords, il devient Prométhée par son aspect, par son drame et son discours, de même que le Satyre l'est en face des dieux de l'Olympe; il incarne, dans l'antinomie de l'ombre et de la clarté, la figure du Titan, non vainqueur, mais martyr, défiguré et terrassé.

> Qu'on s'imagine, sur la montagne réservée aux dieux, dans la fête d'une soirée sereine, toute la troupe des tout-puissants réunie, et la face de Prométhée, ravagée par les coups de bec du vautour, apparaissant tout à coup comme une lune sanglante à l'horizon. L'Olympe apercevant le Caucase, quelle vision! (II, VIII, VII [10].)

Pourtant Prométhée, malgré son échec, symbolise la révolte, celle de Lucifer, l'ange déchu et l'astre du matin, qui apporte la lumière, s'approche «un flambeau à la main», comme la promesse de l'émancipation.

L'opposition entre Dea et Josiane se traduit dans le roman à l'aide de référents mythologiques: la première est la Vierge céleste et stellaire, la *prêtresse,* la vestale à laquelle est confié le soin de perpétuer l'intégrité du feu, la seconde est la vierge impure et ambiguë, alliant la chasteté altière de Diane à l'écume trouble de Vénus, aux sortilèges de la magicienne et au délire sexuel de la bacchante. Josiane apparaît comme la *Titane* redoutable, terrestre et charnelle, qui veut engloutir le héros dans les eaux nocturnes de la perversité. Le feu entretient l'éclat rédempteur de l'étoile, l'onde dissimule les pièges de l'érotisme.

Le mythe central de *L'Homme qui rit* est toutefois le mythe biblique du paradis, perdu *ici-bas* par la complicité d'Ève, de Satan et du serpent, puis reconquis *là-haut* par l'union astrale des âmes. Le roman peut être lu comme une tentative d'instaurer le paradis sur la terre, en dépit des obstacles de la société et des entraves de la fatalité. Tant que Dea et Gwynplaine vivent dans la province anglaise et qu'ils n'ont pas gagné Londres, ils connaissent le bonheur, fondé par un mouvement de compensation sur «cette construction d'un éden par deux damnés» (II, II, V); ils se composent un univers paradisiaque, dont

Chaos vaincu est la figuration scénique dans sa « transparence d'avatar » et le couple se trouve « au cachot dans le paradis », lié par ses infirmités, par la réciprocité du sentiment et de la protection. Mais lorsque la duchesse Josiane vient assister au spectacle et que la troupe des bateleurs va s'établir à Londres, le serpent du mal social s'insinue dans le paradis pour en détruire l'harmonie, pour le transformer en un enfer terrestre. Londres est le lieu des épreuves, où Ève se corrompt dans la *captivité* de la chair et où Gwynplaine est exposé à la double tentation de l'éros et de la politique. Le héros, en proie à « un certain épaississement de chair », se distance de l'*ange* et recherche la *femme*, incarnant la force du désir sexuel, la fissure par laquelle le paradis a été perdu et par laquelle la séduction charnelle s'est introduite dans le monde.

> Car l'éden, c'est Ève; et Ève était une femelle, une mère charnelle, une nourrice terrestre, le ventre sacré des générations, la mamelle du lait inépuisable, la berceuse du monde nouveau-né; et le sein exclut les ailes [...].
> On calomnie le démon. Ce n'est pas lui qui a tenté Ève. C'est Ève qui l'a tenté. La femme a commencé (II, III, IX).

La rupture initiale n'a fait que s'aggraver avec l'action du temps et, au XVIII siècle, Ève « s'enferme dans l'éden avec Satan », en laissant Adam au *dehors*. La duchesse Josiane est la représentation réelle et mythique de cette dégradation, « l'Ève du gouffre », identifiée avec Satan; les fureurs de l'amour charnel sont figurées par le symbole traditionnel du serpent et, au regard de Gwynplaine, par celui de l'araignée, qui appartiennent tous deux, dans le bestiaire hugolien, à la fatalité du Mal, que ce soit celui de l'esprit ou celui de la chair. « Au centre de la toile, à l'endroit où est d'ordinaire l'araignée, Gwynplaine aperçut une chose formidable, une femme nue » (II, VII, III). A l'araignée se substitue le sexe, l'envers et le destructeur du paradis. Mais Gwynplaine n'est pas irresponsable, il a laissé pénétrer dans son être le serpent, qui l'a écarté de son destin spirituel et de Dea, le seul personnage du roman qui sache, par sa clairvoyance intuitive et son innocence, se soustraire aux risques de la tentation. Le vrai paradis n'est pas accessible durablement dans l'ici-bas, placé sous le signe de l'opacité des corps, il est dans l'espace terrestre une illusion prisonnière de l'éphémère : « Dieu nous avait donné un peu de paradis sur la terre, il nous l'a retiré » (Conclusion III). Il ne peut être conquis que dans l'au-delà céleste, dans l'union sidérale des âmes, qui est la voie mystique à laquelle Dea initie Gwynplaine par la réconciliation de l'amour et de la lumière.

L'Homme qui rit est, de tous les romans de Hugo, le plus étrange et le plus baroque, peut-être le plus surréaliste avant la lettre. Il l'est par son décor nocturne et onirique [11], par l'attention aux phénomènes du cauchemar et de la voyance, par le goût de la monstruosité et le penchant à l'humour noir. Victor Hugo paraît céder ici plus que dans les autres œuvres narratives à une certaine immédiateté de l'écriture, à un certain délire verbal, perceptible dans les monologues d'Ursus et dans les digressions du narrateur. C'est toutefois à travers sa mythologie féminine que *L'Homme qui rit* annonce essentiellement le surréalisme, à travers le contraste de Dea et de Josiane : la première correspond à l'image de la *femme-enfant,* au pôle lumineux de l'amour salvateur, établi sur la complémentarité des sexes, tandis que la seconde se confond avec la *sorcière,* le pôle ténébreux de l'amour, qui débouche sur la catastrophe et la mort [12]. *L'Homme qui rit* préfigure le surréalisme par son interrogation sur les mystères et les vertiges de l'esprit humain, par son exploration des puissances irrationnelles aux frontières de l'inconnu et de l'interdit, où se produit cette « métamorphose du clair-obscur » qui, soustraite au cheminement de la pensée discursive, ranime le flamboiement à la fois lumineux et noir de l'imagination.

Marc EIGELDINGER
et Gérald SCHAEFFER.

NOTES

1. *Mythographies*, p. 219.
2. *Ibid.*, p. 219 et 220.
3. Les Belles Lettres, 1961, p. 33.
4. J.-B. Barrère précise que Gwynplaine joue au contraire le rôle de « voyeur involontaire », lorsqu'il surprend Josiane nue. *La Fantaisie de Victor Hugo*, t. II, p. 417.
5. *Mythographies*, p. 210.
6. Consulter Léon Cellier, *Parcours initiatiques*, p. 164-175, et Pierre Albouy, *Mythographies*, p. 197-198 et suivantes. On peut toutefois se demander si *Les Travailleurs de la mer* ne répondent pas avec autant de pertinence aux critères du roman initiatique. Cf. notre introduction, Garnier-Flammarion, 1980, p. 29-37).
7. Il s'agit là d'une lecture possible parmi d'autres qu'elle n'exclut pas, en particulier celle que propose Pierre Albouy et qui repose sur l'alternance de l'ascension et de la chute. « Ce renversement constant de la mort en naissance et de la naissance en mort, de l'ascension en chute et de la chute en ascension, constitue sans doute la structure fondamentale de *L'Homme qui rit*. » *Mythographies*, p. 200. Cf. également p. 206-207.
8. Pierre Albouy, *La Création mythologique chez Victor Hugo*, p. 246.
9. *Écrire Hugo*, t. II, p. 168.
10. Sur le mythe titanique et l'analogie entre « Le Satyre » et Gwynplaine, consulter Pierre Albouy, *La Création mythologique chez Victor Hugo*, p. 243-253. « Gwynplaine est le plus douloureux des titans hugoliens. Il a échoué » — du moins au niveau de sa destinée terrestre et sociale.
11. Comme l'a montré J.-B. Barrère, *La Fantaisie de Victor Hugo*, t. II, p. 412.
12. Voir André Breton, *Arcane 17*, Le Sagittaire, 1947, et Benjamin Péret, « Le Noyau de la comète », introduction à son *Anthologie de l'amour sublime*, Albin Michel, 1956. Il importe pourtant de relever une différence essentielle, c'est que le surréalisme entreprend de réhabiliter la chair, alors que *L'Homme qui rit* la condamne comme « le dessus de l'inconnu », vouant à l'échec l'aventure terrestre de l'amour.

BIBLIOGRAPHIE
(Victor Hugo romancier)

Textes

L'Homme qui rit, édition *ne varietur*, Hetzel-Quantin, 1883. *C'est le texte que reproduit la présente édition.*

L'Homme qui rit, Librairie Polo, illustrations de D. Vierge, s.d.

L'Homme qui rit, dans *Œuvres complètes*, Roman, VIII, Imprimerie Nationale et Librairie Ollendorf, 1907.

L'Homme qui rit, dans *Œuvres complètes*, t. XIV/1, édition chronologique publiée sous la direction de Jean Massin, Club français du livre, 1972.

Correspondance, dans *O. C.*, t. XIV/2, Club français du livre, 1972.

Études

ALBOUY (Pierre), *La Création mythologique chez Victor Hugo*, José Corti, 1963.
ALBOUY (Pierre), *Mythographies*, José Corti, 1976.
BARRÈRE (Jean-Bertrand), *La Fantaisie de Victor Hugo*, vol. I et II, José Corti, 1949 et 1960. Nouveau tirage, Klincksieck, 1972 et 1973.
BARRÈRE (Jean-Bertrand), *Hugo, l'homme et l'œuvre*, nouvelle édition revue et mise à jour, Hatier, 1967.
BAUDOUIN (Charles), *Psychanalyse de Victor Hugo*, Ge-

nève, Éditions du Mont-Blanc, 1943. Nouvelle édition, Armand Colin, 1972.
BERRET (Paul), *Victor Hugo*, nouvelle édition, Garnier, 1939.
BROCHU (André), *Hugo, amour / crime / révolution, essai sur « Les Misérables »*, Les Presses de l'Université de Montréal, 1974.
BUTOR (Michel), « Victor Hugo romancier » dans *Répertoire* II, Éditions de Minuit, 1964.
CELLIER (Léon), *Parcours initiatiques*, Neuchâtel, La Baconnière, et Presses Universitaires de Grenoble, 1977.
EIGELDINGER (Marc), « La Voyance avant Rimbaud » dans Arthur Rimbaud, *Lettres du voyant*, Genève et Paris, Droz et Minard, 1975 (en collaboration avec Gérald Schaeffer).
GOHIN (Yves), *Sur l'emploi des mots immanent et immanence chez Victor Hugo*, Archives des lettres modernes, 1968.
GUILLEMIN (Henri), « Hugo et le rêve », *Mercure de France*, mai 1951.
JOURNET (René) et ROBERT (Guy), *Le Mythe du peuple dans « Les Misérables »*, Éditions sociales, 1964.
LEY-DEUTSCH (Maria), *Le Gueux chez Victor Hugo*, Droz, 1936.
MESCHONNIC (Henri), *Écrire Hugo*, t. II, Gallimard, 1977.
PIROUÉ (Georges), *Victor Hugo romancier ou les dessus de l'inconnu*, Denoël, 1964.
RIFFATERRE (Michael), « La Vision hallucinatoire chez Victor Hugo » dans *Essais de stylistique structurale*, trad. de D. Delas, Flammarion, 1971.
SAURAT (Denis), *Victor Hugo et les dieux du peuple*, La Colombe, 1948.
VIATTE (Auguste), *Victor Hugo et les illuminés de son temps*, Montréal, Éditions de l'Arbre, 1942.
VILLIERS (Charles), *L'Univers métaphysique de Victor Hugo*, J. Vrin, 1970.
WEBER (Jean-Paul), « Hugo » dans *Genèse de l'œuvre poétique*, Gallimard, 1960.

Hommage à Victor Hugo, Centenaire des « Misérables »,
    Strasbourg, Faculté des lettres, 1962.
Hugo, Revue des sciences humaines, Lille, n° 156, 1974.
Victor Hugo, L'Arc, n° 57, 1974.

Sauf indication contraire les notes en bas de page sont de l'auteur.

Au sujet du vocabulaire technique de la marine, consulter le *Dictionnaire de la langue française* de Littré ou le glossaire des termes de marine dans *Les Travailleurs de la mer*, même collection, Flammarion, 1980, pp. 597-603.

L'HOMME QUI RIT

De l'Angleterre [1] tout est grand, même ce qui n'est pas bon, même l'oligarchie. Le patriciat anglais, c'est le patriciat, dans le sens absolu du mot. Pas de féodalité plus illustre, plus terrible et plus vivace. Disons-le, cette féodalité a été utile à ses heures. C'est en Angleterre que ce phénomène, la Seigneurie, veut être étudié, de même que c'est en France qu'il faut étudier ce phénomène, la Royauté.

Le vrai titre de ce livre serait *l'Aristocratie*. Un autre livre, qui suivra, pourra être intitulé *la Monarchie*. Et ces deux livres, s'il est donné à l'auteur d'achever ce travail, en précéderont et en amèneront un autre qui sera intitulé : *Quatrevingt-treize* [2].

Hauteville-House, 1869.

PREMIÈRE PARTIE

LA MER ET LA NUIT

DEUX CHAPITRES PRÉLIMINAIRES

I. URSUS
II. LES COMPRACHICOS

I

URSUS

I

Ursus et Homo [3] étaient liés d'une amitié étroite. Ursus était un homme, Homo était un loup. Leurs humeurs s'étaient convenues. C'était l'homme qui avait baptisé le loup. Probablement il s'était aussi choisi lui-même son nom ; ayant trouvé *Ursus* bon pour lui, il avait trouvé *Homo* bon pour la bête. L'association de cet homme et de ce loup profitait aux foires, aux fêtes de paroisse, aux coins de rues où les passants s'attroupent, et au besoin qu'éprouve partout le peuple d'écouter des sornettes et d'acheter de l'orviétan. Ce loup, docile et gracieusement subalterne, était agréable à la foule. Voir des apprivoisements est une chose qui plaît. Notre suprême contentement est de regarder défiler toutes les variétés de la domestication. C'est ce qui fait qu'il y a tant de gens sur le passage des cortèges royaux.

Ursus et Homo allaient de carrefour en carrefour, des places publiques d'Aberystwith aux places publiques de Yeddburg, de pays en pays, de comté en comté, de ville en ville. Un marché épuisé, ils passaient à l'autre. Ursus habitait une cahute roulante qu'Homo, suffisamment civilisé, traînait le jour et gardait la nuit. Dans les routes difficiles, dans les montées, quand il y avait trop d'ornière et trop de boue, l'homme se bouclait la bricole au cou et tirait fraternellement, côte à côte avec le loup. Ils avaient ainsi vieilli ensemble. Ils campaient à l'aventure dans une friche, dans une clairière, dans la patte d'oie d'un entre-croisement de routes, à l'entrée des hameaux, aux portes des bourgs, dans les halles, dans les mails publics, sur la lisière des parcs, sur les parvis d'églises. Quand la carriole s'arrêtait dans quelque champ de foire, quand les commères accouraient béantes, quand les curieux faisaient cercle, Ursus pérorait, Homo approuvait. Homo, une sébile dans sa gueule, faisait poliment la quête dans l'assistance. Ils gagnaient leur vie. Le loup était lettré, l'homme aussi [4]. Le loup avait été dressé par l'homme, ou s'était dressé tout seul, à diverses gentillesses de loup qui contribuaient à la recette. — Surtout ne dégénère pas en homme, lui disait son ami.

Le loup ne mordait jamais, l'homme quelquefois. Du moins, mordre était la prétention d'Ursus. Ursus était un misanthrope, et, pour souligner sa misanthropie, il s'était fait bateleur. Pour vivre aussi, car l'estomac impose ses conditions. De plus ce bateleur misanthrope, soit pour se compliquer, soit pour se compléter, était médecin. Médecin c'est peu, Ursus était ventriloque. On le voyait parler sans que sa bouche remuât. Il copiait, à s'y méprendre, l'accent et la prononciation du premier venu ; il imitait les voix à croire entendre les personnes. A lui tout seul, il faisait le murmure d'une foule, ce qui lui donnait droit au titre d'*engastrimythe*. Il le prenait. Il reproduisait toutes sortes de cris d'oiseaux, la grive, le grasset, l'alouette pépi, qu'on nomme aussi la béguinette, le merle à plastron blanc, tous voyageurs comme lui ; de façon que, par instants, il vous faisait entendre, à son gré, ou une place publique couverte de rumeurs humaines, ou une prairie pleine de voix bestiales ; tantôt orageux comme une multitude, tantôt puéril et serein comme l'aube [5]. — Du reste, ces talents-là, quoique rares, existent. Au siècle dernier, un nommé Touzel, qui imitait les cohues mêlées d'hommes et d'animaux et qui copiait tous les cris de bêtes, était attaché à la personne de Buffon en qualité de ménagerie. — Ursus était sagace, invraisemblable [6], et curieux, et enclin aux explications singulières, que nous appelons fables. Il avait l'air d'y croire. Cette effronterie faisait partie de sa malice. Il regardait dans la main des quidams, ouvrait des livres au hasard et concluait, prédisait les sorts, enseignait qu'il est dangereux de rencontrer une jument noire et plus dangereux encore de s'entendre, au moment où l'on part pour un voyage, appeler par quelqu'un qui ne sait pas où vous allez, et il s'intitulait « marchand de superstition ». Il disait : « Il y a entre l'archevêque de Cantorbéry et moi une différence ; moi, j'avoue. » Si bien que l'archevêque, justement indigné, le fit un jour venir ; mais Ursus, adroit, désarma sa grâce en lui récitant un sermon de lui Ursus sur le saint jour de Christmas que l'archevêque, charmé, apprit par cœur, débita en chaire et publia, comme de lui archevêque. Moyennant quoi, il pardonna.

Ursus, médecin, guérissait, parce que ou quoique. Il pratiquait les aromates. Il était versé dans les simples [7]. Il tirait parti de la profonde puissance qui est dans un tas de plantes dédaignées, la coudre moissine, la bourdaine blanche, le hardeau, la mancienne, la bourg-épine, la viorne, le nerprun. Il traitait la phtisie par la ros solis ; il usait à propos des feuilles du tithymale qui, arrachées par le bas, sont un purgatif, et, arrachées par le haut, sont un vomitif ; il vous ôtait un mal de gorge au moyen de l'excroissance végétale dite *oreille de juif ;* il savait quel est le jonc qui guérit le bœuf, et quelle est la menthe qui guérit le cheval ; il était au fait des beautés et des bontés de l'herbe mandragore qui, personne ne l'ignore, est homme et femme [8]. Il avait des recettes. Il guérissait les brûlures avec de la laine de salamandre, de laquelle Néron, au dire de Pline, avait une serviette. Ursus possédait une cornue et un matras [9] ; il faisait de la transmutation ; il vendait des panacées. On contait de lui qu'il avait été jadis un peu enfermé à Bedlam ; on lui avait fait l'honneur de le prendre pour un insensé, mais on l'avait relâché, s'apercevant qu'il n'était qu'un poète. Cette histoire n'était probablement pas vraie ; nous avons tous de ces légendes que nous subissons.

La réalité est qu'Ursus était savantasse, homme de goût, et vieux poète latin. Il était docte sous les deux espèces, il hippocratisait et il pindarisait [10]. Il eut concouru en phébus avec Rapin et Vida. Il eut composé d'une façon non moins triomphante que le Père Bouhours des tragédies jésuites. Il résultait de sa familiarité avec les vénérables rythmes et mètres des anciens qu'il avait des images à lui, et toute une famille de métaphores classiques. Il disait d'une mère précédée de ses deux filles : *c'est un dactyle* [11], d'un père suivi de ses deux fils : *c'est un anapeste,* et d'un petit enfant marchant entre son grand-père et sa grand-mère : *c'est un amphimacre.* Tant de science ne pouvait aboutir qu'à la famine. L'école de Salerne [12] dit : « Mangez peu et souvent. » Ursus mangeait peu et rarement ; obéissant ainsi à une moitié du précepte et désobéissant à l'autre ; mais c'était la faute du public, qui n'affluait pas toujours et n'achetait pas fréquemment. Ursus disait : « — L'expectoration d'une sentence soulage. Le loup est consolé par le hurlement, le mouton par la laine, la forêt par la fauvette, la femme par l'amour, et le philosophe par l'épiphonème [13]. » Ursus, au besoin, fabriquait des comédies qu'il jouait à peu près ; cela aide à vendre les drogues. Il avait, entre autres œuvres, composé une bergerade héroïque en l'honneur du chevalier Hugh Middleton qui, en 1608, apporta à Londres une rivière. Cette rivière était tranquille dans le comté de Hartford, à soixante milles de Londres ; le chevalier Middleton vint et la prit ; il amena une brigade de six cents hommes armés de pelles et de pioches, se mit à remuer la terre, la creusant ici, l'élevant là, parfois vingt-pieds haut, parfois trente pieds profond, fit des aqueducs de bois en l'air, et çà et là huit cents ponts, de pierre, de brique, de madriers, et un beau matin, la rivière entra dans Londres, qui manquait d'eau. Ursus transforma tous ces détails vulgaires en une belle bucolique entre le fleuve Tamise et la rivière Serpentine ; le fleuve invitait la rivière à venir chez lui, et lui offrait son lit, et lui disait : « — Je suis trop vieux pour plaire aux femmes, mais je suis assez riche pour les payer. » — Tour ingénieux et galant pour exprimer que sir Hugh Middleton avait fait tous les travaux à ses frais.

Ursus était remarquable dans le soliloque. D'une complexion farouche et bavarde, ayant le désir de ne voir personne et le besoin de parler à quelqu'un, il se tirait d'affaire en se parlant à lui-même. Quiconque a vécu solitaire sait à quel point le monologue est dans la nature. La parole intérieure démange. Haranguer l'espace est un exutoire. Parler tout haut et tout seul, cela fait l'effet d'un dialogue avec le dieu qu'on a en soi. C'était, on ne l'ignore point, l'habitude de Socrate. Il se pérorait. Luther aussi. Ursus tenait de ces grands hommes. Il avait cette faculté hermaphrodite [14] d'être son propre auditoire. Il s'interrogeait et se répondait; il se glorifiait et s'insultait. On l'entendait de la rue monologuer dans sa cahute. Les passants, qui ont leur manière à eux d'apprécier les gens d'esprit, disaient: c'est un idiot. Il s'injuriait parfois, nous venons de le dire, mais il y avait aussi des heures où il se rendait justice. Un jour, dans une de ces allocutions qu'il s'adressait à lui-même, on l'entendit s'écrier: — J'ai étudié le végétal dans tous ses mystères, dans la tige, dans le bourgeon, dans la sépale, dans le pétale, dans l'étamine, dans la carpelle, dans l'ovule, dans la thèque, dans la sporange, et dans l'apothécion. J'ai approfondi la chromatie, l'osmosie, et la chymosie, c'est-à-dire la formation de la couleur, de l'odeur et de la saveur. — Il y avait sans doute, dans ce certificat qu'Ursus délivrait à Ursus, quelque fatuité, mais que ceux qui n'ont point approfondi la chromatie, l'osmosie, et la chymosie, lui jettent la première pierre.

Heureusement Ursus n'était jamais allé dans les Pays-Bas. On l'y eût certainement voulu peser pour savoir s'il avait le poids normal au-delà ou en deçà duquel un homme est sorcier. Ce poids en Hollande était sagement fixé par la loi. Rien n'était plus simple et plus ingénieux. C'était une vérification. On vous mettait dans un plateau, et l'évidence éclatait si vous rompiez l'équilibre; trop lourd, vous étiez pendu; trop léger, vous étiez brûlé. On peut voir encore aujourd'hui, à Oudewater, la balance à peser les sorciers, mais elle sert maintenant à peser les fromages, tant la religion a dégénéré [15]! Ursus eût eu certainement maille à partir avec cette balance. Dans ses voyages, il s'abstint de la Hollande, et fit bien. Du reste, nous croyons qu'il ne sortait point de la Grande-Bretagne.

Quoi qu'il en fût, étant très pauvre et très âpre, et ayant fait dans un bois la connaissance d'Homo, le goût de la vie errante lui était venu. Il avait pris ce loup en commandite, et il s'en était allé avec lui par les chemins, vivant, à l'air libre, de la grande vie du hasard. Il avait beaucoup d'industrie et d'arrière-pensée et un grand art en toute chose pour guérir, opérer, tirer les gens de maladie, et accomplir des particularités surprenantes; il était considéré comme bon saltimbanque et bon médecin; il passait aussi, on le comprend, pour magicien; un peu, pas trop; car il était malsain à cette époque d'être cru ami du diable. A vrai dire, Ursus, par passion de pharmacie et amour des plantes, s'exposait, vu qu'il allait souvent cueillir des herbes dans les fourrés bourrus où sont les salades de Lucifer, et où l'on risque, comme l'a constaté le conseiller De l'Ancre, de rencontrer dans la brouée [16] du soir un homme qui sort de terre, « borgne de l'œil droit, sans manteau, l'épée au côté, pieds nus et deschaux ». Ursus du reste, quoique d'allure et de tempérament bizarres, était trop galant homme pour attirer ou chasser la grêle, faire paraître des faces, tuer un homme du tourment de trop danser, suggérer des songes clairs ou tristes et pleins d'effroi, et faire naître des coqs à quatre ailes; il n'avait pas de ces méchancetés-là. Il était incapable de certaines abominations. Comme, par exemple, de parler allemand, hébreu ou grec, sans l'avoir appris, ce qui est le signe d'une scélératesse exécrable, ou d'une maladie naturelle procédant de quelque humeur mélancolique. Si Ursus parlait latin, c'est qu'il le savait. Il ne se serait point permis de parler syriaque, attendu qu'il ne le savait pas; en outre, il est avéré que le syriaque est la langue des sabbats. En médecine, il préférait correctement Galien à Cardan, Cardan, tout savant homme qu'il est, n'étant qu'un ver de terre au respect de Galien.

En somme, Ursus n'était point un personnage inquiété par la police. Sa cahute était assez longue et assez large pour qu'il pût s'y coucher sur un coffre où étaient ses hardes, peu somptueuses. Il était propriétaire d'une lanterne, de plusieurs perruques, et de quelques ustensiles accrochés à des clous, parmi lesquels des instruments de musique. Il possédait en outre une peau d'ours dont il se couvrait les jours de grande performance; il appelait cela se mettre en costume. Il disait : *J'ai deux peaux; voici la vraie.* Et il montrait la peau d'ours. La cahute à roues était à lui et au loup. Outre sa cahute, sa cornue et son loup, il avait une flûte et une viole de gambe, et il en jouait agréablement. Il fabriquait lui-même ses élixirs. Il tirait de ses talents de quoi souper quelquefois. Il y avait au plafond de sa cahute un trou par où passait le tuyau d'un poêle de fonte contigu à son coffre, assez pour roussir le bois. Ce poêle avait deux compartiments; Ursus dans l'un faisait cuire de l'alchimie, et dans l'autre des pommes de terre [17]. La nuit, le loup dormait sous la cahute, amicalement enchaîné. Homo avait le poil noir, et Ursus le poil gris; Ursus avait cinquante ans, à moins qu'il n'en eût soixante. Son acceptation de la destinée humaine était telle, qu'il mangeait, on vient de le voir, des pommes de terre, immondice dont on nourrissait alors les pourceaux et les forçats. Il mangeait cela, indigné et résigné. Il n'était pas grand, il était long. Il était ployé et mélancolique. La taille courbée du vieillard, c'est le tassement de la vie. La nature l'avait fait pour être triste. Il lui était difficile de sourire et il lui avait toujours été impossible de pleurer. Il lui manquait cette consolation, les larmes, et ce palliatif, la joie. Un vieux homme est une ruine pensante; Ursus était cette ruine-là. Une loquacité de charlatan, une maigreur de prophète, une irascibilité de mine chargée, tel était Ursus. Dans sa jeunesse il avait été philosophe chez un lord [18].

Cela se passait il y a cent quatre-vingts ans, du temps que les hommes étaient un peu plus des loups qu'ils ne sont aujourd'hui.

Pas beaucoup plus [19].

II

Homo n'était pas le premier loup venu [20]. A son appétit de nèfles et de pommes, on l'eût pris pour un loup de prairie, à son pelage foncé, on l'eût pris pour un lycaon, et à son hurlement atténué en aboiement, on l'eût pris pour un culpeu ; mais on n'a point encore assez observé la pupille du culpeu pour être sûr que ce n'est point un renard, et Homo était un vrai loup. Sa longueur était de cinq pieds, ce qui est une belle longueur de loup, même en Lituanie ; il était très fort ; il avait le regard oblique [21], ce qui n'était pas sa faute ; il avait la langue douce, et il en léchait parfois Ursus ; il avait une étroite brosse de poils courts sur l'épine dorsale, et il était maigre d'une bonne maigreur de forêt [22]. Avant de connaître Ursus et d'avoir une carriole à traîner, il faisait allégrement ses quarante lieues dans une nuit. Ursus, le rencontrant dans un hallier, près d'un ruisseau d'eau vive, l'avait pris en estime en le voyant pêcher des écrevisses avec sagesse et prudence, et avait salué en lui un honnête et authentique loup Koupara, du genre dit chien crabier.

Ursus préférait Homo, comme bête de somme, à un âne. Faire tirer sa cahute à un âne lui eût répugné ; il faisait trop cas de l'âne pour cela. En outre, il avait remarqué que l'âne, songeur à quatre pattes peu compris des hommes, a parfois un dressement d'oreilles inquiétant quand les philosophes disent des sottises [23]. Dans la vie, entre notre pensée et nous, un âne est un tiers ; c'est gênant. Comme ami, Ursus préférait Homo à un chien, estimant que le loup vient de plus loin vers l'amitié.

C'est pourquoi Homo suffisait à Ursus. Homo était pour Ursus plus qu'un compagnon, c'était un analogue. Ursus lui tapait ses flancs creux en disant : *J'ai trouvé mon tome second* [24].

Il disait encore : Quand je serai mort, qui voudra me connaître n'aura qu'à étudier Homo. Je le laisserai après moi pour copie conforme.

La loi anglaise, peu tendre aux bêtes des bois, eût pu chercher querelle à ce loup et le chicaner sur sa hardiesse d'aller familièrement dans les villes ; mais Homo profitait de l'immunité accordée par un statut d'Édouard IV aux « domestiques ». — *Pourra tout domestique suivant son maître aller et venir librement.* — En outre, un certain relâchement à l'endroit des loups était résulté de la mode des femmes de la cour, sous les derniers Stuarts, d'avoir, en guise de chiens, de petits loups-corsacs, dits adives, gros comme des chats, qu'elles faisaient venir d'Asie à grands frais.

Ursus avait communiqué à Homo une partie de ses talents, se tenir debout, délayer sa colère en mauvaise humeur, bougonner au lieu de hurler, etc.; et de son côté le loup avait enseigné à l'homme ce qu'il savait, se passer de toit, se passer de pain, se passer de feu, préférer la faim dans un bois à l'esclavage dans un palais[25].

La cahute, sorte de cabane-voiture[26] qui suivait l'itinéraire le plus varié, sans sortir pourtant d'Angleterre et d'Écosse, avait quatre roues, plus un brancard pour le loup, et un palonnier pour l'homme. Ce palonnier était l'en-cas des mauvais chemins. Elle était solide bien que bâtie en planches légères comme un colombage. Elle avait à l'avant une porte vitrée avec un petit balcon servant aux harangues, tribune mitigée de chaire, et à l'arrière une porte pleine trouée d'un vasistas. L'abattement d'un marche-pied de trois degrés tournant sur charnière et dressé derrière la porte à vasistas donnait entrée dans la cahute, bien fermée la nuit de verrous et de serrures. Il avait beaucoup plu et beaucoup neigé dessus. Elle avait été peinte, mais on ne savait plus trop de quelle couleur, les changements de saison étant pour les carrioles comme les changements de règne pour les courtisans. A l'avant, au-dehors, sur une espèce de frontispice en volige, on avait pu jadis déchiffrer cette inscription, en caractères noirs sur fond blanc, lesquels s'étaient peu à peu mêlés et confondus:

« L'or perd annuellement par le frottement un quatorze centième de son volume; c'est ce qu'on nomme le *frai;* d'où il suit que, sur quatorze cents millions d'or circulant par toute la terre, il se perd tous les ans un million. Ce million d'or s'en va en poussière, s'envole, flotte, est atome, devient respirable, charge, dose, leste et appesantit les consciences, et s'amalgame avec l'âme des riches qu'il rend superbes et avec l'âme des pauvres qu'il rend farouches. »

Cette inscription, effacée et biffée par la pluie et par la

bonté de la providence, était heureusement illisible, car il est probable qu'à la fois énigmatique et transparente [27], cette philosophie de l'or respiré n'eût pas été du goût des shériffs, prévôts, marshalls [28], et autres porte-perruques de la loi. La législation anglaise ne badinait pas dans ce temps-là. On était aisément félon. Les magistrats se montraient féroces par tradition, et la cruauté était de routine. Les juges d'inquisition pullulaient. Jeffrys [29] avait fait des petits.

III

Dans l'intérieur de la cahute il y avait deux autres inscriptions. Au-dessus du coffre, sur la paroi de planches lavée à l'eau de chaux, on lisait ceci, écrit à l'encre et à la main :

« SEULES CHOSES QU'IL IMPORTE DE SAVOIR [30].

« Le baron pair d'Angleterre porte un tortil à six perles.
« La couronne commence au vicomte.
« Le vicomte porte une couronne de perles sans nombre, le comte une couronne de perles sur pointes entremêlées de feuilles de fraisier plus basses; le marquis, perles et feuilles d'égale hauteur; le duc, fleurons sans perles; le duc royal, un cercle de croix et de fleurs de lys; le prince de Galles, une couronne pareille à celle du roi, mais non fermée.
« Le duc est *très haut et très puissant prince ;* le marquis et le comte, *très noble et puissant seigneur ;* le vicomte, *noble et puissant seigneur ;* le baron, *véritablement seigneur.*
« Le duc est *grâce ;* les autres pairs sont *seigneurie.*
« Les lords sont inviolables.
« Les pairs sont chambre et cour, *concilium et curia,* législature et justice.
« Most honourable » est plus que « right honourable ».
« Les lords pairs sont qualifiés « lords de droit »; les lords non pairs sont « lords de courtoisie »; il n'y a de lords que ceux qui sont pairs.

« Le lord ne prête jamais serment, ni au roi, ni en justice. Sa parole suffit. Il dit : *sur mon honneur*.

« Les communes, qui sont le peuple, mandées à la barre des lords, s'y présentent humblement, tête nue, devant les pairs couverts.

« Les communes envoient aux lords les bills par quarante membres qui présentent le bill avec trois révérences profondes.

« Les lords envoient aux communes les bills par un simple clerc.

« En cas de conflit, les deux chambres confèrent dans la chambre peinte, les pairs assis et couverts, les communes debout et nu-tête.

« D'après une loi d'Édouard VI, les lords ont le privilège d'homicide simple. Un lord qui tue un homme simplement n'est pas poursuivi.

« Les barons ont le même rang que les évêques.

« Pour être baron pair, il faut relever du roi *per baronian integram*, par baronie entière.

« La baronie entière se compose de treize fiefs nobles et un quart, chaque fief noble étant de vingt livres sterling, ce qui monte à quatre cents marcs.

« Le chef de baronie, *caput baroniæ*, est un château héréditairement régi comme l'Angleterre elle-même ; c'est-à-dire ne pouvant être dévolu aux filles qu'à défaut d'enfants mâles, et en ce cas allant à la fille aînée, *cæteris filiabus aliunde satisfactis**.

« Les barons ont la qualité de *lord*, du saxon *laford*, du grand latin *dominus* et du bas latin *lordus*.

« Les fils aînés et puînés des vicomtes et barons sont les premiers écuyers du royaume.

« Les fils aînés des pairs ont le pas sur les chevaliers de la Jarretière ; les fils puînés, point.

« Le fils aîné d'un vicomte marche après tous les barons et avant tous les baronnets.

---

*. Ce qui revient à dire : on pourvoit les autres filles comme on peut. (*Note d'Ursus*. En marge du mur.)

« Toute fille de lord est *lady*. Les autres filles anglaises sont *miss*.

« Tous les juges sont inférieurs aux pairs. Le sergent a un capuchon de peau d'agneau ; le juge a un capuchon de menu vair, *de minuto vario*, quantité de petites fourrures blanches de toutes sortes, hors l'hermine. L'hermine est réservée aux pairs et au roi.

« On ne peut accorder de *supplicavit* contre un lord.

« Un lord ne peut être contraint par corps. Hors le cas de Tour de Londres.

« Un lord appelé chez le roi a le droit de tuer un daim ou deux dans le parc royal.

« Le lord tient dans son château cour de baron.

« Il est indigne d'un lord d'aller dans les rues avec un manteau suivi de deux laquais. Il ne peut se montrer qu'avec un grand train de gentilshommes domestiques.

« Les pairs se rendent au parlement en carrosses à la file ; les communes, point. Quelques pairs vont à Westminster en chaises renversées à quatre roues. La forme de ces chaises et de ces carrosses armoriés et couronnés n'est permise qu'aux lords et fait partie de leur dignité.

« Un lord ne peut être condamné à l'amende que par les lords, et jamais à plus de cinq schellings, excepté le duc, qui peut être condamné à dix.

« Un lord peut avoir chez lui six étrangers. Tout autre anglais n'en peut avoir que quatre.

« Un lord peut avoir huit tonneaux de vin sans payer de droits.

« Le lord est seul exempt de se présenter devant le shériff de circuit.

« Le lord ne peut être taxé pour la milice.

« Quand il plaît à un lord, il lève un régiment et le donne au roi ; ainsi font leurs grâces le duc d'Athol, le duc de Hamilton, et le duc de Northumberland.

« Le lord ne relève que des lords.

« Dans les procès d'intérêt civil, il peut demander son renvoi de la cause, s'il n'y a pas au moins un chevalier parmi les juges.

« Le lord nomme ses chapelains.

« Un baron nomme trois chapelains; un vicomte, quatre; un comte et un marquis, cinq; un duc, six.

« Le lord ne peut être mis à la question, même pour haute trahison.

« Le lord ne peut être marqué à la main.

« Le lord est clerc, même ne sachant pas lire. Il sait de droit.

« Un duc se fait accompagner par un dais partout où le roi n'est pas; un vicomte a un dais dans sa maison; un baron a un couvercle d'essai et se le fait tenir sous la coupe pendant qu'il boit; une baronne a le droit de se faire porter la queue par un homme en présence d'une vicomtesse.

« Quatre-vingt-six lords, ou fils aînés de lords, président aux quatre-vingt-six tables, de cinq cents couverts chacune, qui sont servies chaque jour à sa majesté dans son palais aux frais du pays environnant la résidence royale.

« Un roturier qui frappe un lord a le poing coupé.

« Le lord est à peu près roi.

« Le roi est à peu près Dieu.

« La terre est une lordship.

« Les Anglais disent à Dieu *milord*[31]. »

Vis-à-vis cette inscription, on en lisait une deuxième écrite de la même façon, et que voici :

« SATISFACTIONS QUI DOIVENT SUFFIRE
A CEUX QUI N'ONT RIEN[32].

« Henri Auverquerque, comte de Grantham, qui siège à la chambre des lords entre le comte de Jersey et le comte de Greenwich, a cent mille livres sterling de rente. C'est à sa seigneurie qu'appartient le palais Grantham-Terrace, bâti tout en marbre, et célèbre par ce qu'on appelle le labyrinthe des corridors, qui est une curiosité où il y a le corridor incarnat en marbre de Sarancolin, le corridor brun en lumachelle d'Astracan, le corridor blanc en marbre de Lani, le corridor noir en marbre d'Alabanda, le corridor gris en marbre de Staremma, le corridor jaune en marbre de Hesse, le corridor vert en marbre du Tyrol, le corridor rouge mi-parti griotte de Bohême et lumachelle de Cardone, le corridor bleu en turquin de Gênes, le corridor violet en granit de Catalogne, le corridor deuil, veiné blanc et noir, en schiste de Murviedro, le corridor rose en cipolin des Alpes, le corridor perle en lumachelle de Nonette, et le corridor de toutes couleurs, dit corridor courtisan [33], en brèche arlequine.

« Richard Lowther, vicomte Lonsdale, a Lowther, dans le Westmoreland, qui est d'un abord fastueux et dont le perron semble inviter les rois à entrer.

« Richard, comte de Scarborough, vicomte et baron Lumley, vicomte de Waterford en Irlande, lord-lieutenant et vice-amiral du comté de Northumberland, et de Durham, ville et comté, a la double châtellenie de Stansted, l'antique et la moderne, où l'on admire une superbe grille en demi-cercle entourant un bassin avec jet d'eau incomparable. Il a de plus son château de Lumley.

« Robert Darcy, comte de Holderness, a son domaine de Holderness, avec tours de baron, et des jardins infinis à la française où il se promène en carrosse à six chevaux précédé de deux piqueurs, comme il convient à un pair d'Angleterre.

« Charles Beauclerk, duc de Saint-Albans, comte de Burford, baron Heddington, grand fauconnier d'Angleterre, a une maison à Windsor, royale à côté de celle du roi.

« Charles Bodville, lord Robartes, baron Truro, vicomte Bodmyn, a Wimple en Cambridge, qui fait trois palais avec trois frontons, un arqué et deux triangulaires. L'arrivée est à quadruple rang d'arbres.

« Le très noble et très puissant lord Philippe Herbert, vicomte de Caërdif, comte de Montgomeri, comte de Pembroke, seigneur pair et rosse de Candall, Marmion, Saint-Quentin et Churland, gardien de l'étanerie dans les comtés de Cornouailles et de Devon, visiteur héréditaire du collège de Jésus, a le merveilleux jardin de Willton où il y a deux bassins à gerbe plus beaux que le Versailles du roi très chrétien Louis quatorzième.

« Charles Seymour, duc de Somerset, a Somerset-

House sur la Tamise, qui égale la villa Pamphili de Rome. On remarque sur la grande cheminée deux vases de porcelaine de la dynastie des Yuen, lesquels valent un demi-million de France.

« En Yorkshire, Arthur, lord Ingram, vicomte Irwin, a Temple-Newsham où l'on entre par un arc de triomphe, et dont les larges toits plats ressemblent aux terrasses morisques.

« Robert, lord Ferrers de Chartley, Bourchier et Lovaine, a, dans le Leicestershire, Staunton Harold dont le parc en plan géométral a la forme d'un temple avec fronton ; et, devant la pièce d'eau, la grande église à clocher carré est à sa seigneurie.

« Dans le comté de Northampton, Charles Spencer, comte de Sunderland, un du conseil privé de sa majesté, possède Althrop où l'on entre par une grille à quatre piliers surmontés de groupes de marbre.

« Laurence Hyde, comte de Rochester, a, en Surrey, New-Parke, magnifique par son acrotère sculpté, son gazon circulaire entouré d'arbres, et ses forêts à l'extrémité desquelles il y a une petite montagne artistement arrondie et surmontée d'un grand chêne qu'on voit de loin.

« Philippe Stanhope, comte de Chesterfield, possède Bredby, en Derbyshire, qui a un pavillon d'horloge superbe, des fauconniers, des garennes et de très belles eaux longues, carrées et ovales, dont une en forme de miroir, avec deux jaillissements qui vont très haut.

« Lord Cornwallis, baron de Eye, a Brome-Hall qui est un palais du quatorzième siècle.

« Le très noble Algernon Capel, vicomte Malden, comte d'Essex, a Cashiobury en Hersfordshire, château qui a la forme d'un grand H et où il y a des chasses fort giboyeuses.

« Charles, lord Ossulstone, a Dawly en Middlesex où l'on arrive par des jardins italiens.

« James Cecill, comte de Salisbury, à sept lieues de Londres, a Hartfield-House, avec ses quatre pavillons seigneuriaux, son beffroi au centre et sa cour d'honneur, dallée de blanc et de noir comme celle de Saint-Germain.

Ce palais, qui a deux cent soixante-douze pieds en front, a été bâti sous Jacques Ier par le grand trésorier d'Angleterre, qui est le bisaïeul du comte régnant. On y voit le lit d'une comtesse de Salisbury, d'un prix inestimable, entièrement fait d'un bois du Brésil qui est une panacée contre la morsure des serpents [34], et qu'on appelle *milhombres*, ce qui veut dire *mille hommes*. Sur ce lit est écrit en lettres d'or: *Honni soit qui mal y pense*.

«Edward Rich, comte de Warwick et Holland, a Warwick-Castle, où l'on brûle des chênes entiers dans les cheminées.

«Dans la paroisse de Seven-Oaks, Charles Sackville, baron Buckhurst, vicomte Cranfield, comte de Dorset et Middlesex, a Knowle, qui est grand comme une ville, et qui se compose de trois palais, parallèles l'un derrière l'autre comme des lignes d'infanterie, avec dix pignons à escalier sur la façade principale, et une porte sous donjon à quatre tours.

«Thomas Thynne, vicomte Weymouth, baron Varminster, possède Long-Leate, qui a presque autant de cheminées, de lanternes, de gloriettes, de poivrières, de pavillons et de tourelles que Chambord en France, lequel est au roi [35].

«Henry Howard, comte de Suffolk, a, à douze lieues de Londres, le palais d'Audlyene en Middlesex, qui le cède à peine en grandeur et majesté à l'Escurial du roi d'Espagne.

«En Bedforshire, Wrest-House-and-Park, qui est tout un pays enclos de fossés et de murailles, avec bois, rivières et collines, est à Henri, marquis de Kent.

«Hampton-Court, en Hereford, avec son puissant donjon crénelé, et son jardin barré d'une pièce d'eau qui le sépare de la forêt, est à Thomas, lord Coningsby.

«Grimsthorf, en Lincolnshire, avec sa longue façade coupée de hautes tourelles en pal, ses parcs, ses étangs, ses faisanderies, ses bergeries, ses boulingrins, ses quinconces, ses mails, ses futaies, ses parterres brodés, quadrillés et losangés de fleurs, qui ressemblent à de grands tapis, ses prairies de course, et la majesté du cercle où les carrosses tournent avant d'entrer au château, appartient à

Robert, comte Lindsay, lord héréditaire de la forêt de Walham.

« Up Parke, en Sussex, château carré avec deux pavillons symétriques à beffroi des deux côtés de la cour d'honneur, est au très honorable Ford, lord Grey, vicomte Glendale et comte de Tankarville.

« Newnham Padox, en Warwickshire, qui a deux viviers quadrangulaires, et un pignon avec vitrail à quatre pans, est au comte de Denbigh, qui est comte de Rheinfelden en Allemagne.

« Wythame, dans le comté de Berk, avec son jardin français où il y a quatre tonnelles taillées, et sa grande tour crénelée accostée de deux hautes nefs de guerre, est à lord Montague, comte d'Abingdon, qui a aussi Rycott, dont il est baron, et dont la porte principale fait lire la devise : *Virtus ariete fortior*.

« William Cavendish, duc de Devonshire, a six châteaux, dont Chattsworth qui est à deux étages du plus bel ordre grec, et en outre sa grâce a son hôtel de Londres où il y a un lion qui tourne le dos [36] au palais du roi.

« Le vicomte Kinalmeaky, qui est comte de Cork en Irlande, a Burlington-house en Piccadily, avec de vastes jardins qui vont jusqu'aux champs hors de Londres ; il a aussi Chiswick où il y a neuf corps de logis magnifiques, il a aussi Londesburgh qui est un hôtel neuf à côté d'un vieux palais.

« Le duc de Beaufort a Chelsea qui contient deux châteaux gothiques et un château florentin ; il a aussi Badmington en Glocester, qui est une résidence d'où rayonnent une foule d'avenues comme d'une étoile. Très noble et puissant prince Henri, duc de Beaufort, est en même temps marquis et comte de Worcester, baron Raglan, baron Power, et baron Herbert de Chepstow.

« John Holles, duc de Newcastle et marquis de Clare, a Bolsover dont le donjon carré est majestueux, plus Haughton en Nottingham où il y a au centre d'un bassin une pyramide ronde imitant la tour de Babel.

« William, lord Craven, baron Craven de Hampstead, a, en Warwickshire, une résidence, Comb-Abbey, où l'on voit le plus beau jet d'eau de l'Angleterre, et, en

Berkshire, deux baronnies, Hampstead Marshall dont la façade offre cinq lanternes gothiques engagées, et Asdowne Park qui est un château au point d'intersection d'une croix de routes dans une forêt.

« Lord Linnœus Clancharlie, baron Clancharlie et Hunkerville, marquis de Corleone en Sicile, a sa pairie assise sur le château de Clancharlie, bâti en 914 par Édouard le Vieux contre les Danois, plus Hunkerville-house à Londres, qui est un palais, plus, à Windsor, Corleone-lodge, qui en est un autre, et huit châtellenies, une à Bruxton, sur le Trent, avec un droit sur les carrières d'albâtre, puis Gumdraith, Homble, Moricambe, Trenwardraith, Hell-Kerters, où il y a un puits merveilleux, Pillinmore et ses marais à tourbe, Reculver près de l'ancienne ville Vagniacœ, Vinecaunton sur la montagne Moil-enlli; plus dix-neuf bourgs et villages avec baillis, et tout le pays de Pensneth-chase, ce qui ensemble rapporte à sa seigneurie quarante mille livres sterling de rente.

« Les cent soixante-douze pairs régnant sous Jacques II possèdent entre eux en bloc un revenu de douze cent soixante-douze mille livres sterling par an, qui est la onzième partie du revenu de l'Angleterre. »

En marge du dernier nom, lord Linnœus Clancharlie, on lisait cette note de la main d'Ursus :

— *Rebelle ; en exil ; biens, châteaux et domaines sous le séquestre. C'est bien fait.* — [37].

IV

Ursus admirait Homo. On admire près de soi. C'est une loi.

Être toujours sourdement furieux, c'était la situation intérieure d'Ursus, et gronder était sa situation extérieure. Ursus était le mécontent de la création. Il était dans la nature celui qui fait de l'opposition [38]. Il prenait l'univers en mauvaise part. Il ne donnait de satisfecit à qui que ce soit, ni à quoi que ce soit. Faire le miel n'absolvait pas l'abeille de piquer; une rose épanouie n'absolvait pas le soleil de la fièvre jaune et du vomito negro. Il est probable que dans l'intimité Ursus faisait beaucoup de critiques à Dieu. Il disait : — Évidemment, le diable est à ressort, et le tort de Dieu, c'est d'avoir lâché la détente. — Il n'approuvait guère que les princes, et il avait sa manière à lui de les applaudir. Un jour que Jacques II donna en don à la Vierge d'une chapelle catholique irlandaise une lampe d'or massif, Ursus, qui passait par là, avec Homo, plus indifférent, éclata en admiration devant tout le peuple, et s'écria : — Il est certain que la sainte Vierge a bien plus besoin d'une lampe d'or que les petits enfants que voilà pieds nus n'ont besoin de souliers.

De telles preuves de sa « loyauté » et l'évidence de son respect pour les puissances établies ne contribuèrent probablement pas peu à faire tolérer par les magistrats son existence vagabonde et sa mésalliance avec un loup. Il laissait quelquefois le soir, par faiblesse amicale, Homo se détirer un peu les membres et errer en liberté autour de la cahute ; le loup était incapable d'un abus de confiance, et se comportait « en société », c'est-à-dire parmi les hommes, avec la discrétion d'un caniche ; pourtant, si l'on eût eu affaire à des alcades de mauvaise humeur, cela pouvait avoir des inconvénients ; aussi Ursus maintenait-il, le plus possible, l'honnête loup enchaîné. Au point de vue politique, son écriteau sur l'or, devenu indéchiffrable et d'ailleurs peu intelligible, n'était autre chose qu'un barbouillage de façade et ne le dénonçait point. Même après Jacques II, et sous le règne « respectable » de Guillaume et Marie, les petites villes des comtés d'Angleterre pouvaient voir rôder paisiblement sa carriole. Il voyageait librement, d'un bout de la Grande-Bretagne à l'autre, débitant ses philtres et ses fioles, faisant, de moitié avec son loup, ses mômeries de médecin de carrefour, et il passait avec aisance à travers les mailles du filet de police tendu à cette époque par toute l'Angleterre pour éplucher les bandes nomades, et particulièrement pour arrêter au passage les « comprachicos ».

Du reste, c'était juste. Ursus n'était d'aucune bande. Ursus vivait avec Ursus ; tête-à-tête de lui-même avec lui-même dans lequel un loup fourrait gentiment son museau. L'ambition d'Ursus eût été d'être caraïbe ; ne le pouvant, il était celui qui est seul [39]. Le solitaire est un diminutif du sauvage, accepté par la civilisation. On est d'autant plus seul qu'on est errant. De là son déplacement perpétuel. Rester quelque part lui semblait de l'apprivoisement. Il passait sa vie à passer son chemin. La vue des villes redoublait en lui le goût des broussailles, des halliers, des épines, et des trous dans les rochers[40]. Son chez-lui était la forêt. Il ne se sentait pas très dépaysé dans le murmure des places publiques assez pareil au brouhaha des arbres. La foule satisfait dans une certaine mesure le goût qu'on a du désert. Ce qui lui déplaisait dans cette cahute, c'est qu'elle avait une porte et des fenêtres et qu'elle ressemblait à une maison. Il eût atteint son Idéal s'il eût pu mettre une caverne sur quatre roues, et voyager dans un antre[41].

Il ne souriait pas, nous l'avons dit, mais il riait; parfois, fréquemment même; d'un rire amer. Il y a du consentement dans le sourire, tandis que le rire est souvent un refus[42].

Sa grande affaire était de haïr le genre humain. Il était implacable dans cette haine. Ayant tiré à clair ceci que la vie humaine est une chose affreuse, ayant remarqué la superposition des fléaux, les rois sur le peuple, la guerre sur les rois, la peste sur la guerre, la famine sur la peste, la bêtise sur le tout, ayant constaté une certaine quantité de châtiment dans le seul fait d'exister[43], ayant reconnu que la mort est une délivrance, quand on lui amenait un malade, il le guérissait. Il avait des cordiaux et des breuvages pour prolonger la vie des vieillards. Il remettait les culs-de-jatte sur leurs pieds, et leur jetait ce sarcasme: — Te voilà sur tes pattes. Puisses-tu marcher longtemps dans la vallée de larmes! Quand il voyait un pauvre mourant de faim, il lui donnait tous les liards qu'il avait sur lui en grommelant: — Vis, misérable! mange! dure longtemps! ce n'est pas moi qui abrégerai ton bagne. — Après quoi, il se frottait les mains, et disait: — Je fais aux hommes tout le mal que je peux.

Les passants pouvaient, par le trou de la lucarne de l'arrière, lire au plafond de la cahute cette enseigne, écrite à l'intérieur, mais visible du dehors, et charbonnée en grosses lettres: URSUS PHILOSOPHE[44].

II

LES COMPRACHICOS

I

Qui connaît à cette heure le mot *comprachicos* ? et qui en sait le sens ?

Les comprachicos, ou comprapequeños, étaient une hideuse et étrange affiliation nomade, fameuse au dix-septième siècle, oubliée au dix-huitième, ignorée aujourd'hui. Les comprachicos sont, comme « la poudre de succession [45] », un ancien détail social caractéristique. Ils font partie de la vieille laideur humaine. Pour le grand regard de l'histoire, qui voit les ensembles, les comprachicos se rattachent à l'immense fait Esclavage [46]. Joseph vendu par ses frères est un chapitre de leur légende. Les comprachicos ont laissé trace dans les législations pénales d'Espagne et d'Angleterre. On trouve çà et là dans la confusion obscure des lois anglaises la pression de ce fait monstrueux, comme on trouve l'empreinte du pied d'un sauvage dans une forêt.

Comprachicos, de même que comprapequeños, est un mot espagnol composé qui signifie « les *achète-petits* ».

Les comprachicos faisaient le commerce des enfants.

Ils en achetaient et ils en vendaient.

Ils n'en dérobaient point. Le vol des enfants est une autre industrie.

Et que faisaient-ils de ces enfants?
Des monstres.
Pourquoi des monstres?
Pour rire.
Le peuple a besoin de rire; les rois aussi [47]. Il faut aux carrefours le baladin; il faut aux louvres le bouffon. L'un s'appelle Turlupin, l'autre Triboulet.

Les efforts de l'homme pour se procurer de la joie sont parfois dignes de l'attention du philosophe [48].

Qu'ébauchons-nous dans ces quelques pages préliminaires? un chapitre du plus terrible des livres, du livre qu'on pourrait intituler: l'*Exploitation des malheureux par les heureux* [49].

II

Un enfant destiné à être un joujou pour les hommes, cela a existé. (Cela existe encore aujourd'hui.) Aux époques naïves et féroces, cela constitue une industrie spéciale. Le dix-septième siècle, dit grand siècle, fut une de ces époques. C'est un siècle très byzantin; il eut la naïveté corrompue et la férocité délicate, variété curieuse de civilisation. Un tigre faisant la petite bouche. Mme de Sévigné minaude à propos du bûcher et de la roue. Ce siècle exploita beaucoup les enfants; les historiens, flatteurs de ce siècle, ont caché la plaie, mais ils ont laissé voir le remède, Vincent de Paul.

Pour que l'homme hochet réussisse, il faut le prendre de bonne heure. Le nain doit être commencé petit. On jouait de l'enfance. Mais un enfant droit, ce n'est pas bien amusant, Un bossu, c'est plus gai.

De là un art. Il y avait des éleveurs. On prenait un homme et l'on faisait un avorton; on prenait un visage et l'on faisait un mufle. On tassait la croissance; on pétrissait la physionomie. Cette production artificielle de cas tératologiques avait ses règles. C'était toute une science. Qu'on s'imagine une orthopédie en sens inverse. Là où Dieu a mis le regard, cet art mettait le strabisme. Là où Dieu a mis l'harmonie, on mettait la difformité. Là où

Dieu a mis la perfection, on rétablissait l'ébauche [50]. Et, aux yeux des connaisseurs, c'était l'ébauche qui était parfaite. Il y avait également des reprises en sous-œuvre pour les animaux ; on inventait les chevaux pie ; Turenne montant un cheval pie. De nos jours, ne peint-on pas les chiens en bleu et en vert ? La nature est notre canevas. L'homme a toujours voulu ajouter quelque chose à Dieu. L'homme retouche la création, parfois en bien, parfois en mal. Le bouffon de cour n'était pas autre chose qu'un essai de ramener l'homme au singe. Progrès en arrière. Chef-d'œuvre à reculons. En même temps, on tâchait de faire le singe homme. Barbe, duchesse de Cleveland et comtesse de Southampton, avait pour page un sapajou. Chez Françoise Sutton, baronne Dudley, huitième pairesse du banc des barons, le thé était servi par un babouin vêtu de brocart d'or que lady Dudley appelait « mon nègre ». Catherine Sidley, comtesse de Dorchester, allait prendre séance au parlement dans un carrosse armorié derrière lequel se tenaient debout, museaux au vent, trois papions en grande livrée. Une duchesse de Medina-Cœli, dont le cardinal Polus vit le lever, se faisait mettre ses bas par un orang-outang. Ces singes montés en grade faisaient contrepoids aux hommes brutalisés et bestialisés. Cette promiscuité, voulue par les grands, de l'homme et de la bête, était particulièrement soulignée par le nain et le chien. Le nain ne quittait jamais le chien, toujours plus grand que lui. Le chien était le bini [51] du nain. C'était comme deux colliers accouplés. Cette juxtaposition est constatée par une foule de monuments domestiques, notamment par le portrait de Jeffrey Hudson, nain de Henriette de France, fille de Henri IV, femme de Charles Ier.

Dégrader l'homme mène à le déformer. On complétait la suppression d'état par la défiguration. Certains vivisecteurs de ces temps-là réussissaient très bien à effacer de la face humaine l'effigie divine [52]. Le docteur Conquest, membre du collège d'Amen-Street et visiteur juré des boutiques de chimistes de Londres, a écrit un livre en latin sur cette chirurgie à rebours dont il donne les procédés. A en croire Justus de Carrick-Fergus, l'inventeur de cette chirurgie est un moine nommé Aven-More, mot irlandais qui signifie *Grande Rivière*.

Le nain de l'électeur palatin, Perkeo, dont la poupée — ou le spectre [53] — sort d'une boîte à surprises dans la cave de Heidelberg, était un remarquable spécimen de cette science très variée dans ses applications.

Cela faisait des êtres dont la loi d'existence était monstrueusement simple : permission de souffrir, ordre d'amuser.

III

Cette fabrication de monstres se pratiquait sur une grande échelle et comprenait divers genres.

Il en fallait au sultan ; il en fallait au pape. A l'un pour garder ses femmes ; à l'autre pour faire ses prières. C'était un genre à part ne pouvant se reproduire lui-même. Ces à-peu-près humains étaient utiles à la volupté et à la religion. Le sérail et la chapelle sixtine consommaient la même espèce de monstres, ici féroces, là suaves.

On savait produire dans ces temps-là des choses qu'on ne produit plus maintenant, on avait des talents qui nous manquent, et ce n'est pas sans raison que les bons esprits crient à la décadence [54]. On ne sait plus sculpter en pleine chair humaine ; cela tient à ce que l'art des supplices se perd ; on était virtuose en ce genre, on ne l'est plus ; on a simplifié cet art au point qu'il va bientôt peut-être disparaître tout à fait. En coupant les membres à des hommes vivants, en leur ouvrant le ventre, en leur arrachant les viscères, on prenait sur le fait les phénomènes, on avait des trouvailles ; il faut y renoncer, et nous sommes privés des progrès que le bourreau faisait faire à la chirurgie.

Cette vivisection d'autrefois ne se bornait pas à confectionner pour la place publique des phénomènes, pour les palais des bouffons, espèces d'augmentatifs du courtisan, et pour les sultans et papes des eunuques. Elle abondait en variantes. Un de ces triomphes, c'était de faire un coq pour le roi d'Angleterre.

Il était d'usage que, dans le palais du roi d'Angleterre,

il y eût une sorte d'homme nocturne, chantant comme le coq. Ce veilleur, debout pendant qu'on dormait, rôdait dans le palais, et poussait d'heure en heure ce cri de basse-cour, répété autant de fois qu'il le fallait pour suppléer à une cloche. Cet homme, promu coq, avait subi pour cela en son enfance une opération dans le pharynx, laquelle fait partie de l'art décrit par le docteur Conquest. Sous Charles II, une salivation inhérente à l'opération ayant dégoûté la duchesse de Portsmouth, on conserva la fonction, afin de ne point amoindrir l'éclat de la couronne, mais on fit pousser le cri du coq par un homme non mutilé. On choisissait d'ordinaire pour cet emploi honorable un ancien officier. Sous Jacques II, ce fonctionnaire se nommait William Sampson Coq, et recevait annuellement pour son chant neuf livres deux schellings six sous*.

Il y a cent ans à peine, à Pétersbourg, les mémoires de Catherine II le racontent, quand le czar ou la czarine étaient mécontents d'un prince russe, on faisait accroupir le prince dans la grande antichambre du palais, et il restait dans cette posture un nombre de jours déterminé, miaulant, par ordre, comme un chat, ou gloussant comme une poule qui couve, et becquetant à terre sa nourriture.

Ces modes sont passées; moins qu'on ne croit pourtant. Aujourd'hui, les courtisans gloussant pour plaire modifient un peu l'intonation. Plus d'un ramasse à terre, nous ne disons pas dans la boue, ce qu'il mange [55].

Il est très heureux que les rois ne puissent pas se tromper. De cette façon leurs contradictions n'embarrassent jamais. En approuvant sans cesse, on est sûr d'avoir toujours raison, ce qui est agréable. Louis XIV n'eût aimé voir à Versailles ni un officier faisant le coq, ni un prince faisant le dindon. Ce qui rehaussait la dignité royale et impériale en Angleterre et en Russie eût semblé à Louis le Grand incompatible avec la couronne de saint Louis. On sait son mécontentement quand Madame Henriette une nuit s'oublia jusqu'à voir en songe une poule,

---

* Voir le docteur Chamberlayne, *État présent de l'Angleterre*, 1688, Ire partie, chap. XIII, p. 179.

grave inconvenance en effet dans une personne de la cour. Quand on est de la grande, on ne doit point rêver de la basse. Bossuet, on s'en souvient, partagea le scandale de Louis XIV.

IV

Le commerce des enfants au dix-septième siècle se complétait, nous venons de l'expliquer, par une industrie. Les comprachicos faisaient ce commerce et exerçaient cette industrie. Ils achetaient des enfants, travaillaient un peu cette matière première, et la revendaient ensuite.

Les vendeurs étaient de toute sorte, depuis le père misérable, se débarrassant de sa famille, jusqu'au maître utilisant son haras d'esclaves. Vendre des hommes n'avait rien que de simple. De nos jours on s'est battu pour maintenir ce droit. On se rappelle, il y a de cela moins d'un siècle, l'électeur de Hesse vendant ses sujets au roi d'Angleterre qui avait besoin d'hommes à faire tuer en Amérique. On allait chez l'électeur de Hesse comme chez le boucher, acheter de la viande. L'électeur de Hesse tenait de la chair à canon. Ce prince accrochait ses sujets dans sa boutique. Marchandez, c'est à vendre. En Angleterre, sous Jeffrys, après la tragique aventure de Monmouth [56], il y eut force seigneurs et gentilshommes décapités et écartelés ; ces suppliciés laissèrent des épouses et des filles, veuves et orphelines que Jacques II donna à la reine sa femme. La reine vendit ces ladies à Guillaume Penn. Il est probable que ce roi avait une remise et tant pour cent. Ce qui étonne, ce n'est pas que Jacques II ait vendu ces femmes, c'est que Guillaume Penn [57] les ait achetées.

L'emplette de Penn s'excuse, ou s'explique, par ceci que Penn, ayant un désert à ensemencer d'hommes, avait besoin de femmes. Les femmes faisaient partie de son outillage.

Ces ladies furent une bonne affaire pour sa gracieuse majesté la reine. Les jeunes se vendirent cher. On songe avec le malaise d'un sentiment de scandale compliqué, que Penn eut probablement de vieilles duchesses à très bon marché.

Les comprachicos se nommaient aussi « les cheylas », mot indou qui signifie *dénicheurs d'enfants*.

Longtemps les comprachicos ne se cachèrent qu'à demi. Il y a parfois dans l'ordre social une pénombre complaisante aux industries scélérates; elles s'y conservent. Nous avons vu de nos jours en Espagne une affiliation de ce genre, dirigée par le trabucaire [58] Ramon Selle, durer de 1834 à 1866, et tenir trente ans sous la terreur trois provinces, Valence, Alicante et Murcie.

Sous les Stuarts, les comprachicos n'étaient point mal en cour. Au besoin, la raison d'État se servait d'eux. Ils furent pour Jacques II presque un *instrumentum regni*. C'était l'époque où l'on tronquait les familles encombrantes et réfractaires, où l'on coupait court aux filiations, où l'on supprimait brusquement les héritiers. Parfois on frustrait une branche au profit de l'autre. Les comprachicos avaient un talent, défigurer, qui les recommandait à la politique. Défigurer vaut mieux que tuer. Il y avait bien le masque de fer, mais c'est un gros moyen. On ne peut peupler l'Europe de masques de fer, tandis que les bateleurs difformes courent les rues sans invraisemblance; et puis le masque de fer est arrachable, le masque de chair ne l'est pas. Vous masquer à jamais avec votre propre visage, rien n'est plus ingénieux. Les comprachicos travaillaient l'homme comme les Chinois travaillent l'arbre. Ils avaient des secrets, nous l'avons dit. Ils avaient des trucs. Art perdu. Un certain rabougrissement bizarre sortait de leurs mains. C'était ridicule et profond. Ils touchaient à un petit être avec tant d'esprit que le père ne l'eût pas reconnu. *Et que méconnaîtrait l'œil même de son père,* dit Racine avec une faute de français [59]. Quelquefois ils laissaient la colonne dorsale droite, mais ils refaisaient la face. Ils démarquaient un enfant comme on démarque un mouchoir.

Les produits destinés aux bateleurs avaient les articulations disloquées d'une façon savante. On les eût dit désossés. Cela faisait des gymnastes.

Non seulement les comprachicos ôtaient à l'enfant son

visage, mais ils lui ôtaient sa mémoire. Du moins ils lui en ôtaient ce qu'ils pouvaient. L'enfant n'avait point conscience de la mutilation qu'il avait subie. Cette épouvantable chirurgie laissait trace sur sa face, non dans son esprit. Il pouvait se souvenir tout au plus qu'un jour il avait été saisi par des hommes, puis qu'il s'était endormi, et qu'ensuite on l'avait guéri. Guéri de quoi ? il l'ignorait. Des brûlures par le soufre et des incisions par le fer, il ne se rappelait rien. Les comprachicos, pendant l'opération, assoupissaient le petit patient au moyen d'une poudre stupéfiante qui passait pour magique et qui supprimait la douleur. Cette poudre a été de tout temps connue en Chine, et y est encore employée à l'heure qu'il est. La Chine a eu avant nous toutes nos inventions, l'imprimerie, l'artillerie, l'aérostation, le chloroforme. Seulement la découverte qui en Europe prend tout de suite vie et croissance, et devient prodige et merveille, reste embryon en Chine et s'y conserve morte. La Chine est un bocal de fœtus.

Puisque nous sommes en Chine, restons-y un moment encore pour un détail. En Chine, de tout temps, on a vu la recherche d'art et d'industrie que voici : c'est le moulage de l'homme vivant. On prend un enfant de deux ou trois ans, on le met dans un vase de porcelaine plus ou moins bizarre, sans couvercle et sans fond, pour que la tête et les pieds passent. Le jour on tient ce vase debout, la nuit on le couche pour que l'enfant puisse dormir. L'enfant grossit ainsi sans grandir, emplissant de sa chair comprimée et de ses os tordus les bossages du vase. Cette croissance en bouteille dure plusieurs années. A un moment donné, elle est irrémédiable. Quand on juge que cela a pris et que le monstre est fait, on casse le vase, l'enfant en sort, et l'on a un homme ayant la forme d'un pot.

C'est commode ; on peut d'avance se commander son nain de la forme qu'on veut.

V

Jacques II toléra les comprachicos. Par une bonne raison, c'est qu'il s'en servait. Cela du moins lui arriva plus d'une fois. On ne dédaigne pas toujours ce qu'on méprise. Cette industrie d'en bas, expédient excellent parfois pour l'industrie d'en haut qu'on nomme la politique, était volontairement laissée misérable, mais point persécutée. Aucune surveillance, mais une certaine attention. Cela peut être utile. La loi fermait un œil, le roi ouvrait l'autre.

Quelquefois le roi allait jusqu'à avouer sa complicité. Ce sont là les audaces du terrorisme monarchique. Le défiguré était fleurdelysé ; on lui ôtait la marque de Dieu, on lui mettait la marque du roi. Jacob Astley, chevalier et baronnet, seigneur de Melton, constable dans le comté de Norfolk, eut dans sa famille un enfant vendu, sur le front duquel le commissaire vendeur avait imprimé au fer chaud une fleur de lys. Dans de certains cas, si l'on tenait à constater, pour des raisons quelconques, l'origine royale de la situation nouvelle faite à l'enfant, on employait ce moyen. L'Angleterre nous a toujours fait l'honneur d'utiliser, pour ses usages personnels, la fleur de lys.

Les comprachicos, avec la nuance qui sépare une industrie d'un fanatisme, étaient analogues aux étrangleurs de l'Inde ; ils vivaient entre eux, en bandes, un peu baladins, mais par prétexte. La circulation leur était ainsi plus facile. Ils campaient çà et là, mais graves, religieux et n'ayant avec les autres nomades aucune ressemblance, incapables de vol. Le peuple les a longtemps confondus à tort avec les moresques d'Espagne et les moresques de Chine. Les moresques d'Espagne étaient faux-monnayeurs, les moresques de Chine étaient filous. Rien de pareil chez les comprachicos. C'étaient d'honnêtes gens. Qu'on en pense ce qu'on voudra. Ils étaient parfois sincèrement scrupuleux. Ils poussaient une porte, entraient, marchandaient un enfant, payaient et l'emportaient. Cela se faisait correctement.

Ils étaient de tous les pays. Sous ce nom, *comprachicos*, fraternisaient des Anglais, des Français, des Castillans, des Allemands, des Italiens. Une même pensée, une même superstition, l'exploitation en commun d'un même métier, font de ces fusions. Dans cette fraternité de bandits, des levantins représentaient l'Orient, des ponantais représentaient l'Occident. Force Basques y dialoguaient avec force Irlandais, le Basque et l'Irlandais se comprennent, ils parlent le vieux jargon punique ; ajoutez à cela les relations intimes de l'Irlande catholique avec la catholique Espagne. Relations telles qu'elles ont fini par faire pendre à Londres presque un roi d'Irlande, le lord gallois de Brany, ce qui a produit le comté de Letrim.

Les comprachicos étaient plutôt une association qu'une peuplade, plutôt un résidu qu'une association. C'était toute la gueuserie de l'univers ayant pour industrie un crime. C'était une sorte de peuple arlequin composé de tous les haillons [60]. Affilier un homme, c'était coudre une loque.

Errer était la loi d'existence des comprachicos [61]. Apparaître, puis disparaître. Qui n'est que toléré ne prend pas racine. Même dans les royaumes où leur industrie était pourvoyeuse des cours, et, au besoin, auxiliaire du pouvoir royal, ils étaient parfois tout à coup rudoyés. Les rois utilisaient leur art et mettaient les artistes aux galères. Ces inconséquences sont dans le va-et-vient du caprice royal. Car tel est notre plaisir.

Pierre qui roule et industrie qui rôde n'amassent pas de mousse. Les comprachicos étaient pauvres. Ils auraient pu dire ce que disait cette sorcière maigre et en guenilles voyant s'allumer la torche du bûcher : Le jeu n'en vaut pas la chandelle. — Peut-être, probablement même, leurs chefs, restés inconnus, les entrepreneurs en grand du commerce des enfants, étaient riches. Ce point, après deux siècles, serait malaisé à éclaircir.

C'était, nous l'avons dit, une affiliation. Elle avait ses lois, son serment, ses formules. Elle avait presque sa cabale [62]. Qui voudrait en savoir long aujourd'hui sur les comprachicos n'aurait qu'à aller en Biscaye et en Galice. Comme il y avait beaucoup de Basques parmi eux, c'est dans ces montagnes-là qu'est leur légende. On parle encore à l'heure qu'il est des comprachicos à Oyarzun, à Urbistondo, à Leso, à Astigarraga. *Aguarda te, niño, que voy a llamar al comprachicos* * est dans ce pays-là le cri d'intimidation des mères aux enfants.

---

* Prends garde, je vais appeler le comprachicos.

Les comprachicos, comme les tchiganes et les gypsies, se donnaient des rendez-vous; de temps en temps, les chefs échangeaient des colloques. Ils avaient au dix-septième siècle quatre principaux points de rencontre. Un en Espagne, le défilé de Pancorbo; un en Allemagne, la clairière dite la Mauvaise Femme, près Diekirch, où il y a deux bas-reliefs énigmatiques représentant une femme qui a une tête et un homme qui n'en a pas; un en France, le tertre où était la colossale statue Massue-la-Promesse, dans l'ancien bois sacré Borvo-Tomona, près de Bourbonne-les-Bains; un en Angleterre, derrière le mur du jardin de William Chaloner, écuyer de Gisbrough en Cleveland dans York, entre la tour carrée et le grand pignon percé d'une porte ogive.

VI

Les lois contre les vagabonds ont toujours été très rigoureuses en Angleterre. L'Angleterre, dans sa législation gothique, semblait s'inspirer de ce principe : *Homo errans fera errante pejor*. Un de ses statuts spéciaux qualifie l'homme sans asile « plus dangereux que l'aspic, le dragon, le lynx et le basilic » *(atrocior aspide, dracone, lynce et basilico)*. L'Angleterre a longtemps eu le même souci des gypsies, dont elle voulait se débarrasser, que des loups, dont elle s'était nettoyée.

En cela l'Anglais diffère de l'Irlandais qui prie les saints pour la santé du loup et l'appelle « mon parrain ».

La loi anglaise pourtant, de même qu'elle tolérait, on vient de le voir, le loup apprivoisé et domestiqué, devenu en quelque sorte un chien, tolérait le vagabond à état, devenu un sujet. On n'inquiétait ni le saltimbanque, ni le barbier ambulant, ni le physicien, ni le colporteur, ni le savant en plein vent, attendu qu'ils ont un métier pour vivre. Hors de là, et à ces exceptions près, l'espèce d'homme libre qu'il y a dans l'homme errant faisait peur à la loi. Un passant était un ennemi public possible. Cette chose moderne, flâner, était ignorée; on ne connaissait que cette chose antique, rôder. La « mauvaise mine », ce je ne sais quoi que tout le monde comprend et que personne ne peut définir, suffisait pour que la société prît un homme au collet. Où demeures-tu? Que fais-tu? Et s'il ne pouvait répondre, de dures pénalités l'attendaient. Le fer et le feu étaient dans le code. La loi pratiquait la cautérisation du vagabondage.

De là, sur tout le territoire anglais, une vraie « loi des suspects » appliquée aux rôdeurs, volontiers malfaiteurs, disons-le, et particulièrement aux gypsies, dont l'expulsion a été à tort comparée à l'expulsion des juifs et des maures d'Espagne, et des protestants de France. Quant à nous, nous ne confondons point une battue avec une persécution.

Les comprachicos, insistons-y, n'avaient rien de commun avec les gypsies. Les gypsies étaient une nation; les comprachicos étaient un composé de toutes les nations; un résidu, nous l'avons dit; cuvette horrible d'eaux immondes. Les comprachicos n'avaient point, comme les gypsies, un idiome à eux; leur jargon était une promiscuité d'idiomes; toutes les langues mêlées étaient leur langue; ils parlaient un tohu-bohu[63]. Ils avaient fini par être, ainsi que les gypsies, un peuple serpentant parmi les peuples; mais leur lien commun était l'affiliation, non la race. A toutes les époques de l'histoire, on peut constater, dans cette vaste masse liquide qui est l'humanité, de ces ruisseaux d'hommes vénéneux coulant à part, avec quelque empoisonnement autour d'eux. Les gypsies étaient une famille; les comprachicos étaient une franc-maçonnerie; maçonnerie ayant, non un but auguste, mais une industrie hideuse. Dernière différence, la religion. Les gypsies étaient païens, les comprachicos étaient chrétiens; et même bons chrétiens; comme il sied à une affiliation qui bien que mélangée de tous les peuples, avait pris naissance en Espagne, lieu dévot.

Ils étaient plus que chrétiens, ils étaient catholiques; ils étaient plus que catholiques, ils étaient romains; et si ombrageux dans leur foi et si purs, qu'ils refusèrent de s'associer avec les nomades hongrois du comitat de Pesth, commandés et conduits par un vieillard ayant pour sceptre un bâton à pomme d'argent que surmonte l'aigle d'Autriche à deux têtes. Il est vrai que ces Hongrois étaient schismatiques au point de célébrer l'Assomption le 27 août, ce qui est abominable.

En Angleterre, tant que régnèrent les Stuarts, l'affiliation des comprachicos fut, nous en avons laissé entrevoir les motifs, à peu près protégée. Jacques II, homme fervent, qui persécutait les juifs et traquait les gypsies, fut bon prince pour les comprachicos. On a vu pourquoi. Les comprachicos étaient acheteurs de la denrée humaine dont le roi était marchand. Ils excellaient dans les disparitions. Le bien de l'État veut de temps en temps des disparitions. Un héritier gênant, en bas âge, qu'ils prenaient et qu'ils maniaient, perdait sa forme. Ceci facilitait les confiscations. Les transferts de seigneuries aux favoris en étaient simplifiés. Les comprachicos étaient de plus très discrets et très taciturnes, s'engageaient au silence, et tenaient parole, ce qui est nécessaire pour les choses d'État. Il n'y avait presque pas d'exemple qu'ils eussent trahi les secrets du roi. C'était, il est vrai, leur intérêt. Et si le roi eût perdu confiance, ils eussent été fort en danger. Ils étaient donc de ressource au point de vue de la politique. En outre, ces artistes fournissaient des chanteurs au saint-père. Les comprachicos étaient utiles au miserere d'Allegri. Ils étaient particulièrement dévots à Marie. Tout ceci plaisait au papisme des Stuarts. Jacques II ne pouvait être hostile à des hommes religieux qui poussaient la dévotion à la Vierge jusqu'à fabriquer des eunuques. En 1688 il y eut un changement de dynastie en Angleterre. Orange supplanta Stuart. Guillaume III remplaça Jacques II.

Jacques II alla mourir en exil où il se fit des miracles sur son tombeau, et où ses reliques guérirent l'évêque d'Autun de la fistule, digne récompense des vertus chrétiennes de ce prince.

Guillaume, n'ayant point les mêmes idées ni les mêmes pratiques que Jacques, fut sévère aux comprachicos. Il mit beaucoup de bonne volonté à l'écrasement de cette vermine.

Un statut des premiers temps de Guillaume et Marie frappa rudement l'affiliation des acheteurs d'enfants. Ce fut un coup de massue sur les comprachicos, désormais pulvérisés. Aux termes de ce statut, les hommes de cette affiliation, pris et dûment convaincus, devaient être marqués sur l'épaule d'un fer chaud imprimant un R, qui signifie *rogue*, c'est-à-dire gueux; sur la main gauche d'un T, signifiant *thief*, c'est-à-dire voleur; et sur la main droite d'un M, signifiant *man slay*, c'est-à-dire meurtrier. Les chefs, « présumés riches, quoique d'aspect mendiant », seraient punis du *collistrigium,* qui est le pilori, et marqués au front d'un P, plus leurs biens confisqués et les arbres de leurs bois déracinés. Ceux qui ne dénonceraient point les comprachicos seraient « châtiés de confiscation et de prison perpétuelle », comme pour le crime de misprision. Quant aux femmes trouvées parmi ces hommes, elles subiraient le *cucking stool,* qui est un trébuchet dont l'appellation, composée du mot français *coquine* et du mot allemand *stuhl,* signifie « chaise de p... » La loi anglaise étant douée d'une longévité bizarre, cette punition existe encore dans la législation d'Angleterre pour « les femmes querelleuses ». On suspend le cucking stool au-dessus d'une rivière ou d'un étang, on assoit la femme dedans, et on laisse tomber la chaise dans l'eau, puis on la retire, et on recommence trois fois ce plongeon de la femme, « pour rafraîchir sa colère », dit le commentateur Chamberlayne.

LIVRE PREMIER

LA NUIT MOINS NOIRE
QUE L'HOMME

I

LA POINTE SUD DE PORTLAND [64]

Une bise opiniâtre du nord souffla sans discontinuer sur le continent européen, et plus rudement encore sur l'Angleterre, pendant tout le mois de décembre 1689 et tout le mois de janvier 1690. De là le froid calamiteux qui a fait noter cet hiver comme « mémorable aux pauvres » sur les marges de la vieille bible de la chapelle presbytérienne des Non Jurors de Londres. Grâce à la solidité utile de l'antique parchemin monarchique employé aux registres officiels, de longues listes d'indigents trouvés morts de famine et de nudité sont encore lisibles aujourd'hui dans beaucoup de répertoires locaux, particulièrement dans les pouillés [65] de la Clink liberty Court du bourg de Southwark, de la Pie powder Court, ce qui veut dire Cour des pieds poudreux [66], et de la White Chapel Court, tenue au village de Stapney par le bailli du seigneur. La Tamise prit, ce qui n'arrive pas une fois par siècle, la glace s'y formant difficilement à cause de la secousse de la mer. Les chariots roulèrent sur la rivière gelée; il y eut sur la Tamise foire avec tentes, et combats d'ours et de taureaux; on y rôtit un bœuf entier sur la glace. Cette épaisseur de glace dura deux mois. La pénible année 1690 dépassa en rigueur même les hivers célèbres du commencement du XVIIe siècle, si minutieusement observés par le docteur Gédéon Delaun, lequel a été honoré par la ville de Londres d'un buste avec piédouche en qualité d'apothicaire du roi Jacques Ier.

Un soir, vers la fin d'une des plus glaciales journées de ce mois de janvier 1690, il se passait dans une des nombreuses anses inhospitalières du golfe de Portland quelque chose d'inusité qui faisait crier et tournoyer à l'entrée de cette anse les mouettes et les oies de mer, n'osant rentrer.

Dans cette crique, la plus périlleuse de toutes les anses du golfe quand règnent de certains vents et par conséquent la plus solitaire, commode, à cause de son danger même, aux navires qui se cachent, un petit bâtiment, accostant presque la falaise, grâce à l'eau profonde, était amarré à une pointe de roche. On a tort de dire la nuit tombe ; on devrait dire la nuit monte ; car c'est de terre que vient l'obscurité. Il faisait déjà nuit au bas de la falaise ; il faisait encore jour en haut. Qui se fût approché du bâtiment amarré eût reconnu une ourque biscayenne [67].

Le soleil, caché toute la journée par les brumes, venait de se coucher. On commençait à sentir cette angoisse profonde et noire qu'on pourrait nommer l'anxiété du soleil absent [68].

Le vent ne venant pas de la mer, l'eau de la crique était calme.

C'était, en hiver surtout, une exception heureuse. Ces criques de Portland sont presque toujours des havres de barre. La mer dans les gros temps s'y émeut considérablement, et il faut beaucoup d'adresse et de routine pour passer là en sûreté. Ces petits ports, plutôt apparents que réels, font un mauvais service. Il est redoutable d'y entrer et terrible d'en sortir. Ce soir-là, par extraordinaire, nul péril.

L'ourque de Biscaye est un ancien gabarit tombé en désuétude. Cette ourque, qui a rendu des services, même à la marine militaire, était une coque robuste, barque par la dimension, navire par la solidité. Elle figurait dans l'Armada ; l'ourque de guerre atteignait, il est vrai, de forts tonnages ; ainsi la capitainesse *Grand Griffon*, montée par Lope de Médina, jaugeait six cent cinquante tonneaux et portait quarante canons; mais l'ourque marchande et contrebandière était d'un très faible échantillon. Les gens de mer estimaient et considéraient ce gabarit chétif. Les cordages de l'ourque étaient formés de tourons de chanvre, quelques-uns avec âme en fil de fer, ce qui indique une intention probable, quoique peu scientifique, d'obtenir des indications dans les cas de tension magnétique; la délicatesse de ce gréement n'excluait point les gros câbles de fatigue, les cabrias des galères espagnoles et les cameli des trirèmes romaines. La barre était très longue, ce qui a l'avantage d'un grand bras de levier, mais l'inconvénient d'un petit arc d'effort; deux rouets dans deux clans au bout de la barre corrigeaient ce défaut et réparaient un peu cette perte de force. La boussole était bien logée dans un habitacle parfaitement carré, et bien balancé par ses deux cadres de cuivre placés l'un dans l'autre horizontalement sur de petits boulons comme dans les lampes de Cardan. Il y avait de la science et de la subtilité dans la construction de l'ourque, mais c'était de la science ignorante et de la subtilité barbare. L'ourque était primitive comme la prame et la pirogue, participait de la prame par la stabilité et de la pirogue par la vitesse, et avait, comme toutes les embarcations nées de l'instinct pirate et pêcheur, de remarquables qualités de mer. Elle était propre aux eaux fermées et aux eaux ouvertes; son jeu de voiles, compliqué d'étais et très particulier, lui permettait de naviguer petitement dans les baies closes des Asturies, qui sont presque des bassins, comme Pasages par exemple, et largement en pleine mer; elle pouvait faire le tour d'un lac et le tour du monde; singulières nefs à deux fins, bonnes pour l'étang, et bonnes pour la tempête [69]. L'ourque était parmi les navires ce qu'est le hochequeue parmi les oiseaux, un des plus petits et un des plus hardis; le hochequeue, perché, fait à peine plier un roseau, et, envolé, traverse l'océan.

Les ourques de Biscaye, même les plus pauvres, étaient dorées et peintes. Ce tatouage [70] est dans le génie de ces peuples charmants, un peu sauvages. Le sublime bariolage de leurs montagnes, quadrillées de neiges et de prairies, leur révèle le prestige âpre de l'ornement quand même. Ils sont indigents et magnifiques ; ils mettent des armoiries à leurs chaumières ; ils ont de grands ânes qu'ils chamarrent de grelots, et de grands bœufs qu'ils coiffent de plumes ; leurs chariots, dont on entend à deux lieues grincer les roues, sont enluminés, ciselés, et enrubannés. Un savetier a un bas-relief sur sa porte ; c'est saint Crépin et une savate, mais c'est en pierre. Ils galonnent leur veste de cuir ; ils ne recousent pas le haillon, mais ils le brodent. Gaieté profonde et superbe. Les Basques sont, comme les Grecs, des fils du soleil [71]. Tandis que le Valencien se drape nu et triste dans sa couverture de laine rousse trouée pour le passage de la tête, les gens de Galice et de Biscaye ont la joie des belles chemises de toile blanchies à la rosée. Leurs seuils et leurs fenêtres regorgent de faces blondes et fraîches, riant sous les guirlandes de maïs. Une sérénité joviale et fière éclate dans leurs arts naïfs, dans leurs industries, dans leurs coutumes, dans la toilette des filles, dans les chansons. La montagne, cette masure colossale, est en Biscaye toute lumineuse ; les rayons entrent et sortent par toutes ses brèches. Le farouche Jaïzquivel est plein d'idylles. La Biscaye est la grâce pyrénéenne comme la Savoie est la grâce alpestre. Les redoutables baies qui avoisinent Saint-Sébastien, Leso et Fontarabie, mêlent aux tourmentes, aux nuées, aux écumes par-dessus les caps, aux rages de la vague et du vent, à l'horreur, au fracas, des batelières couronnées de roses. Qui a vu le pays basque veut le revoir. C'est la terre bénie. Deux récoltes par an, des villages gaies et sonores, une pauvreté altière, tout le dimanche un bruit de guitares, danses, castagnettes, amours, des maisons propres et claires, les cigognes dans les clochers.

Revenons à Portland, âpre montagne de la mer.

La presqu'île de Portland, vue en plan géométral, offre l'aspect d'une tête d'oiseau dont le bec est tourné vers l'océan et l'occiput vers Weymouth ; l'isthme est le cou.

Portland, au grand dommage de sa sauvagerie, existe aujourd'hui pour l'industrie. Les côtes de Portland ont été découvertes par les carriers et les plâtriers vers le milieu du XVIIIe siècle. Depuis cette époque, avec la roche de

Portland, on fait du ciment dit romain, exploitation utile qui enrichit le pays et défigure la baie. Il y a deux cents ans, ces côtes étaient ruinées comme une falaise, aujourd'hui elles sont ruinées comme une carrière; la pioche mord petitement, et le flot grandement; de là une diminution de beauté. Au gaspillage magnifique de l'océan a succédé la coupe réglée de l'homme. Cette coupe réglée a supprimé la crique où était amarrée l'ourque biscayenne. Pour retrouver quelque vestige de ce petit mouillage démoli, il faudrait chercher sur la côte orientale de la presqu'île, vers la pointe, au-delà de Folly-Pier et de Dirdle-Pier, au-delà même de Wakeham, entre le lieu-dit Church-Hop et le lieu-dit Southwell.

La crique, murée de tous les côtés par des escarpements plus hauts qu'elle n'était large, était de minute en minute plus envahie par le soir; la brume trouble, propre au crépuscule, s'y épaississait; c'était comme une crue d'obscurité au fond d'un puits; la sortie de la crique sur la mer, couloir étroit, dessinait dans cet intérieur presque nocturne où le flot remuait, une fissure blanchâtre. Il fallait être tout près pour apercevoir l'ourque amarrée aux rochers et comme cachée dans leur grand manteau d'ombre. Une planche jetée du bord à une saillie basse et plate de la falaise, unique point où l'on pût prendre pied, mettait la barque en communication avec la terre, des formes noires marchaient et se croisaient sur ce pont branlant, et dans ces ténèbres des gens s'embarquaient.

Il faisait moins froid dans la crique qu'en mer, grâce à l'écran de roche dressé au nord de ce bassin; diminution qui n'empêchait pas ces gens de grelotter. Ils se hâtaient.

Les effets de crépuscule découpent les formes à l'emporte-pièce; de certaines dentelures à leurs habits étaient visibles, et montraient que ces gens appartenaient à la classe nommée en Angleterre *the ragged,* c'est-à-dire les déguenillés.

On distinguait vaguement dans les reliefs de la falaise la torsion d'un sentier. Une fille qui laisse pendre et traîner son lacet sur un dossier de fauteuil dessine, sans s'en douter, à peu près tous les sentiers de falaises et de montagnes. Le sentier de cette crique, plein de nœuds et de coudes, presque à pic, et meilleur pour les chèvres que pour les hommes, aboutissait à la plate-forme où était la planche. Les sentiers de falaise sont habituellement d'une déclivité peu tentante ; ils s'offrent moins comme une route que comme une chute ; ils croulent plutôt qu'ils ne descendent. Celui-ci, ramification vraisemblable de quelque chemin dans la plaine, était désagréable à regarder, tant il était vertical. On le voyait d'en bas gagner en zigzag les assises hautes de la falaise d'où il débouchait à travers des effondrements sur le plateau supérieur par une entaille au rocher. C'est par ce sentier qu'avaient dû venir les passagers que cette barque attendait dans cette crique.

Autour du mouvement d'embarquement qui se faisait dans la crique, mouvement visiblement effaré et inquiet, tout était solitaire. On n'entendait ni un pas, ni un bruit, ni un souffle. A peine apercevait-on, de l'autre côté de la rade, à l'entrée de la baie de Ringstead, une flottille, évidemment fourvoyée, de bateaux à pêcher le requin. Ces bateaux polaires avaient été chassés des eaux danoises dans les eaux anglaises par les bizarreries de la mer. Les bises boréales jouent de ces tours aux pêcheurs. Ceux-ci venaient de se réfugier au mouillage de Portland, signe de mauvais temps présumable et de péril au large. Ils étaient occupés à jeter l'ancre. La maîtresse barque, placée en vedette selon l'ancien usage des flottilles norvégiennes, dessinait en noir tout son gréement sur la blancheur plate de la mer, et l'on voyait à l'avant la fourche de pêche portant toutes les variétés de crocs et de harpons destinés au seymnus glacialis, au squalus acanthias et au squalus spinax niger, et le filet à prendre la grande selache. A ces quelques embarcations près, toutes balayées dans le même coin, l'œil, en ce vaste horizon de Portland, ne rencontrait rien de vivant. Pas une maison, pas un navire. La côte, à cette époque, n'était pas habitée, et la rade, en cette saison, n'était pas habitable.

Quel que fût l'aspect du temps, les êtres qu'allait emmener l'ourque biscayenne n'en pressaient pas moins le départ. Ils faisaient au bord de la mer une sorte de groupe affairé et confus, aux allures rapides. Les distinguer l'un de l'autre était difficile. Impossible de voir s'ils étaient vieux ou jeunes. Le soir indistinct les mêlait et les estompait. L'ombre, ce masque, était sur leur visage [72]. C'étaient des silhouettes dans la nuit. Ils étaient huit, il y avait probablement parmi eux une ou deux femmes, malaisées à reconnaître sous les déchirures et les loques dont tout le groupe était affublé, accoutrements qui n'étaient plus ni des vêtements de femmes, ni des vêtements d'hommes. Les haillons n'ont pas de sexe.

Une ombre plus petite, allant et venant parmi les grandes, indiquait un nain ou un enfant.

C'était un enfant.

II

ISOLEMENT [73]

En observant de près, voici ce qu'on eût pu noter.

Tous portaient de longues capes, percées et rapiécées, mais drapées, et au besoin les cachant jusqu'aux yeux, bonnes contre la bise et la curiosité. Sous ces capes, ils se mouvaient agilement. La plupart étaient coiffés d'un mouchoir roulé autour de la tête, sorte de rudiment par lequel le turban commence en Espagne. Cette coiffure n'avait rien d'insolite en Angleterre. Le midi à cette époque était à la mode dans le nord. Peut-être cela tenait-il à ce que le nord battait le midi. Il en triomphait, et l'admirait. Après la défaite de l'armada, le castillan fut chez Élisabeth un élégant baragouin de cour. Parler anglais chez la reine d'Angleterre était presque « shocking ». Subir un peu les mœurs de ceux à qui l'on fait la loi, c'est l'habitude du vainqueur barbare vis-à-vis le vaincu raffiné; le Tartare contemple et imite le Chinois. C'est pourquoi les modes castillanes pénétraient en Angleterre; en revanche, les intérêts anglais s'infiltraient en Espagne.

Un des hommes du groupe qui s'embarquait avait un air de chef. Il était chaussé d'alpargates, et attifé de guenilles passementées et dorées, et d'un gilet de paillon, luisant, sous sa cape, comme un ventre de poisson. Un autre rabattait sur son visage un vaste feutre taillé en sombrero. Ce feutre n'avait pas de trou pour la pipe, ce qui indiquait un homme lettré.

L'enfant[74], par-dessus ses loques, était affublé, selon le principe qu'une veste d'homme est un manteau d'enfant, d'une souquenille de gabier qui lui descendait jusqu'aux genoux.

Sa taille laissait deviner un garçon de dix à onze ans. Il était pieds nus.

L'équipage de l'ourque se composait d'un patron et de deux matelots.

L'ourque, vraisemblablement, venait d'Espagne, et y retournait. Elle faisait, sans nul doute, d'une côte à l'autre, un service furtif.

Les personnes qu'elle était en train d'embarquer chuchotaient entre elles.

Le chuchotement que ces êtres échangeaient était composite. Tantôt un mot castillan, tantôt un mot allemand, tantôt un mot français ; parfois du gallois, parfois du basque. C'était un patois, à moins que ce ne fût un argot[75].

Ils paraissaient être de toutes les nations et de la même bande.

L'équipage était probablement des leurs. Il y avait de la connivence dans cet embarquement.

Cette troupe bariolée[76] semblait être une compagnie de camarades, peut-être un tas de complices.

S'il y eût eu un peu plus de jour, et si l'on eût regardé un peu curieusement, on eût aperçu sur ces gens des chapelets et des scapulaires dissimulés à demi sous les guenilles. Un des à-peu-près de femme mêlés au groupe avait un rosaire presque pareil pour la grosseur des grains à un rosaire de derviche, et facile à reconnaître pour un rosaire irlandais de Llanymthefry, qu'on appelle aussi Llanandiffry.

On eût également pu remarquer, s'il y avait eu moins d'obscurité, une Nuestra-Señora, avec le niño, sculptée et dorée à l'avant de l'ourque. C'était probablement la Notre-Dame basque, sorte de panagia des vieux cantabres[77]. Sous cette figure, tenant lieu de poupée de proue, il y avait une cage à feu, point allumée en ce moment, excès de précaution qui indiquait un extrême souci de se cacher. Cette cage à feu était évidemment à deux fins; quand on l'allumait, elle brûlait pour la Vierge et éclairait la mer, fanal faisant fonction de cierge.

Le taille-mer, long, courbe et aigu sous le beaupré, sortait de l'avant comme une corne de croissant. A la naissance du taille-mer, aux pieds de la Vierge, était agenouillé un ange adossé à l'étrave, ailes ployées, et regardant l'horizon avec une lunette. — L'ange était doré comme la Notre-Dame.

Il y avait dans le taille-mer des jours et des claires-voies pour laisser passer les lames, occasion de dorures et d'arabesques.

Sous la Notre-Dame, était écrit en majuscules dorées le mot *Matutina* [78], nom du navire, illisible en ce moment à cause de l'obscurité.

Au pied de la falaise était déposé, en désordre et dans le pêle-mêle du départ, le chargement que ces voyageurs emportaient et qui, grâce à la planche servant de pont, passait rapidement du rivage dans la barque. Des sacs de biscuits, une caque de *stock-fish*, une boîte de portative soup, trois barils, un d'eau douce, un de malt, un de goudron, quatre ou cinq bouteilles d'ale, un vieux portemanteau bouclé dans des courroies, des malles, des coffres, une balle d'étoupes pour torches et signaux, tel était ce chargement. Ces déguenillés avaient des valises, ce qui semblait indiquer une existence nomade; les gueux ambulants sont forcés de posséder quelque chose; ils voudraient bien parfois s'envoler comme des oiseaux, mais ils ne peuvent, à moins d'abandonner leur gagne-pain. Ils ont nécessairement des caisses d'outils et des instruments de travail, quelle que soit leur profession errante. Ceux-ci traînaient ce bagage, embarras dans plus d'une occasion.

Il n'avait pas dû être aisé d'apporter ce déménagement au bas de cette falaise. Ceci du reste révélait une intention de départ définitif.

On ne perdait pas le temps; c'était un passage continuel du rivage à la barque et de la barque au rivage;

chacun prenait sa part de la besogne ; l'un portait un sac, l'autre un coffre. Les femmes possibles ou probables dans cette promiscuité travaillaient comme les autres. On surchargeait l'enfant.

Si cet enfant avait dans ce groupe son père et sa mère, cela est douteux. Aucun signe de vie ne lui était donné. On le faisait travailler, rien de plus. Il paraissait, non un enfant dans une famille, mais un esclave dans une tribu. Il servait tout le monde, et personne ne lui parlait.

Du reste, il se dépêchait, et, comme toute cette troupe obscure, dont il faisait partie, il semblait n'avoir qu'une pensée, s'embarquer bien vite. Savait-il pourquoi ? probablement non. Il se hâtait machinalement. Parce qu'il voyait les autres se hâter.

L'ourque était pontée. L'arrimage du chargement dans la cale fut promptement exécuté, le moment de prendre le large arriva. La dernière caisse avait été portée sur le pont, il n'y avait plus à embarquer que les hommes. Les deux de cette troupe qui semblaient les femmes étaient déjà à bord ; six, dont l'enfant, étaient encore sur la plate-forme basse de la falaise. Le mouvement de départ se fit dans le navire, le patron saisit la barre, un matelot prit une hache pour trancher le câble d'amarre. Trancher, signe de hâte ; quand on a le temps, on dénoue. *Andamos,* dit à demi-voix celui des six qui paraissait le chef, et qui avait des paillettes sur ses guenilles. L'enfant se précipita vers la planche pour passer le premier. Comme il y mettait le pied, deux des hommes se ruant, au risque de le jeter à l'eau, entrèrent avant lui, un troisième l'écarta du coude et passa, le quatrième le repoussa du poing et suivit le troisième, le cinquième, qui était le chef, bondit plutôt qu'il n'entra dans la barque, et, en y sautant, poussa du talon la planche qui tomba à la mer, un coup de hache coupa l'amarre, la barre du gouvernail vira, le navire quitta le rivage, et l'enfant resta à terre [79].

III

SOLITUDE

L'enfant demeura immobile sur le rocher, l'œil fixe. Il n'appela point. Il ne réclama point. C'était inattendu pourtant ; il ne dit pas une parole. Il y avait dans le navire le même silence. Pas un cri de l'enfant vers ces hommes, pas un adieu de ces hommes à l'enfant. Il y avait des deux parts une acceptation muette de l'intervalle grandissant. C'était comme une séparation de mânes au bord d'un styx [80]. L'enfant, comme cloué sur la roche que la marée haute commençait à baigner, regarda la barque s'éloigner. On eût dit qu'il comprenait. Quoi ? que comprenait-il ? l'ombre.

Un moment après, l'ourque atteignit le détroit de sortie de la crique et s'y engagea. On aperçut la pointe du mât sur le ciel clair au-dessus des blocs fendus entre lesquels serpentait le détroit comme entre deux murailles. Cette pointe erra au haut des roches, et sembla s'y enfoncer. On ne la vit plus. C'était fini. La barque avait pris la mer.

L'enfant regarda cet évanouissement.

Il était étonné, mais rêveur.

Sa stupéfaction se compliquait d'une sombre constatation de la vie. Il semblait qu'il y eût de l'expérience dans cet être commençant. Peut-être jugeait-il déjà. L'épreuve, arrivée trop tôt, construit parfois au fond de la réflexion obscure des enfants on ne sait quelle balance redoutable où ces pauvres petites âmes pèsent Dieu[81].

Se sentant innocent, il consentait. Pas une plainte.

L'irréprochable ne reproche pas.

Cette brusque élimination qu'on faisait de lui ne lui arracha pas même un geste. Il eut une sorte de roidissement intérieur. Sous cette subite voie de fait du sort qui semblait mettre le dénouement de son existence presque avant le début, l'enfant ne fléchit pas. Il reçut ce coup de foudre, debout[82].

Il était évident, pour qui eût vu son étonnement sans accablement, que, dans ce groupe qui l'abandonnait, rien ne l'aimait, et il n'aimait rien.

Pensif, il oubliait le froid. Tout à coup l'eau lui mouilla les pieds ; la marée montait ; une haleine lui passa dans les cheveux ; la bise s'élevait. Il frissonna. Il eut de la tête aux pieds ce tremblement qui est le réveil.

Il jeta les yeux autour de lui.

Il était seul.

Il n'y avait pas eu pour lui jusqu'à ce jour sur la terre d'autres hommes que ceux qui étaient en ce moment dans l'ourque. Ces hommes venaient de se dérober.

Ajoutons, chose étrange à énoncer, que ces hommes, les seuls qu'il connût, lui étaient inconnus.

Il n'eût pu dire qui étaient ces hommes.

Son enfance s'était passée parmi eux, sans qu'il eût la conscience d'être des leurs. Il leur était juxtaposé ; rien de plus.

Il venait d'être oublié par eux.

Il n'avait pas d'argent sur lui, pas de souliers aux pieds, à peine un vêtement sur le corps, pas même un morceau de pain dans sa poche.

C'était l'hiver. C'était le soir. Il fallait marcher plusieurs lieues avant d'atteindre une habitation humaine.

Il ignorait où il était.

Il ne savait rien, sinon que ceux qui étaient venus avec lui au bord de cette mer s'en étaient allés sans lui.

Il se sentit mis hors de la vie[83].

Il sentait l'homme manquer sous lui.

Il avait dix ans.

L'enfant était dans un désert, entre des profondeurs où il voyait monter la nuit et des profondeurs où il entendait gronder les vagues [84].

Il étira ses petits bras maigres et bâilla.

Puis, brusquement, comme quelqu'un qui prend son parti, hardi, et se dégourdissant, et avec une agilité d'écureuil, — de clown [85] peut-être, — il tourna le dos à la crique et se mit à monter le long de la falaise. Il escalada le sentier, le quitta, et revint, alerte et se risquant. Il se hâtait maintenant vers la terre. On eût dit qu'il avait un itinéraire. Il n'allait nulle part pourtant.

Il se hâtait sans but, espèce de fugitif devant la destinée.

Gravir est de l'homme, grimper est de la bête; il gravissait et grimpait [86]. Les escarpements de Portland étant tournés au sud, il n'y avait presque pas de neige dans le sentier. L'intensité du froid avait d'ailleurs fait de cette neige une poussière, assez incommode au marcheur. L'enfant s'en tirait. Sa veste d'homme, trop large, était une complication, et le gênait. De temps en temps, il rencontrait sur un surplomb ou dans une déclivité un peu de glace qui le faisait tomber. Il se raccrochait à une branche sèche ou à une saillie de pierre, après avoir pendu quelques instants sur le précipice. Une fois il eut affaire à une veine de brèche qui s'écroula brusquement sous lui, l'entraînant dans sa démolition. Ces effondrements de la brèche sont perfides. L'enfant eut durant quelques secondes le glissement d'une tuile sur un toit; il dégringola jusqu'à l'extrême bord de la chute; une touffe d'herbe empoignée à propos le sauva. Il ne cria pas plus devant l'abîme qu'il n'avait crié devant les hommes; il s'affermit et remonta silencieux. L'escarpement était haut. Il eut ainsi quelques péripéties. Le précipice s'aggravait de l'obscurité. Cette roche verticale n'avait pas de fin.

Elle reculait devant l'enfant dans la profondeur d'en haut. A mesure que l'enfant montait, le sommet semblait monter. Tout en grimpant, il considérait cet entablement noir, posé comme un barrage entre le ciel et lui. Enfin il arriva.

Il sauta sur le plateau. On pourrait presque dire : il prit terre, car il sortait du précipice.

A peine fut-il hors de l'escarpement qu'il grelotta. Il sentit à son visage la bise, cette morsure de la nuit. L'aigre vent du nord-ouest soufflait. Il serra contre sa poitrine sa serpillière de matelot.

C'était un bon vêtement. Cela s'appelle, en langage du bord, un *suroît,* parce que cette sorte de vareuse-là est peu pénétrable aux pluies du sud-ouest.

L'enfant, parvenu sur le plateau, s'arrêta, posa fermement ses deux pieds nus sur le sol gelé, et regarda.

Derrière lui la mer, devant lui la terre, au-dessus de sa tête le ciel.

Mais un ciel sans astres. Une brume opaque masquait le zénith.

En arrivant au haut du mur de rocher, il se trouvait tourné du côté de la terre, il la considéra. Elle était devant lui à perte de vue, plate, glacée, couverte de neige. Quelques touffes de bruyère frissonnaient. On ne voyait pas de routes. Rien. Pas même une cabane de berger. On apercevait çà et là des tournoiements de spirales blêmes qui étaient des tourbillons de neige fine arrachés de terre par le vent, et s'envolant. Une succession d'ondulations de terrain, devenue tout de suite brumeuse, se plissait dans l'horizon. Les grandes plaines ternes se perdaient sous le brouillard blanc. Silence profond. Cela s'élargissait comme l'infini et se taisait comme la tombe.

L'enfant se retourna vers la mer.

La mer comme la terre était blanche ; l'une de neige, l'autre d'écume. Rien de mélancolique comme le jour que faisait cette double blancheur. Certains éclairages de la nuit ont des duretés très nettes ; la mer était de l'acier, les falaises étaient de l'ébène. De la hauteur où était l'enfant, la baie de Portland apparaissait presque en carte géographique, blafarde dans son demi-cercle de collines ; il y avait du rêve dans ce paysage nocturne ; une rondeur pâle engagée dans un croissant obscur, la lune offre quelquefois cet aspect. D'un cap à l'autre, dans toute cette côte, on n'apercevait pas un seul scintillement indiquant un foyer allumé, une fenêtre éclairée, une maison vivante. Absence de lumière sur la terre comme au ciel ; pas une lampe en bas, pas un astre en haut[87]. Les larges aplanissements des flots dans le golfe avaient çà et là des soulèvements subits. Le vent dérangeait et fronçait cette nappe. L'ourque était encore visible dans la baie, fuyant.

C'était un triangle noir qui glissait sur cette lividité.

Au loin, confusément, les étendues d'eau remuaient dans le clair-obscur sinistre de l'immensité.

La *Matutina* filait vite. Elle décroissait de minute en minute. Rien de rapide comme la fonte d'un navire dans les lointains de la mer.

A un certain moment, elle alluma son fanal de proue ; il est probable que l'obscurité se faisait inquiétante autour d'elle, et que le pilote sentait le besoin d'éclairer la vague. Ce point lumineux, scintillation aperçue de loin, adhérait lugubrement à sa haute et longe forme noire. On eût dit un linceul debout et en marche au milieu de la mer, sous lequel rôderait quelqu'un qui aurait à la main une étoile[88].

Il y avait dans l'air une imminence d'orage. L'enfant ne s'en rendait pas compte, mais un marin eût tremblé. C'était cette minute d'anxiété préalable où il semble que les éléments vont devenir des personnes, et qu'on va assister à la transfiguration mystérieuse du vent en aquilon. La mer va être océan, les forces vont se révéler volontés, ce qu'on prend pour une chose est une âme. On va le voir. De là l'horreur. L'âme de l'homme redoute cette confrontation avec l'âme de la nature[89].

Un chaos allait faire son entrée. Le vent, froissant le brouillard, et échafaudant les nuées derrière, posait le décor de ce drame terrible de la vague et de l'hiver qu'on appelle une tempête de neige.

Le symptôme des navires rentrants se manifestait. Depuis quelques moments la rade n'était plus déserte. A chaque instant surgissaient de derrière les caps des barques inquiètes se hâtant vers le mouillage. Les unes doublaient le Portland Bill, les autres le Saint-Albans Head. Du plus extrême lointain, des voiles venaient. C'était à qui se réfugierait. Au sud, l'obscurité s'épaississait et les nuages pleins de nuit se rapprochaient de la mer. La pesanteur de la tempête en surplomb et pendante apaisait lugubrement le flot. Ce n'était point le moment de partir. L'ourque était partie cependant.

Elle avait mis le cap au sud. Elle était déjà hors du golfe et en haute mer. Tout à coup la bise souffla en rafale; la *Matutina*, qu'on distinguait encore très nettement, se couvrit de toile, comme résolue à profiter de l'ouragan. C'était le noroît, qu'on nommait jadis vent de galerne, bise sournoise et colère. Le noroît eut tout de suite sur l'ourque un commencement d'acharnement. L'ourque, prise de côté, pencha, mais n'hésita pas, et continua sa course vers le large. Ceci indiquait une fuite plutôt qu'un voyage, moins de crainte de la mer que de la terre, et plus de souci de la poursuite des hommes que de la poursuite des vents.

L'ourque, passant par tous les degrés de l'amoindrissement, s'enfonça dans l'horizon ; la petite étoile qu'elle traînait dans l'ombre, pâlit ; l'ourque, de plus en plus amalgamée à la nuit, disparut.

Cette fois, c'était pour jamais.

Du moins l'enfant parut le comprendre. Il cessa de regarder la mer. Ses yeux se reportèrent sur les plaines, les landes, les collines, vers les espaces où il n'était pas impossible peut-être de faire une rencontre vivante. Il se mit en marche dans cet inconnu.

IV

QUESTIONS

Qu'était-ce que cette espèce de bande en fuite laissant derrière elle cet enfant ?

Ces évadés étaient-ils des comprachicos ?

On a vu plus haut le détail des mesures prises par Guillaume III, et votées en parlement, contre les malfaiteurs, hommes et femmes, dits comprachicos, dits comprapequeños, dits cheylas.

Il y a des législations dispersantes. Ce statut tombant sur les comprachicos détermina une fuite générale, non seulement des comprachicos, mais des vagabonds de toute sorte. Ce fut à qui se déroberait et s'embarquerait. La plupart des comprachicos retournèrent en Espagne. Beaucoup, nous l'avons dit, étaient basques.

Cette loi protectrice de l'enfance eut un premier résultat bizarre : un subit délaissement d'enfants.

Ce statut pénal produisit immédiatement une foule d'enfants trouvés, c'est-à-dire perdus. Rien de plus aisé à comprendre. Toute troupe nomade contenant un enfant était suspecte ; le seul fait de la présence de l'enfant la dénonçait. — Ce sont probablement des comprachicos. — Telle était la première idée du shériff, du prévôt, du constable. De là des arrestations et des recherches. Des gens simplement misérables, réduits à rôder et à mendier, étaient pris de la terreur de passer pour comprachicos, bien que ne l'étant pas; mais les faibles sont peu rassurés sur les erreurs possibles de la justice. D'ailleurs les familles vagabondes sont habituellement effarées. Ce qu'on reprochait aux comprachicos, c'était l'exploitation des enfants d'autrui. Mais les promiscuités de la détresse et de l'indigence sont telles qu'il eût été parfois malaisé à un père et à une mère de constater que leur enfant était leur enfant. D'où tenez-vous cet enfant? Comment prouver qu'on le tient de Dieu? L'enfant devenait un danger; on s'en défaisait. Fuir seuls sera plus facile. Le père et la mère se décidaient à le perdre, tantôt dans un bois, tantôt sur une grève, tantôt dans un puits.

On trouva dans les citernes des enfants noyés.

Ajoutons que les comprachicos étaient, à l'imitation de l'Angleterre, traqués désormais par toute l'Europe. Le branle de les poursuivre était donné. Rien n'est tel qu'un grelot attaché. Il y avait désormais émulation de toutes les polices pour les saisir, et l'alguazil n'était pas moins au guet que le constable. On pouvait lire encore, il y a vingt-trois ans, sur une pierre de la porte d'Otero, une inscription intraduisible — le code dans les mots brave l'honnêteté — où est du reste marquée par une forte différence pénale la nuance entre les marchands d'enfants et les voleurs d'enfants. Voici l'inscription, en castillan un peu sauvage: *Aqui quedan las orejas de los comprachicos, y las bolsas de los robaniños, mientras que se van ellos al trabajo de mar.* On le voit, les oreilles, etc., confisquées n'empêchaient point les galères. De là un sauve-qui-peut parmi les vagabonds. Ils partaient effrayés, ils arrivaient tremblants. Sur tout le littoral d'Europe, on surveillait les arrivages furtifs. Pour une bande, s'embarquer avec un enfant était impossible, car débarquer avec un enfant était périlleux.

Perdre l'enfant, c'était plutôt fait.

Par qui l'enfant qu'on vient d'entrevoir dans la pénombre des solitudes de Portland, était-il rejeté?

Selon toute apparence, par des comprachicos.

V

L'ARBRE D'INVENTION HUMAINE

Il pouvait être environ sept heures du soir. Le vent maintenant diminuait, signe de recrudescence prochaine. L'enfant se trouvait sur l'extrême plateau sud de la pointe de Portland.

Portland est une presqu'île. Mais l'enfant ignorait ce que c'est qu'une presqu'île et ne savait pas même ce mot, Portland. Il ne savait qu'une chose, c'est qu'on peut marcher jusqu'à ce qu'on tombe. Une notion est un guide : il n'avait pas de notion. On l'avait amené là et laissé là. *On* et *là*, ces deux énigmes représentaient toute sa destinée : *on* était le genre humain ; *là* était l'univers. Il n'avait ici-bas absolument pas d'autre point d'appui que la petite quantité de terre où il posait le talon, terre dure et froide à la nudité de ses pieds. Dans ce grand monde crépusculaire ouvert de toutes parts, qu'y avait-il pour cet enfant ? Rien.

Il marchait vers ce Rien.

L'immense abandon des hommes était autour de lui.

Il traversa diagonalement le premier plateau, puis un second, puis un troisième. A l'extrémité de chaque plateau, l'enfant trouvait une cassure de terrain ; la pente était quelquefois abrupte, mais toujours courte. Les hautes plaines nues de la pointe de Portland ressemblent à de grandes dalles à demi engagées les unes sous les autres ; le côté sud semble entrer sous la plaine précédente, et le côté nord se relève sur la suivante. Cela fait des ressauts que l'enfant franchissait agilement. De temps en temps il suspendait sa marche et semblait tenir conseil avec lui-même. La nuit devenait très obscure, son rayon visuel se raccourcissait, il ne voyait plus qu'à quelques pas.

Tout à coup il s'arrêta, écouta un instant, fit un imperceptible hochement de tête satisfait, tourna vivement, et se dirigea vers une éminence de hauteur médiocre qu'il apercevait confusément à sa droite, au point de la plaine le plus rapproché de la falaise. Il y avait sur cette éminence une configuration qui semblait dans la brume un arbre. L'enfant venait d'entendre de ce côté un bruit, qui n'était ni le bruit du vent, ni le bruit de la mer. Ce n'était pas non plus un cri d'animaux. Il pensa qu'il y avait là quelqu'un.

En quelques enjambées il fut au bas du monticule.

Il y avait quelqu'un en effet.

Ce qui était indistinct au sommet de l'éminence était maintenant visible.

C'était quelque chose comme un grand bras sortant de terre tout droit. A l'extrémité supérieure de ce bras, une sorte d'index, soutenu en dessous par le pouce, s'allongeait horizontalement. Ce bras, ce pouce et cet index dessinaient sur le ciel une équerre. Au point de jonction de cette espèce d'index et de cette espèce de pouce il y avait un fil auquel pendait on ne sait quoi de noir et d'informe. Ce fil, remué par le vent, faisait le bruit d'une chaîne.

C'était ce bruit que l'enfant avait entendu.

Le fil était, vu de près, ce que son bruit annonçait, une chaîne. Chaîne marine aux anneaux à demi pleins.

Par cette mystérieuse loi d'amalgame qui dans la nature entière superpose les apparences aux réalités, le lieu, l'heure, la brume, la mer tragique, les lointains tumultes visionnaires de l'horizon, s'ajoutaient à cette silhouette, et la faisaient énorme.

La masse liée à la chaîne offrait la ressemblance d'une gaine. Elle était emmaillotée comme un enfant et longue comme un homme. Il y avait en haut une rondeur autour de laquelle l'extrémité de la chaîne s'enroulait. La gaine se déchiquetait à sa partie inférieure. Des décharnements sortaient de ses déchirures.

Une brise faible agitait la chaîne, et ce qui pendait à la chaîne vacillait doucement. Cette masse passive obéissait aux mouvements diffus des étendues ; elle avait on ne sait quoi de panique ; l'horreur qui disproportionne les objets lui ôtait presque la dimension en lui laissant le contour ; c'était une condensation de noirceur ayant un aspect, il y avait de la nuit dessus et de la nuit dedans ; cela était en proie au grandissement sépulcral ; les crépuscules, les levers de lune, les descentes de constellations derrière les falaises, les flottaisons de l'espace, les nuages, toute la rose des vents, avaient fini par entrer dans la composition de ce néant visible ; cette espèce de bloc quelconque suspendu dans le vent participait de l'impersonnalité éparse au loin sur la mer et dans le ciel, et les ténèbres achevaient cette chose qui avait été un homme [90].

C'était ce qui n'est plus.

Être un reste, ceci échappe à la langue humaine. Ne plus exister, et persister, être dans le gouffre et dehors, reparaître au-dessus de la mort, comme insubmersible, il y a une certaine quantité d'impossible mêlée à de telles réalités. De là l'indicible. Cet être, — était-ce un être ? — ce témoin noir, était un reste, et un reste terrible. Reste de quoi ? De la nature d'abord, de la société ensuite. Zéro et total.

L'inclémence absolue l'avait à sa discrétion. Les profonds oublis de la solitude l'environnaient. Il était livré aux aventures de l'ignoré. Il était sans défense contre l'obscurité, qui en faisait ce qu'elle voulait. Il était à jamais le patient. Il subissait. Les ouragans étaient sur lui. Lugubre fonction des souffles [91].

Ce spectre était là au pillage. Il endurait cette voie de fait horrible, la pourriture en plein vent. Il était hors la loi du cercueil. Il avait l'anéantissement sans la paix. Il tombait en cendre l'été et en boue l'hiver. La mort doit avoir un voile, la tombe doit avoir une pudeur. Ici ni pudeur ni voile. La putréfaction cynique et en aveu. Il y a de l'effronterie à la mort à montrer son ouvrage. Elle fait insulte à toutes les sérénités de l'ombre quand elle travaille hors de son laboratoire, le tombeau.

Cet être expiré était dépouillé. Dépouiller une dépouille, inexorable achèvement. Sa moelle n'était plus dans ses os, ses entrailles n'étaient plus dans son ventre, sa voix n'était plus dans son gosier. Un cadavre est une poche que la mort retourne et vide. S'il avait eu un moi, où ce moi était-il ? Là encore peut-être, et c'était poignant à penser. Quelque chose d'errant autour de quelque chose d'enchaîné. Peut-on se figurer dans l'obscurité un linéament plus funèbre ?

Il existe des réalités ici-bas qui sont comme des issues sur l'inconnu, par où la sortie de la pensée semble possible, et où l'hypothèse se précipite. La conjecture a son *compelle intrare* [92]. Si l'on passe en certains lieux et devant certains objets, on ne peut faire autrement que de s'arrêter en proie aux songes, et de laisser son esprit s'avancer là-dedans. Il y a dans l'invisible d'obscures portes entrebâillées. Nul n'eût pu rencontrer ce trépassé sans méditer.

La vaste dispersion l'usait silencieusement. Il avait eu du sang qu'on avait bu, de la peau qu'on avait mangée, de la chair qu'on avait volée. Rien n'avait passé sans lui prendre quelque chose. Décembre lui avait emprunté du froid, minuit de l'épouvante, le fer de la rouille, la peste des miasmes, la fleur des parfums. Sa lente désagrégation était un péage. Péage du cadavre à la rafale, à la pluie, à la rosée, aux reptiles, aux oiseaux. Toutes les sombres mains de la nuit avaient fouillé ce mort.

C'était on ne sait quel étrange habitant, l'habitant de la nuit. Il était dans une plaine et sur une colline, et il n'y était pas. Il était palpable et évanoui. Il était de l'ombre complétant les ténèbres. Après la disparition du jour, dans la vaste obscurité silencieuse, il devenait lugubrement d'accord avec tout. Il augmentait, rien que parce qu'il était là, le deuil de la tempête et le calme des astres. L'inexprimable, qui est dans le désert, se condensait en lui. Épave d'un destin inconnu, il s'ajoutait à toutes les farouches réticences de la nuit. Il y avait dans son mystère une vague réverbération de toutes les énigmes.

On sentait autour de lui comme une décroissance de vie allant jusqu'aux profondeurs. Il y avait dans les étendues environnantes une diminution de certitude et de confiance. Le frisson des broussailles et des herbes, une mélancolie désolée, une anxiété où il semblait qu'il y eût de la conscience, appropriaient tragiquement tout le paysage à cette figure noire suspendue à cette chaîne. La présence d'un spectre dans un horizon est une aggravation à la solitude.

Il était simulacre. Ayant sur lui les souffles qui ne s'apaisent pas, il était l'implacable. Le tremblement éternel le faisait terrible. Il semblait, dans les espaces, un centre, ce qui est effrayant à dire, et quelque chose d'immense s'appuyait sur lui. Qui sait ? Peut-être l'équité entrevue et bravée qui est au-delà de notre justice. Il y avait, dans sa durée hors de la tombe, de la vengeance des hommes et de sa vengeance à lui. Il faisait, dans ce crépuscule et dans ce désert, une attestation. Il était la preuve de la matière inquiétante, parce que la matière devant laquelle on tremble est de la ruine d'âme. Pour que la matière morte nous trouble, il faut que l'esprit y ait vécu. Il dénonçait la loi d'en bas à la loi d'en haut. Mis là par l'homme, il attendait Dieu. Au-dessus de lui flottaient, avec toutes les torsions indistinctes de la nuée et de la vague, les énormes rêveries de l'ombre.

Derrière cette vision, il y avait on ne sait quelle occlusion sinistre. L'illimité, borné par rien, ni par un arbre, ni par un toit, ni par un passant, était autour de ce mort. Quand l'immanence surplombant sur nous, ciel, gouffre, vie, tombeau, éternité, apparaît patente, c'est alors que nous sentons tout inaccessible, tout défendu, tout muré. Quand l'infini s'ouvre, pas de fermeture plus formidable.

VI

BATAILLE ENTRE LA MORT ET LA NUIT

L'enfant était devant cette chose, muet, étonné, les yeux fixes.

Pour un homme c'eût été un gibet, pour l'enfant c'était une apparition.

Où l'homme eût vu le cadavre, l'enfant voyait le fantôme.

Et puis il ne comprenait point.

Les attractions d'abîme sont de toute sorte; il y en avait une au haut de cette colline. L'enfant fit un pas, puis deux. Il monta, tout en ayant envie de descendre, et approcha, tout en ayant envie de reculer [93].

Il vint, tout près, hardi et frémissant faire une reconnaissance du fantôme.

Parvenu sous le gibet, il leva la tête et examina.

Le fantôme était goudronné et luisait çà et là. L'enfant distinguait la face. Elle était enduite de bitume, et ce masque qui semblait visqueux et gluant se modelait dans les reflets de la nuit. L'enfant voyait la bouche qui était un trou, le nez qui était un trou, et les yeux qui étaient des trous. Le corps était enveloppé et comme ficelé dans une grosse toile imbibée de naphte. La toile s'était moisie et rompue. Un genou passait à travers. Un crevasse laissait voir les côtes. Quelques parties étaient cadavre, d'autres squelette. Le visage était couleur de terre; des limaces, qui avaient erré dessus, y avaient laissé de vagues rubans d'argent. La toile, collée aux os, offrait des reliefs, comme une robe de statue. Le crâne, fêlé et fendu, avait l'hiatus d'un fruit pourri. Les dents étaient demeurées humaines, elles avaient conservé le rire [94]. Un reste de cri semblait bruire dans la bouche ouverte. Il y avait quelques poils de barbe sur les joues. La tête, penchée, avait un air d'attention.

On avait fait récemment des réparations. Le visage était goudronné de frais, ainsi que le genou qui sortait de la toile, et les côtes. En bas les pieds passaient.

Juste dessous, dans l'herbe, on voyait deux souliers, devenus informes dans la neige et sous les pluies. Ces souliers étaient tombés de ce mort.

L'enfant, pieds nus, regarda ces souliers.

Le vent, de plus en plus inquiétant, avait de ces interruptions qui font partie des apprêts d'une tempête; il avait tout à fait cessé depuis quelques instants. Le cadavre ne bougeait plus. La chaîne avait l'immobilité du fil à plomb.

Comme tous les nouveaux venus dans la vie, et en tenant compte de la pression spéciale de sa destinée, l'enfant avait sans nul doute en lui cet éveil d'idées propre aux jeunes années, qui tâche d'ouvrir le cerveau et qui ressemble aux coups de bec de l'oiseau dans l'œuf; mais tout ce qu'il y avait dans sa petite conscience en ce moment se résolvait en stupeur. L'excès de sensation, c'est l'effet du trop d'huile, arrive à l'étouffement de la pensée. Un homme se fût fait des questions, l'enfant ne s'en faisait pas; il regardait.

Le goudron donnait à cette face un aspect mouillé. Des gouttes de bitume figées dans ce qui avait été les yeux ressemblaient à des larmes. Du reste, grâce à ce bitume, le dégât de la mort était visiblement ralenti, sinon annulé, et réduit au moins de délabrement possible. Ce que l'enfant avait devant lui était une chose dont on avait soin. Cet homme était évidemment précieux. On n'avait pas tenu à le garder vivant, mais on tenait à le conserver mort.

Le gibet était vieux, vermoulu, quoique solide, et servait depuis de longues années.

C'était un usage immémorial en Angleterre de goudronner les contrebandiers. On les pendait au bord de la mer, on les enduisait de bitume, et on les laissait accrochés; les exemples veulent le plein air, et les exemples goudronnés se conservent mieux. Ce goudron était de l'humanité. On pouvait de cette manière renouveler les pendus moins souvent. On mettait des potences de distance en distance sur la côte comme de nos jours les réverbères. Le pendu tenait lieu de lanterne. Il éclairait, à sa façon, ses camarades les contrebandiers. Les contrebandiers, de loin, en mer, apercevaient les gibets. En voilà un, premier avertissement; puis un autre, deuxième avertissement. Cela n'empêchait point la contrebande; mais l'ordre se compose de ces choses-là. Cette mode a duré en Angleterre jusqu'au commencement de ce siècle. En 1822, on voyait encore devant le château de Douvres trois pendus vernis. Du reste, le procédé conservateur ne se bornait point aux contrebandiers. L'Angleterre tirait le même parti des voleurs, des incendiaires et des assassins. John Painter, qui mit le feu aux magasins maritimes de Portsmouth, fut pendu et goudronné en 1776.

L'abbé Coyer, qui l'appelle Jean le Peintre, le revit en 1777. John Painter était accroché et enchaîné au-dessus de la ruine qu'il avait faite, et rebadigeonné de temps en temps. Ce cadavre dura, on pourrait presque dire vécut, près de quatorze ans. Il faisait encore un bon service en 1788. En 1790, pourtant, on dut le remplacer. Les Égyptiens faisaient cas de la momie de roi; la momie de peuple, à ce qu'il paraît, peut être utile aussi.

Le vent, ayant beaucoup de prise sur le monticule, en avait enlevé toute la neige. L'herbe y reparaissait, avec quelques chardons çà et là. La colline était couverte de ce gazon marin dru et ras qui fait ressembler le haut des falaises à du drap vert. Sous la potence, au point même au-dessus duquel pendaient les pieds du supplicié, il y avait une touffe haute et épaisse, surprenante sur ce sol maigre. Les cadavres émiettés là depuis des siècles expliquaient cette beauté de l'herbe. La terre se nourrit de l'homme.

Une fascination lugubre tenait l'enfant. Il demeurait là, béant. Il ne baissa le front qu'un moment pour une ortie qui lui piquait les jambes, et qui lui fit la sensation d'une bête. Puis il se redressa. Il regardait au-dessus de lui cette face qui le regardait. Elle le regardait d'autant plus qu'elle n'avait pas d'yeux. C'était du regard répandu, une fixité indicible où il y avait de la lueur et des ténèbres, et qui sortait du crâne et des dents aussi bien que des arcades sourcilières vides. Toute la tête du mort regarde, et c'est terrifiant. Pas de prunelles, et l'on se sent vu. Horreur des larves [95].

Peu à peu l'enfant devenait lui-même terrible. Il ne bougeait plus, la torpeur le gagnait. Il ne s'apercevait pas qu'il perdait conscience. Il s'engourdissait et s'ankylosait. L'hiver le livrait silencieusement à la nuit ; il y a du traître dans l'hiver. L'enfant était presque statue. La pierre du froid entrait dans ses os ; l'ombre, ce reptile, se glissait en lui. L'assoupissement qui sort de la neige monte dans l'homme comme une marée obscure ; l'enfant était lentement envahi par une immobilité ressemblant à celle du cadavre. Il allait s'endormir.

Dans la main du sommeil il y a le doigt de la mort. L'enfant se sentait saisi par cette main. Il était au moment de tomber sous le gibet. Il ne savait déjà plus s'il était debout.

La fin toujours imminente, aucune transition entre être et ne plus être, la rentrée au creuset, le glissement possible à toute minute, c'est ce précipice-là qui est la création.

Encore un instant, et l'enfant et le trépassé, la vie en ébauche et la vie en ruine [96], allaient se confondre dans le même effacement.

Le spectre eut l'air de le comprendre et de ne pas le vouloir. Tout à coup il se mit à remuer. On eût dit qu'il avertissait l'enfant. C'était une reprise de vent qui soufflait.

Rien d'étrange comme ce mort en mouvement.

Le cadavre au bout de la chaîne, poussé par le souffle invisible, prenait une attitude oblique, montait à gauche, puis retombait, remontait à droite, et retombait et remontait avec la lente et funèbre précision d'un battant. Va-et-vient farouche. On eût cru voir dans les ténèbres le balancier de l'horloge de l'éternité.

Cela dura quelque temps ainsi. L'enfant devant cette agitation du mort sentait un réveil, et, à travers son refroidissement, avait assez nettement peur. La chaîne, à chaque oscillation, grinçait avec une régularité hideuse. Elle avait l'air de reprendre haleine, puis recommençait. Ce grincement imitait un chant de cigale.

Les approches d'une bourrasque produisent de subites enflures du vent. Brusquement la brise devint bise. L'oscillation du cadavre s'accentua lugubrement. Ce ne fut plus du balancement, ce fut de la secousse. La chaîne qui grinçait, cria.

Il sembla que ce cri était entendu. Si c'était un appel, il fut obéi. Du fond de l'horizon, un grand bruit accourut.

C'était un bruit d'ailes.

Un incident survenait, l'orageux incident des cimetières et des solitudes, l'arrivée d'une troupe de corbeaux.

Des taches noires volantes piquèrent le nuage, percèrent la brume, grossirent, approchèrent, s'amalgamèrent, s'épaissirent, se hâtant vers la colline, poussant des cris. C'était comme la venue d'une légion. Cette vermine ailée des ténèbres s'abattit sur le gibet.

L'enfant, effaré, recula.

Les essaims obéissent à des commandements. Les corbeaux s'étaient groupés sur la potence. Pas un n'était sur le cadavre. Ils se parlaient entre eux. Le croassement est affreux. Hurler, siffler, rugir, c'est de la vie ; le croassement est une acceptation satisfaite de la putréfaction. On croit entendre le bruit que fait le silence du sépulcre en se brisant. Le croassement est une voix dans laquelle il y a de la nuit. L'enfant était glacé.

Plus encore par l'épouvante que par le froid.

Les corbeaux se turent. Un d'eux sauta sur le squelette. Ce fut un signal. Tous se précipitèrent, il y eut une nuée d'ailes, puis toutes les plumes se refermèrent, et le pendu disparut sous un fourmillement d'ampoules noires remuant dans l'obscurité. En ce moment, le mort se secoua.

Était-ce lui ? Était-ce le vent ? Il eut un bond effroyable. L'ouragan, qui s'élevait, lui venait en aide. Le fantôme entra en convulsion. C'était la rafale, déjà soufflant à pleins poumons, qui s'emparait de lui, et qui l'agitait dans tous les sens. Il devint horrible. Il se mit à se démener. Pantin épouvantable, ayant pour ficelle la chaîne d'un gibet. Quelque parodiste de l'ombre avait saisi son fil et jouait de cette momie. Elle tourna et sauta comme prête à se disloquer. Les oiseaux, effrayés, s'envolèrent. Ce fut comme un rejaillissement de toutes ces bêtes infâmes. Puis ils revinrent. Alors une lutte commença.

Le mort sembla pris d'une vie monstrueuse. Les souffles le soulevaient comme s'ils allaient l'emporter; on eût dit qu'il se débattait et qu'il faisait effort pour s'évader; son carcan le retenait. Les oiseaux répercutaient tous ses mouvements, reculant, puis se ruant, effarouchés et acharnés. D'un côté, une étrange fuite essayée; de l'autre, la poursuite d'un enchaîné. Le mort, poussé par tous les spasmes de la bise, avait des soubresauts, des chocs, des accès de colère, allait, venait, montait, tombait, refoulant l'essaim éparpillé. Le mort était massue, l'essaim était poussière. La féroce volée assaillante ne lâchait pas prise et s'opiniâtrait. Le mort, comme saisi de folie sous cette meute de becs, multipliait dans le vide ses frappements aveugles, semblables aux coups d'une pierre liée à une fronde. Par moments il avait sur lui toutes les griffes et toutes les ailes, puis rien; c'étaient des évanouissements de la horde, tout de suite suivis de retours furieux. Effrayant supplice continuant après la vie. Les oiseaux semblaient frénétiques. Les soupiraux de l'enfer doivent donner passage à des essaims pareils. Coups d'ongle, coups de bec, croassements, arrachements de lambeaux qui n'étaient plus de la chair, craquements de la potence, froissements du squelette, cliquetis des ferrailles, cris de la rafale, tumulte, pas de lutte plus lugubre. Une lémure contre des démons. Sorte de combat spectre [97].

Parfois, la bise redoublant, le pendu pivotait sur lui-même, faisait face à l'essaim de tous les côtés à la fois, paraissait vouloir courir après les oiseaux, et l'on eût dit que ses dents tâchaient de mordre. Il avait le vent pour lui et la chaîne contre lui, comme si des dieux noirs s'en mêlaient. L'ouragan était de la bataille. Le mort se tordait, la troupe d'oiseaux roulait sur lui en spirale. C'était un tournoiement dans un tourbillon.

On entendait en bas un grondement immense, qui était la mer.

L'enfant voyait ce rêve. Subitement il se mit à trembler de tous ses membres, un frisson ruissela le long de son corps, il chancela, tressaillit, faillit tomber, se retourna, pressa son front de ses deux mains, comme si le front était un point d'appui, et, hagard, les cheveux au vent, descendant la colline à grands pas, les yeux fermés, presque fantôme lui-même, il prit la fuite, laissant derrière lui ce tourment dans la nuit.

VII

LA POINTE NORD DE PORTLAND

Il courut jusqu'à essoufflement, au hasard, éperdu, dans la neige, dans la plaine, dans l'espace. Cette fuite le réchauffa. Il en avait besoin. Sans cette course et sans cette épouvante, il était mort.

Quand l'haleine lui manqua, il s'arrêta. Mais il n'osa point regarder en arrière, il lui semblait que les oiseaux devaient le poursuivre, que le mort devait avoir dénoué sa chaîne et était probablement en marche du même côté que lui, et que sans doute le gibet lui-même descendait la colline, courant après le mort. Il avait peur de voir cela s'il se retournait.

Lorsqu'il eut repris un peu haleine, il se remit à fuir.

Se rendre compte des faits n'est point de l'enfance. Il percevait des impressions à travers le grossissement de l'effroi, mais sans les lier dans son esprit et sans conclure. Il allait n'importe où ni comment; il courait avec l'angoisse et la difficulté du songe. Depuis près de trois heures qu'il était abandonné, sa marche en avant, tout en restant vague, avait changé de but; auparavant il était en quête, à présent il était en fuite. Il n'avait plus faim, ni froid; il avait peur. Un instinct avait remplacé l'autre. Échapper était maintenant toute sa pensée. Échapper à quoi? à tout. La vie lui apparaissait de toutes parts autour de lui comme une muraille horrible. S'il eût pu s'évader des choses, il l'eût fait.

Mais les enfants ne connaissent point ce bris de prison qu'on nomme le suicide [98].

Il courait.

Il courut ainsi un temps indéterminé. Mais l'haleine s'épuise, la peur s'épuise aussi.

Tout à coup, comme saisi d'un soudain accès d'énergie et d'intelligence, il s'arrêta, on eût dit qu'il avait honte de se sauver; il se roidit, frappa du pied, dressa résolument la tête, et se retourna.

Il n'y avait plus ni colline, ni gibet, ni vol de corbeaux.

Le brouillard avait repris possession de l'horizon.

L'enfant poursuivit son chemin.

Maintenant il ne courait plus, il marchait. Dire que cette rencontre d'un mort l'avait fait un homme, ce serait limiter l'impression multiple et confuse qu'il subissait. Il y avait dans cette impression beaucoup plus et beaucoup moins. Ce gibet, fort trouble dans ce rudiment de compréhension qui était sa pensée, restait pour lui une apparition. Seulement, une terreur domptée étant un affermissement, il se sentit plus fort. S'il eût été d'âge à se sonder, il eût trouvé en lui mille autres commencements de méditation, mais la réflexion des enfants est informe, et tout au plus sentent-ils l'arrière-goût amer de cette chose obscure pour eux que l'homme plus tard appelle l'indignation.

Ajoutons que l'enfant a ce don d'accepter très vite la fin d'une sensation. Les contours lointains et fuyants, qui font l'amplitude des choses douloureuses, lui échappent. L'enfant est défendu par sa limite, qui est la faiblesse, contre les émotions trop complexes. Il voit le fait, et peu de chose à côté. La difficulté de se contenter des idées partielles n'existe pas pour l'enfant. Le procès de la vie ne s'instruit que plus tard, quand l'expérience arrive avec son dossier. Alors il y a confrontation des groupes de faits rencontrés, l'intelligence renseignée et grandie compare, les souvenirs du jeune âge reparaissent sous les passions comme le palimpseste sous les ratures, ces souvenirs sont des points d'appui pour la logique, et ce qui était vision dans le cerveau de l'enfant devient syllogisme dans le cerveau de l'homme. Du reste l'expérience est diverse, et tourne bien ou mal selon les natures. Les bons mûrissent. Les mauvais pourrissent.

L'enfant avait bien couru un quart de lieue, et marché un autre quart de lieue. Tout à coup il sentit que son estomac le tiraillait. Une pensée, qui tout de suite éclipsa la hideuse apparition de la colline, lui vint violemment : manger. Il y a dans l'homme une bête, heureusement ; elle le ramène à la réalité.

Mais quoi manger ? mais où manger ? mais comment manger ?

Il tâta ses poches. Machinalement, car il savait bien qu'elles étaient vides.

Puis il hâta le pas. Sans savoir où il allait, il hâta le pas vers le logis possible.

Cette foi à l'auberge fait partie des racines de la providence dans l'homme.

Croire à un gîte, c'est croire en Dieu.

Du reste, dans cette plaine de neige, rien qui ressemblât à un toit.

L'enfant marchait, la lande continuait, nue à perte de vue.

Il n'y avait jamais eu sur ce plateau d'habitation humaine. C'est au bas de la falaise, dans des trous de roche, que logeaient jadis, faute de bois pour bâtir des cabanes, les anciens habitants primitifs, qui avaient pour arme une fronde, pour chauffage la fiente de bœuf séchée, pour religion l'idole Heil debout dans une clairière à Dorchester, et pour industrie la pêche de ce faux corail gris que les Gallois appelaient *plin* et les Grecs *isidis plocamos*.

L'enfant s'orientait du mieux qu'il pouvait. Toute la destinée est un carrefour, le choix des directions est redoutable, ce petit être avait de bonne heure l'option entre les chances obscures [99]. Il avançait cependant ; mais, quoique ses jarrets semblassent d'acier, il commençait à se fatiguer. Pas de sentier dans cette plaine ; s'il y en avait, la neige les avait effacés. D'instinct, il continuait à dévier vers l'est. Des pierres tranchantes lui avaient écorché les talons. S'il eût fait jour, on eût pu voir dans les traces qu'il laissait sur la neige, des taches roses qui étaient son sang.

Il ne reconnaissait rien. Il traversait le plateau de Portland du sud au nord, et il est probable que la bande avec laquelle il était venu, évitant les rencontres, l'avait traversé de l'ouest à l'est. Elle était vraisemblablement partie, dans quelque barque de pêcheur ou de contrebandier, d'un point quelconque de la côte d'Uggescombe, tel que Sainte-Catherine Chap, ou Swancry, pour aller à Portland retrouver l'ourque qui l'attendait, et elle avait dû débarquer dans une des anses de Weston pour aller se rembarquer dans une des criques d'Eston. Cette direction-là était coupée en croix par celle que suivait maintenant l'enfant. Il était impossible qu'il reconnût son chemin.

Le plateau de Portland a çà et là de hautes ampoules ruinées brusquement par la côte et coupées à pic sur la mer. L'enfant errant arriva sur un de ces points culminants, et s'y arrêta, espérant trouver plus d'indications dans plus d'espace, cherchant à voir. Il avait devant lui, pour tout horizon, une vaste opacité livide. Il l'examina avec attention, et sous la fixité de son regard, elle devint moins indistincte. Au fond d'un lointain pli de terrain, vers l'est, au bas de cette lividité opaque, sorte d'escarpement mouvant et blême qui ressemblait à une falaise de la nuit, rampaient et flottaient de vagues lambeaux noirs, espèces d'arrachements diffus. Cette opacité blafarde, c'était du brouillard; ces lambeaux noirs, c'étaient des fumées. Où il y a des fumées, il y a des hommes. L'enfant se dirigea de ce côté.

Il entrevoyait à quelque distance une descente, et au pied de la descente, parmi des configurations informes de rochers que la brume estompait, une apparence de banc de sable ou de langue de terre reliant probablement aux plaines de l'horizon le plateau qu'il venait de traverser. Il fallait évidemment passer par là.

Il était arrivé en effet à l'isthme de Portland, alluvion diluvienne qu'on appelle Chess-Hill.

Il s'engagea sur le versant du plateau.

La pente était difficile et rude. C'était, avec moins

d'âpreté pourtant, le revers de l'ascension qu'il avait faite pour sortir de la crique. Toute montée se solde par une descente. Après avoir grimpé, il dégringolait [100].

Il sautait d'un rocher à l'autre, au risque d'une entorse, au risque d'un écroulement dans la profondeur indistincte. Pour se retenir dans les glissements de la roche et de la glace, il prenait à poignées les longues lanières des landes et des ajoncs pleins d'épines, et toutes ces pointes lui entraient dans les doigts. Par instants, il trouvait un peu de rampe douce, et descendait en reprenant haleine, puis l'escarpement se refaisait, et pour chaque pas il fallait un expédient. Dans les descentes de précipice, chaque mouvement est la solution d'un problème. Il faut être adroit sous peine de mort. Ces problèmes, l'enfant les résolvait avec un instinct dont un singe eût pris note et une science qu'un saltimbanque eût admirée. La descente était abrupte et longue. Il en venait à bout néanmoins.

Peu à peu, il approchait de l'instant où il prendrait terre sur l'isthme entrevu.

Par intervalles, tout en bondissant, ou en dévalant de rocher en rocher, il prêtait l'oreille, avec un dressement de daim attentif. Il écoutait au loin, à sa gauche, un bruit vaste et faible, pareil à un profond chant de clairon. Il y avait dans l'air en effet un remuement de souffles précédant cet effrayant vent boréal, qu'on entend venir du pôle comme une arrivée de trompettes. En même temps, l'enfant sentait par moments sur son front, sur ses yeux, sur ses joues, quelque chose qui ressemblait à des paumes de mains froides se posant sur son visage. C'étaient de larges flocons glacés, ensemencés d'abord mollement dans l'espace, puis tourbillonnant, et annonçant l'orage de neige. L'enfant en était couvert. L'orage de neige qui, depuis plus d'une heure déjà, était sur la mer, commençait à gagner la terre. Il envahissait lentement les plaines. Il entrait obliquement par le nord-ouest dans le plateau de Portland.

LIVRE DEUXIÈME

L'OURQUE EN MER

I

LES LOIS QUI SONT HORS DE L'HOMME

La tempête de neige est une des choses inconnues de la mer. C'est le plus obscur des météores ; obscur dans tous les sens du mot. C'est un mélange de brouillard et de tourmente, et de nos jours on ne se rend pas bien compte encore de ce phénomène. De là beaucoup de désastres.

On veut tout expliquer par le vent et par le flot. Or dans l'air il y a une force qui n'est pas le vent, et dans l'eau il y a une force qui n'est pas le flot. Cette force, la même dans l'air et dans l'eau, c'est l'effluve. L'air et l'eau sont deux masses liquides, à peu près identiques, et rentrant l'une dans l'autre par la condensation et la dilatation, tellement que respirer c'est boire ; l'effluve seul est fluide. Le vent et le flot ne sont que des poussées ; l'effluve est un courant. Le vent est visible par les nuées, le flot est visible par l'écume ; l'effluve est invisible [101]. De temps en temps pourtant elle dit : je suis là. Son *Je suis là,* c'est un coup de tonnerre.

La tempête de neige offre un problème analogue au brouillard sec. Si l'éclaircissement de la callina des Espagnols et du quobar des Éthiopiens est possible, à coup sûr, cet éclaircissement se fera par l'observation attentive de l'effluve magnétique.

Sans l'effluve, une foule de faits demeurent énigmatiques. A la rigueur, les changements de vitesse du vent, se modifiant dans la tempête de trois pieds par seconde à deux cent vingt pieds, motiveraient les variantes de la vague allant de trois pouces, mer calme, à trente-six pieds, mer furieuse ; à la rigueur, l'horizontalité des souffles, même en bourrasque, fait comprendre comment une lame de trente pieds de haut peut avoir quinze cents pieds de long ; mais pourquoi les vagues du Pacifique sont-elles quatre fois plus hautes près de l'Amérique que près de l'Asie, c'est-à-dire plus hautes à l'ouest qu'à l'est ; pourquoi est-ce le contraire dans l'Atlantique ; pourquoi, sous l'équateur, est-ce le milieu de la mer qui est le plus haut ; d'où viennent ces déplacements de la tumeur de l'océan ? c'est ce que l'effluve magnétique, combiné avec la rotation terrestre et l'attraction sidérale, peut seule expliquer.

Ne faut-il pas cette complication mystérieuse pour rendre raison d'une oscillation du vent allant, par exemple, par l'ouest, du sud-est au nord-est, puis revenant brusquement, par le même grand tour, du nord-est au sud-est, de façon à faire en trente-six heures un prodigieux circuit de cinq cent soixante degrés, ce qui fut le prodrome de la tempête de neige du 17 mars 1867 ?

Les vagues de tempête de l'Australie atteignent jusqu'à quatre-vingts pieds de hauteur ; cela tient au voisinage du pôle. La tourmente en ces latitudes résulte moins du bouleversement des souffles que de la continuité des décharges électriques sous-marines ; en l'année 1866, le câble transatlantique a été régulièrement troublé dans sa fonction deux heures sur vingt-quatre, de midi à deux heures, par une sorte de fièvre intermittente. De certaines compositions et décompositions de forces produisent les phénomènes, et s'imposent aux calculs du marin à peine de naufrage. Le jour où la navigation, qui est une routine, deviendra une mathématique, le jour où l'on cherchera à savoir, par exemple, pourquoi, dans nos régions, les vents chauds viennent parfois du nord et les vents froids du midi, le jour où l'on comprendra que les décroissances de température sont proportionnées aux profondeurs océaniques, le jour où l'on aura présent à l'esprit que le globe est un gros aimant polarisé dans l'immensité, avec deux axes, un axe de rotation et un axe d'effluves, s'entrecoupant au centre de la terre, et que les pôles magnétiques tournent autour des pôles géographiques; quand ceux qui risquent leur vie voudront la risquer scientifiquement, quand on naviguera sur de l'instabilité étudiée, quand le capitaine sera un météorologue, quand le pilote sera un chimiste, alors bien des catastrophes seront évitées. La mer est magnétique autant qu'aquatique; un océan de forces flotte, inconnu [102], dans l'océan des flots; à vau-l'eau, pourrait-on dire. Ne voir dans la mer qu'une masse d'eau, c'est ne pas voir la mer; la mer est un va-et-vient de fluide autant qu'un flux et reflux de liquide; les attractions la compliquent plus encore peut-être que les ouragans; l'adhésion moléculaire, manifestée, entre autres phénomènes, par l'attraction capillaire, microscopique pour nous, participe, dans l'océan, de la grandeur des étendues; et l'onde des effluves, tantôt aide, tantôt contrarie l'onde des airs et l'onde des eaux. Qui ignore la loi électrique ignore la loi hydraulique; car l'une pénètre l'autre. Pas d'étude plus ardue, il est vrai, ni plus obscure; elle touche à l'empirisme comme l'astronomie touche à l'astrologie. Sans cette étude pourtant, pas de navigation.

Cela dit, passons.

Un des composés les plus redoutables de la mer, c'est la tourmente de neige. La tourmente de neige est surtout magnétique. Le pôle la produit comme il produit l'aurore boréale; il est dans ce brouillard comme il est dans cette lueur; et, dans le flocon de neige comme dans la strie de flamme, l'effluve est visible [103].

Les tourmentes sont les crises de nerfs et les accès de délire de la mer. La mer a ses migraines. On peut assimiler les tempêtes aux maladies. Les unes sont mortelles, d'autres ne le sont point; on se tire de celle-ci et non de celle-là. La bourrasque de neige passe pour être habituellement mortelle. Jarabija, un des pilotes de Magellan, la qualifiait « une nuée sortie du mauvais côté du diable* ».

---

* *Una nuba salida del malo del diabolo.*

Surcouf disait : *Il y a du trousse-galant dans cette tempête-là.*

Les anciens navigateurs espagnols appelaient cette sorte de bourrasque *la nevada* au moment des flocons, et *la helada* au moment des grêlons. Selon eux il tombait du ciel des chauves-souris avec la neige [104].

Les tempêtes de neige sont propres aux latitudes polaires. Pourtant, parfois elles glissent, on pourrait presque dire elles croulent, jusqu'à nos climats, tant la ruine est mêlée aux aventures de l'air.

La *Matutina*, on l'a vu, s'était, en quittant Portland, résolument engagée dans ce grand hasard nocturne qu'une approche d'orage aggravait. Elle était entrée dans toute cette menace avec une sorte d'audace tragique. Cependant, insistons-y, l'avertissement ne lui avait point manqué.

II

LES SILHOUETTES
DU COMMENCEMENT FIXÉES

Tant que l'ourque fut dans le golfe de Portland, il y eut peu de mer; la lame était presque étale. Quel que fût le brun de l'océan, il faisait encore clair dans le ciel. La brise mordait peu sur le bâtiment. L'ourque longeait le plus possible la falaise qui lui était un bon paravent.

On était dix sur la petite felouque biscayenne, trois hommes d'équipage, et sept passagers, dont deux femmes. A la lumière de la pleine mer, car dans le crépuscule le large refait le jour, toutes les figures étaient maintenant visibles et nettes. On ne se cachait plus d'ailleurs, on ne se gênait plus, chacun reprenait sa liberté d'allures, jetait son cri, montrait son visage, le départ étant une délivrance [105].

La bigarrure du groupe éclatait. Les femmes étaient sans âge; la vie errante fait des vieillesses précoces, et l'indigence est une ride. L'une était une Basquaise des ports-secs; l'autre, la femme au gros rosaire, était une Irlandaise. Elles avaient l'air indifférent des misérables. Elles s'étaient en entrant accroupies l'une près de l'autre sur des coffres au pied du mât. Elles causaient; l'irlandais et le basque, nous l'avons dit, sont deux langues parentes. La Basquaise avait les cheveux parfumés d'oignon et de basilic. Le patron de l'ourque était basque guipuzcoan ; un matelot était basque du versant nord des Pyrénées, l'autre était basque du versant sud, c'est-à-dire de la même nation, quoique le premier fût français et le second espagnol. Les Basques ne reconnaissent point la patrie officielle. *Mi madre se llama montaña,* « ma mère s'appelle la montagne », disait l'arriero Zalareus. Des cinq hommes accompagnant les deux femmes, un était français languedocien, un était français provençal, un était génois, un, vieux, celui qui avait le sombrero sans trou à pipe, paraissait allemand, le cinquième, le chef, était un Basque landais de Biscarosse. C'était lui qui, au moment où l'enfant allait entrer dans l'ourque, avait d'un coup de talon jeté la passerelle à la mer. Cet homme, robuste, subit, rapide, couvert, on s'en souvient, de passementeries, de pasquilles et de clinquants qui faisaient ses guenilles flamboyantes, ne pouvait tenir en place, se penchait, se dressait, allait et venait sans cesse d'un bout du navire à l'autre, comme inquiet entre ce qu'il venait de faire et ce qui allait arriver.

Ce chef de la troupe et le patron de l'ourque, et les deux hommes d'équipage, basques tous quatre, parlaient tantôt basque, tantôt espagnol, tantôt français, ces trois langues étant répandues sur les deux revers des Pyrénées. Du reste, hormis les femmes, tous parlaient à peu près le français, qui était le fond de l'argot de la bande. La langue française, dès cette époque, commençait à être choisie par les peuples comme intermédiaire entre l'excès de consonnes du nord et l'excès de voyelles du midi. En Europe le commerce parlait français ; le vol, aussi. On se souvient que Gibby, voleur de Londres, comprenait Cartouche.

L'ourque, fine voilière, marchait bon train ; pourtant dix personnes, plus les bagages, c'était beaucoup de charge pour un si faible gabarit.

Ce sauvetage d'une bande par ce navire n'impliquait pas nécessairement l'affiliation de l'équipage du navire à la bande. Il suffisait que le patron du navire fût un *vascongado,* et que le chef de la bande en fût un autre. S'entraider est, dans cette race, un devoir, qui n'admet pas d'exception. Un Basque, nous venons de le dire, n'est ni espagnol, ni français, il est basque, et, toujours et partout, il doit sauver un Basque. Telle est la fraternité pyrénéenne.

Tout le temps que l'ourque fut dans le golfe, le ciel, bien que de mauvaise mine, ne parut point assez gâté pour préoccuper les fugitifs. On se sauvait, on s'échappait, on était brutalement gai. L'un riait, l'autre chantait. Ce rire était sec, mais libre ; ce chant était bas, mais insouciant.

Le Languedocien criait : *caougagno !* « Cocagne ! » est le comble de la satisfaction narbonnaise. C'était un demi-matelot, un naturel du village aquatique de Gruissan sur le versant sud de la Clappe, marinier plutôt que marin, mais habitué à manœuvrer les périssoires de l'étang de Bages et à tirer sur les sables salés de Sainte-Lucie la traîne pleine de poisson. Il était de cette race qui se coiffe du bonnet rouge, fait des signes de croix compliqués à l'espagnole, boit du vin de peau de bouc, tette l'outre, racle le jambon, s'agenouille pour blasphémer, et implore son saint patron avec menaces : Grand saint, accorde-moi ce que je te demande, ou je te jette une pierre à la tête, « ou té feg' un pic ».

Il pouvait, au besoin, s'ajouter utilement à l'équipage. Le Provençal, dans la cambuse, attisait sous une marmite de fer un feu de tourbe, et faisait la soupe.

Cette soupe était une espèce de puchero où le poisson remplaçait la viande et où le Provençal jetait des pois chiches, de petits morceaux de lard coupés carrément, et des gousses de piment rouge, concessions du mangeur de bouillabaisse aux mangeurs d'olla podrida. Un des sacs de provision, déballé, était à côté de lui. Il avait allumé, au-dessus de sa tête, une lanterne de fer à vitres de talc, oscillant à un crochet du plafond de la cambuse. A côté, à un autre crochet, se balançait l'alcyon girouette. C'était alors une croyance populaire qu'un alcyon mort, suspendu par le bec, présente toujours la poitrine au côté d'où vient le vent.

Tout en faisant la soupe, le Provençal se mettait par instants dans la bouche le goulot d'une gourde et avalait un coup d'aguardiente. C'était une de ces gourdes revêtues d'osier, larges et plates, à oreillons, qu'on se pendait au côté par une courroie et qu'on appelait alors « gourdes de hanche ». Entre chaque gorgée, il mâchonnait un couplet d'une de ces chansons campagnardes dont le sujet est rien du tout; un chemin creux, une haie; on voit dans la prairie par une crevasse du buisson l'ombre allongée d'une charrette et d'un cheval au soleil couchant, et de temps en temps au-dessus de la haie paraît et disparaît l'extrémité de la fourche chargée de foin. Il n'en faut pas plus pour une chanson.

Un départ, selon ce qu'on a dans le cœur ou dans l'esprit, est un soulagement ou un accablement. Tous semblaient allégés, un excepté, qui était le vieux de la troupe, l'homme au chapeau sans pipe.

Ce vieux, qui paraissait plutôt allemand qu'autre chose, bien qu'il eût une de ces figures à fond perdu où la nationalité s'efface, était chauve, et si grave que sa calvitie semblait une tonsure [106]. Chaque fois qu'il passait devant la Sainte Vierge de la proue, il soulevait son feutre, et l'on pouvait apercevoir les veines gonflées et séniles de son crâne. Une façon de grande robe usée et déchiquetée, en serge brune de Dorchester, dont il s'enveloppait, ne cachait qu'à demi son justaucorps serré, étroit, et agrafé jusqu'au collet comme une soutane. Ses deux mains tendaient à l'entre-croisement et avaient la jonction machinale de la prière habituelle. Il avait ce qu'on pourrait nommer la physionomie blême; car la physionomie est surtout un reflet, et c'est une erreur de croire que l'idée n'a pas de couleur. Cette physionomie était évidemment la surface d'un étrange état intérieur, la résultante d'un composé de contradictions allant se perdre les unes dans le bien, les autres dans le mal, et, pour l'observateur, la révélation d'un à-peu-près humain pouvant tomber au-dessous du tigre ou grandir au-dessus de l'homme. Ces chaos de l'âme existent. Il y avait de l'illisible sur cette figure. Le secret y allait jusqu'à l'abstrait [107]. On comprenait que cet homme avait connu l'avant-goût du mal, qui est le calcul, et l'arrière-goût, qui est le zéro. Dans son impassibilité, peut-être seulement apparente, étaient empreintes les deux pétrifications, la pétrification du cœur, propre au bourreau, et la pétrification de l'esprit, propre au mandarin. On pouvait affirmer, car le monstrueux a sa manière d'être complet, que tout lui était possible, même s'émouvoir. Tout savant est un peu cadavre ; cet homme était un savant. Rien qu'à le voir, on devinait cette science empreinte dans les gestes de sa personne et dans les plis de sa robe. C'était une face fossile dont le sérieux était contrarié par cette mobilité ridée du polyglotte qui va jusqu'à la grimace. Du reste, sévère. Rien d'hypocrite, mais rien de cynique. Un songeur tragique [108]. C'était l'homme que le crime a laissé pensif. Il avait le sourcil d'un trabucaire modifié par le regard d'un archevêque. Ses rares cheveux gris étaient blancs sur les tempes. On sentait en lui le chrétien, compliqué de fatalisme turc. Des nœuds de goutte déformaient ses doigts disséqués par la maigreur ; sa haute taille roide était ridicule ; il avait le pied marin. Il marchait lentement sur le pont sans regarder personne, d'un air convaincu et sinistre. Ses prunelles étaient vaguement pleines de la lueur fixe d'une âme attentive aux ténèbres et sujette à des réapparitions de conscience [109].

De temps en temps le chef de la bande, brusque et alerte, et faisant de rapides zigzags dans le navire, venait lui parler à l'oreille. Le vieillard répondait d'un signe de tête. On eût dit l'éclair consultant la nuit [110].

III

LES HOMMES INQUIETS SUR LA MER INQUIÈTE

Deux hommes sur le navire étaient absorbés, ce vieillard et le patron de l'ourque, qu'il ne faut pas confondre avec le chef de la bande; le patron était absorbé par la mer, le vieillard par le ciel. L'un ne quittait pas des yeux la vague, l'autre attachait sa surveillance aux nuages. La conduite de l'eau était le souci du patron; le vieillard semblait suspecter le zénith. Il guettait les astres par toutes les ouvertures de la nuée.

C'était ce moment où il fait encore jour, et où quelques étoiles commencent à piquer faiblement le clair du soir.

L'horizon était singulier. La brume y était diverse.

Il y avait plus de brouillard sur la terre, et plus de nuage sur la mer.

Avant même d'être sorti de Portland-Bay, le patron, préoccupé du flot, eut tout de suite une grande minutie de manœuvres. Il n'attendit pas qu'on eût décapé. Il passa en revue le trelingage, et s'assura que la bridure des bas haubans était en bon état et appuyait bien les gambes de hune, précaution d'un homme qui compte faire des témérités de vitesse.

L'ourque, c'était là son défaut, enfonçait d'une demi-vare par l'avant plus que par l'arrière.

La patron passait à chaque instant du compas de route

au compas de variation, visant par les deux pinnules aux objets de la côte, afin de reconnaître l'aire de vent à laquelle ils répondaient. Ce fut d'abord une brise de bouline qui se déclara ; il n'en parut pas contrarié, bien qu'elle s'éloignât de cinq pointes du vent de la route. Il tenait lui-même la barre le plus possible, paraissant ne se fier qu'à lui pour ne perdre aucune force, l'effet du gouvernail s'entretenant par la rapidité du sillage.

La différence entre le vrai rumb et le rumb apparent étant d'autant plus grande que le vaisseau a plus de vitesse, l'ourque semblait gagner vers l'origine du vent plus qu'elle ne faisait réellement. L'ourque n'avait pas vent largue et n'allait pas au plus près, mais on ne connaît directement le vrai rumb que lorsqu'on va vent arrière. Si l'on aperçoit dans les nuées de longues bandes qui aboutissent au même point de l'horizon, ce point est l'origine du vent ; mais ce soir-là il y avait plusieurs vents, et l'aire du rumb était trouble ; aussi le patron se méfiait des illusions du navire.

Il gouvernait à la fois timidement et hardiment, brassait au vent, veillait aux écarts subits, prenait garde aux lans, ne laissait pas arriver le bâtiment, observait la dérive, notait les petits chocs de la barre, avait l'œil à toutes les circonstances du mouvement, aux inégalités de vitesse du sillage, aux folles ventes, se tenait constamment, de peur d'aventure, à quelque quart de vent de la côte qu'il longeait, et surtout maintenait l'angle de la girouette avec la quille plus ouvert que l'angle de la voilure, le rumb de vent indiqué par la boussole étant toujours douteux, à cause de la petitesse du compas de route. Sa prunelle, imperturbablement baissée, examinait toutes les formes que prenait l'eau.

Une fois pourtant il leva les yeux vers l'espace et tâcha d'apercevoir les trois étoiles qui sont dans le Baudrier d'Orion ; ces étoiles se nomment les trois Mages, et un vieux proverbe des anciens pilotes espagnols dit : *Qui voit les trois mages n'est pas loin du sauveur.*

Ce coup d'œil du patron au ciel coïncida avec cet aparté grommelé à l'autre bout du navire par le vieillard :

— Nous ne voyons pas même la Claire des Gardes, ni

l'astre Antarès, tout rouge qu'il est. Pas une étoile n'est distincte.

Aucun souci parmi les autres fugitifs.

Toutefois, quand la première hilarité de l'évasion fut passée, il fallut bien s'apercevoir qu'on était en mer au mois de janvier, et que la bise était glacée. Impossible de se loger dans la cabine, beaucoup trop étroite et d'ailleurs encombrée de bagages et de ballots. Les bagages appartenaient aux passagers, et les ballots à l'équipage, car l'ourque n'était point un navire de plaisance et faisait la contrebande. Les passagers durent s'établir sur le pont; résignation facile à ces nomades. Les habitudes du plein air rendent aisés aux vagabonds les arrangements de nuit; la belle étoile est de leurs amies; et le froid les aide à dormir, à mourir quelquefois.

Cette nuit-là, du reste, on vient de le voir, la belle étoile était absente.

Le Languedocien et le Génois, en attendant le souper, se pelotonnèrent près des femmes, au pied du mât, sous des prélarts que les matelots leur jetèrent.

Le vieux chauve resta debout à l'avant, immobile et comme insensible au froid.

Le patron de l'ourque, de la barre où il était, fit une sorte d'appel guttural assez semblable à l'interjection de l'oiseau qu'on appelle en Amérique l'Exclamateur ; à ce cri le chef de la bande approcha, et le patron lui adressa cette apostrophe : *Etcheco jaüna!* Ces deux mots basques, qui signifient « laboureur de la montagne », sont, chez ces antiques cantabres, une entrée en matière solennelle et commandent l'attention.

Puis le patron montra du doigt au chef le vieillard, et le dialogue continua en espagnol, peu correct, du reste, étant de l'espagnol montagnard. Voici les demandes et les réponses :

— Etcheco jaüna, que es este hombre*?

---

* — Laboureur de la montagne, quel est cet homme?
— Un homme.
— Quelles langues parle-t-il?

— Un hombre.
— Que lenguas habla?
— Todas.
— Que cosas sabe?
— Todas.
— Qual païs!
— Ningun, y todos.
— Qual Dios?
— Dios.
— Como le llamas?
— El Tonto.
— Como dices que le llamas?
— El Sabio.
— En vuestre tropa, que esta?
— Esta lo que esta.
— El gefe?
— No.
— Pues, que esta?
— La alma [111].

Le chef et le patron se séparèrent, chacun retournant à sa pensée, et peu après la *Matutina* sortit du golfe.

Les grands balancements du large commencèrent.

La mer, dans les écartements de l'écume, était d'apparence visqueuse; les vagues, vues dans la clarté crépusculaire à profil perdu, avaient des aspects de flaques

---

— Toutes.
— Quelles choses sait-il?
— Toutes.
— Quel est son pays?
— Aucun et tous.
— Quel est son Dieu?
— Dieu.
— Comment le nommes-tu?
— Le Fou.
— Comment dis-tu que tu le nommes?
— Le Sage.
— Dans votre troupe, qu'est-ce qu'il est?
— Il est ce qu'il est.
— Le chef?
— Non.
— Alors, quel est-il?
— L'âme.

de fiel. Çà et là une lame, flottant à plat, offrait des fêlures et des étoiles, comme une vitre où l'on a jeté des pierres [112]. Au centre de ces étoiles, dans un trou tournoyant, tremblait une phosphorescence, assez semblable à cette réverbération féline de la lumière disparue qui est dans la prunelle des chouettes.

La *Matutina* traversa fièrement et en vaillante nageuse le redoutable frémissement du banc Chambours. Le banc Chambours, obstacle latent à la sortie de la rade de Portland, n'est point un barrage, c'est un amphithéâtre. Un cirque de sable sous l'eau, des gradins sculptés par les cercles de l'onde, une arène ronde et symétrique, haute comme une Yungfrau, mais noyée, un colisée de l'océan entrevu par le plongeur dans la transparence visionnaire de l'engloutissement, c'est là le banc Chambours. Les hydres s'y combattent, les léviathans s'y rencontrent; il y a là, disent les légendes, au fond du gigantesque entonnoir, des cadavres de navires saisis et coulés par l'immense araignée Kraken, qu'on appelle aussi le poisson-montagne. Telle est l'effrayante ombre de la mer [113].

Ces réalités spectrales ignorées de l'homme se manifestent à la surface par un peu de frisson.

Au dix-neuvième siècle, le banc Chambours est en ruine. Le brise-lames récemment construit a bouleversé et tronqué à force de ressacs cette haute architecture sous-marine, de même que la jetée bâtie au Croisic en 1760 y a changé d'un quart d'heure l'établissement des marées. La marée pourtant, c'est éternel : mais l'éternité obéit à l'homme plus qu'on ne croit.

IV

ENTRÉE EN SCÈNE D'UN NUAGE
DIFFÉRENT DES AUTRES

Le vieux homme que le chef de la troupe avait qualifié d'abord le Fou, puis le Sage, ne quittait plus l'avant. Depuis le passage du banc Chambours, son attention se partageait entre le ciel et l'océan. Il baissait les yeux, puis les relevait ; ce qu'il scrutait surtout, c'était le nord-est.

Le patron confia la barre à un matelot, enjamba le panneau de la fosse aux câbles, traversa le passavent et vint au gaillard de proue.

Il aborda le vieillard, mais non de face. Il se tint un peu en arrière, les coudes serrés aux hanches, les mains écartées, la tête penchée sur l'épaule, l'œil ouvert, le sourcil haut, un coin des lèvres souriant, ce qui est l'attitude de la curiosité, quand elle flotte entre l'ironie et le respect.

Le vieillard, soit qu'il eût l'habitude de parler quelquefois seul, soit que sentir quelqu'un derrière lui l'excitât à parler, se mit à monologuer, en considérant l'étendue.

— Le méridien d'où l'on compte l'ascension droite est marqué dans ce siècle par quatre étoiles, la Polaire, la chaise de Cassiopée, la tête d'Andromède, et l'étoile Algénib, qui est dans Pégase. Mais aucune n'est visible.

Ces paroles se succédaient automatiquement, confuses, à peu près dites, et en quelque façon sans qu'il se mêlât de les prononcer. Elles flottaient hors de sa bouche et se dissipaient. Le monologue est la fumée des feux intérieurs de l'esprit.

Le patron interrompit.

— Seigneur...

Le vieillard, peut-être un peu sourd en même temps que très pensif, continua :

— Pas assez d'étoiles, et trop de vent. Le vent quitte toujours sa route pour se jeter sur la côte. Il s'y jette à pic. Cela tient à ce que la terre est plus chaude que la mer. L'air en est plus léger. Le vent froid et lourd de la mer se précipite sur la terre pour le remplacer. C'est pourquoi dans le grand ciel le vent souffle vers la terre de tous les côtés. Il importerait de faire des bordées allongées entre le parallèle estimé et le parallèle présumé. Quand la latitude observée ne diffère pas de la latitude présumée de plus de trois minutes sur dix lieues, et de quatre sur vingt, on est en bonne route.

Le patron salua, mais le vieillard ne le vit point. Cet homme, qui portait presque une simarre d'universitaire d'Oxford ou de Gœttingue, ne bougeait pas de sa posture hautaine et revêche. Il observait la mer en connaisseur des flots et des hommes. Il étudiait les vagues, mais presque comme s'il allait demander dans leur tumulte son tour de parole, et leur enseigner quelque chose. Il y avait en lui du magister et de l'augure. Il avait l'air du pédant de l'abîme [114].

Il poursuivit son sililoque, peut-être fait, après tout, pour être écouté.

— On pourrait lutter, si l'on avait une roue au lieu d'une barre. Par une vitesse de quatre lieues à l'heure, trente livres d'effort sur la roue peuvent produire trois cent mille livres d'effet sur la direction. Et plus encore, car il y a des cas où l'on fait faire à la trousse deux tours de plus.

Le patron salua une deuxième fois, et dit :

— Seigneur...

L'œil du vieillard se fixa sur lui. La tête tourna sans que le corps remuât.

— Appelle-moi docteur.

L'OURQUE EN MER

— Seigneur docteur, c'est moi qui suis le patron.
— Soit, répondit le « docteur ».

Le docteur — nous le nommerons ainsi dorénavant — parut consentir au dialogue :

— Patron, as-tu un octant anglais ?
— Non.
— Sans octant anglais, tu ne peux prendre hauteur ni par-derrière, ni par-devant.
— Les Basques, répliqua la patron, prenaient hauteur avant qu'il y eût des Anglais.
— Méfie-toi de l'olofée.
— Je mollis quand il le faut.
— As-tu mesuré la vitesse du navire ?
— Oui.
— Quand ?
— Tout à l'heure.
— Par quel moyen ?
— Au moyen du loch.
— As-tu eu soin d'avoir l'œil sur le bois du loch ?
— Oui.
— Le sablier fait-il juste ses trente secondes ?
— Oui.
— Es-tu sûr que le sable n'a point usé le trou entre les deux empoulettes ?
— Oui.
— As-tu fait la contre-épreuve du sablier par la vibration d'une balle de mousquet suspendue...
— A un fil plat tiré de dessus le chanvre roui ? Sans doute.
— As-tu ciré le fil de peur qu'il ne s'allonge ?
— Oui.
— As-tu fait la contre-épreuve du loch ?
— J'ai fait la contre-épreuve du sablier par la balle de mousquet et la contre-épreuve du loch par le boulet de canon.
— Quel diamètre a ton boulet ?
— Un pied.
— Bonne lourdeur.
— C'est un ancien boulet de notre vieille ourque de guerre, *la Casse de Par-grand*.

— Qui était de l'armada?
— Oui.
— Et qui portait six cents soldats, cinquante matelots et vingt-cinq canons?
— Le naufrage le sait.
— Comment as-tu pesé le choc de l'eau contre le boulet?
— Au moyen d'un peson d'Allemagne.
— As-tu tenu compte de l'impulsion du flot contre la corde portant le boulet?
— Oui.
— Quel est le résultat?
— Le choc de l'eau a été de cent soixante-dix livres.
— C'est-à-dire que le navire fait à l'heure quatre lieues de France.
— Et trois de Hollande.
— Mais c'est seulement le surplus de la vitesse du sillage sur la vitesse de la mer.
— Sans doute.
— Où te diriges-tu?
— A une anse que je connais entre Loyola et Saint-Sébastien.
— Mets-toi vite sur le parallèle du lieu de l'arrivée.
— Oui. Le moins d'écart possible.
— Méfie-toi des vents et des courants. Les premiers excitent les seconds.
— Traidores*.
— Pas de mots injurieux. La mer entend. N'insulte rien. Contente-toi d'observer.
— J'ai observé et j'observe. La marée est en ce moment contre le vent; mais tout à l'heure, quand elle courra avec le vent, nous aurons du bon.
— As-tu un routier?
— Non. Pas pour cette mer.
— Alors tu navigues à tâtons?
— Point. J'ai la boussole.
— La boussole est un œil, le routier est l'autre.
— Un borgne voit.

* Traîtres.

— Comment mesures-tu l'angle que fait la route du navire avec la quille ?

— J'ai mon compas de variation, et puis je devine.

— Deviner, c'est bien ; savoir, c'est mieux.

— Christophe* devinait.

— Quand il y a de la brouille et quand la rose tourne vilainement, on ne sait plus par quel bout du harnais prendre le vent, et l'on finit par n'avoir plus ni point estimé, ni point corrigé. Un âne avec son routier vaut mieux qu'un devin avec son oracle.

— Il n'y a pas encore de brouille dans la bise, et je ne vois pas de motif d'alarme.

— Les navires sont des mouches dans la toile d'araignée de la mer [115].

— Présentement, tout est en assez bon état dans la vague et dans le vent.

— Un tremblement de points noirs sur le flot, voilà les hommes sur l'océan.

— Je n'augure rien de mauvais pour cette nuit.

— Il peut arriver une telle bouteille à l'encre que tu aies de la peine à te tirer d'intrigue.

— Jusqu'à présent tout va bien.

L'œil du docteur se fixa sur le nord-est.

Le patron continua :

— Gagnons seulement le golfe de Gascogne, et je réponds de tout. Ah ! par exemple, j'y suis chez moi. Je le tiens, mon golfe de Gascogne. C'est une cuvette souvent bien en colère, mais là je connais toutes les hauteurs d'eau et toutes les qualités de fond ; vase devant San Cipriano, coquilles devant Cizarque, sable au cap Penas, petits cailloux au Boucaut de Mimizan, et je sais la couleur de tous les cailloux.

Le patron s'interrompit ; le docteur ne l'écoutait plus.

Le docteur considérait le nord-est. Il se passait sur ce visage glacial quelque chose d'extraordinaire.

Toute la quantité d'effroi possible à un masque de pierre y était peinte. Sa bouche laissa échapper ce mot :

— A la bonne heure !

---

* Colomb.

Sa prunelle, devenue tout à fait de hibou et toute ronde, s'était dilatée de stupeur en examinant un point de l'espace.

Il ajouta :

— C'est juste. Quant à moi, je consens [116].

Le patron le regardait.

Le docteur reprit, se parlant à lui-même ou parlant à quelqu'un dans l'abîme :

— Je dis oui.

Il se tut, ouvrit de plus en plus son œil avec un redoublement d'attention sur ce qu'il voyait, et reprit :

— Cela vient de loin, mais cela sait ce que cela fait.

Le segment de l'espace où plongeaient le rayon visuel et la pensée du docteur, étant opposé au couchant, était éclairé par la vaste réverbération crépusculaire presque comme par le jour. Ce segment, fort circonscrit et entouré de lambeaux de vapeur grisâtre, était tout simplement bleu, mais d'un bleu plus voisin du plomb que de l'azur.

Le docteur, tout à fait retourné du côté de la mer et sans regarder le patron désormais, désigna de l'index ce segment aérien, et dit :

— Patron, vois-tu?
— Quoi?
— Cela.
— Quoi?
— Là-bas.
— Du bleu. Oui.
— Qu'est-ce?
— Un coin du ciel.
— Pour ceux qui vont au ciel, dit le docteur. Pour ceux qui vont ailleurs, c'est autre chose.

Et il souligna ces paroles d'énigme d'un effrayant regard perdu dans l'ombre.

Il y eut un silence.

Le patron, songeant à la double qualification donnée par le chef à cet homme, se posa en lui-même cette question : Est-ce un fou? Est-ce un sage?

L'index osseux et rigide du docteur était demeuré dressé comme en arrêt vers le coin bleu trouble de l'horizon.

Le patron examina ce bleu.

— En effet, grommela-t-il, ce n'est pas du ciel, c'est du nuage.

— Nuage bleu pire que nuage noir, dit le docteur.

Et il ajouta :

— C'est le nuage de la neige.

— *La nube de la nieve,* fit le patron comme s'il cherchait à mieux comprendre en se traduisant le mot.

— Sais-tu ce que c'est que le nuage de la neige? demanda le docteur.

— Non.

— Tu le sauras tout à l'heure.

Le patron se remit à considérer l'horizon.

Tout en observant le nuage, le patron parlait entre ses dents.

— Un mois de bourrasque, un mois de pluie, janvier qui tousse et février qui pleure, voilà tout notre hiver à nous autres Asturiens. Notre pluie est chaude. Nous n'avons de neige que dans la montagne. Par exemple, gare à l'avalanche! l'avalanche ne connaît rien; l'avalanche, c'est la bête.

— Et la trombe, c'est le monstre, dit le docteur.

Le docteur après une pause ajouta :

— La voilà qui vient.

Il reprit :

— Plusieurs vents se mettent au travail à la fois. Un gros vent, de l'ouest, et un vent très lent, de l'est.

— Celui-là est un hypocrite, dit le patron.

La nuée bleue grandissait.

— Si la neige, continua le docteur, est redoutable quand elle descend de la montagne, juge de ce qu'elle est quand elle croule du pôle.

Son œil était vitreux. Le nuage semblait croître sur son visage en même temps qu'à l'horizon.

Il reprit avec un accent de rêverie :

— Toutes les minutes amènent l'heure. La volonté d'en haut s'entrouvre.

Le patron de nouveau se posa intérieurement ce point d'interrogation : Est-ce un fou?

— Patron, repartit le docteur, la prunelle toujours attachée sur le nuage, as-tu beaucoup navigué dans la Manche?

La patron répondit :

— C'est aujourd'hui la première fois.

Le docteur, que le nuage bleu absorbait, et qui de même que l'éponge n'a qu'une capacité d'eau, n'avait qu'une capacité d'anxiété, ne fut pas, à cette réponse du patron, ému au-delà d'un très léger dressement d'épaule.

— Comment cela?

— Seigneur docteur, je ne fais habituellement que le voyage d'Irlande. Je vais de Fontarabie à Black-Harbour ou à l'île Akill, qui est deux îles. Je vais parfois à Brachipult, qui est une pointe du pays de Galles. Mais je gouverne toujours par-delà les îles Scilly. Je ne connais pas cette mer-ci.

— C'est grave. Malheur à qui épelle l'océan! La Manche est une mer qu'il faut lire couramment. La Manche, c'est le sphinx. Méfie-toi du fond [117].

— Nous sommes ici dans vingt-cinq brasses.

— Il faut arriver aux cinquante-cinq brasses qui sont au couchant et éviter les vingt qui sont au levant.

— En route, nous sonderons.

— La Manche n'est pas une mer comme une autre. La marée y monte de cinquante pieds dans les malines et de vingt-cinq dans les mortes eaux. Ici, le reflux n'est pas l'èbe, et l'èbe n'est pas le jusant. Ah! tu m'avais l'air décontenancé en effet.

— Cette nuit nous sonderons.

— Pour sonder il faut s'arrêter, et tu ne pourras.

— Pourquoi?

— Parce que le vent.

— Nous essaierons.

— La bourrasque est une épée aux reins.

— Nous sonderons, seigneur docteur.

— Tu ne pourras pas seulement mettre côté à travers.

— Foi en Dieu.

— Prudence dans les paroles. Ne prononce pas légèrement le nom irritable.

— Je sonderai, vous dis-je.

— Sois modeste. Tout à l'heure tu vas être souffleté par le vent.
— Je veux dire que je tâcherai de sonder.
— Le choc de l'eau empêchera le plomb de descendre et la ligne cassera. Ah! tu viens dans ces parages pour la première fois!
— Pour la première fois.
— Eh bien, en ce cas, écoute, patron.

L'accent de ce mot, *écoute,* était si impératif que le patron salua.

— Seigneur docteur, j'écoute.
— Amure à bâbord et borde à tribord.
— Que voulez-vous dire?
— Mets le cap à l'ouest.
— Caramba!
— Mets le cap à l'ouest.
— Pas possible.
— Comme tu voudras. Ce que je t'en dis, c'est pour les autres. Moi j'accepte.
— Mais, seigneur docteur, le cap à l'ouest...
— Oui, patron.
— C'est le vent debout!
— Oui, patron.
— C'est un tangage diabolique!
— Choisis d'autres mots. Oui, patron.
— C'est le navire sur le chevalet!
— Oui, patron.
— C'est peut-être le mât rompu!
— Peut-être.
— Vous voulez que je gouverne à l'ouest!
— Oui.
— Je ne puis.
— En ce cas, fais ta dispute avec la mer comme tu voudras.
— Il faudrait que le vent changeât.
— Il ne changera pas de toute la nuit.
— Pourquoi?
— Ceci est un souffle long de douze cents lieues.
— Aller contre ce vent-là! Impossible.
— Le cap à l'ouest, te dis-je!

— J'essaierai. Mais malgré tout nous dévierons.
— C'est le danger.
— La brise nous chasse à l'est.
— Ne va pas à l'est.
— Pourquoi ?
— Patron, sais-tu quel est aujourd'hui pour nous le nom de la mort ?
— Non.
— La mort s'appelle l'est.
— Je gouvernerai à l'ouest.

Le docteur cette fois regarda le patron, et le regarda avec ce regard qui appuie comme pour enfoncer une pensée dans un cerveau. Il s'était tourné tout entier vers le patron et il prononça ces paroles lentement, syllabe à syllabe :

— Si cette nuit quand nous serons au milieu de la mer, nous entendons le son d'une cloche, le navire est perdu.

Le patron le considéra, stupéfait.

— Que voulez-vous dire ?

Le docteur ne répondit pas. Son regard, un instant sorti, était maintenant rentré. Son œil était redevenu intérieur. Il ne sembla point percevoir la question étonnée du patron. Il n'était plus attentif qu'à ce qu'il écoutait en lui-même. Ses lèvres articulèrent, comme machinalement, ces quelques mots bas comme un murmure :

— Le moment est venu pour les âmes noires[118] de se laver.

Le patron fit cette moue expressive qui rapproche du nez tout le bas du visage.

— C'est plutôt le fou que le sage, grommela-t-il.

Et il s'éloigna.

Cependant il mit le cap à l'ouest.

Mais le vent et la mer grossissaient.

V

HARDQUANONNE

Toutes sortes d'intumescences déformaient la brume et se gonflaient à la fois sur tous les points de l'horizon, comme si des bouches qu'on ne voyait pas étaient occupées à enfler les outres de la tempête. Le modelé des nuages devenait inquiétant.

La nuée bleue tenait tout le fond du ciel. Il y en avait maintenant autant à l'ouest qu'à l'est. Elle avançait contre la brise. Ces contradictions font partie du vent.

La mer qui, le moment d'auparavant, avait des écailles, avait maintenant une peau. Tel est ce dragon. Ce n'était plus le crocodile, c'était le boa. Cette peau, plombée et sale, semblait épaisse et se ridait lourdement. A la surface, des bouillons de houle, isolés, pareils à des pustules, s'arrondissaient, puis crevaient. L'écume ressemblait à une lèpre.

C'est à cet instant-là que l'ourque, encore aperçue de loin par l'enfant abandonné, alluma son fanal.

Un quart d'heure s'écoula.

Le patron chercha des yeux le docteur; il n'était plus sur le pont.

Sitôt que le patron l'avait quitté, le docteur avait courbé sous le capot de chambre sa stature peu commode, et était entré dans la cabine. Là il s'était assis près du fourneau, sur un chouquet ; il avait tiré de sa poche un encrier de chagrin et un portefeuille de cordouan ; il avait extrait du portefeuille un parchemin plié en quatre, vieux, taché et jaune ; il avait déplié cette feuille, pris une plume dans l'étui de son encrier, posé à plat le portefeuille sur son genou et le parchemin sur le portefeuille, et, sur le verso de ce parchemin, au rayonnement de la lanterne qui éclairait le cuisinier, il s'était mis à écrire. Les secousses du flot le gênaient. Le docteur écrivit longuement.

Tout en écrivant, le docteur remarqua la gourde d'aguardiente que le Provençal dégustait chaque fois qu'il ajoutait un piment au puchero, comme s'il la consultait sur l'assaisonnement.

Le docteur remarqua cette gourde, non parce que c'était une bouteille d'eau-de-vie, mais à cause d'un nom qui était tressé dans l'osier, en jonc rouge au milieu du jonc blanc. Il faisait assez clair dans la cabine pour qu'on pût lire ce nom.

Le docteur, s'interrompant, l'épela à demi-voix.

— Hardquanonne.

Puis il s'adressa au cuisinier.

— Je n'avais pas encore fait attention à cette gourde. Est-ce qu'elle a appartenu à Hardquanonne ?

— A notre pauvre camarade Hardquanonne ? fit le cuisinier. Oui.

Le docteur poursuivit :

— A Hardquanonne, le Flamand de Flandre ?

— Oui.

— Qui est en prison ?

— Oui.

— Dans le donjon de Chatham ?

— C'est sa gourde, répondit le cuisinier, et c'était mon ami. Je la garde en souvenir de lui. Quand le reverrons-nous ? Oui, c'est sa gourde de hanche.

Le docteur reprit sa plume et se remit à tracer péniblement des lignes un peu tortueuses sur le parchemin. Il avait évidemment le souci que cela fût très lisible. Malgré le tremblement du bâtiment et le tremblement de l'âge, il vint à bout de ce qu'il voulait écrire.

Il était temps, car subitement il y eut un coup de mer.

Une arrivée impétueuse de flots assaillit l'ourque, et l'on sentit poindre cette danse effrayante par laquelle les navires accueillent la tempête.

Le docteur se leva, s'approcha du fourneau, tout en opposant de savantes flexions de genou aux brusqueries de la houle, sécha, comme il put, au feu de la marmite les lignes qu'il venait d'écrire, replia le parchemin dans le portefeuille, et remit le portefeuille et l'écritoire dans sa poche.

Le fourneau n'était pas la pièce la moins ingénieuse de l'aménagement intérieur de l'ourque ; il était dans un bon isolement. Pourtant la marmite oscillait. Le Provençal la surveillait.

— Soupe aux poissons, dit-il.
— Pour les poissons, répondit le docteur.
Puis il retourna sur le pont.

VI

ILS SE CROIENT AIDÉS

A travers sa préoccupation croissante, le docteur passa une sorte de revue de la situation, et quelqu'un qui eût été près de lui eût pu entendre ceci sortir de ses lèvres :
— Trop de roulis et pas assez de tangage.

Et le docteur, rappelé par le travail obscur de son esprit, redescendit dans sa pensée comme un mineur dans son puits.

Cette méditation n'excluait nullement l'observation de la mer. La mer observée est une rêverie [119].

Le sombre supplice des eaux, éternellement tourmentées, allait commencer. Une lamentation sortait de toute cette onde. Des apprêts, confusément lugubres, se faisaient dans l'immensité. Le docteur considérait ce qu'il avait sous les yeux et ne perdait aucun détail. Du reste il n'y avait dans son regard aucune contemplation. On ne contemple pas l'enfer.

Une vaste commotion, encore à demi latente, mais transparente déjà dans le trouble des étendues, accentuait et aggravait de plus en plus le vent, les vapeurs, les houles. Rien n'est logique et rien ne semble absurde comme l'océan. Cette dispersion de soi-même est inhérente à sa souveraineté, et est un des éléments de son ampleur. Le flot est sans cesse pour ou contre. Il ne se noue que pour se dénouer. Un de ses versants attaque, un autre délivre. Pas de vision comme les vagues. Comment peindre ces creux et ces reliefs alternants, réels à peine, ces vallées, ces hamacs, ces évanouissements de poitrails, ces ébauches ? Comment exprimer ces halliers de l'écume, mélangés de montagne et de songe ? L'indescriptible est là, partout, dans la déchirure, dans le froncement, dans l'inquiétude, dans le démenti personnel, dans le clair-obscur, dans les pendentifs de la nuée, dans les clefs de voûte toujours défaites, dans la désagrégation sans lacune et sans rupture, et dans le fracas funèbre que fait toute cette démence [120].

La brise venait de se déclarer plein nord. Elle était tellement favorable dans sa violence, et si utile à l'éloignement de l'Angleterre, que le patron de la *Matutina* s'était décidé à couvrir la barque de toile. L'ourque s'évadait dans l'écume, comme au galop, toutes voiles hors, vent arrière, bondissant de vague en vague, avec rage et gaieté. Les fugitifs, ravis, riaient. Ils battaient des mains, applaudissant la houle, le flot, les souffles, les voiles, la vitesse, la fuite, l'avenir ignoré. Le docteur semblait ne pas les voir, et songeait.

Tout vestige de jour s'était éclipsé.

Cette minute-là était celle où l'enfant attentif sur les falaises lointaines perdit l'ourque de vue. Jusqu'à ce moment son regard était resté fixé et comme appuyé sur le navire. Quelle part ce regard eut-il dans la destinée ? Dans cet instant où la distance effaça l'ourque et où l'enfant ne vit plus rien, l'enfant s'en alla au nord pendant que le navire s'en allait au sud.

Tous s'enfonçant dans la nuit.

VII

HORREUR SACRÉE

De leur côté, mais avec épanouissement et allégresse, ceux que l'ourque emportait regardaient derrière eux reculer et décroître la terre hostile. Peu à peu la rondeur obscure de l'océan montait amincissant dans le crépuscule Portland, Purbeck, Tincham, Kimmeridge, les deux Matravers, les longues bandes de la falaise brumeuse, et la côte ponctuée de phares.

L'Angleterre s'effaça. Les fuyards n'eurent plus autour d'eux que la mer.

Tout à coup la nuit fut terrible.

Il n'y eut plus d'étendue ni d'espace; le ciel s'était fait noirceur, et il se referma sur le navire. La lente descente de la neige commença. Quelques flocons apparurent. On eût dit des âmes[121]. Rien ne fut plus visible dans le champ de course du vent. On se sentit livré. Tout le possible était là, piège.

C'est par cette obscurité de caverne que débute dans nos climats la trombe polaire.

Un grand nuage trouble, pareil au-dessous d'une hydre, pesait sur l'océan, et par endroits ce ventre livide adhérait aux vagues. Quelques-unes de ces adhérences ressemblaient à des poches crevées, pompant la mer, se vidant de vapeur et s'emplissant d'eau. Ces suc-

cions soulevaient çà et là sur le flot des cônes d'écume.
 La tourmente boréale se précipita sur l'ourque, l'ourque se rua dedans. La rafale et le navire vinrent au-devant l'un de l'autre comme pour une insulte.
 Dans ce premier abordage forcené, pas une voile ne fut carguée, pas un foc ne fut amené, pas un ris ne fut pris, tant l'évasion est un délire. Le mât craquait et se ployait en arrière, comme effrayé.
 Les cyclones, dans notre hémisphère nord, tournent de gauche à droite, dans le même sens que les aiguilles d'une montre, avec un mouvement de translation qui atteint quelquefois soixante milles par heure. Quoiqu'elle fût en plein à la merci de cette violente poussée giratoire, l'ourque se comportait comme si elle eût été dans le demi-cercle maniable, sans autre précaution que de se tenir debout à la lame, et de présenter le cap au vent antérieur en recevant le vent actuel à tribord afin d'éviter les coups d'arrière et de travers. Cette demi-prudence n'eût servi de rien en cas d'une saute de vent de bout en bout.
 Une profonde rumeur soufflait dans la région inaccessible.
 Le rugissement de l'abîme, rien n'est comparable à cela. C'est l'immense voix bestiale du monde. Ce que nous appelons la matière, cet organisme insondable, cet amalgame d'énergies incommensurables où parfois on distingue une quantité imperceptible d'intention qui fait frissonner, ce cosmos aveugle et nocturne, ce Pan incompréhensible, a un cri, cri étrange, prolongé, obstiné, continu, qui est moins que la parole et plus que le tonnerre. Ce cri, c'est l'ouragan [122]. Les autres voix, chants, mélodies, clameurs, verbes, sortent des nids, des couvées, des accouplements, des hyménées, des demeures ; celle-ci, trombe, sort de ce Rien qui est Tout. Les autres voix expriment l'âme de l'univers ; celle-ci en exprime le monstre. C'est l'informe, hurlant. C'est l'inarticulé parlé par l'indéfini. Chose pathétique et terrifiante. Ces rumeurs dialoguent au-dessus et au-delà de l'homme. Elles s'élèvent, s'abaissent, ondulent, déterminent des flots de bruit, font toutes sortes de surprises farouches à l'esprit,

tantôt éclatent tout près de notre oreille avec une importunité de fanfare, tantôt ont l'enrouement rauque du lointain ; brouhaha vertigineux qui ressemble à un langage, et qui est un langage en effet ; c'est l'effort que fait le monde pour parler, c'est le bégaiement du prodige [123]. Dans ce vagissement se manifeste confusément tout ce qu'endure, subit, souffre, accepte et rejette l'énorme palpitation ténébreuse. Le plus souvent, cela déraisonne, cela semble un accès de maladie chronique, et c'est plutôt de l'épilepsie répandue que de la force employée ; on croit assister à une chute du haut mal dans l'infini. Par moments, on entrevoit une revendication de l'élément, on ne sait quelle velléité de reprise du chaos sur la création [124]. Par moments, c'est une plainte, l'espace se lamente et se justifie, c'est quelque chose comme la cause du monde plaidée ; on croit deviner que l'univers est un procès ; on écoute, on tâche de saisir les raisons données, le pour et contre redoutable ; tel gémissement de l'ombre a la ténacité d'un syllogisme. Vaste trouble pour la pensée. La raison d'être des mythologies et des polythéismes est là. A l'effroi de ces grands murmures s'ajoutent des profils surhumains sitôt évanouis qu'aperçus, des euménides à peu près distinctes, des gorges de furies dessinées dans les nuages, des chimères plutoniennes presque affirmées. Aucune horreur n'égale ces sanglots, ces rires, ces souplesses du fracas, ces demandes et ces réponses indéchiffrables, ces appels à des auxiliaires inconnus. L'homme ne sait que devenir en présence de cette incantation épouvantable. Il plie sous l'énigme de ces intonations draconiennes. Quel sous-entendu y a-t-il ? Que signifient-elles ? qui menacent-elles ? qui supplient-elles ? Il y a là comme un déchaînement. Vociférations de précipice à précipice, de l'air à l'eau, du vent au flot, de la pluie au rocher, du zénith au nadir, des astres aux écumes, la muselière du gouffre défaite, tel est ce tumulte, compliqué d'on ne sait quel démêlé mystérieux avec les mauvaises consciences.

La loquacité de la nuit n'est pas moins lugubre que son silence. On y sent la colère de l'ignoré.

La nuit est une présence. Présence de qui ?

Du reste, entre la nuit et les ténèbres il faut distinguer.

Dans la nuit il y a l'absolu; il y a le multiple dans les ténèbres. La grammaire, cette logique, n'admet pas de singulier pour les ténèbres. La nuit est une, les ténèbres sont plusieurs.

Cette brume du mystère nocturne, c'est l'épars, le fugace, le croulant, le funeste. On ne sent plus la terre, on sent l'autre réalité.

Dans l'ombre infinie et indéfinie, il y a quelque chose, ou quelqu'un, de vivant; mais ce qui est vivant là fait partie de notre mort. Après notre passage terrestre, quand cette ombre sera pour nous de la lumière, la vie qui est au-delà de notre vie nous saisira. En attendant, il semble qu'elle nous tâte. L'obscurité est une pression. La nuit est une sorte de mainmise sur notre âme. A de certaines heures hideuses et solennelles nous sentons ce qui est derrière le mur du tombeau empiéter sur nous [125].

Jamais cette proximité de l'inconnu n'est plus palpable que dans les tempêtes de mer. L'horrible s'y accroît du fantasque. L'interrupteur possible des actions humaines, l'antique Assemble-nuages, a là à sa disposition, pour pétrir l'événement comme bon lui semble, l'élément inconsistant, l'incohérence illimitée, la force diffuse sans parti pris. Ce mystère, la tempête, accepte et exécute, à chaque instant, on ne sait quels changements de volonté, apparents ou réels.

Les poètes ont de tout temps appelé cela le caprice des flots.

Mais le caprice n'existe pas.

Les choses déconcertantes que nous nommons, dans la nature, caprice et dans la destinée, hasard, sont des tronçons de loi entrevus.

VIII

NIX ET NOX

Ce qui caractérise la tempête de neige, c'est qu'elle est noire. L'aspect habituel de la nature dans l'orage, terre ou mer obscure, ciel blême, est renversé; le ciel est noir, l'océan est blanc. En bas écume, en haut ténèbres [126]. Un horizon muré de fumée, un zénith plafonné de crêpe. La tempête ressemble à l'intérieur d'une cathédrale tendue de deuil. Mais aucun luminaire dans cette cathédrale. Pas de feux Saint-Elme aux pointes des vagues; pas de flammèches, pas de phosphores; rien qu'une immense ombre. Le cyclone polaire diffère du cyclone tropical en ceci que l'un allume toutes les lumières et que l'autre les éteint toutes. Le monde devient subitement une voûte de cave. De cette nuit tombe une poussière de taches pâles qui hésitent entre ce ciel et cette mer. Ces taches, qui sont les flocons de neige, glissent, errent et flottent. C'est quelque chose comme les larmes d'un suaire qui se mettraient à vivre et entreraient en mouvement. A cet ensemencement se mêle une bise forcenée. Une noirceur émiettée en blancheurs, le furieux dans l'obscur, tout le tumulte dont est capable le sépulcre, un ouragan sous un catafalque, telle est la tempête de neige.

Dessous tremble l'océan recouvrant de formidables approfondissements inconnus.

Dans le vent polaire, qui est électrique, les flocons se font tout de suite grêlons, et l'air s'emplit de projectiles. L'eau pétille, mitraillée.

Pas de coups de tonnerre. L'éclair des tourmentes boréales est silencieux. Ce qu'on dit quelquefois du chat, « il jure », on peut le dire de cet éclair-là. C'est une menace de gueule entrouverte, étrangement inexorable. La tempête de neige, c'est la tempête aveugle et muette. Quand elle a passé, souvent les navires aussi sont aveugles, et les matelots muets.

Sortir d'un tel gouffre est malaisé.

On se tromperait pourtant de croire le naufrage absolument inévitable. Les pêcheurs danois de Disco et du Balesin, les chercheurs de baleines noires, Hearn allant vers le détroit de Behring reconnaître l'embouchure de la Rivière de la mine de cuivre, Hudson, Mackensie, Vancouver, Ross, Dumont d'Urville, ont subi, au pôle même, les plus inclémentes bourrasques de neige, et s'en sont échappés.

C'est dans cette espèce de tempête-là que l'ourque était entrée à pleines voiles et avec triomphe. Frénésie contre frénésie. Quand Montgomery, s'évadant de Rouen, précipita à toutes rames sa galère sur la chaîne barrant la Seine à la Bouille, il eut la même effronterie.

La *Matutina* courait. Son penchement sous voiles faisait par instants avec la mer un affreux angle de quinze degrés, mais sa bonne quille ventrue adhérait au flot comme à de la glu. La quille résistait à l'arrachement de l'ouragan. La cage à feu éclairait l'avant. Le nuage plein de souffles traînant sa tumeur sur l'océan, rétrécissait et rongeait de plus en plus la mer autour de l'ourque. Pas une mouette. Pas une hirondelle de falaise. Rien que la neige. Le champ des vagues était petit et épouvantable. On n'en voyait que trois ou quatre, démesurées.

De temps en temps un vaste éclair couleur de cuivre rouge apparaissait derrière les superpositions obscures de l'horizon et du zénith. Cet élargissement vermeil montrait l'horreur des nuées. Le brusque embrasement des profondeurs, sur lequel, pendant une seconde, se détachaient les premiers plans des nuages et les fuites lointaines du chaos céleste, mettait l'abîme en perspective. Sur ce fond de feu les flocons de neige devenaient noirs, et l'on eût dit des papillons sombres volant dans une fournaise. Puis tout s'éteignait.

La première explosion passée, la bourrasque, chassant toujours l'ourque, se mit à rugir en basse continue. C'est la phase de grondement, redoutable diminution de fracas. Rien d'inquiétant comme ce monologue de la tempête. Ce récitatif morne ressemble à un temps d'arrêt que prendraient les mystérieuses forces combattantes, et indique une sorte de guet dans l'inconnu.

L'ourque continuait éperdument sa course. Ses deux voiles majeures surtout faisaient une fonction effrayante. Le ciel et la mer étaient d'encre, avec des jets de bave sautant plus haut que le mât. A chaque instant, des paquets d'eau traversaient le pont comme un déluge, et à toutes les inflexions du roulis, les écubiers, tantôt de tribord, tantôt de bâbord, devenaient autant de bouches ouvertes revomissant l'écume à la mer. Les femmes s'étaient réfugiées dans la cabine, mais les hommes demeuraient sur le pont. La neige aveuglante tourbillonnait. Les crachats de la houle s'y ajoutaient. Tout était furieux.

En ce moment, le chef de la bande, debout à l'arrière sur la barre d'arcasse, d'une main s'accrochant aux haubans, de l'autre arrachant sa pagne de tête qu'il secouait aux lueurs de la cage à feu, arrogant, content, la face altière, les cheveux farouches, ivre de toute cette ombre, cria :

— Nous sommes libres !
— Libres ! libres ! libres ! répétèrent les évadés.

Et toute la bande, saisissant des poings les agrès, se dressa sur le pont.

— Hurrah ! cria le chef.

Et la bande hurla dans la tempête :

— Hurrah !

A l'instant où cette clameur s'éteignait parmi les rafales, une voix grave et haute s'éleva à l'autre extrémité du navire, et dit : — Silence !

Toutes les têtes se retournèrent.

Ils venaient de reconnaître la voix du docteur. L'obscurité était épaisse; le docteur était adossé au mât avec lequel sa maigreur se confondait, on ne le voyait pas.

La voix reprit :

— Écoutez[127] !

Tous se turent.

Alors on entendit distinctement dans les ténèbres le tintement d'une cloche.

IX

SOIN CONFIÉ A LA MER FURIEUSE

Le patron de la barque, qui tenait la barre, éclata de rire. — Une cloche ! C'est bon. Nous chassons à bâbord. Que prouve cette cloche ? Que nous avons la terre à dextribord.

La voix ferme et lente du docteur répondit :

— Vous n'avez pas la terre à tribord.
— Mais si ! cria le patron.
— Non.
— Mais cette cloche vient de la terre.
— Cette cloche, dit le docteur, vient de la mer.

Il y eut un frisson parmi ces hommes hardis. Les faces hagardes des deux femmes apparurent dans le carré du capot de cabine comme deux larves évoquées. Le docteur fit un pas, et sa longue forme noire se détacha du mât. On entendait la cloche tinter au fond de la nuit.

Le docteur reprit :

— Il y a, au milieu de la mer, à moitié chemin entre Portland et l'archipel de la Manche, une bouée, qui est là pour avertir. Cette bouée est amarrée avec des chaînes aux bas-fonds et flotte à fleur d'eau. Sur cette bouée est fixée un tréteau de fer, et à la traverse de ce tréteau est suspendue une cloche. Dans le gros temps, la mer, secouée, secoue la bouée, et la cloche sonne. Cette cloche, vous l'entendez.

Le docteur laissa passer un redoublement de la bise, attendit que le son de la cloche eût repris le dessus, et poursuivit :

— Entendre cette cloche dans la tempête, quand le noroît souffle, c'est être perdu. Pourquoi ? le voici. Si vous entendez le bruit de cette cloche, c'est que le vent vous l'apporte. Or le vent vient de l'ouest et les brisants d'Aurigny sont à l'est. Vous ne pouvez entendre la cloche que parce que vous êtes entre la bouée et les brisants. C'est sur ces brisants que le vent vous pousse. Vous êtes du mauvais côté de la bouée. Si vous étiez du bon, vous seriez au large, en haute mer, en route sûre, et vous n'entendriez pas la cloche. Le vent n'en porterait pas le bruit vers vous. Vous passeriez près de la bouée sans savoir qu'elle est là. Nous avons dévié. Cette cloche, c'est le naufrage qui sonne le tocsin. Maintenant, avisez !

La cloche, pendant que le docteur parlait, apaisée par une baisse de brise, sonnait lentement, un coup après l'autre, et ce tintement intermittent semblait prendre acte des paroles du vieillard. On eût dit le glas de l'abîme.

Tous écoutaient haletants, tantôt cette voix, tantôt cette cloche.

X

LA GRANDE SAUVAGE,
C'EST LA TEMPÊTE

Cependant le patron avait saisi son porte-voix.
— *Car gate todo, hombres!* Débordez les écoutes, halez les caie-bas, affalez les itagues et les cargues des basses voiles [128] ! mordons à l'ouest ! reprenons de la mer ! le cap sur la bouée ! le cap sur la cloche ! il y a du large là-bas. Tout n'est pas désespéré.
— Essayez, dit le docteur.
Disons ici, en passant, que cette bouée à sonnerie, sorte de clocher de la mer, a été supprimée en 1802. De très vieux navigateurs se souviennent encore de l'avoir entendue. Elle avertissait, mais un peu tard.
L'ordre du patron fut obéi. Le Languedocien fit un troisième matelot. Tous aidèrent. On fit mieux que carguer, on ferla, on sangla tous les rabans, on noua les cargue-points, les cargue-fonds et les cargue-boulines; on mit des pataras sur les estropes qui purent ainsi servir de haubans de travers; on jumela le mât; on cloua les mantelets de sabord, ce qui est une façon de murer le navire. La manœuvre, quoique exécutée en patenne, n'en fut pas moins correcte. L'ourque fut ramenée à la simplification de détresse. Mais à mesure que le bâtiment, serrant tout, s'amoindrissait, le bouleversement de l'air et de l'eau

croissait sur lui. La hauteur des houles atteignait presque la dimension polaire.

L'ouragan, comme un bourreau pressé, se mit à écarteler le navire. Ce fut, en un clin d'œil, un arrachement effroyable, les huniers déralingués, le bordage rasé, les dogues d'amures déboîtés, les haubans saccagés, le mât brisé, tout le fracas du désastre volant en éclats. Les gros câbles cédèrent, bien qu'ils eussent quatre brasses d'étalingure.

La tension magnétique propre aux orages de neige aidait à la rupture des cordages. Ils cassaient autant sous l'effluve que sous le vent. Diverses chaînes sorties de leurs poulies ne manœuvraient plus. A l'avant, les joues, et à l'arrière, les hanches, ployaient sous des pressions à outrance. Une lame emporta la boussole avec l'habitacle. Une autre lame emporta le canot, amarré en porte-manteau au beaupré, selon la bizarre coutume asturienne. Une autre lame emporta la vergue civadière. Une autre lame emporta la Notre-Dame de proue et la cage à feu.

Il ne restait que le gouvernail.

On suppléa au fanal manquant au moyen d'une grosse grenade à brûlot plein d'étoupe flambante et de goudron allumé, qu'on suspendit à l'étrave.

Le mât, cassé en deux, tout hérissé de haillons frissonnants, de cordes, de moufles et de vergues, encombrait le pont. En tombant, il avait brisé un pan de la muraille de tribord.

Le patron, toujours à la barre, cria :

— Tant que nous pouvons gouverner, rien n'est perdu. Les œuvres vives tiennent bon. Des haches ! des haches ! Le mât à la mer ! dégagez le pont.

Équipage et passagers avaient la fièvre des batailles suprêmes. Ce fut l'affaire de quelques coups de cognée.

On poussa le mât par-dessus le bord. Le pont fut débarrassé.

— Maintenant, reprit le patron, prenez une drisse et amarrez-moi à la barre.

On le lia au timon.

Pendant qu'on l'attachait, il riait. Il cria à la mer :

— Beugle, la vieille! beugle! j'en ai vu de pires au cap Machichaco.

Et quand il fut garrotté, il empoigna le timon à deux poings avec cette joie étrange que donne le danger.

— Tout est bien, camarades! Vive Notre-Dame de Buglose! Gouvernons à l'ouest!

Une lame de travers, colossale, vint, et s'abattit sur l'arrière. Il y a toujours dans les tempêtes une sorte de vague tigre, flot féroce et définitif, qui arrive à point nommé, rampe quelque temps comme à plat ventre sur la mer, puis bondit, rugit, grince, fond sur le navire en détresse, et le démembre. Un engloutissement d'écume couvrit toute la poupe de la *Matutina*, on entendit dans cette mêlée d'eau et de nuit une dislocation. Quand l'écume se dissipa, quand l'arrière reparut, il n'y avait plus ni patron, ni gouvernail.

Tout avait été arraché.

La barre et l'homme qu'on venait d'y lier s'en étaient allés avec la vague dans le pêle-mêle hennissant de la tempête.

Le chef de la bande regarda fixement l'ombre et cria:

— *Te burlas de nosotros*?*

A ce cri de révolte succéda un autre cri:

— Jetons l'ancre! sauvons le patron.

On courut au cabestan. On mouilla l'ancre. Les ourques n'en avaient qu'une. Ceci n'aboutit qu'à la perdre. Le fond était de roc vif, la houle forcenée. Le câble cassa comme un cheveu.

L'ancre demeura au fond de la mer.

Du taille-mer il ne restait que l'ange regardant dans sa lunette.

A dater de ce moment, l'ourque ne fut plus qu'une épave. La *Matutina* était irrémédiablement désemparée. Ce navire, tout à l'heure ailé, et presque terrible dans sa course, était maintenant impotent. Pas une manœuvre qui ne fût tronquée et désarticulée. Il obéissait, ankylosé et passif, aux furies bizarres de la flottaison. Qu'en quel-

---

* Te moques-tu de nous?

ques minutes, à la place d'un aigle, il y ait un cul-de-jatte, cela ne se voit qu'à la mer.

Le soufflement de l'espace était de plus en plus monstrueux. La tempête est un poumon épouvantable. Elle ajoute sans cesse de lugubres aggravations à ce qui n'a point de nuances, le noir. La cloche du milieu de la mer sonnait désespérément, comme secouée par une main farouche.

La *Matutina* s'en allait au hasard des vagues; un bouchon de liège a de ces ondulations; elle ne voguait plus, elle surnageait; elle semblait à chaque instant prête à se retourner le ventre à fleur d'eau comme un poisson mort. Ce qui la sauvait de cette perdition, c'était la bonne conservation de la coque, parfaitement étanche. Aucune vaigre n'avait cédé sous la flottaison. Il n'y avait ni fissure, ni crevasse, et pas une goutte d'eau n'entrait dans la cale. Heureusement, car une avarie avait atteint la pompe et l'avait mise hors de service.

L'ourque dansait hideusement dans l'angoisse des flots. Le pont avait les convulsions d'un diaphragme qui cherche à vomir. On eût dit qu'il faisait effort pour rejeter les naufragés. Eux, inertes, se cramponnaient aux manœuvres dormantes, au bordage, au traversin, au serrebosse, aux garcettes, aux cassures du franc-bord embouffeté dont les clous leur déchiraient les mains, aux porques déjetées, à tous les reliefs misérables du délabrement. De temps en temps ils prêtaient l'oreille. Le bruit de la cloche allait s'affaiblissant. On eût dit qu'elle aussi agonisait. Son tintement n'était plus qu'un râle intermittent. Puis ce râle s'éteignit. Où étaient-ils donc ? et à quelle distance étaient-ils de la bouée ? Le bruit de la cloche les avait effrayés, son silence les terrifia. Le noroît leur faisait faire un chemin peut-être irréparable. Ils se sentaient emportés par une frénétique reprise d'haleine. L'épave courait dans le noir. Une vitesse aveuglée, rien n'est plus affreux. Ils sentaient du précipice devant eux, sous eux, sur eux. Ce n'était plus une course, c'était une chute.

Brusquement, dans l'énorme tumulte du brouillard de neige, une rougeur apparut.

— Un phare [129] ! crièrent les naufragés.

XI

LES CASQUETS

C'était en effet la Light-House des Casquets.
Un phare au dix-neuvième siècle est un haut cylindre conoïde de maçonnerie surmonté d'une machine à éclairage toute scientifique. Le phare des Casquets en particulier est aujourd'hui une triple tour blanche portant trois châteaux de lumière. Ces trois maisons à feu évoluent et pivotent sur des rouages d'horlogerie avec une telle précision que l'homme de quart qui les observe du large fait invariablement dix pas sur le pont du navire pendant l'irradiation, et vingt-cinq pendant l'éclipse. Tout est calculé dans le plan focal et dans la rotation du tambour octogone formé de huit larges lentilles simples à échelons, et ayant au-dessus et au-dessous ses deux séries d'anneaux dioptriques; engrenage algébrique garanti des coups de vent et des coups de mer par des vitres épaisses d'un millimètre, parfois cassées pourtant par les aigles de mer qui se jettent dessus, grands phalènes de ces lanternes géantes. La bâtisse qui enferme, soutient et sertit ce mécanisme est, comme lui, mathématique. Tout y est sobre, exact, nu, précis, correct. Un phare est un chiffre.
Au dix-septième siècle un phare était une sorte de panache de la terre au bord de la mer. L'architecture d'une tour de phare était magnifique et extravagante [130].

On y prodiguait les balcons, les balustres, les tourelles, les logettes, les gloriettes, les girouettes. Ce n'étaient que mascarons, statues, rinceaux, volutes, rondes bosses, figures et figurines, cartouches avec inscriptions. *Pax in bello,* disait le phare d'Eddystone. Observons-le en passant, cette déclaration de paix ne désarmait pas toujours l'océan. Winstanley la répéta sur un phare qu'il construisit à ses frais dans un lieu farouche, devant Plymouth. La tour du phare achevée, il se mit dedans et la fit essayer par la tempête. La tempête vint et emporta le phare et Winstanley. Du reste ces bâtisses excessives donnaient de toutes parts prise à la bourrasque, comme ces généraux trop chamarrés qui dans la bataille attirent les coups. Outre les fantaisies de pierre, il y avait les fantaisies de fer, de cuivre, de bois ; les serrureries faisaient relief, les charpentes faisaient saillies. Partout, sur le profil du phare, débordaient, scellés au mur parmi les arabesques, des engins de toute espèce, utiles et inutiles, treuils, palans, poulies, contrepoids, échelles, grues de chargement, grappins de sauvetage. Sur le faîte, autour du foyer, de délicates serrureries ouvragées portaient de gros chandeliers de fer où l'on plantait des tronçons de câble noyés de résine, mèches brûlant opiniâtrement et qu'aucun vent n'éteignait. Et, du haut en bas, la tour était compliquée d'étendards de mer, de banderoles, de bannières, de drapeaux, de pennons, de pavillons, qui montaient de hampe en hampe, d'étage en étage, amalgamant toutes les couleurs, toutes les formes, tous les blasons, tous les signaux, toutes les turbulences, jusqu'à la cage à rayons du phare, et faisaient dans la tempête une joyeuse émeute de guenilles autour de ce flamboiement. Cette effronterie de lumière au bord du gouffre ressemblait à un défi et mettait en verve d'audace les naufragés. Mais le phare des Casquets n'était point de cette mode.

C'était à cette époque un simple vieux phare barbare, tel que Henri Ier l'avait fait construire après la perdition de la *Blanche-Nef,* un bûcher flambant sous un treillis de fer au haut d'un rocher, une braise derrière une grille, et une chevelure de flamme dans le vent.

Le seul perfectionnement qu'avait eu ce phare depuis

le douzième siècle, c'était un soufflet de forge mis en mouvement par une crémaillère à poids de pierre, qu'on avait ajusté à la cage à feu en 1610.

A ces antiques phares-là, l'aventure des oiseaux de mer était plus tragique qu'aux phares actuels. Les oiseaux y accouraient, attirés par la clarté, s'y précipitaient et tombaient dans le brasier où on les voyait sauter, espèces d'esprit noirs agonisants dans cet enfer; et parfois ils retombaient hors de la cage rouge sur le rocher, fumants, boiteux, aveugles, comme hors d'une flamme de lampe des mouches à demi brûlées [131].

A un navire en manœuvre, pourvu de toutes ses ressources de gréement, et maniable au pilote, le phare des Casquets est utile. Il crie : gare! Il avertit de l'écueil. A un navire désemparé il n'est que terrible. La coque, paralysée et inerte, sans résistance contre le plissement insensé de l'eau, sans défense contre la pression du vent, poisson sans nageoires, oiseau sans ailes, ne peut qu'aller où le souffle la pousse. Le phare lui montre l'endroit suprême, signale le lieu de disparition, fait le jour sur l'ensevelissement. Il est la chandelle du sépulcre.

Éclairer l'ouverture inexorable, avertir de l'inévitable, pas de plus tragique ironie [132].

XII

CORPS A CORPS AVEC L'ÉCUEIL

Cette mystérieuse dérision ajoutée au naufrage, les misérables en détresse sur la *Matutina* la comprirent tout de suite. L'apparition du phare les releva d'abord, puis les accabla. Rien à faire, rien à tenter. Ce qui a été dit des rois peut se dire des flots. On est leur peuple ; on est leur proie. Tout ce qu'ils délirent, on le subit. Le noroît drossait l'ourque sur les Casquets. On y allait. Pas de refus possible. On dérivait rapidement vers le récif. On sentait monter le fond ; la sonde, si on eût pu mouiller utilement une sonde, n'eût pas donné plus de trois ou quatre brasses. Les naufragés écoutaient les sourds engouffrements de la vague dans les hiatus sous-marins du profond rocher. Ils distinguaient au-dessous du phare, comme une tranche obscure, entre deux lames de granit, la passe étroite de l'affreux petit havre sauvage qu'on devinait plein de squelettes d'hommes et de carcasses de navires. C'était une bouche d'antre, plutôt qu'une entrée de port. Ils entendaient le pétillement du haut bûcher dans sa cage de fer, une pourpre hagarde illuminait la tempête, la rencontre de la flamme et de la grêle troublait la brume, la nuée noire et la fumée rouge combattaient, serpent contre serpent, un arrachement de braises volait au vent, et les flocons de neige semblaient prendre la fuite devant cette brusque attaque d'étincelles. Les brisants, estompés d'abord, se dessinaient maintenant nettement, fouillis de roches, avec des pics, des crêtes et des vertèbres. Les angles se modelaient par de vives lignes vermeilles, et les plans inclinés par de sanglants glissements de clarté. A mesure qu'on avançait, le relief de l'écueil croissait et montait, sinistre.

Une des femmes, l'Irlandaise, dévidait éperdument son rosaire.

A défaut du patron, qui était le pilote, restait le chef, qui était le capitaine. Les Basques savent tous la montagne et la mer. Ils sont hardis aux précipices et inventifs dans les catastrophes.

On arrivait, on allait toucher. On fut tout à coup si près de la grande roche du nord des Casquets, que subitement elle éclipsa le phare. On ne vit plus qu'elle, et de la lueur derrière. Cette roche debout dans la brume ressemblait à une grande femme noire avec une coiffe de feu.

Cette roche mal famée se nomme le Biblet. Elle contrebute au septentrion l'écueil qu'un autre récif, l'Étacq-aux-Guilmets, contrebute au midi.

Le chef regarda le Biblet, et cria :

— Un homme de bonne volonté pour porter un grelin au brisant ! Y a-t-il ici quelqu'un qui sache nager ?

Pas de réponse.

Personne à bord ne savait nager, pas même les matelots, ignorance du reste fréquente chez les gens de mer.

Une hiloire à peu près détachée de ses liaisons oscillait dans le bordage. Le chef l'étreignit de ses deux poings, et dit :

— Aidez-moi.

On détacha l'hiloire. On l'eut à sa disposition pour en faire ce qu'on voudrait. De défensive elle devint offensive.

C'était une assez longue poutre, en cœur de chêne, saine et robuste, pouvant servir d'engin d'attaque et de point d'appui ; levier contre un fardeau, bélier contre une tour.

— En garde ! cria le chef.

Ils se mirent six, arc-boutés au tronçon du mât, tenant

l'hiloire horizontale hors du bord et droite comme une lance devant la hanche de l'écueil.

La manœuvre était périlleuse. Donner une poussée à une montagne, c'est une audace. Les six hommes pouvaient être jetés à l'eau du contrecoup.

Ce sont là les diversités de la lutte des tempêtes. Après la rafale, l'écueil; après le vent, le granit. On a affaire tantôt à l'insaisissable, tantôt à l'inébranlable.

Il y eut une de ces minutes pendant lesquelles les cheveux blanchissent.

L'écueil et le navire, on allait s'aborder.

Un rocher est un patient. Le récif attendait.

Une houle accourut, désordonnée. Elle mit fin à l'attente. Elle prit le navire en dessous, le souleva et le balança un moment, comme la fronde balance le projectile.

— Fermes! cria le chef. Ce n'est qu'un rocher, nous sommes des hommes.

La poutre était en arrêt. Les six hommes ne faisaient qu'un avec elle. Les chevilles pointues de l'hiloire leur labouraient les aisselles, mais ils ne les sentaient point.

La houle jeta l'ourque contre le roc.

Le choc eut lieu.

Il eut lieu sous l'informe nuage d'écume qui cache toujours ces péripéties.

Quand ce nuage tomba à la mer, quand l'écart se refit entre la vague et le rocher, les six hommes roulaient sur le pont; mais la *Matutina* fuyait le long du brisant. La poutre avait tenu bon et déterminé une déviation. En quelques secondes, le glissement de la lame étant effréné, les Casquets furent derrière l'ourque. La *Matutina,* pour l'instant, était hors de péril immédiat.

Cela arrive. C'est un coup droit de beaupré dans la falaise qui sauva Wood de Largo à l'embouchure du Tay. Dans les rudes parages du cap Winterton, et sous le commandement du capitaine Hamilton, c'est par une manœuvre de levier pareille contre le redoutable rocher Brannoduum que sut échapper au naufrage la *Royale-Marie,* bien que ce ne fût qu'une frégate de la façon d'Écosse. La vague est une force si soudainement décomposée que les diversions y sont faciles, possibles du moins, même dans les chocs les plus violents. Dans la tempête il y a de la brute ; l'ouragan c'est le taureau, et l'on peut lui donner le change.

Tâcher de passer de la sécante à la tangente, tout le secret d'éviter le naufrage est là.

C'est ce service que l'hiloire avait rendu au navire. Elle avait fait office d'aviron ; elle avait tenu lieu de gouvernail. Mais cette manœuvre libératrice était une fois faite ; on ne pouvait la recommencer. La poutre était à la mer. La dureté du choc l'avait fait sauter hors des mains des hommes par-dessus le bord, et elle s'était perdue dans le flot. Desceller une autre charpente, c'était disloquer la membrure.

L'ouragan remporta la *Matutina*. Tout de suite les Casquets semblèrent à l'horizon un encombrement inutile. Rien n'a l'air décontenancé comme un écueil en pareille occasion. Il y a dans la nature, du côté de l'inconnu, là où le visible est compliqué d'invisible, de hargneux profils immobiles que semble indigner une proie lâchée.

Tels furent les Casquets pendant que la *Matutina* s'enfuyait.

Le phare, reculant, pâlit, blêmit, puis s'effaça [133].

Cette extinction fut morne. Les épaisseurs de brume se superposèrent sur ce flamboiement devenu diffus. Le rayonnement se délaya dans l'immensité mouillée. La flamme flotta, lutta, s'enfonça, perdit forme. On eût dit une noyée. Le brasier devint lumignon, ce ne fut plus qu'un tremblement blafard et vague. Tout autour s'élargissait un cercle de lueur extravasée. C'était comme un écrasement de lumière au fond de la nuit.

La cloche, qui était une menace, s'était tue ; le phare, qui était une menace, s'était évanoui. Pourtant, quand ces deux menaces eurent disparu, ce fut plus terrible. L'une était une voix, l'autre était un flambeau. Elles avaient quelque chose d'humain. Elles de moins, resta l'abîme [134].

XIII

FACE A FACE AVEC LA NUIT

L'ourque se retrouva à vau-l'ombre [135] dans l'obscurité incommensurable.

La *Matutina*, échappée aux Casquets, dévalait de houle en houle. Répit, mais dans le chaos. Poussée en travers par le vent, maniée par les mille tractions de la vague, elle répercutait toutes les oscillations folles du flot. Elle n'avait presque plus de tangage, signe redoutable de l'agonie d'un navire. Les épaves n'ont que du roulis. Le tangage est la convulsion de la lutte. Le gouvernail seul peut prendre le vent debout.

Dans la tempête, et surtout dans le météore de neige, la mer et la nuit finissent par se fondre et s'amalgamer, et par ne plus faire qu'une fumée. Brume, tourbillon, souffle, glissement dans tous les sens, aucun point d'appui, aucun lieu de repère, aucun temps d'arrêt, un perpétuel recommencement, une trouée après l'autre, nul horizon visible, profond recul noir, l'ourque voguait là-dedans.

Se dégager des Casquets, éluder l'écueil, cela avait été pour les naufragés une victoire. Mais surtout une stupeur. Ils n'avaient point poussé de hurrahs; en mer, on ne fait pas deux fois de ces imprudences-là. Jeter la provocation là où l'on ne jetterait pas la sonde, c'est grave.

L'écueil repoussé, c'était de l'impossible accompli. Ils

en étaient pétrifiés. Peu à peu pourtant, ils se remettaient à espérer. Tels sont les insubmersibles mirages de l'âme. Pas de détresse qui, même à l'instant le plus critique, ne voie blanchir dans ses profondeurs l'inexprimable lever de l'espérance. Ces malheureux ne demandaient pas mieux que de s'avouer qu'ils étaient sauvés. Ils avaient en eux ce bégaiement.

Mais un grandissement formidable se fit tout à coup dans la nuit. A bâbord surgit, se dessina et se découpa sur le fond de brume une haute masse opaque, verticale, à angles droits, une tour carrée de l'abîme [136].

Ils regardèrent, béants.

La rafale les poussait vers cela.

Ils ignoraient ce que c'était. C'était le rocher Ortach.

XIV

ORTACH

L'écueil recommençait. Après les Casquets, Ortach. La tempête n'est point une artiste, elle est brutale et toute-puissante, et ne varie pas ses moyens.

L'obscurité n'est pas épuisable. Elle n'est jamais à bout de pièges et de perfidies. L'homme, lui, est vite à l'extrémité de ses ressources. L'homme se dépense, le gouffre non.

Les naufragés se tournèrent vers le chef, leur espoir. Il ne put que hausser les épaules; morne dédain de l'impuissance.

Un pavé au milieu de l'océan, c'est le rocher Ortach. L'écueil Ortach, tout d'une pièce, au-dessus du choc contrarié des houles, monte droit à quatre-vingts pieds de haut. Les vagues et les navires s'y brisent. Cube immuable, il plonge à pic ses flancs rectilignes dans les innombrables courbes serpentantes de la mer.

La nuit il figure un billot énorme posé sur les plis d'un grand drap noir. Dans la tempête, il attend le coup de hache, qui est le coup de tonnerre [137].

Mais jamais de coup de tonnerre dans la trombe de neige. Le navire, il est vrai, a le bandeau sur les yeux; toutes les ténèbres sont nouées sur lui. Il est prêt comme un supplicié. Quant à la foudre, qui est une fin prompte, il ne faut point l'espérer.

La *Matutina*, n'étant plus qu'un échouement flottant, s'en alla vers ce rocher-ci comme elle était allée vers l'autre. Les infortunés, qui s'étaient un moment crus sauvés, rentrèrent dans l'angoisse. Le naufrage, qu'ils avaient laissé derrière eux, reparaissait devant eux. L'écueil ressortait du fond de la mer. Il n'y avait rien de fait.

Les Casquets sont un gaufrier à mille compartiments, l'Ortach est une muraille. Naufrager aux Casquets, c'est être déchiqueté ; naufrager à l'Ortach, c'est être broyé.

Il y avait une chance pourtant.

Sur les fronts droits, et l'Ortach est un front droit, la vague, pas plus que le boulet, n'a de ricochets. Elle est réduite au jeu simple. C'est le flux, puis le reflux. Elle arrive lame et revient houle.

Dans des cas pareils, la question de vie et de mort se pose ainsi : si la lame conduit le bâtiment jusqu'au rocher, elle l'y brise, il est perdu ; si la houle revient avant que le bâtiment ait touché, elle le remmène, il est sauvé.

Anxiété poignante. Les naufragés apercevaient dans la pénombre le grand flot suprême venant à eux. Jusqu'où allait-il les traîner ? Si le flot brisait au navire, ils étaient roulés au roc et fracassés. S'il passait sous le navire...

Le flot passa sous le navire.

Ils respirèrent.

Mais quel retour allait-il avoir ? Qu'est-ce que le ressac ferait d'eux ?

Le ressac les remporta.

Quelques minutes après, la *Matutina* était hors des eaux de l'écueil. L'Ortach s'effaçait comme les Casquets s'étaient effacés.

C'était la deuxième victoire. Pour la seconde fois l'ourque était arrivée au bord du naufrage, et avait reculé à temps.

XV

PORTENTOSUM MARE [138]

Cependant un épaississement de brume s'était abattu sur ces malheureux en dérive. Ils ignoraient où ils étaient. Ils voyaient à peine à quelques encâblures autour de l'ourque. Malgré une véritable lapidation des grêlons qui les forçait tous à baisser la tête, les femmes s'étaient obstinées à ne point redescendre dans la cabine. Pas de désespéré qui ne veuille naufrager à ciel ouvert. Si près de la mort, il semble qu'un plafond au-dessus de soi est un commencement de cercueil.

La vague, de plus en plus gonflée, devenait courte. La turgescence du flot indique un étranglement; dans le brouillard, de certains bourrelets de l'eau signalent un détroit. En effet, à leur insu, ils côtoyaient Aurigny. Entre Ortach et les Casquets au couchant et Aurigny au levant, la mer est resserrée et gênée, et l'état de malaise pour la mer détermine localement l'état de tempête. La mer souffre comme autre chose; et là où elle souffre, elle s'irrite. Cette passe est redoutée.

La *Matutina* était dans cette passe.

Qu'on s'imagine sous l'eau une écaille de tortue grande comme Hyde-Park ou les Champs-Élysées, et dont chaque strie est un bas-fond et dont chaque bossage est un récif. Telle est l'approche ouest d'Aurigny. La mer recouvre et cache cet appareil de naufrage. Sur cette carapace de brisants sous-marins, la vague déchiquetée saute et écume. Dans le calme, clapotement; dans l'orage, chaos.

Cette complication nouvelle, les naufragés la remarquaient sans se l'expliquer. Subitement ils la comprirent. Une pâle éclaircie se fit au zénith, un peu de blêmissement se dispersa sur la mer, cette lividité démasqua à bâbord un long barrage en travers à l'est, et vers lequel se ruait, chassant le navire devant elle, la poussée du vent. Ce barrage était Aurigny.

Qu'était-ce que ce barrage? Ils tremblèrent. Ils eussent bien plus tremblé encore si une voix leur eût répondu: Aurigny.

Pas d'île défendue contre la venue de l'homme comme Aurigny. Elle a sous l'eau et hors de l'eau une garde féroce dont Ortach est la sentinelle. A l'ouest, Burhou, Sadteriaux, Anfroque, Niangle, Fond-du-Croc, les Jumelles, la Grosse, la Clanque, les Éguillons, le Vrac, la Fosse-Malière; à l'est, Sauquet, Hommeau, Floreau, la Brinebetais, la Queslingue, Croquelihou, la Fourche, le Saut, Noire Pute, Coupie, Orbue. Qu'est-ce que tous ces monstres? des hydres? Oui, de l'espèce écueil.

Un de ces récifs s'appelle le But, comme pour indiquer que tout voyage finit là [139].

Cet encombrement d'écueils, simplifié par l'eau et la nuit, apparaissait aux naufragés sous la forme d'une simple bande obscure, sorte de rature noire sur l'horizon.

Le naufrage, c'est l'idéal de l'impuissance. Être près de la terre et ne pouvoir l'atteindre, flotter et ne pouvoir voguer, avoir le pied sur quelque chose qui paraît solide et qui est fragile [140], être plein de vie et plein de mort en même temps, être prisonnier des étendues, être muré entre le ciel et l'océan, avoir sur soi l'infini comme un cachot, avoir autour de soi l'immense évasion des souffles et des ondes, et être saisi, garrotté, paralysé, cet accablement stupéfie et indigne. On croit y entrevoir le ricanement du combattant inaccessible. Ce qui vous tient, c'est cela même qui lâche les oiseaux et met en liberté les poissons. Cela ne semble rien et c'est tout. On dépend de cet air qu'on trouble avec sa bouche, on dépend de cette eau qu'on prend dans le creux de sa main. Puisez de cette tempête plein un verre, ce n'est plus qu'un peu d'amertume. Gorgée, c'est une nausée ; houle, c'est l'extermination. le grain de sable dans le désert, le flocon d'écume dans l'océan, sont des manifestations vertigineuses ; la toute-puissance ne prend pas la peine de cacher son atome, elle fait la faiblesse force, elle emplit de son tout le néant, et c'est avec l'infiniment petit que l'infiniment grand vous écrase. C'est avec des gouttes que l'océan vous broie. On se sent jouet.

Jouet, quel mot terrible !

La *Matutina* était un peu au-dessus d'Aurigny, ce qui était favorable ; mais dérivait vers la pointe nord, ce qui était fatal. La bise nord-ouest, comme un arc tendu décoche une flèche, lançait le navire vers le cap septentrional. Il existe à cette pointe, un peu en deçà du havre des Corbelets, ce que les marins de l'archipel normand appellent « un singe ».

Le singe — *swinge* — est un courant de l'espèce furieuse. Un chapelet d'entonnoirs dans les bas-fonds produit dans les vagues un chapelet de tourbillons. Quand l'un vous lâche, l'autre vous reprend. Un navire, happé par le singe, roule ainsi de spirale en spirale jusqu'à ce qu'une roche aiguë ouvre la coque. Alors le bâtiment crevé s'arrête, l'arrière sort des vagues, l'avant plonge, le gouffre achève son tour de roue, l'arrière s'enfonce, et tout se referme. Une flaque d'écume s'élargit et flotte, et l'on ne voit plus à la surface de la lame que quelques bulles çà et là, venues des respirations étouffées sous l'eau.

Dans toute la Manche, les trois singes les plus dangereux sont le singe qui avoisine le fameux banc de sable Girdler Sands, le singe qui est à Jersey entre le Pignonnet et la pointe de Noirmont, et le singe d'Aurigny.

Un pilote local, qui eût été à bord de la *Matutina*, eût averti les naufragés de ce nouveau péril. A défaut de pilote, ils avaient l'instinct ; dans les situations extrêmes, il y a une seconde vue. De hautes torsions d'écume s'envolaient le long de la côte, dans le pillage frénétique du vent. C'était le crachement du singe. Nombre de barques ont chaviré dans cette embûche. Sans savoir ce qu'il y avait là, ils approchaient avec horreur.

Comment doubler ce cap? Nul moyen.

De même qu'ils avaient vu surgir les Casquets, puis surgir Ortach, à présent ils voyaient se dresser la pointe d'Aurigny, toute de haute roche. C'était comme des géants l'un après l'autre. Série de duels effrayants.

Charybde et Scylla ne sont que deux; les Casquets, Ortach et Aurigny sont trois.

Le même phénomène d'envahissement de l'horizon par l'écueil se reproduisait avec la monotonie grandiose du gouffre. Les batailles de l'océan ont, comme les combats d'Homère, ce rabâchage sublime.

Chaque lame, à mesure qu'ils approchaient, ajoutait vingt coudées au cap affreusement amplifié dans la brume. La décroissance d'intervalle semblait de plus en plus irrémédiable. Ils touchaient à la lisière du singe. Le premier pli qui les saisirait les entraînerait. Encore un flot franchi, tout était fini.

Soudain l'ourque fut repoussée en arrière comme par le coup de poing d'un titan. La houle se cabra sous le navire et se renversa, rejetant l'épave dans sa crinière d'écume. La *Matutina*, sous cette impulsion, s'écarta d'Aurigny.

Elle se retrouva au large.

D'où arrivait ce secours? Du vent.

Le souffle de l'orage venait de se déplacer.

Le flot avait joué d'eux, maintenant c'était le tour du vent. Ils s'étaient dégagés eux-mêmes des Casquets; mais devant Ortach la houle avait fait la péripétie; devant Aurigny, ce fut la bise. Il y avait eu subitement une saute du septentrion au midi.

Le suroît avait succédé au noroît.

Le courant, c'est le vent dans l'eau; le vent, c'est le courant dans l'air; ces deux forces venaient de se contrarier, et le vent avait eu le caprice de retirer sa proie au courant.

Les brusqueries de l'océan sont obscures. Elles sont le perpétuel peut-être. Quand on est à leur merci, on ne peut ni espérer ni désespérer. Elles font, puis défont. L'océan s'amuse. Toutes les nuances de la férocité fauve sont dans cette vaste et sournoise mer, que Jean Bart appelait « la grosse bête ». C'est le coup de griffe avec les intervalles voulus de patte de velours. Quelquefois la tempête bâcle le naufrage ; quelquefois elle le travaille avec soin ; on pourrait presque dire elle le caresse. La mer a le temps. Les agonisants s'en aperçoivent.

Parfois, disons-le, ces ralentissements dans le supplice annoncent la délivrance. Ces cas sont rares. Quoi qu'il en soit, les agonisants croient vite au salut, le moindre apaisement dans les menaces de l'orage leur suffit, ils s'affirment à eux-mêmes qu'ils sont hors de péril, après s'être crus ensevelis ils prennent acte de leur résurrection, ils acceptent fiévreusement ce qu'ils ne possèdent pas encore, tout ce que la mauvaise chance contenait est épuisé, c'est évident, ils se déclarent satisfaits, ils sont sauvés, ils tiennent Dieu quitte. Il ne faut point trop se hâter de donner de ces reçus à l'Inconnu.

Le suroît débuta en tourbillon. Les naufragés n'ont jamais que des auxiliaires bourrus. La *Matutina* fut impétueusement traînée au large par ce qui lui restait d'agrès comme une morte par les cheveux. Cela ressembla à ces délivrances accordées par Tibère, à prix de viol. Le vent brutalisait ceux qu'il sauvait. Il leur rendait service avec fureur. Ce fut du secours sans pitié.

L'épave, dans ce rudoiement libérateur, acheva de se disloquer.

Des grêlons, gros et durs à charger un tromblon, criblaient le bâtiment. A tous les renversements du flot, ces grêlons roulaient sur le pont comme des billes. L'ourque, presque entre deux eaux, perdait toute forme sous les retombées de vagues et sous les effondrements d'écumes. Chacun dans le navire songeait à soi.

Se cramponnait qui pouvait. Après chaque paquet de mer, on avait la surprise de se retrouver tous. Plusieurs avaient le visage déchiré par des éclats de bois.

Heureusement le désespoir a les poings solides. Une main d'enfant dans l'effroi a une étreinte de géant. L'angoisse fait un étau avec des doigts de femme. Une jeune fille qui a peur enfoncerait ses ongles roses dans du fer. Ils s'accrochaient, se tenaient, se retenaient. Mais toutes les vagues leur apportaient l'épouvante du balaiement.

Soudainement ils furent soulagés.

XVI

DOUCEUR SUBITE DE L'ÉNIGME

L'ouragan venait de s'arrêter court.
Il n'y eut plus dans l'air ni suroît, ni noroît. Les clairons forcenés de l'espace se turent [141]. La trombe sortit du ciel, sans diminution préalable, sans transition, et comme si elle-même avait glissé à pic dans un gouffre. On ne sut plus où elle était. Les flocons remplacèrent les grêlons. La neige recommença à tomber lentement.
Plus de flot. La mer s'aplatit.
Ces soudaines cessations sont propres aux bourrasques de neige. L'effluve électrique épuisé, tout se tranquillise, même la vague, qui, dans les tourmentes ordinaires, conserve souvent une longue agitation. Ici point. Aucun prolongement de colère dans le flot. Comme un travailleur après une fatigue, le flot s'assoupit immédiatement, ce qui dément presque les lois de la statique, mais n'étonne point les vieux pilotes, car ils savent que tout l'inattendu est dans la mer.
Ce phénomène a lieu même, mais très rarement, dans les tempêtes ordinaires. Ainsi, de nos jours, lors du mémorable ouragan du 27 juillet 1867, à Jersey, le vent, après quatorze heures de furie, tomba tout de suite au calme plat.
Au bout de quelques minutes, l'ourque n'avait plus autour d'elle qu'une eau endormie.

En même temps, car la dernière phase ressemble à la première, on ne distingua plus rien. Tout ce qui était devenu visible dans les convulsions des nuages météoriques redevint trouble, les silhouettes blêmes se fondirent en délaiement diffus, et le sombre de l'infini se rapprocha de toutes parts du navire. Ce mur de nuit, cette occlusion circulaire, ce dedans de cylindre dont le diamètre décroissait de minute en minute, enveloppait la *Matutina*, et, avec la lenteur sinistre d'une banquise qui se ferme, se rapetissait formidablement. Au zénith, rien, un couvercle de brume, une clôture. L'ourque était comme au fond du puits de l'abîme [142].

Dans ce puits, une flaque de plomb liquide, c'était la mer. L'eau ne bougeait plus. Immobilité morne. L'océan n'est jamais plus farouche qu'étang.

Tout était silence, apaisement, aveuglement.

Le silence des choses est peut-être de la taciturnité.

Les derniers clapotements glissaient le long du bordage. Le pont était horizontal avec des déclivités insensibles. Quelques dislocations remuaient faiblement. La coque de grenade, qui tenait lieu de fanal, et où brûlaient des étoupes dans du goudron, ne se balançait plus au beaupré et ne jetait plus de gouttes enflammées dans la mer. Ce qui restait de souffle dans les nuées n'avait plus de bruit. La neige tombait épaisse, molle, à peine oblique. On n'entendait l'écume d'aucun brisant. Paix de ténèbres.

Ce repos, après ces exaspérations et ces paroxysmes, fut pour les malheureux si longtemps ballottés un indicible bien-être. Il leur sembla qu'ils cessaient d'être mis à la question. Ils entrevoyaient autour d'eux et au-dessus d'eux un consentement à les sauver. Ils reprirent confiance. Tout ce qui avait été furie était maintenant tranquillité. Cela leur parut une paix signée. Leurs poitrines misérables se dilatèrent. Ils pouvaient lâcher le bout de corde ou de planche qu'ils tenaient, se lever, se redresser, se tenir debout, marcher, se mouvoir. Ils se sentaient inexprimablement calmés. Il y a, dans la profondeur obscure, de ces effets de paradis, préparation à autre chose. Il était clair qu'ils étaient bien décidément hors de la rafale, hors de l'écume, hors des souffles, hors des rages, délivrés.

On avait désormais toutes les chances pour soi. Dans trois ou quatre heures le jour se lèverait, on serait aperçu par quelque navire passant, on serait recueilli. Le plus fort était fait. On rentrait dans la vie. L'important, c'était d'avoir pu se soutenir sur l'eau jusqu'à la cessation de la tempête. Ils se disaient : Cette fois, c'est fini.

Tout à coup ils s'aperçurent que c'était fini en effet [143].

Un des matelots, le Basque du nord, nommé Galdeazun, descendit, pour chercher du câble, dans la cale, puis remonta, et dit :

— La cale est pleine.
— De quoi ? demanda le chef.
— D'eau, répondit le matelot.
Le chef cria :
— Qu'est-ce que cela veut dire ?
— Cela veut dire, reprit Galdeazun, que dans une demi-heure nous allons sombrer.

XVII

LA RESSOURCE DERNIÈRE

Il y avait une crevasse dans la quille. Une voie d'eau s'était faite. A quel moment? Personne n'eût pu le dire. Était-ce en accostant les Casquets? Était-ce devant Ortach? Était-ce dans le clapotement des bas-fonds de l'ouest d'Aurigny? Le plus probable, c'est qu'ils avaient touché le Singe. Ils avaient reçu un obscur coup de boutoir. Ils ne s'en étaient point aperçus au milieu de la survente convulsive qui les secouait. Dans le tétanos on ne sent pas une piqûre.

L'autre matelot, le Basque du sud, qui s'appelait Ave-Maria, fit à son tour la descente de la cale, revint, et dit:
— L'eau dans la quille est haute de deux vares.
Environ six pieds.
Ave-Maria ajouta:
— Avant quarante minutes, nous coulons.

Où était cette voie d'eau? On ne la voyait pas. Elle était noyée. Le volume d'eau qui emplissait la cale cachait cette fissure. Le navire avait un trou au ventre, quelque part, sous la flottaison, fort avant sous la carène. Impossible de l'apercevoir. Impossible de le boucher. On avait une plaie et l'on ne pouvait la panser. L'eau, du reste, n'entrait pas très vite.

Le chef cria:

— Il faut pomper.
Galdeazun répondit :
— Nous n'avons plus de pompe.
— Alors, repartit le chef, gagnons la terre.
— Où, la terre ?
— Je ne sais.
— Ni moi.
— Mais elle est quelque part.
— Oui.
— Que quelqu'un nous y mène, reprit le chef.
— Nous n'avons pas de pilote, dit Galdeazun.
— Prends la barre, toi.
— Nous n'avons plus de barre.
— Bâclons-en une avec la première poutre venue. Des clous. Un marteau. Vite des outils !
— La baille de charpenterie est à l'eau. Nous n'avons plus d'outils.
— Gouvernons tout de même, n'importe où !
— Nous n'avons plus de gouvernail.
— Où est le canot ? jetons-nous-y. Ramons !
— Nous n'avons plus de canot.
— Ramons sur l'épave.
— Nous n'avons plus d'avirons.
— A la voile alors !
— Nous n'avons plus de voile, et plus de mât.
— Faisons un mât avec une hiloire, faisons une voile avec un prélart. Tirons-nous de là. Confions-nous au vent !
— Il n'y a plus de vent.

Le vent en effet les avait quittés. La tempête s'en était allée, et ce départ, qu'ils avaient pris pour leur salut, était leur perte. Le suroît en persistant les eût frénétiquement poussés à quelque rivage, eût gagné de vitesse la voie d'eau, les eût portés peut-être à un bon banc de sable propice, et les eût échoués avant qu'ils eussent sombré. Le rapide emportement de l'orage eût pu leur faire prendre terre. Point de vent, plus d'espoir. Ils mouraient de l'absence d'ouragan.

La situation suprême apparaissait.

Le vent, la grêle, la bourrasque, le tourbillon, sont des

combattants désordonnés qu'on peut vaincre. La tempête peut être prise au défaut de l'armure. On a des ressources contre la violence qui se découvre sans cesse, se meut à faux, et frappe souvent à côté. Mais rien à faire contre le calme. Pas un relief qu'on puisse saisir.

Les vents sont une attaque de cosaques; tenez bon, cela se disperse. Le calme, c'est la tenaille du bourreau.

L'eau, sans hâte, mais sans interruption, irrésistible et lourde, montait dans la cale, et, à mesure qu'elle montait, le navire descendait. Cela était très lent.

Les naufragés de la *Matutina* sentaient peu à peu s'entrouvrir sous eux la plus désespérée des catastrophes, la catastrophe inerte. La certitude tranquille et sinistre du fait inconscient les tenait. L'air n'oscillait pas, la mer ne bougeait pas. L'immobile, c'est l'inexorable. L'engloutissement les résorbait en silence. A travers l'épaisseur de l'eau muette, sans colère, sans passion, sans le vouloir, sans le savoir, sans y prendre intérêt, le fatal centre du globe les attirait. L'horreur, au repos, se les amalgamait. Ce n'était plus la gueule béante du flot, la double mâchoire du coup de vent et du coup de mer, méchamment menaçante, le rictus de la trombe, l'appétit écumant de la houle; c'était sous ces misérables on ne sait quel bâillement noir de l'infini [144]. Ils se sentaient entrer dans une profondeur paisible qui était la mort. La quantité de bord que le navire avait hors du flot s'amincissait, voilà tout. On pouvait calculer à quelle minute elle s'effacerait. C'était tout le contraire de la submersion par la marée montante. L'eau ne montait pas vers eux, ils descendaient vers elle. Le creusement de leur tombe venait d'eux-mêmes. Leur poids était le fossoyeur.

Ils étaient exécutés, non par la loi des hommes, mais par la loi des choses.

La neige tombait, et comme l'épave ne remuait plus, cette charpie blanche faisait sur le pont une nappe et couvrait le navire d'un suaire.

La cale allait s'alourdissant. Nul moyen de franchir la voie d'eau. Ils n'avaient pas même une pelle d'épuisement, qui d'ailleurs eût été illusoire et d'un emploi impraticable, l'ourque étant pontée. On s'éclaira; on alluma trois ou quatre torches qu'on planta dans des trous et comme on put. Galdeazun apporta quelques vieux seaux de cuir; ils entreprirent d'étancher la cale et firent la chaîne; mais les seaux étaient hors de service, le cuir des uns était décousu, le fond des autres était crevé, et les seaux se vidaient en chemin. L'inégalité était dérisoire entre ce qu'on recevait et ce qu'on rendait. Une tonne d'eau entrait, un verre d'eau sortait. On n'eut pas d'autre réussite. C'était une dépense d'avare essayant d'épuiser sou à sou un million.

Le chef dit :

— Allégeons l'épave !

Pendant la tempête on avait amarré les quelques coffres qui étaient sur le pont. Ils étaient restés liés au tronçon du mât. On défit les amarres, et on roula les coffres à l'eau par une des brèches du bordage. Une de ces valises appartenait à la femme basquaise qui ne put retenir ce soupir :

— Oh! ma cape neuve doublée d'écarlate! Oh! mes pauvres bas en dentelle d'écorce de bouleau! Oh! mes pendeloques d'argent pour aller à la messe du mois de Marie!

Le pont déblayé, restait la cabine. Elle était fort encombrée. Elle contenait, on s'en souvient, des bagages qui étaient aux passagers et des ballots qui étaient aux matelots.

On prit les bagages, et on se débarrassa de tout ce chargement par la brèche du bordage.

On retira les ballots, et on les poussa à l'océan.

On acheva de vider la cabine. La lanterne, le chouquet, les barils, les sacs, les bailles et les charniers, la marmite avec la soupe, tout alla aux flots.

On dévissa les écrous du fourneau de fer éteint depuis longtemps, on le descella, on le hissa sur le pont, on le traîna jusqu'à la brèche, et on le précipita hors du navire.

On envoya à l'eau tout ce qu'on put arracher au vaigrage, des porsques, des haubans et du gréement fracassé.

De temps en temps le chef prenait une torche, la promenait sur les chiffres d'étiage peints à l'avant du navire, et regardait où en était le naufrage.

XVIII

LA RESSOURCE SUPRÊME

L'épave, allégée, s'enfonçait un peu moins, mais s'enfonçait toujours.

Le désespoir de la situation n'avait plus ni ressource, ni palliatif. On avait épuisé le dernier expédient.

— Y a-t-il encore quelque chose à jeter à la mer ? cria le chef.

Le docteur, auquel personne ne songeait plus, sortit d'un angle du capot de cabine, et dit :

— Oui.

— Quoi ? demande le chef.

Le docteur répondit :

— Notre crime [145].

Il y eut un frémissement, et tous crièrent :

— Amen.

Le docteur, debout et blême, leva un doigt vers le ciel, et dit :

— A genoux.

Ils chancelaient, ce qui est le commencement de l'agenouillement.

Le docteur reprit :

— Jetons à la mer nos crimes. Ils pèsent sur nous. C'est là ce qui enfonce le navire. Ne songeons plus au sauvetage, songeons au salut. Notre dernier crime surtout, celui que nous avons commis, ou, pour mieux dire, complété tout à l'heure, misérables qui m'écoutez, il nous accable. C'est une insolence impie de tenter l'abîme quand on a l'intention d'un meurtre derrière soi. Ce qui est fait contre un enfant est fait contre Dieu [146]. Il fallait s'embarquer, je le sais, mais c'était la perdition certaine. La tempête, avertie par l'ombre que notre action a faite, est venue. C'est bien. Du reste, ne regrettez rien. Nous avons là, pas loin de nous, dans cette obscurité, les sables de Vauville et le cap de la Hougue. C'est la France. Il n'y avait qu'un abri possible, l'Espagne. La France ne nous est pas moins dangereuse que l'Angleterre. Notre délivrance de la mer eût abouti au gibet. Ou pendus, ou noyés; nous n'avions pas d'autre option. Dieu a choisi pour nous. Rendons-lui grâce. Il nous accorde la tombe qui lave. Mes frères, l'inévitable était là. Songez que c'est nous qui tout à l'heure avons fait notre possible pour envoyer là-haut quelqu'un, cet enfant, et qu'en ce moment-ci même, à l'instant où je parle, il y a peut-être au-dessus de nos têtes une âme qui nous accuse devant un juge qui nous regarde. Mettons à profit le sursis suprême. Efforçons-nous, si cela se peut encore, de réparer, dans tout ce qui dépend de nous, le mal que nous avons fait. Si l'enfant nous survit, venons-lui en aide. S'il meurt, tâchons qu'il nous pardonne. Otons de dessus nous notre forfait. Déchargeons de ce poids nos consciences. Tâchons que nos âmes ne soient pas englouties devant Dieu, car c'est le naufrage terrible. Les corps vont aux poissons, les âmes aux démons. Ayez pitié de vous. A genoux, vous dis-je. Le repentir, c'est la barque qui ne se submerge pas. Vous n'avez plus de boussole? Erreur. Vous avez la prière [147].

Ces loups devinrent moutons. Ces transformations se voient dans l'angoisse. Il arrive que les tigres lèchent le crucifix. Quand la porte sombre s'entrebâille, croire est difficile, ne pas croire est impossible [148]. Si imparfaites que soient les diverses ébauches de religion essayées par l'homme, même quand la croyance est informe, même quand le contour du dogme ne s'adapte point aux linéaments de l'éternité entrevue, il y a, à la minute suprême, un tressaillement d'âme. Quelque chose commence après la vie. Cette pression est sur l'agonie.

L'agonie est une échéance. A cette seconde fatale, on sent sur soi la responsabilité diffuse. Ce qui a été complique ce qui sera. Le passé revient et rentre dans l'avenir. Le connu devient abîme aussi bien que l'inconnu, et ces deux précipices, l'un où l'on a ses fautes, l'autre où l'on a son attente, mêlent leur réverbération. C'est cette confusion des deux gouffres qui épouvante le mourant [149].

Ils avaient fait leur dernière dépense d'espérance du côté de la vie. C'est pourquoi ils se tournèrent de l'autre côté. Il ne leur restait plus de chance que dans cette ombre. Ils le comprirent. Ce fut un éblouissement lubugre, tout de suite suivi d'une rechute d'horreur. Ce que l'on comprend dans l'agonie ressemble à ce qu'on aperçoit dans l'éclair. Tout, puis rien. On voit, et l'on ne voit plus. Après la mort, l'œil se rouvrira, et ce qui a été un éclair deviendra un soleil [150].

Ils crièrent au docteur :

— Toi ! toi ! il n'y a plus que toi. Nous t'obéirons. Que faut-il faire ? parle.

Le docteur répondit :

— Il s'agit de passer par-dessus le précipice inconnu et d'atteindre l'autre bord de la vie, qui est au-delà du tombeau. Étant celui qui sait le plus de choses, je suis le plus en péril de vous tous. Vous faites bien de laisser le choix du pont à celui qui porte le fardeau le plus lourd [151].

Il ajouta :

— La science pèse sur la conscience.

Puis il reprit :

— Combien de temps nous reste-t-il encore ?

Galdeazun regarda à l'étiage et répondit :

— Un peu plus d'un quart d'heure.

— Bien, dit le docteur.

Le toit bas du capot, où il s'accoudait, faisait une espèce de table. Le docteur prit dans sa poche son écritoire et sa plume, et son portefeuille d'où il tira un parchemin, le même sur le revers duquel il avait écrit, quelques heures auparavant, une vingtaine de lignes tortueuses et serrées.

— De la lumière, dit-il.

La neige, tombant comme une écume de cataracte, avait éteint les torches l'une après l'autre. Il n'en restait plus qu'une. Ave-Maria la déplanta, et vint se placer debout, tenant cette torche, à côté du docteur.

Le docteur remit son portefeuille dans sa poche, posa sur le capot la plume et l'encrier, déplia le parchemin, et dit :

— Écoutez [152].

Alors, au milieu de la mer, sur ce ponton décroissant, sorte de plancher tremblant du tombeau, commença, gravement faite par le docteur, une lecture que toute l'ombre semblait écouter. Tous ces condamnés baissaient la tête autour de lui. Le flamboiement de la torche accentuait leurs pâleurs. Ce que lisait le docteur était écrit en anglais. Par intervalles, quand un de ces regards lamentables paraissait désirer un éclaircissement, le docteur s'interrompait et répétait, soit en français, soit en espagnol, soit en basque, soit en italien, le passage qu'il venait de lire. On entendait des sanglots étouffés et des coups sourds frappés sur les poitrines. L'épave continuait de s'enfoncer.

La lecture achevée, le docteur posa le parchemin à plat sur le capot, saisit la plume, et, sur une marge blanche ménagée au bas de ce qu'il avait écrit, il signa :

DOCTOR GERNARDUS GEESTEMUNDE [153].

Puis, se tournant vers les autres, il dit :

— Venez, et signez.

La Basquaise approcha, prit la plume, et signa ASUNCION.

Elle passa la plume à l'Irlandaise qui, ne sachant pas écrire, fit une croix.

Le docteur, à côté de cette croix, écrivit :

— BARBARA FERMOY, *de l'île Tyrryf, dans les Ébudes*.

Puis il tendit la plume au chef de la bande.

Le chef signa GAÏBDORRA, *captal*.

Le Génois, au-dessous du chef, signa GIANGIRATE.

Le Languedocien signa JACQUES QUATOURZE, dit le NARBONNAIS.

Le Provençal signa LUC-PIERRE CAPGAROUPE, *du bagne de Mahon*.

Sous ces signatures, le docteur écrivit cette note :

— De trois hommes d'équipage, le patron ayant été enlevé par un coup de mer, il ne reste que deux, et ont signé.

Les deux matelots mirent leurs noms au-dessous de cette note. Le Basque du nord signa GALDEAZUN. Le Basque du sud signa AVE-MARIA, *voleur*.

Puis le docteur dit :
— Capgaroupe.
— Présent, dit le Provençal.
— Tu as la gourde de Hardquanonne ?
— Oui.
— Donne-la-moi.

Capgaroupe but la dernière gorgée d'eau-de-vie et tendit la gourde au docteur.

La crue intérieure du flot s'aggravait. L'épave entrait de plus en plus dans la mer.

Les bords du pont en plan incliné étaient couverts d'une mince lame rongeante, qui grandissait.

Tous s'étaient groupés sur la tonture du navire.

Le docteur sécha l'encre des signatures au feu de la torche, plia le parchemin à plis plus étroits que le diamètre du goulot, et l'introduisit dans la gourde. Il cria :
— Le bouchon.
— Je ne sais où il est, dit Capgaroupe.
— Voici un bout de funin, dit Jacques Quatourze.

Le docteur boucha la gourde avec ce funin, et dit :
— Du goudron.

Galdeazun alla de l'avant, appuya un étouffoir d'étoupe sur la grenade à brûlot qui s'éteignait, la décrocha de l'étrave et l'apporta au docteur, à demi pleine de goudron bouillant.

Le docteur plongea le goulot de la gourde dans le goudron, et l'en retira. La gourde, qui contenait le parchemin signé de tous, était bouchée et goudronnée.

— C'est fait, dit le docteur.

Et de toutes ces bouches sortit, vaguement bégayé en toutes langues, le brouhaha lugubre des catacombes.

— Ainsi soit-il !
— Mea culpa !
— Asi sea* !
— Aro raï** !
— Amen !

On eût cru entendre se disperser dans les ténèbres, devant l'effrayant refus céleste de les entendre, les sombres voix de Babel[154].

Le docteur tourna le dos à ses compagnons de crime et de détresse, et fit quelques pas vers le bordage. Arrivé au bord de l'épave, il regarda dans l'infini, et dit avec un accent profond :

— Bist du bei mir*** ?

Il parlait probablement à quelque spectre.

L'épave s'enfonçait.

Derrière le docteur tous songeaient. La prière est une force majeure. Ils ne se courbaient pas, ils ployaient. Il y avait de l'involontaire dans leur contrition. Ils fléchissaient comme se flétrit une voile à qui la brise manque, et ce groupe hagard prenait peu à peu, par la jonction des mains et par l'abattement des fronts, l'attitude, diverse, mais accablée, de la confiance désespérée en Dieu. On ne sait quel reflet vénérable, venu de l'abîme, s'ébauchait sur ces faces scélérates[155].

Le docteur revint vers eux. Quel que fût son passé, ce vieillard était grand en présence du dénouement. La vaste réticence environnante le préoccupait sans le déconcerter. C'était l'homme qui n'est pas pris au dépourvu. Il y avait sur lui de l'horreur tranquille. La majesté de Dieu compris était sur son visage.

Ce bandit vieilli et pensif avait, sans s'en douter, la posture pontificale.

Il dit :

— Faites attention.

Il considéra un moment l'étendue et ajouta :

— Maintenant nous allons mourir.

---

*   — Ainsi soit-il !
**   — A la bonne heure (patois roman).
*** — Es-tu près de moi ?

Puis il prit la torche des mains d'Ave-Maria, et la secoua.

Une flamme s'en détacha, et s'envola dans la nuit.

Et le docteur jeta la torche à la mer.

La torche s'éteignit. Toute clarté s'évanouit. Il n'y eut plus que l'immense ombre inconnue. Ce fut quelque chose comme la tombe se fermant.

Dans cette éclipse on entendit le docteur qui disait:

— Prions.

Tous se mirent à genoux.

Ce n'était déjà plus dans la neige, c'était dans l'eau qu'ils s'agenouillaient.

Ils n'avaient plus que quelques minutes.

Le docteur seul était resté debout. Les flocons de neige, en s'arrêtant sur lui, l'étoilaient de larmes blanches, et le faisaient visible sur ce fond d'obscurité. On eût dit la statue parlante des ténèbres [156].

Le docteur fit un signe de croix, et éleva la voix pendant que sous ses pieds commençait cette oscillation presque indistincte qui annonce l'instant où une épave va plonger. Il dit:

— Pater noster qui es in cœlis.

Le Provençal répéta en français:

— Notre père qui êtes aux cieux.

L'Irlandaise reprit en langue galloise, comprise de la femme basque:

— Ar nathair ata ar neamh.

Le docteur continua:

— Sanctificetur nomen tuum.

— Que votre nom soit sanctifié, dit le Provençal.

— Naomhthar hainm, dit l'Irlandaise.

— Adveniat regnum tuum, poursuivit le docteur.

— Que votre règne arrive, dit le Provençal.

— Tigeadh do rioghachd, dit l'Irlandaise.

Les agenouillés avaient de l'eau jusqu'aux épaules. Le docteur reprit:

— Fiat voluntas tua.

— Que votre volonté soit faite, balbutia le Provençal.

Et l'Irlandaise et la Basquaise jetèrent ce cri:

— Deuntar do thoil ar an Ilhalàmb!

L'OURQUE EN MER

— Sicut in cœlo, et in terra, dit le docteur.

Aucune voix ne lui répondit.

Il baissa les yeux. Toutes les têtes étaient sous l'eau. Pas un ne s'était levé. Ils s'étaient laissé noyer à genoux.

Le docteur prit dans sa main droite la gourde qu'il avait déposée sur le capot, et l'éleva au-dessus de sa tête.

L'épave coulait.

Tout en enfonçant, le docteur murmurait le reste de la prière.

Son buste fut hors de l'eau un moment, puis sa tête, puis il n'y eut plus que son bras tenant la gourde, comme s'il la montrait à l'infini [157].

Ce bras disparut. La profonde mer n'eut pas plus de pli qu'une tonne d'huile. La neige continuait de tomber.

Quelque chose surnagea, et s'en alla sur le flot dans l'ombre. C'était la gourde goudronnée que son enveloppe d'osier soutenait.

LIVRE TROISIÈME

L'ENFANT DANS L'OMBRE

I

LE CHESS-HILL

La tempête n'était pas moins intense sur terre que sur mer.

Le même déchaînement farouche s'était fait autour de l'enfant abandonné. Le faible et l'innocent deviennent ce qu'ils peuvent dans la dépense de colère inconsciente que font les forces aveugles; l'ombre ne discerne pas; et les choses n'ont point les clémences qu'on leur suppose.

Il y avait sur terre très peu de vent; le froid avait on ne sait quoi d'immobile. Aucun grêlon. L'épaisseur de la neige tombante était épouvantable.

Les grêlons frappent, harcèlent, meurtrissent, assourdissent, écrasent; les flocons sont pires. Le flocon inexorable et doux fait son œuvre en silence. Si on le touche, il fond. Il est pur comme l'hypocrite est candide. C'est par des blancheurs lentement superposées que le flocon arrive à l'avalanche et le fourbe au crime.

L'enfant avait continué d'avancer dans le brouillard. Le brouillard est un obstacle mou; de là des périls; il cède et persiste; le brouillard, comme la neige, est plein de trahison. L'enfant, étrange lutteur au milieu de tous ces risques, avait réussi à atteindre le bas de la descente, et s'était engagé dans le Chess-Hill. Il était, sans le savoir, sur un isthme, ayant des deux côtés l'océan, et ne pouvant faire fausse route, dans cette brume, dans cette neige et dans cette nuit, sans tomber, à droite dans l'eau profonde du golfe, à gauche dans la vague violente de la haute mer. Il marchait, ignorant, entre deux abîmes [158].

L'isthme de Portland était à cette époque singulièrement âpre et rude. Il n'a plus rien aujourd'hui de sa configuration d'alors. Depuis qu'on a eu l'idée d'exploiter la pierre de Portland en ciment romain, toute la roche a subi un remaniement qui a supprimé l'aspect primitif. On y trouve encore le calcaire lias, le schiste, et le trapp sortant des bancs de conglomérat comme la dent de la gencive; mais la pioche a tronqué et nivelé tous ces pitons hérissés et scabreux où venaient se percher hideusement les ossifrages. Il n'y a plus de cimes où puissent se donner rendez-vous les labbes et les stercoraires qui, comme les envieux, aiment à souiller les sommets. On chercherait en vain le haut monolithe nommé Godolphin, vieux mot gallois qui signifie *aigle blanche*. On cueille encore, l'été, dans ces terrains forés et troués comme l'éponge, du romarin, du pouliot, de l'hysope sauvage, du fenouil de mer qui, infusé, donne un bon cordial, et cette herbe pleine de nœuds qui sort du sable et dont on fait de la natte; mais on n'y ramasse plus ni ambre gris, ni étain noir, ni cette triple espèce d'ardoise, l'une verte, l'autre bleue, l'autre couleur de feuilles de sauge. Les renards, les blaireaux, les loutres, les martres, s'en sont allés; il y avait dans ces escarpements de Portland, comme à la pointe de Cornouailles, des chamois; il n'y en a plus. On pêche encore, dans de certains creux, des plies et des pilchards, mais les saumons, effarouchés, ne remontent plus la Wey entre la Saint-Michel et la Noël pour y pondre leurs œufs. On ne voit plus là, comme au temps d'Élisabeth, de ces vieux oiseaux inconnus, gros comme des éperviers, qui coupaient une pomme en deux et n'en mangeaient que le pépin. On n'y voit plus de ces corneilles à bec jaune, *cornish chough* en anglais, *pyrrocarax* en latin, qui avaient la malice de jeter sur les toits de chaume des sarments allumés. On n'y voit plus l'oiseau sorcier fulmar, émigré de l'archipel d'Écosse, et jetant par le bec une huile que les insulaires brûlaient dans leurs lampes. On n'y rencontre plus le soir, dans les ruissellements du jusant, l'antique neitse légendaire aux pieds de porc et au cri de veau. La marée n'échoue plus sur ces sables l'otarie moustachue, aux oreilles enroulées, aux mâchelières pointues, se traînant sur ses pattes sans ongles. Dans ce Portland aujourd'hui méconnaissable, il n'y a jamais eu de rossignols, à cause du manque de forêts, mais les faucons, les cygnes et les oies de mer se sont envolés. Les moutons de Portland d'à présent ont la chair grasse et la laine fine ; les rares brebis qui paissaient il y a deux siècles cette herbe salée étaient petites et coriaces et avaient la toison bourrue, comme il sied à des troupeaux celtes menés jadis par des bergers mangeurs d'ail qui vivaient cent ans et qui, à un demi-mille de distance, perçaient des cuirasses avec leur flèche d'une aune de long. Terre inculte fait laine rude. Le Chess-Hill d'aujourd'hui ne ressemble en rien au Chess-Hill d'autrefois, tant il a été bouleversé par l'homme, et par ces furieux vents des Sorlingues qui rongent jusqu'aux pierres.

Aujourd'hui cette langue de terre porte un railway qui aboutit à un joli échiquier de maisons neuves, Chesilton, et il y a une « Portland-Station ». Les wagons roulent où rampaient les phoques.

L'isthme de Portland, il y a deux cents ans, était un dos d'âne de sable avec une épine vertébrale de rocher.

Le danger, pour l'enfant, changea de forme. Ce que l'enfant avait à craindre dans la descente, c'était de rouler au bas de l'escarpement ; dans l'isthme, ce fut de tomber dans des trous. Après avoir eu affaire au précipice, il eut affaire à la fondrière. Tout est chausse-trape au bord de la mer. La roche est glissante, la grève est mouvante. Les points d'appui sont des embûches. On est comme quelqu'un qui met le pied sur des vitres. Tout peut brusquement se fêler sous vous. Fêlure par où l'on disparaît. L'océan a des troisièmes dessous comme un théâtre bien machiné [159].

Les longues arêtes de granit auxquelles s'adosse le double versant d'un isthme sont d'un abord malaisé. On y trouve difficilement ce qu'on appelle en langage de mise en scène des praticables. L'homme n'a aucune hospitalité à attendre de l'océan, pas plus du rocher que de la vague ; l'oiseau et le poisson seuls sont prévus par la mer. Les isthmes particulièrement sont dénudés et hérissés. Le flot qui les use et les mine des deux côtés les réduit à leur plus simple expression. Partout des reliefs coupants, des crêtes, des scies, d'affreux haillons de pierre déchirée, des entrebâillements dentelés comme la mâchoire multicuspide d'un requin, des casse-cou de mousse mouillée, de rapides coulées de roches aboutissant à l'écume. Qui entreprend de franchir un isthme rencontre à chaque pas des blocs difformes, gros comme des maisons, figurant des tibias, des omoplates, des fémurs, anatomie hideuse des rocs écorchés. Ce n'est pas pour rien que ces stries des bords de la mer se nomment côtes. Le piéton se tire comme il peut de ce pêle-mêle de débris. Cheminer à travers l'ossature d'une énorme carcasse, tel est à peu près ce labeur.

Mettez un enfant dans ce travail d'Hercule.

Le grand jour eût été utile, il faisait nuit ; un guide eût été nécessaire, il était seul. Toute la vigueur d'un homme n'eût pas été de trop, il n'avait que la faible force d'un enfant. A défaut de guide, un sentier l'eût aidé. Il n'y avait point de sentier.

D'instinct, il évitait le chaîneau aigu des rochers et suivait la plage le plus qu'il pouvait. C'est là qu'il rencontrait les fondrières. Les fondrières se multipliaient devant lui sous trois formes, la fondrière d'eau, la fondrière de neige, la fondrière de sable. La dernière est la plus redoutable. C'est l'enlisement.

Savoir ce que l'on affronte est alarmant, mais l'ignorer est terrible. L'enfant combattait le danger inconnu. Il était à tâtons dans quelque chose qui était peut-être la tombe[160].

Nulle hésitation. Il tournait les rochers, évitait les crevasses, devinait les pièges, subissait les méandres de l'obstacle, mais avançait. Ne pouvant aller droit, il marchait ferme.

Il reculait au besoin avec énergie. Il savait s'arracher à temps de la glu hideuse des sables mouvants. Il secouait la neige de dessus lui. Il entra plus d'une fois dans l'eau jusqu'aux genoux. Dès qu'il sortait de l'eau, ses guenilles mouillées étaient tout de suite gelées par le froid profond de la nuit. Il marchait rapide dans ses vêtements roidis. Pourtant il avait eu l'industrie de conserver sèche et chaude sur sa poitrine sa vareuse de matelot. Il avait toujours bien faim.

Les aventures de l'abîme ne sont limitées en aucun sens ; tout y est possible, même le salut [161]. L'issue est invisible, mais trouvable. Comment l'enfant, enveloppé d'une étouffante spirale de neige, perdu sur cette levée étroite entre les deux gueules du gouffre, n'y voyant pas, parvint-il à traverser l'isthme, c'est ce que lui-même n'aurait pu dire. Il avait glissé, grimpé, roulé, cherché, marché, persévéré, voilà tout. Secret de tous les triomphes. Au bout d'un peu moins d'une heure, il sentit que le sol remontait, il arrivait à l'autre bord, il sortait du Chess-Hill, il était sur la terre ferme.

Le pont qui relie aujourd'hui Sandford-Cas à Smallmouth-Sand n'existait pas à cette époque. Il est probable que, dans son tâtonnement intelligent, il avait remonté jusque vis-à-vis Wyke Regis, où il y avait alors une langue de sable, vraie chaussée naturelle, traversant l'East Fleet.

Il était sauvé de l'isthme, mais il se retrouvait face à face avec la tempête, avec l'hiver, avec la nuit.

Devant lui se développait de nouveau la sombre perte de vue des plaines.

Il regarda à terre, cherchant un sentier.

Tout à coup il se baissa.

Il venait d'apercevoir dans la neige quelque chose qui lui semblait une trace.

C'était une trace en effet, la marque d'un pied. La blancheur de la neige découpait nettement l'empreinte et la faisait très visible. Il la considéra. C'était un pied nu, plus petit qu'un pied d'homme, plus grand qu'un pied d'enfant.

Probablement le pied d'une femme.

Au-delà de cette empreinte, il y en avait une autre, puis une autre ; les empreintes se succédaient, à la distance d'un pas, et s'enfonçaient dans la plaine vers la droite.

Elles étaient encore fraîches et couvertes de peu de neige. Une femme venait de passer là.

Cette femme avait marché et s'en était allée dans la direction même où l'enfant avait vu des fumées.

L'enfant, l'œil fixé sur les empreintes, se mit à suivre ce pas.

II

EFFET DE NEIGE

Il chemina un certain temps sur cette piste. Par malheur les traces étaient de moins en moins nettes. La neige tombait dense et affreuse. C'était le moment où l'ourque agonisait sous cette même neige dans la haute mer.

L'enfant, en détresse comme le navire, mais autrement, n'ayant, dans l'inextricable entrecroisement d'obscurités qui se dressaient devant lui, d'autre ressource que ce pied marqué dans la neige, s'attachait à ce pas comme au fil du dédale [162].

Subitement, soit que la neige eût fini par les niveler, soit pour toute autre cause, les empreintes s'effacèrent. Tout redevint plane, uni, ras, sans une tache, sans un détail. Il n'y eut plus qu'un drap blanc sur la terre et un drap noir sur le ciel.

C'était comme si la passante s'était envolée.

L'enfant aux abois se pencha et chercha. En vain.

Comme il se relevait, il eut la sensation de quelque chose d'indistinct qu'il entendait, mais qu'il n'était pas sûr d'entendre. Cela ressemblait à une voix, à une haleine, à de l'ombre. C'était plutôt humain que bestial, et plutôt sépulcral que vivant. C'était du bruit, mais du rêve.

Il regarda et ne vit rien.

La large solitude nue et livide était devant lui.

Il écouta. Ce qu'il avait cru entendre s'était dissipé. Peut-être n'avait-il rien entendu. Il écouta encore. Tout faisait silence.

Il y avait de l'illusion dans toute cette brume. Il se remit en marche.

En marche au hasard, n'ayant plus désormais ce pas pour le guider.

Il s'éloignait à peine que le bruit recommença. Cette fois il ne pouvait douter. C'était un gémissement, presque un sanglot.

Il se retourna. Il promena ses yeux dans l'espace nocturne. Il ne vit rien.

Le bruit s'éleva de nouveau.

Si les limbes peuvent crier, c'est ainsi qu'elles crient.

Rien de pénétrant, de poignant et de faible comme cette voix. Car c'était une voix. Cela venait d'une âme. Il y avait de la palpitation dans ce murmure. Pourtant cela semblait presque inconscient. C'était quelque chose comme une souffrance qui appelle, mais sans savoir qu'elle est une souffrance et qu'elle fait un appel. Ce cri, premier souffle peut-être, peut-être dernier soupir, était à égale distance du râle qui clôt la vie et du vagissement qui l'ouvre. Cela respirait, cela étouffait, cela pleurait. Sombre supplication dans l'invisible [163].

L'enfant fixa son attention partout, loin, près, au fond, en haut, en bas. Il n'y avait personne. Il n'y avait rien.

Il prêta l'oreille. La voix se fit entendre encore. Il la perçut distinctement. Cette voix avait un peu du bêlement d'un agneau.

Alors il eut peur et songea à fuir.

Le gémissement reprit. C'était la quatrième fois. Il était étrangement misérable et plaintif. On sentait qu'après ce suprême effort, plutôt machinal que voulu, ce cri allait probablement s'éteindre. C'était une réclamation expirante, instinctivement faite à la quantité de secours qui est en suspens dans l'étendue; c'était on ne sait quel bégaiement d'agonie adressé à une providence possible. L'enfant s'avança du côté d'où venait la voix.

Il ne voyait toujours rien.

Il avança encore, épiant.

La plainte continuait. D'inarticulée et confuse qu'elle était, elle était devenue claire et presque vibrante. L'enfant était tout près de la voix. Mais où était-elle ?

Il était près d'une plainte. Le tremblement d'une plainte dans l'espace passait à côté de lui. Un gémissement humain flottant dans l'invisible, voilà ce qu'il venait de rencontrer. Telle était du moins son impression, trouble comme le profond brouillard où il était perdu.

Comme il hésitait entre un instinct qui le poussait à fuir et un instinct qui lui disait de rester, il aperçut dans la neige, à ses pieds, à quelques pas devant lui, une sorte d'ondulation de la dimension d'un corps humain, une petite éminence basse, longue et étroite, pareille au renflement d'une fosse, une ressemblance de sépulture dans un cimetière qui serait blanc.

En même temps, la voix cria.

C'est de là-dessous qu'elle sortait.

L'enfant se baissa, s'accroupit devant l'ondulation, et de ses deux mains en commença le déblaiement.

Il vit se modeler, sous la neige qu'il écartait, une forme, et tout à coup, sous ses mains, dans le creux qu'il avait fait, apparut une face pâle.

Ce n'était point cette face qui criait. Elle avait les yeux fermés et la bouche ouverte, mais pleine de neige.

Elle était immobile. Elle ne bougea pas sous la main de l'enfant. L'enfant, qui avait l'onglée aux doigts, tressaillit en touchant le froid de ce visage. C'était la tête d'une femme. Les cheveux épars étaient mêlés à la neige. Cette femme était morte.

L'enfant se remit à écarter la neige. Le cou de la morte se dégagea, puis le haut du torse, dont on voyait la chair sous des haillons.

Soudainement il sentit sous son tâtonnement un mouvement faible. C'était quelque chose de petit qui était enseveli, et qui remuait. L'enfant ôta vivement la neige, et découvrit un misérable corps d'avorton, chétif, blême de froid, encore vivant, nu sur le sein nu de la morte.

C'était une petite fille.

Elle était emmaillotée, mais de pas assez de guenilles,

et, en se débattant, elle était sortie de ses loques. Sous elle ses pauvres membres maigres, et son haleine au-dessus d'elle, avaient un peu fait fondre la neige. Une nourrice lui eût donné cinq ou six mois, mais elle avait un an peut-être, car la croissance dans la misère subit de navrantes réductions qui vont parfois jusqu'au rachitisme. Quand son visage fut à l'air, elle poussa un cri, continuation de son sanglot de détresse. Pour que la mère n'eût pas entendu ce sanglot, il fallait qu'elle fût bien profondément morte.

L'enfant prit la petite dans ses bras.

La mère roidie était sinistre. Une irradiation spectrale sortait de cette figure. La bouche béante et sans souffle semblait commencer dans la langue indistincte de l'ombre la réponse aux questions faites aux morts dans l'invisible. La réverbération blafarde des plaines glacées était sur ce visage. On voyait le front, jeune sous les cheveux bruns, le froncement presque indigné des sourcils, les narines serrées, les paupières closes, les cils collés par le givre, et, du coin des yeux au coin des lèvres, le pli profond des pleurs. La neige éclairait la morte. L'hiver et le tombeau ne se nuisent pas. Le cadavre est le glaçon de l'homme. La nudité des seins était pathétique. Ils avaient servi ; ils avaient la sublime flétrissure de la vie donnée par l'être à qui la vie manque, et la majesté maternelle y remplaçait la pureté virginale. A la pointe d'une des mamelles il y avait une perle blanche. C'était une goutte de lait, gelée[164].

Disons-le tout de suite, dans ces plaintes où le garçon perdu passait à son tour, une mendiante allaitant son nourrisson, et cherchant elle aussi un gîte, s'était, il y avait peu d'heures, égarée. Transie, elle était tombée sous la tempête, et n'avait pu se relever. L'avalanche l'avait couverte. Elle avait, le plus qu'elle avait pu, serré sa fille contre elle, et elle avait expiré.

La petite fille avait essayé de téter ce marbre.

Sombre confiance voulue par la nature, car il semble que le dernier allaitement soit possible à une mère, même après le dernier soupir.

Mais la bouche de l'enfant n'avait pu trouver le sein,

où la goutte de lait, volée par la mort, s'était glacée, et, sous la neige, le nourrisson, plus accoutumé au berceau qu'à la tombe, avait crié.

Le petit abandonné avait entendu la petite agonisante.

Il l'avait déterrée.

Il l'avait prise dans ses bras.

Quand la petite se sentit dans des bras, elle cessa de crier. Les deux visages des deux enfants se touchèrent, et les lèvres violettes du nourrisson se rapprochèrent de la joue du garçon comme d'une mamelle.

La petite fille était presque au moment où le sang coagulé va arrêter le cœur. Sa mère lui avait déjà donné quelque chose de sa mort; le cadavre se communique, c'est un refroidissement qui se gagne. Le petite avait les pieds, les mains, les bras, les genoux, comme paralysés par la glace. Le garçon sentit ce froid terrible.

Il avait sur lui un vêtement sec et chaud, sa vareuse. Il posa le nourrisson sur la poitrine de la morte, ôta sa vareuse, en enveloppa la petite fille, ressaisit l'enfant, et, presque nu maintenant sous les bouffées de neige que soufflait la bise, emportant le petite dans ses bras, il se remit en route.

La petite, ayant réussi à retrouver la joue du garçon, y appuya sa bouche, et, réchauffée, s'endormit. Premier baiser de ces deux âmes dans les ténèbres [165].

La mère demeura gisante, le dos sur la neige, la face vers la nuit. Mais au moment où le petit garçon se dépouilla pour vêtir la petite fille, peut-être, du fond de l'infini où elle était, la mère le vit-elle.

III

TOUTE VOIE DOULOUREUSE SE COMPLIQUE D'UN FARDEAU

Il y avait un peu plus de quatre heures que l'ourque s'était éloignée de la crique de Portland, laissant sur le rivage ce garçon. Depuis ces longues heures qu'il était abandonné, et qu'il marchait devant lui, il n'avait encore fait, dans cette société humaine où peut-être il allait entrer, que trois rencontres, un homme, une femme et un enfant. Un homme, cet homme sur la colline; une femme, cette femme dans la neige; un enfant, cette petite fille qu'il avait dans les bras.

Il était exténué de fatigue et de faim.

Il avançait plus résolument que jamais, avec de la force de moins et un fardeau de plus.

Il était maintenant à peu près sans vêtement. Le peu de haillons qui lui restaient, durcis par le givre, était coupants comme du verre et lui écorchaient la peau. Il se refroidissait, mais l'autre enfant se réchauffait. Ce qu'il perdait n'était pas perdu, elle le regagnait. Il constatait cette chaleur qui était pour la pauvre petite une reprise de vie. Il continuait d'avancer.

De temps en temps, tout en la soutenant bien, il se baissait et d'une main prenait de la neige à poignée, et en frottait ses pieds, pour les empêcher de geler.

Dans d'autres moments, ayant la gorge en feu, il se mettait dans la bouche un peu de cette neige et la suçait, ce qui trompait une minute sa soif, mais la changeait en fièvre. Soulagement qui était une aggravation.

La tourmente était devenue informe à force de violence ; les déluges de neige sont possibles ; c'en était un. Ce paroxysme maltraitait le littoral en même temps qu'il bouleversait l'océan. C'était probablement l'instant où l'ourque éperdue se disloquait dans la bataille des écueils.

Il traversa sous cette bise, marchant toujours vers l'est, de larges surfaces de neige. Il ne savait quelle heure il était. Depuis longtemps il ne voyait plus de fumées. Ces indications dans la nuit sont vite effacées ; d'ailleurs, il était plus que l'heure où les feux sont éteints ; enfin peut-être s'était-il trompé, et il était possible qu'il n'y eût point de ville ni de village du côté où il allait.

Dans le doute, il persévérait.

Deux ou trois fois la petite cria. Alors il imprimait à son allure un mouvement de bercement ; elle s'apaisait et se taisait. Elle finit par se bien endormir, et d'un bon sommeil. Il la sentait chaude, tout en grelottant.

Il resserrait fréquemment les plis de la vareuse autour du cou de la petite, afin que le givre ne s'introduisît pas par quelque ouverture et qu'il n'y eût aucune fuite de neige fondue entre le vêtement et l'enfant.

La plaine avait des ondulations. Aux déclivités où elle s'abaissait, la neige, amassée par le vent dans les plis de terrain, était si haute pour lui petit qu'il y enfonçait presque tout entier, et il fallait marcher à demi enterré. Il marchait, poussant la neige des genoux.

Le ravin franchi, il parvenait à des plateaux balayés par la bise où la neige était mince. Là il trouvait le verglas.

L'haleine tiède de la petite fille effleurait sa joue, le réchauffait un moment, et s'arrêtait et se gelait dans ses cheveux, où elle faisait un glaçon.

Il se rendait compte d'une complication redoutable, il ne pouvait plus tomber. Il sentait qu'il ne se relèverait pas. Il était brisé de fatigue, et le plomb de l'ombre l'eût, comme la femme expirée, appliqué sur le sol, et la glace l'eût soudé vivant à la terre. Il avait dévalé sur des pentes de précipices, et s'en était tiré; il avait trébuché dans des trous, et en était sorti; désormais une simple chute, c'était la mort. Un faux pas ouvrait la tombe. Il ne fallait pas glisser. Il n'aurait plus la force même de se remettre sur ses genoux.

Or le glissement était partout autour de lui; tout était givre et neige durcie.

La petite qu'il portait lui faisait la marche affreusement difficile; non seulement c'était un poids, excessif pour sa lassitude et son épuisement, mais c'était un embarras. Elle lui occupait les deux bras, et, à qui chemine sur le verglas, les deux bras sont un balancier naturel et nécessaire.

Il fallait se passer de ce balancier.

Il s'en passait, et marchait, ne sachant que devenir sous son fardeau.

Cette petite était la goutte qui faisait déborder le vase de détresse.

Il avançait, oscillant à chaque pas, comme sur un tremplin et accomplissant, pour aucun regard, des miracles d'équilibre. Peut-être pourtant, redisons-le, était-il suivi en cette voie douloureuse par des yeux ouverts dans les lointains de l'ombre, l'œil de la mère et l'œil de Dieu.

Il chancelait, chavirait, se raffermissait, avait soin de l'enfant, lui remettait du vêtement sur elle, lui couvrait la tête, chavirait encore, avançait toujours, glissait, puis se redressait. Le vent avait la lâcheté de le pousser [166].

Il faisait vraisemblablement beaucoup plus de chemin qu'il ne fallait. Il était selon toute apparence dans ces plaines où s'est établie plus tard la Bincleaves Farm, entre ce qu'on nomme maintenant Spring Gardens et Personage House. Métairies et cottages à présent, friches alors. Souvent moins d'un siècle sépare un steppe d'une ville.

Subitement, une interruption s'étant faite dans la bourrasque glaciale qui l'aveuglait, il aperçut à peu de distance devant lui un groupe de pignons et de cheminées mis en relief par la neige, le contraire d'une silhouette, une ville dessinée en blanc sur l'horizon noir, quelque chose comme ce qu'on appellerait aujourd'hui une épreuve négative.

Des toits, des demeures, un gîte ! Il était donc quelque part ! Il sentit l'ineffable encouragement de l'espérance. La vigie d'un navire égaré criant terre ! a de ces émotions. Il pressa le pas.

Il touchait donc enfin à des hommes. Il allait donc arriver à des vivants. Plus rien à craindre. Il avait en lui cette chaleur subite, la sécurité. Ce dont il sortait était fini. Il n'y aurait plus de nuit désormais, ni d'hiver, ni de tempête. Il lui semblait que tout ce qu'il y a de possible dans le mal était maintenant derrière lui. La petite n'était plus un poids. Il courait presque.

Son œil était fixé sur ces toits. La vie était là. Il ne les quittait pas du regard. Un mort regarderait ainsi ce qui lui apparaîtrait par l'entrebâillement d'un couvercle de tombe. C'étaient les cheminées dont il avait vu les fumées.

Aucune fumée n'en sortait.

Il eut vite fait d'atteindre les habitations. Il parvint à un faubourg de ville qui était une rue ouverte. A cette époque le barrage des rues la nuit tombait en désuétude.

La rue commençait par deux maisons. Dans ces deux maisons on n'apercevait aucune chandelle ni aucune lampe, non plus que dans toute la rue, ni dans toute la ville, aussi loin que la vue pouvait s'étendre.

La maison de droite était plutôt un toit qu'une maison ; rien de plus chétif ; la muraille était de torchis et le toit de paille ; il y avait plus de chaume que de mur. Une grande ortie née au pied du mur touchait au bord du toit. Cette masure n'avait qu'une porte qui semblait une chatière et qu'une fenêtre qui était une lucarne. Le tout fermé. A côté une soue à porcs habitée indiquait que la chaumière était habitée aussi.

La maison de gauche était large, haute, toute en pierre, avec toit d'ardoises. Fermée aussi. C'était Chez le Riche vis-à-vis de Chez le Pauvre.

Le garçon n'hésita pas. Il alla à la grande maison.

La porte à deux battants, massif damier de chêne à gros clous, était de celles derrière lesquelles on devine une robuste armature de barres et de serrures ; un marteau de fer y pendait.

Il souleva le marteau, avec quelque peine, car ses mains engourdies étaient plutôt des moignons que des mains. Il frappa un coup.

On ne répondit pas.

Il frappa une seconde fois, et deux coups.

Aucun mouvement ne se fit dans la maison.

Il frappa une troisième fois. Rien.

Il comprit qu'on dormait, ou qu'on ne se souciait pas de se lever.

Alors il se tourna vers la maison pauvre. Il prit à terre, dans la neige, un galet et heurta à la porte basse.

On ne répondit point.

Il se haussa sur la pointe des pieds, et cogna de son caillou à la lucarne, assez doucement pour ne point casser la vitre, assez fort pour être entendu.

Aucune voix ne s'éleva, aucun pas ne remua, aucune chandelle ne s'alluma.

Il pensa que là aussi on ne voulait point se réveiller.

Il y avait dans l'hôtel de pierre et dans le logis de chaume la même surdité aux misérables.

Le garçon se décida à pousser plus loin, et pénétra dans le détroit de maisons qui se prolongeait devant lui, si obscur qu'on eût plutôt dit l'écart de deux falaises que l'entrée d'une ville [167].

IV

AUTRE FORME DU DÉSERT

C'est dans le Weymouth qu'il venait d'entrer.
Le Weymouth d'alors n'était pas l'honorable et superbe Weymouth d'aujourd'hui. Cet ancien Weymouth n'avait pas, comme le Weymouth actuel, un irréprochable quai rectiligne avec une statue et une auberge en l'honneur de Georges III. Cela tenait à ce que Georges III n'était pas né. Par la même raison, on n'avait point encore, au penchant de la verte colline de l'est, dessiné, à plat sur le sol, au moyen du gazon scalpé et de la craie mise à nu, ce cheval blanc, d'un arpent de long, le *White Horse,* portant un roi sur son dos, et tournant, toujours en l'honneur de Georges III, sa queue vers la ville. Ces honneurs, du reste, sont mérités ; Georges III, ayant perdu dans sa vieillesse l'esprit qu'il n'avait jamais eu dans sa jeunesse, n'est point responsable des calamités de son règne. C'était un innocent. Pourquoi pas des statues ?
Le Weymouth d'il y a cent quatre-vingts ans était à peu près aussi symétrique qu'un jeu d'onchets brouillé. L'Astaroth des légendes se promenait quelquefois sur la terre portant derrière son dos une besace dans laquelle il y avait de tout, même des bonnes femmes dans leurs maisons. Un pêle-mêle de baraques tombé de ce sac du diable donnerait l'idée de ce Weymouth incorrect [168]. Plus, dans les baraques, les bonnes femmes. Il reste comme spéci-

men de ces logis la maison des Musiciens. Une confusion de tanières de bois sculptées, et vermoulues, ce qui est une autre sculpture, d'informes bâtisses branlantes à surplombs, quelques-unes à piliers, s'appuyant les unes sur les autres pour ne pas tomber au vent de mer, et laissant entre elles les espacements exigus d'une voirie tortue et maladroite, ruelles et carrefours souvent inondés par les marées d'équinoxe, un amoncellement de vieilles maisons grand-mères groupées autour d'une église aïeule, c'était là Weymouth. Weymouth était une sorte d'antique village normand échoué sur la côte d'Angleterre.

Le voyageur, s'il entrait à la taverne remplacée aujourd'hui par l'hôtel, au lieu de payer royalement une sole frite et une bouteille de vin vingt-cinq francs, avait l'humiliation de manger pour deux sous une soupe au poisson, fort bonne d'ailleurs. C'était misérable.

L'enfant perdu portant l'enfant trouvé suivit la première rue, puis la seconde, puis une troisième. Il levait les yeux cherchant aux étages et sur les toits une vitre éclairée, mais tout était clos et éteint. Par intervalles, il cognait aux portes. Personne ne répondait. Rien ne fait le cœur de pierre comme d'être chaudement entre deux draps. Ce bruit et ces secousses avaient fini par réveiller la petite. Il s'en apercevait parce qu'il se sentait téter la joue. Elle ne criait pas, croyant à une mère.

Il risquait de tourner et de rôder longtemps peut-être dans les intersections des ruelles de Scrambridge où il y avait alors plus de cultures que de maisons, et plus de haies d'épines que de logis, mais il s'engagea à propos dans un couloir qui existe encore aujourd'hui près de Trinity Schools. Ce couloir le mena sur une plage qui était un rudiment de quai avec parapet, et à sa droite il distingua un pont.

Ce pont était le pont de la Wey qui relie Weymouth à Melcomb-Regis, et sous les arches duquel le Harbour communique avec la Back Water.

Weymouth, hameau, était alors le faubourg de Melcomb-Regis, cité et port; aujourd'hui Melcomb-Regis est une paroisse de Weymouth. Le village a absorbé la ville. C'est par ce pont que s'est fait ce travail. Les ponts sont de singuliers appareils de succion qui aspirent la population et font quelquefois grossir un quartier riverain aux dépens de son vis-à-vis.

Le garçon alla à ce pont, qui à cette époque était une passerelle de charpente couverte. Il traversa cette passerelle.

Grâce au toit du pont, il n'y avait pas de neige sur le tablier. Ses pieds nus eurent un moment de bien-être en marchant sur ces planches sèches.

Le pont franchi, il se trouva dans Melcomb-Regis.

Il y avait là moins de maisons de bois que de maisons de pierre. Ce n'était plus le bourg, c'était la cité. Le pont débouchait sur une assez belle rue qui était Saint-Thomas street. Il y entra. La rue offrait de hauts pignons taillés, et çà et là des devantures de boutiques. Il se remit à frapper aux portes. Il ne lui restait pas assez de force pour appeler et crier.

A Melcomb-Regis comme à Weymouth personne ne bougeait. Un bon double tour avait été donné aux serrures. Les fenêtres étaient recouvertes de leurs volets comme les yeux de leurs paupières. Toutes les précautions étaient prises contre le réveil, soubresaut désagréable.

Le petit errant subissait la pression indéfinissable de la ville endormie. Ces silences de fourmilière paralysée dégagent du vertige. Toutes ces léthargies mêlent leurs cauchemars, ces sommeils sont une foule, et il sort de ces corps humains gisants une fumée de songes. Le sommeil a de sombres voisinages hors de la vie; la pensée décomposée des endormis flotte au-dessus d'eux, vapeur vivante et morte, et se combine avec le possible qui pense probablement aussi dans l'espace. De là des enchevêtrements. Le rêve, ce nuage, superpose ses épaisseurs et ses transparences à cette étoile, l'esprit. Au-dessus de ces paupières fermées où la vision a remplacé la vue, une désagrégation sépulcrale de silhouettes et d'aspects se dilate dans l'impalpable. Une dispersion d'existences mystérieuses s'amalgame à notre vie par ce bord de la mort qui est le sommeil. Ces entrelacements de larves et d'âmes sont dans l'air. Celui même qui ne dort pas sent peser sur lui ce milieu plein d'une vie sinistre. La chimère ambiante, réalité devinée, le gêne. L'homme éveillé qui chemine à travers les fantômes du sommeil des autres refoule confusément des formes passantes, a, ou croit avoir, la vague horreur des contacts hostiles de l'invisible, et sent à chaque instant la poussée obscure d'une rencontre inexprimable qui s'évanouit. Il y a des effets de forêts dans cette marche au milieu de la diffusion nocturne des songes [169].

C'est ce qu'on appelle avoir peur sans savoir pourquoi.

Ce qu'un homme éprouve, un enfant l'éprouve plus encore.

Ce malaise de l'effroi nocturne, amplifié par ces maisons spectres, s'ajoutait à tout cet ensemble lugubre sous lequel il luttait.

Il entra dans Conycar Lane, et aperçut au bout de cette ruelle la Bach Water qu'il prit pour l'Océan ; il ne savait plus de quel côté était la mer ; il revint sur ses pas, tourna à gauche par Maiden street, et rétrograda jusqu'à Saint-Albans row.

Là, au hasard, et sans choisir, et aux premières maisons venues, il heurta violemment. Ces coups, où il épuisait sa dernière énergie, étaient désordonnés et saccadés, avec des intermittences et des reprises presque irritées. C'était le battement de sa fièvre frappant aux portes.

Une voix répondit.

Celle de l'heure.

Trois heures du matin sonnèrent lentement derrière lui au vieux clocher de Saint-Nicolas.

Puis tout retomba dans le silence.

Que pas un habitant n'eût même entrouvert une lucarne, cela peut sembler surprenant. Pourtant dans une certaine mesure ce silence s'explique. Il faut dire qu'en janvier 1690 on était au lendemain d'une assez forte peste qu'il y avait eu à Londres, et que la crainte de recevoir des vagabonds malades produisait partout une certaine diminution d'hospitalité. On n'entrebâillait pas même sa fenêtre de peur de respirer leur miasme.

L'enfant sentit le froid des hommes plus terrible que le

froid de la nuit. C'est un froid qui veut. Il eut ce serrement du cœur découragé qu'il n'avait pas eu dans les solitudes. Maintenant il était rentré dans la vie de tous, et il restait seul. Comble d'angoisse. Le désert impitoyable, il l'avait compris; mais la ville inexorable, c'était trop.

L'heure, dont il venait de compter les coups, avait été un accablement de plus. Rien de glaçant en de certains cas comme l'heure qui sonne. C'est une déclaration d'indifférence. C'est l'éternité disant : que m'importe !

Il s'arrêta. Et il n'est pas certain qu'en cette minute lamentable, il ne se soit pas demandé s'il ne serait pas plus simple de se coucher là et de mourir. Cependant la petite fille posa la tête sur son épaule, et se rendormit. Cette confiance obscure le remit en marche.

Lui qui n'avait autour de lui que de l'écroulement, il sentit qu'il était point d'appui. Profonde sommation du devoir.

Ni ces idées ni cette situation n'étaient de son âge. Il est probable qu'il ne les comprenait pas. Il agissait d'instinct. Il faisait ce qu'il faisait.

Il marcha dans la direction de Johnstone row.

Mais il ne marchait plus, il se traînait.

Il laissa à sa gauche Sainte-Mary street, fit des zigzags dans les ruelles, et, au débouché d'un boyau sinueux entre deux masures, se trouva dans un assez large espace libre. C'était un terrain vague, point bâti, probablement l'endroit où est aujourd'hui Chesterfield place. Les maisons finissaient là. Il apercevait à sa droite la mer, et presque plus rien de la ville à sa gauche.

Que devenir ? La campagne recommençait. A l'est, de grands plans inclinés de neige marquaient les larges versants de Radipole. Allait-il continuer ce voyage ? allait-il avancer et rentrer dans les solitudes ? allait-il reculer et rentrer dans les rues ? que faire entre ces deux silences, la plaine muette et la ville sourde ? lequel choisir de ces refus ?

Il y a l'ancre de miséricorde, il y a aussi le regard de miséricorde. C'est ce regard que le pauvre petit désespéré jeta autour de lui [170].

Tout à coup il entendit une menace.

V

LA MISANTHROPIE FAIT DES SIENNES

On ne sait quel grincement étrange et alarmant vint dans cette ombre jusqu'à lui.

C'était de quoi reculer. Il avança.

A ceux que le silence consterne, un rugissement plaît.

Ce rictus féroce le rassura. Cette menace était une promesse. Il y avait là un être vivant et éveillé, fût-ce une bête fauve. Il marcha du côté d'où venait le grincement.

Il tourna un angle de mur, et, derrière, à la réverbération de la neige et de la mer, sorte de vaste éclairage sépulcral, il vit une chose qui était là comme abritée. C'était une charrette, à moins que ce ne fût une cabane. Il y avait des roues, c'était une voiture ; et il y avait un toit, c'était une demeure. Du toit sortait un tuyau, et du tuyau une fumée. Cette fumée était vermeille, ce qui semblait annoncer un assez bon feu à l'intérieur. A l'arrière, des gonds en saillie indiquaient une porte, et au centre de cette porte une ouverture carrée laissait voir de la lueur dans la cahute. Il approcha.

Ce qui avait grincé le sentit venir. Quand il fut près de la cahute, la menace devint furieuse. Ce n'était plus à un grondement qu'il avait affaire, mais à un hurlement. Il

L'ENFANT DANS L'OMBRE

entendit un bruit sec, comme d'une chaîne violemment tendue, et brusquement, au-dessous de la porte, dans l'écartement des roues de derrière, deux rangées de dents aiguës et blanches apparurent.

En même temps qu'une gueule entre les roues, une tête passa par la lucarne.

— Paix là! dit la tête.

La gueule se tut.

La tête reprit:

— Est-ce qu'il y a quelqu'un?

L'enfant répondit:

— Oui.

— Qui?

— Moi.

— Toi? qui ça? d'où viens-tu?

— Je suis las, dit l'enfant.

— Quelle heure est-il?

— J'ai froid.

— Que fais-tu là?

— J'ai faim.

La tête répliqua:

— Tout le monde ne peut pas être heureux comme un lord. Va-t'en.

La tête rentra, et le vasistas se ferma.

L'enfant courba le front, resserra entre ses bras la petite endormie et rassembla sa force pour se remettre en route. Il fit quelques pas et commença à s'éloigner.

Cependant, en même temps que la lucarne s'était fermée, la porte s'était ouverte. Un marche-pied s'était abaissé. La voix qui venait de parler à l'enfant cria du fond de la cahute avec colère:

— Eh bien, pourquoi n'entres-tu pas?

L'enfant se retourna.

— Entre donc, reprit la voix. Qui est-ce qui m'a donné un garnement comme cela, qui a faim et qui a froid, et qui n'entre pas!

L'enfant, à la fois repoussé et attiré, demeurait immobile.

La voix repartit:

— On te dit d'entrer, drôle!

Il se décida, et mit un pied sur le premier échelon de l'escalier.

Mais on gronda sous la voiture.

Il recula. La gueule ouverte reparut.

— Paix ! cria la voix de l'homme.

La gueule rentra. Le grondement cessa.

— Monte, reprit l'homme.

L'enfant gravit péniblement les trois marches. Il était gêné par l'autre enfant, tellement engourdie, enveloppée et roulée dans le suroît qu'on ne distinguait rien d'elle, et que ce n'était qu'une petite masse informe.

Il franchit les trois marches, et, parvenu au seuil, s'arrêta.

Aucune chandelle ne brûlait dans la cahute, par économie de misère probablement. La baraque n'était éclairée que d'une rougeur faite par le soupirail d'un poêle de fonte où pétillait un feu de tourbe. Sur le poêle fumaient une écuelle et un pot contenant selon toute apparence quelque chose à manger. On en sentait la bonne odeur. Cette habitation était meublée d'un coffre, d'un escabeau, et d'une lanterne, point allumée, accrochée au plafond. Plus, aux cloisons, quelques planches sur tasseaux, et un décroche-moi-ça, où pendaient des choses mêlées. Sur les planches et aux clous s'étageaient des verreries, des cuivres, un alambic, un récipient assez semblable à ces vases à grener la cire qu'on appelle grelous, et une confusion d'objets bizarres auxquels l'enfant n'eût pu rien comprendre, et qui était une batterie de cuisine de chimiste. La cahute avait une forme oblongue, le poêle à l'aval. Ce n'était pas même une petite chambre, c'était à peine une grande boîte. Le dehors était plus éclairé par la neige que cet intérieur par le poêle. Tout dans la baraque était indistinct et trouble. Pourtant un reflet du feu sur le plafond permettait d'y lire cette inscription en gros caractères : URSUS, PHILOSOPHE.

L'enfant, en effet, faisait son entrée chez Homo et chez Ursus. On vient d'entendre gronder l'un et parler l'autre.

L'enfant, arrivé au seuil, aperçut près du poêle un homme long, glabre, maigre et vieux, vêtu en grisaille, qui était debout et dont le crâne chauve touchait le toit.

Cet homme n'eût pu se hausser sur les pieds. La cahute était juste.

— Entre, dit l'homme, qui était Ursus.

L'enfant entra.

— Pose là ton paquet.

L'enfant posa sur le coffre son fardeau, avec précaution, de crainte de l'effrayer et de le réveiller.

L'homme reprit:

— Comme tu mets ça là doucement! Ce ne serait pas pire quand ce serait une châsse. Est-ce que tu as peur de faire une fêlure à tes guenilles? Ah! l'abominable vaurien! dans les rues à cette heure-ci! Qui es-tu? Réponds. Mais non, je te défends de répondre. Allons au plus pressé; tu as froid, chauffe-toi.

Et il le poussa par les deux épaules devant le poêle.

— Es-tu assez mouillé! Es-tu assez glacé! S'il est permis d'entrer ainsi dans les maisons! Allons, ôte-moi toutes ces pourritures, malfaiteur!

Et, d'une main, avec une brusquerie fébrile, il lui arracha ses haillons qui se déchirèrent en charpie, tandis que, de l'autre main, il décrochait d'un clou une chemise d'homme et une de ces jaquettes de tricot qu'on appelle encore aujourd'hui kiss-my-quick.

— Tiens, voilà des nippes.

Il choisit dans le tas un chiffon de laine et en frotta devant le feu les membres de l'enfant ébloui et défaillant, et qui, en cette minute de nudité chaude, crut voir et toucher le ciel. Les membres frottés, l'homme essuya les pieds.

— Allons, carcasse, tu n'as rien de gelé. J'étais assez bête pour avoir peur qu'il n'eût quelque chose de gelé, les pattes de derrière ou de devant! Il ne sera pas perclus pour cette fois. Rhabille-toi.

L'enfant endossa la chemise, et l'homme lui passa par-dessus la jaquette de tricot.

— A présent...

L'homme avança du pied l'escabeau, y fit asseoir, toujours par une poussée aux épaules, le petit garçon, et lui montra de l'index l'écuelle qui fumait sur le poêle. Ce que l'enfant entrevoyait dans cette écuelle, c'était encore

le ciel, c'est-à-dire une pomme de terre et du lard.
— Tu as faim, mange.
L'homme prit sur une planche une croûte de pain dur et une fourchette de fer, et les présenta à l'enfant. L'enfant hésita.
— Faut-il que je mette le couvert? dit l'homme.
Et il posa l'écuelle sur les genoux de l'enfant.
— Mords dans tout ça!
La faim l'emporta sur l'ahurissement. L'enfant se mit à manger. Le pauvre être dévorait plutôt qu'il ne mangeait. Le bruit joyeux du pain croqué remplissait la cahute. L'homme bougonnait.
— Pas si vite, horrible goinfre! Est-il gourmand, ce gredin-là! Ces canailles qui ont faim mangent d'une façon révoltante. On n'a qu'à voir souper un lord. J'ai vu dans ma vie des ducs manger. Ils ne mangent pas; c'est ça qui est noble. Ils boivent, par exemple. Allons, marcassin, empiffre-toi!
L'absence d'oreilles qui caractérise le ventre affamé faisait l'enfant peu sensible à cette violence d'épithètes, tempérée d'ailleurs par la charité des actions, contresens à son profit. Pour l'instant, il était absorbé par ces deux urgences, et par ces deux extases, se réchauffer, manger.
Ursus poursuivait entre cuir et chair son imprécation en sourdine:
— J'ai vu le roi Jacques souper en personne dans le Banqueting House où l'on admire des peintures du fameux Rubens; sa majesté ne touchait à rien. Ce gueux-ci broute! Brouter, mot qui dérive de brute. Quelle idée ai-je eue de venir dans ce Weymouth, sept fois voué aux dieux infernaux! Je n'ai depuis ce matin rien vendu, j'ai parlé à la neige, j'ai joué de la flûte à l'ouragan, je n'ai pas empoché un farthing, et le soir il m'arrive des pauvres! Hideuse contrée! Il y a bataille, lutte et concours entre les passants imbéciles et moi. Ils tâchent de ne me donner que des liards, je tâche de ne leur donner que des drogues. Eh bien, aujourd'hui, rien! pas un idiot dans le carrefour, pas un penny dans la caisse! Mange, boy de l'enfer! tords et croque! nous sommes dans un temps où rien n'égale le cynisme des pique-assiettes. Engraisse à

mes dépens, parasite. Il est mieux qu'affamé, il est enragé, cet être-là. Ce n'est pas de l'appétit, c'est de la férocité. Il est surmené par un virus rabique. Qui sait? il a peut-être la peste. As-tu la peste, brigand? S'il allait la donner à Homo! Ah mais, non! crevez, populace, mais je ne veux pas que mon loup meure. Ah çà, j'ai faim moi aussi. Je déclare que ceci est un incident désagréable. J'ai travaillé aujourd'hui très avant dans la nuit. Il y a des fois dans la vie qu'on est pressé. Je l'étais ce soir de manger. Je suis tout seul, je fais du feu, je n'ai qu'une pomme de terre, une croûte de pain, une bouchée de lard et une goutte de lait, je mets ça à chauffer, je me dis: bon! je m'imagine que je vais me repaître. Patatras! il faut que ce crocodile me tombe dans ce moment-là. Il s'installe carrément entre ma nourriture et moi. Voilà mon réfectoire dévasté. Mange, brochet, mange, requin, combien as-tu de rangs de dents dans la gargamelle? bâfre, louveteau. Non, je retire le mot, respect aux loups. Engloutis ma pâture, boa! J'ai travaillé aujourd'hui, l'estomac vide, le gosier plaintif, le pancréas en détresse, les entrailles délabrées, très avant dans la nuit; ma récompense est de voir manger un autre. C'est égal, part à deux. Il aura le pain, la pomme de terre et le lard, mais j'aurai le lait.

En ce moment un cri lamentable et prolongé s'éleva dans la cahute. L'homme dressa l'oreille.

— Tu cries maintenant, sycophante! Pourquoi cries-tu?

Le garçon se retourna. Il était évident qu'il ne criait pas. Il avait la bouche pleine.

Le cri ne s'interrompait pas.

L'homme alla au coffre.

— C'est donc le paquet qui gueule! Vallée de Josaphat! Voilà le paquet qui vocifère! Qu'est-ce qu'il a à croasser, ton paquet?

Il déroula le suroît. Une tête d'enfant en sortit, la bouche ouverte et criant.

— Eh bien, qui va là? dit l'homme. Qu'est-ce que c'est? Il y en a un autre. Ça ne va donc pas finir? Qui vive! aux armes! Caporal, hors la garde! Deuxième patatras! Qu'est-ce que tu m'apportes là, bandit? Tu vois bien qu'elle a soif. Allons, il faut qu'elle boive, celle-ci. Bon ! je n'aurais pas même le lait à présent.

Il prit dans un fouillis sur une planche un rouleau de linge à bandage, une éponge et une fiole, en murmurant avec frénésie :

— Damné pays !

Puis il considéra la petite.

— C'est une fille. Ça se reconnaît au glapissement. Elle est trempée, elle aussi.

Il arracha, comme il avait fait pour le garçon, les haillons dont elle était plutôt nouée que vêtue, et il l'entortilla d'un lambeau indigent, mais propre et sec, de grosse toile. Ce rhabillement rapide et brusque exaspéra la petite fille.

— Elle miaule inexorablement, dit-il.

Il coupa avec ses dents un morceau allongé de l'éponge, déchira du rouleau un carré de linge, en étira un brin de fil, prit sur le poêle le pot où il y avait du lait, remplit de ce lait la fiole, introduisit à demi l'éponge dans le goulot, couvrit l'éponge avec le linge, ficela ce bouchon avec le fil, appliqua contre sa joue la fiole, pour s'assurer qu'elle n'était pas trop chaude, et saisit sous son bras gauche le maillot éperdu qui continuait de crier.

— Allons, soupe, créature ! prends-moi le téton.

Et il lui mit dans la bouche le goulot de la fiole.

La petite but avidement.

Il soutint la fiole à l'inclinaison voulue en grommelant :

— Ils sont tous les mêmes, les lâches ! Quand ils ont ce qu'ils veulent, ils se taisent.

La petite avait bu si énergiquement et avait saisi avec tant d'emportement ce bout de sein offert par cette providence bourrue, qu'elle fut prise d'une quinte de toux.

— Tu vas t'étrangler, gronda Ursus. Une fière goulue aussi que celle-là !

Il lui retira l'éponge qu'elle suçait, laissa la quinte s'apaiser, et lui replaça la fiole entre les lèvres, en disant :

— Tète, coureuse.

Cependant le garçon avait posé sa fourchette. Voir la petite boire lui faisait oublier de manger. Le moment d'auparavant, quand il mangeait, ce qu'il avait dans le regard, c'était de la satisfaction, maintenant c'était de la reconnaissance. Il regardait la petite revivre. Cet achèvement de la résurrection commencée par lui emplissait sa prunelle d'une réverbération ineffable [171]. Ursus continuait entre ses gencives son mâchonnement de paroles courroucées. Le petit garçon par instants levait sur Ursus ses yeux humides de l'émotion indéfinissable qu'éprouvait, sans pouvoir l'exprimer, le pauvre être rudoyé et attendri.

Ursus l'apostropha furieusement.

— Eh bien, mange donc !

— Et vous ? dit l'enfant tout tremblant, et une larme dans la prunelle. Vous n'aurez rien ?

— Veux-tu bien manger tout, engeance ! Il n'y en a pas trop pour toi puisqu'il n'y en avait pas assez pour moi.

L'enfant reprit sa fourchette, mais ne mangea point.

— Mange, vociféra Ursus. Est-ce qu'il s'agit de moi ? Qui est-ce qui te parle de moi ? Mauvais petit clerc pieds nus de la paroisse de Sans-le-Sou, je te dis de manger tout. Tu es ici pour manger, boire et dormir. Mange, sinon je te jette à la porte, toi et ta drôlesse !

Le garçon, sur cette menace, se remit à manger. Il n'avait pas grand-chose à faire pour expédier ce qui restait dans l'écuelle.

Ursus murmura :

— Ça joint mal, cet édifice, il vient du froid par les vitres.

Une vitre en effet avait été cassée à l'avant, par quelque cahot de la carriole ou par quelque pierre de polisson. Ursus avait appliqué sur cette avarie une étoile de papier qui s'était décollée. La bise entrait par là.

Il s'était à demi assis sur le coffre. La petite, à la fois dans ses bras et sur ses genoux, suçait voluptueusement la bouteille avec cette somnolence béate des chérubins devant Dieu et des enfants devant la mamelle.

— Elle est soûle, dit Ursus.

Et il reprit :

— Faites donc des sermons sur la tempérance !

Le vent arracha de la vitre l'emplâtre de papier qui vola

à travers la cahute; mais ce n'était pas de quoi troubler les deux enfants occupés à renaître.

Pendant que la petite buvait et que le petit mangeait, Ursus maugréait.

— L'ivrognerie commence au maillot. Donnez-vous donc la peine d'être l'évêque Tillotson et de tonner contre les excès de la boisson. Odieux vent coulis! Avec cela que mon poêle est vieux. Il laisse échapper des bouffées de fumée à vous donner la trichiasis. On a l'inconvénient du froid et l'inconvénient du feu. On ne voit pas clair. L'être que voici abuse de mon hospitalité. Eh bien, je n'ai pas encore pu distinguer le visage de ce mufle. Le confortable fait défaut céans. Par Jupiter, j'estime fortement les festins exquis dans les chambres bien closes. J'ai manqué ma vocation, j'étais né pour être sensuel. Le plus grand des sages est Philoxénès qui souhaita d'avoir un cou de grue pour goûter plus longuement les plaisirs de la table. Zéro de recette aujourd'hui! Rien vendu de la journée! Calamité. Habitants, laquais, et bourgeois, voilà le médecin, voilà la médecine. Tu perds ta peine, mon vieux. Remballe ta pharmacie. Tout le monde se porte bien ici. En voilà une ville maudite où personne n'est malade! Le ciel seul a la diarrhée. Quelle neige! Anaxagoras enseignait que la neige est noire. Il avait raison, froideur étant noirceur. La glace, c'est la nuit [172]. Quelle bourrasque! Je me représente l'agrément de ceux qui sont en mer. L'ouragan, c'est le passage des satans, c'est le hourvari des brucolaques galopant et roulant tête-bêche, au-dessus de nos boîtes osseuses. Dans la nuée, celui-ci a une queue, celui-là a des cornes, celui-là a une flamme pour langue, cet autre a des griffes aux ailes, cet autre a une bedaine de lord-chancelier, cet autre a une caboche d'académicien, on distingue une forme dans chaque bruit. A vent nouveau, démon différent; l'oreille écoute, l'œil voit, le fracas est une figure. Parbleu, il y a des gens en mer, c'est évident. Mes amis, tirez-vous de la tempête, j'ai assez à faire de me tirer de la vie. Ah çà, est-ce que je tiens auberge, moi? Pourquoi est-ce que j'ai des arrivages de voyageurs? La détresse universelle a des éclaboussures jusque dans ma pauvreté. Il me tombe dans ma cabane des gouttes hideuses de la grande boue humaine. Je suis livré à la voracité des passants. Je suis une proie. La proie des meurt-de-faim. L'hiver, la nuit, une cahute de carton, un malheureux ami dessous, et dehors la tempête, une pomme de terre, du feu gros comme le poing, des parasites, le vent pénétrant par toutes les fentes, pas le sou, et des paquets qui se mettent à aboyer ! On les ouvre, on trouve dedans des gueuses. Si c'est là un sort ! J'ajoute que les lois sont violées. Ah ! vagabond avec ta vagabonde, malicieux pick-pocket, avorton mal intentionné, ah ! tu circules dans les rues passé le couvre-feu ! Si notre bon roi le savait, c'est lui qui te ferait joliment flanquer dans un cul-de-basse-fosse pour t'apprendre ! Monsieur se promène la nuit avec mademoiselle ! Par quinze degrés de froid, nu-tête nu-pieds ! sache que c'est défendu. Il y a des règlements et ordonnances, factieux ! les vagabonds sont punis, les honnêtes gens qui ont des maisons à eux sont gardés et protégés, les rois sont les pères du peuple. Je suis domicilié, moi ! Tu aurais été fouetté en place publique, si l'on t'avait rencontré, et c'eût été bien fait. Il faut de l'ordre dans un État policé. Moi j'ai eu tort de ne pas te dénoncer au constable. Mais je suis comme cela, je comprends le bien, et je fais le mal. Ah ! le ruffian ! m'arriver dans cet état-là ! Je ne me suis pas aperçu de leur neige en entrant, ça a fondu. Et voilà toute ma maison mouillée. J'ai l'inondation chez moi. Il faudra brûler un charbon impossible pour sécher ce lac. Du charbon à douze farthings le dénerel ! Comment allons-nous faire pour tenir trois dans cette baraque ? Maintenant c'est fini, j'entre dans la nursery, je vais avoir chez moi en sevrage l'avenir de la gueuserie d'Angleterre. J'aurai pour emploi, office et fonction de dégrossir les fœtus mal accouchés de la grande coquine Misère, de perfectionner la laideur des gibiers de potence en bas âge, et de donner aux jeunes filous des formes de philosophe ! La langue de l'ours est l'ébauchoir de Dieu. Et dire que, si je n'avais pas été depuis trente ans grugé par des espèces de cette sorte, je serais riche. Homo serait gras, j'aurais un cabinet de médecine plein de raretés, des instruments de chirurgie autant que le docteur Linacre, chirurgien du roi Henri VIII, divers animaux de tous genres, des momies d'Égypte, et autres choses semblables ! Je serais du collège des Docteurs, et j'aurais le droit d'user de la bibliothèque bâtie en 1652 par le célèbre Harvey, et d'aller travailler dans la lanterne du dôme d'où l'on découvre toute la ville de Londres ! Je pourrais continuer mes calculs sur l'offuscation solaire et prouver qu'une vapeur caligineuse sort de l'astre. C'est l'opinion de Jean Kepler, qui naquit un an avant la Saint-Barthélemy, et qui fut mathématicien de l'empereur. Le soleil est une cheminée qui fume quelquefois. Mon poêle aussi. Mon poêle ne vaut pas mieux que le soleil. Oui, j'eusse fait fortune, mon personnage serait autre, je ne serais pas trivial, je n'avilirais point la science dans les carrefours. Car le peuple n'est pas digne de la doctrine, le peuple n'étant qu'une multitude d'insensés, qu'un mélange confus de toutes sortes d'âges, de sexes, d'humeurs et de conditions, que les sages de tous les temps n'ont point hésité à mépriser, et dont les plus modérés, dans leur justice, détestent l'extravagance et la fureur. Ah ! je suis ennuyé de ce qui existe. Après cela on ne vit pas longtemps. C'est vite fait, la vie humaine. Hé bien non, c'est long. Par intervalles, pour que nous ne nous décourageons pas, pour que nous ayons la stupidité de consentir à être, et pour que nous ne profitions pas des magnifiques occasions de nous pendre que nous offrent toutes les cordes et tous les clous, la nature a l'air de prendre un peu soin de l'homme. Pas cette nuit pourtant. Elle fait pousser le blé, elle fait mûrir le raisin, elle fait chanter le rossignol, cette sournoise de nature. De temps en temps un rayon d'aurore, ou un verre de gin, c'est là ce qu'on appelle le bonheur. Une mince bordure de bien autour de l'immense suaire du mal. Nous avons une destinée dont le diable a fait l'étoffe et dont Dieu a fait l'ourlet. En attendant, tu m'as mangé mon souper, voleur [173] !

Cependant le nourrisson, qu'il tenait toujours entre ses bras, et très doucement tout en faisant rage, refermait vaguement les yeux, signe de plénitude. Ursus examina la fiole, et grogna :

— Elle a tout bu, l'effrontée !

Il se dressa et, soutenant la petite du bras gauche, de la main droite il souleva le couvercle du coffre, et tira de l'intérieur une peau d'ours, ce qu'il appelait, on s'en souvient, sa « vraie peau ».

Tout en exécutant ce travail, il entendait l'autre enfant manger, et il le regardait de travers.

— Ce sera une besogne s'il faut désormais que je nourrisse ce glouton en croissance ! Ce sera un ver solitaire que j'aurai dans le ventre de mon industrie.

Il étala, toujours d'un seul bras, et de son mieux, la peau d'ours sur le coffre, avec des efforts de coude et des ménagements de mouvements pour ne point secouer le commencement de sommeil de la petite fille. Puis il la déposa sur la fourrure, du côté le plus proche du feu.

Cela fait, il mit la fiole vide sur le poêle, et s'écria :

— C'est moi qui ai soif !

Il regarda dans le pot ; il y restait quelques bonnes gorgées de lait ; il approcha le pot de ses lèvres. Au moment où il allait boire, son œil tomba sur la petite fille. Il remit le pot sur le poêle, prit la fiole, la déboucha, y vida ce qui restait de lait, juste assez pour l'emplir, replaça l'éponge, et reficela le linge sur l'éponge autour du goulot.

— J'ai tout de même faim et soif, reprit-il.

Et il ajouta :

— Quand on ne peut pas manger de pain, on boit de l'eau.

On entrevoyait derrière le poêle une cruche égueulée.

Il la prit et la présenta au garçon :

— Veux-tu boire ?

L'enfant but, et se remit à manger.

Ursus ressaisit la cruche et la porta à sa bouche. La température de l'eau qu'elle contenait avait été inégalement modifiée par le voisinage du poêle. Il avala quelques gorgées, et fit une grimace.

— Eau prétendue pure, tu ressembles aux faux amis. Tu es tiède en dessus et froide en dessous.

Cependant le garçon avait fini de souper. L'écuelle était mieux que vidée, elle était nettoyée. Il ramassait et mangeait, pensif, quelques miettes de pain éparses dans les plis du tricot, sur ses genoux.

Ursus se tourna vers lui.

— Ce n'est pas tout ça. Maintenant, à nous deux. La bouche n'est pas faite que pour manger, elle est faite pour parler. A présent que tu es réchauffé et gavé, animal, prends garde à toi, tu vas répondre à mes questions. D'où viens-tu ?

L'enfant répondit :

— Je ne sais pas.

— Comment, tu ne sais pas ?

— J'ai été abandonné ce soir au bord de la mer.

— Ah ! le chenapan ! Comment t'appelles-tu ? Il est si mauvais sujet qu'il en vient à être abandonné par ses parents.

— Je n'ai pas de parents.

— Rends-toi un peu compte de mes goûts, et fais attention que je n'aime point qu'on me chante des chansons qui sont des contes. Tu as des parents, puisque tu as ta sœur.

— Ce n'est pas ma sœur.

— Ce n'est pas ta sœur ?

— Non.

— Qu'est-ce que c'est alors ?

— C'est une petite que j'ai trouvée.

— Trouvée !

— Oui.

— Comment ! tu as ramassé ça ?

— Oui.

— Où ? si tu mens, je t'extermine.

— Sur une femme qui était morte dans la neige.

— Quand ?

— Il y a une heure.

— Où ?

— A une lieue d'ici.

Les arcades frontales d'Ursus se plissèrent et prirent cette forme aiguë qui caractérise l'émotion des sourcils d'un philosophe.

— Morte ! en voilà une qui est heureuse ! Il faut l'y laisser, dans sa neige. Elle y est bien. De quel côté ?

— Du côté de la mer.
— As-tu passé le pont?
— Oui.

Ursus ouvrit la lucarne de l'arrière et examina le dehors. Le temps ne s'était pas amélioré. La neige tombait épaisse et lugubre.

Il referma le vasistas.

Il alla à la vitre cassée, il boucha le trou avec un chiffon, il remit de la tourbe dans le poêle, il déploya le plus largement qu'il put la peau d'ours sur le coffre, prit un gros livre qu'il avait dans un coin et le mit sous le chevet pour servir d'oreiller, et plaça sur ce traversin la tête de la petite endormie.

Il se tourna vers le garçon.

— Couche-toi là.

L'enfant obéit et s'étendit de tout son long avec la petite.

Ursus roula la peau d'ours autour des deux enfants, et la borda sous leurs pieds.

Il atteignit sur une planche, et se noua autour du corps une ceinture de toile à grosse poche contenant probablement une trousse de chirurgien et des flacons d'élixirs.

Puis il décrocha du plafond la lanterne, et l'alluma. C'était une lanterne sourde. En s'allumant, elle laissa les enfants dans l'obscurité.

Ursus entrebâilla la porte et dit :

— Je sors. N'ayez pas peur. Je vais revenir. Dormez.

Et, abaissant le marchepied, il cria :

— Homo!

Un grondement tendre lui répondit.

Ursus, la lanterne à la main, descendit, le marchepied remonta, la porte se referma. Les enfants demeurèrent seuls.

Du dehors, une voix, qui était la voix d'Ursus, demanda :

— Boy qui viens de me manger mon souper! — dis donc, tu ne dors pas encore?

— Non, répondit le garçon.

— Eh bien! si elle beugle, tu lui donneras le reste du lait.

On entendit un cliquetis de chaîne défaite, et le bruit d'un pas d'homme, compliqué d'un pas de bête, qui s'éloignait.

Quelques instants après, les deux enfants dormaient profondément.

C'était on ne sait quel ineffable mélange d'haleines; plus que la chasteté, l'ignorance; une nuit de noces avant le sexe. Le petit garçon et la petite fille, nus et côte à côte, eurent pendant ces heures silencieuses la promiscuité séraphique de l'ombre; la quantité de songe possible à cet âge flottait de l'un à l'autre; il y avait probablement sous leurs paupières fermées de la lumière d'étoile; si le mot mariage n'est pas ici disproportionné, ils étaient mari et femme de la façon dont on est ange. De telles innocences dans de telles ténèbres, une telle pureté dans un tel embrassement, ces anticipations sur le ciel ne sont possibles qu'à l'enfance, et aucune immensité n'approche de cette grandeur des petits. De tous les gouffres celui-ci est le plus profond. La perpétuité formidable d'un mort enchaîné hors de la vie, l'énorme acharnement de l'océan sur un naufrage, la vaste blancheur de la neige recouvrant des formes ensevelies, n'égalent pas en pathétique deux bouches d'enfants qui se touchent divinement dans le sommeil, et dont la rencontre n'est pas même un baiser [174]. Fiançailles peut-être; peut-être catastrophe. L'ignoré pèse sur cette juxtaposition. Cela est charmant; qui sait si ce n'est pas effrayant? on se sent le cœur serré. L'innocence est plus suprême que la vertu. L'innocence est faite d'obscurité sacrée. Ils dormaient. Ils étaient paisibles. Ils avaient chaud. La nudité des corps entrelacés amalgamait la virginité des âmes. Ils étaient là comme dans le nid de l'abîme [175].

VI

LE RÉVEIL

Le jour commence par être sinistre. Une blancheur triste entra dans la cahute. C'était l'aube glaciale. Ce blêmissement, qui ébauche en réalité funèbre le relief des choses frappées d'apparence spectrale par la nuit, n'éveilla pas les enfants, étroitement endormis. La cahute était chaude. On entendait leurs deux respirations alternant comme deux ondes tranquilles. Il n'y avait plus d'ouragan dehors. Le clair du crépuscule prenait lentement possession de l'horizon. Les constellations s'éteignaient comme des chandelles soufflées l'une après l'autre. Il n'y avait plus que la résistance de quelques grosses étoiles. Le profond chant de l'infini sortait de la mer [176].

Le poêle n'était pas tout à fait éteint. Le petit jour devenait peu à peu le grand jour. Le garçon dormait moins que la fille. Il y avait en lui du veilleur et du gardien. A un rayon plus vif que les autres qui traversa la vitre, il ouvrit les yeux ; le sommeil de l'enfance s'achève en oubli ; il demeura dans un demi-assoupissement, sans savoir où il était, ni ce qu'il avait près de lui, sans faire effort pour se souvenir, regardant au plafond, et se composant un vague travail de rêverie avec les lettres de l'inscription *Ursus, philosophe*, qu'il examinait sans les déchiffrer, car il ne savait pas lire [177].

Un bruit de serrure fouillée par une clef lui fit dresser le cou.

La porte tourna, le marchepied bascula. Ursus revenait. Il monta les trois degrés, sa lanterne éteinte à la main.

En même temps un piétinement de quatre pattes escalada lestement le marchepied. C'était Homo, suivant Ursus, et, lui aussi, rentrant chez lui.

Le garçon réveillé eut un certain sursaut.

Le loup, probablement en appétit, avait un rictus matinal qui montrait toutes ses dents, très blanches.

Il s'arrêta à demi-montée et posa ses deux pattes de devant dans la cahute, les deux coudes sur le seuil comme un prêcheur au bord de la chaire [178]. Il flaira à distance le coffre qu'il n'était pas accoutumé à voir habité de cette façon. Son buste de loup, encadré par la porte, se dessinait en noir sur la clarté du matin. Il se décida, et fit son entrée.

Le garçon, en voyant le loup dans la cahute, sortit de la peau d'ours, se leva et se plaça debout devant la petite, plus endormie que jamais.

Ursus venait de raccrocher la lanterne au clou du plafond. Il déboucla silencieusement et avec une lenteur machinale sa ceinture où était sa trousse, et la remit sur une planche. Il ne regardait rien et semblait ne rien voir. Sa prunelle était vitreuse. Quelque chose de profond remuait dans son esprit. Sa pensée enfin se fit jour, comme d'ordinaire, par une vive sortie de paroles. Il s'écria :

— Décidément heureuse ! Morte, bien morte.

Il s'accroupit, et remit une pelletée de scories dans le poêle, et, tout en fourgonnant la tourbe, il grommela :

— J'ai eu de la peine à la trouver. La malice inconnue l'avait fourrée sous deux pieds de neige. Sans Homo, qui voit aussi clair avec son nez que Christophe Colomb avec son esprit, je serais encore là à patauger dans l'avalanche et à jouer à cache-cache avec la mort. Diogène prenait sa lanterne et cherchait un homme, j'ai pris ma lanterne et j'ai cherché une femme ; il a trouvé le sarcasme, j'ai trouvé le deuil. Comme elle était froide ! J'ai touché la main, une pierre. Quel silence dans les yeux ! Comment peut-on être assez bête pour mourir en laissant un enfant derrière soi ! Ça ne va pas être commode à présent de tenir trois dans cette boîte-ci. Quelle tuile ! Voilà que j'ai de la famille à présent ! Fille et garçon.

Tandis qu'Ursus parlait, Homo s'était glissé près du poêle. La main de la petite endormie pendait entre le poêle et le coffre. Le loup se mit à lécher cette main.

Il la léchait si doucement que la petite ne s'éveilla pas.

Ursus se retourna.

— Bien, Homo. Je serai le père et tu seras l'oncle.

Puis il reprit sa besogne de philosophe d'arranger le feu, sans interrompre son *aparte*.

— Adoption. C'est dit. D'ailleurs Homo veut bien.

Il se redressa.

— Je voudrais savoir qui est responsable de cette morte. Sont-ce les hommes ? ou...

Son œil regarda en l'air, mais au-delà du plafond, et sa bouche murmura :

— Est-ce toi [179] ?

Puis son front s'abaissa comme sous un poids, et il reprit :

— La nuit a pris la peine de tuer cette femme.

Son regard, en se relevant, rencontra le visage du garçon réveillé qui l'écoutait. Ursus l'interpella brusquement :

— Qu'as-tu à rire ?

Le garçon répondit :

— Je ne ris pas.

Ursus eut une sorte de secousse, l'examina fixement et en silence pendant quelques instants, et dit :

— Alors tu es terrible.

L'intérieur de la cahute dans la nuit était si peu éclairé qu'Ursus n'avait pas encore vu la face du garçon. Le grand jour la lui montrait.

Il posa les deux paumes de ses mains sur les deux épaules de l'enfant, considéra encore avec une attention de plus en plus poignante son visage, et lui cria :

— Ne ris donc plus !

— Je ne ris pas, dit l'enfant.

Ursus eut un tremblement de la tête aux pieds.
— Tu ris, te dis-je.
Puis secouant l'enfant avec une étreinte qui était de la fureur si elle n'était de la pitié, il lui demanda violemment :
— Qui est-ce qui t'a fait cela ?
L'enfant répondit :
— Je ne sais ce que vous voulez dire.
Ursus reprit :
— Depuis quand as-tu ce rire ?
— J'ai toujours été ainsi, dit l'enfant.
Ursus se tourna vers le coffre en disant à demi-voix :
— Je croyais que ce travail-là ne se faisait plus.
Il prit au chevet, très doucement pour ne pas la réveiller, le livre qu'il avait mis comme oreiller sous la tête de la petite.
— Voyons Conquest, murmura-t-il.
C'était une liasse in-folio, reliée en parchemin mou. Il la feuilleta du pouce, s'arrêta à une page, ouvrit le livre tout grand sur le poêle, et lut :
— ... *De Denasatis*. — C'est ici.
Et il continua :
— *Bucca fissa usque ad aures, genzivis denudatis, nasoque murdridato, masca eris, et ridebis semper* [180].
— C'est bien cela.
Et il replaça le livre sur une des planches en grommelant :
— Aventure dont l'approfondissement serait malsain. Restons à la surface. Ris, mon garçon.
La petite fille se réveilla. Son bonjour fut un cri.
— Allons, nourrice, donne le sein, dit Ursus.
La petite s'était dressée sur son séant. Ursus prit sur le poêle la fiole, et la lui donna à sucer.
En ce moment le soleil se levait. Il était à fleur de l'horizon. Son rayon rouge entrait par la vitre et frappait de face le visage de la petite fille tourné vers lui. Les prunelles de l'enfant fixées sur le soleil réfléchissaient comme deux miroirs cette rondeur pourpre. Les prunelles restaient immobiles, les paupières aussi.
— Tiens, dit Ursus, elle est aveugle [181].

DEUXIÈME PARTIE

PAR ORDRE DU ROI

LIVRE PREMIER

ÉTERNELLE PRÉSENCE DU PASSÉ
LES HOMMES REFLÈTENT L'HOMME

I

LORD CLANCHARLIE

I

Il y avait dans ces temps-là un vieux souvenir.
Ce souvenir était lord Linnæus Clancharlie [182].

Le baron Linnæus Clancharlie, contemporain de Cromwell, était un des pairs d'Angleterre, peu nombreux, hâtons-nous de le dire, qui avaient accepté la république. Cette acceptation pouvait avoir sa raison d'être, et s'explique à la rigueur, puisque la république avait momentanément triomphé. Il était tout simple que lord Clancharlie demeurât du parti de la république, tant que la république avait eu le dessus. Mais après la clôture de la révolution et la chute du gouvernement parlementaire, lord Clancharlie avait persisté. Il était aisé au noble patricien de rentrer dans la chambre haute reconstituée, les repentirs étant toujours bien reçus des restaurations, et Charles II étant bon prince à ceux qui revenaient à lui; mais lord Clancharlie n'avait pas compris ce qu'on doit aux événements. Pendant que la nation couvrait d'acclamations le roi, reprenant possession de l'Angleterre, pendant que l'unanimité prononçait son verdict, pendant que s'accomplissait la salutation du peuple à la monarchie, pendant que la dynastie se relevait au milieu d'une palinodie glorieuse et triomphale, à l'instant où le passé devenait l'avenir et où l'avenir devenait le passé, ce lord était resté réfractaire. Il avait détourné la tête de toute cette allégresse; il s'était volontairement exilé; pouvant être pair, il avait mieux aimé être proscrit; et les années s'étaient écoulées ainsi; il avait vieilli dans cette fidélité à la république morte. Aussi était-il couvert du ridicule qui s'attache naturellement à cette sorte d'enfantillage [183].

Il s'était retiré en Suisse. Il habitait une espèce de haute masure au bord du lac de Genève. Il s'était choisi cette demeure dans le plus âpre recoin du lac, entre Chillon où est le cachot de Bonnivard, et Vevey où est le tombeau de Ludlow [184]. Les Alpes sévères, pleines de crépuscules, de souffles et de nuées, l'enveloppaient; et il vivait là, perdu dans ces grandes ténèbres qui tombent des montagnes. Il était rare qu'un passant le rencontrât. Cet homme était hors de son pays, presque hors de son siècle [185]. En ce moment, pour ceux qui étaient au courant et qui connaissaient les affaires du temps, aucune résistance aux conjonctures n'était justifiable. L'Angleterre était heureuse; une restauration est une réconciliation d'époux; prince et nation ont cessé de faire lit à part; rien de plus gracieux et de plus riant; la Grande-Bretagne rayonnait; avoir un roi, c'est beaucoup, mais de plus on avait un charmant roi; Charles II était aimable, homme de plaisir et de gouvernement, et grand à la suite de Louis XIV; c'était un gentleman et un gentilhomme; Charles II était admiré de ses sujets; il avait fait la guerre de Hanovre, sachant certainement pourquoi, mais le sachant tout seul; il avait vendu Dunkerque à la France, opération de haute politique; les pairs démocrates, desquels Chamberlayne [186] a dit : « La maudite république infecta avec son haleine puante plusieurs de la haute noblesse », avaient eu le bon sens de se rendre à l'évidence, d'être de leur époque, et de reprendre leur siège à la noble chambre; il leur avait suffi pour cela de prêter au roi le serment d'allégeance. Quand on songeait à toutes ces réalités, à ce beau règne, à cet excellent roi, à ces augustes princes rendus par la miséricorde divine à l'amour des peuples; quand on se disait que des personnages considérables, tels que Monk, et plus tard Jeffreys, s'étaient ralliés au trône, qu'ils avaient été justement récompensés de leur loyauté et de leur zèle par les plus magnifiques charges et par les fonctions les plus lucratives, que lord Clancharlie ne pouvait l'ignorer, qu'il n'eût tenu qu'à lui d'être glorieusement assis à côté d'eux dans les honneurs, que l'Angleterre était remontée, grâce à son roi, au sommet de la prospérité, que Londres n'était que fêtes et carrousels, que tout le monde était opulent et enthousiasmé, que la cour était galante, gaie et superbe; si, par hasard, loin de ces splendeurs, dans on ne sait quel demi-jour lugubre ressemblant à la tombée de la nuit, on apercevait ce vieillard vêtu des mêmes habits que le peuple, pâle, distrait, courbé, probablement du côté de la tombe, debout au bord du lac, à peine attentif à la tempête et à l'hiver, marchant comme au hasard, l'œil fixe, ses cheveux blancs secoués par le vent de l'ombre, silencieux, solitaire, pensif, il était difficile de ne pas sourire.

Sorte de silhouette d'un fou [187].

En songeant à lord Clancharlie, à ce qu'il aurait pu être et à ce qu'il était, sourire était de l'indulgence. Quelques-uns riaient tout haut. D'autres s'indignaient.

On comprend que les hommes sérieux fussent choqués par une telle insolence d'isolement.

Circonstance atténuante : lord Clancharlie n'avait jamais eu d'esprit. Tout le monde en tombait d'accord.

II

Il est désagréable de voir les gens pratiquer l'obstination. On n'aime pas ces façons de Régulus, et dans l'opinion publique quelque ironie en résulte.

Ces opiniâtretés ressemblent à des reproches, et l'on a raison d'en rire.

Et puis, en somme, ces entêtements, ces escarpements, sont-ce des vertus ? N'y a-t-il pas dans ces affiches excessives d'abnégation et d'honneur beaucoup d'ostentation ? C'est plutôt parade qu'autre chose. Pourquoi ces exagérations de solitude et d'exil ? Ne rien outrer est la maxime du sage. Faites de l'opposition, soit; blâmez si vous voulez, mais décemment, et tout en criant vive le roi! La vraie vertu, c'est d'être raisonnable. Ce qui tombe a dû tomber, ce qui réussit a dû réussir. La providence a ses motifs; elle couronne qui le mérite. Avez-vous la prétention de vous y connaître mieux qu'elle? Quand les circonstances ont prononcé, quand un régime a remplacé l'autre, quand la défalcation du vrai et du faux s'est faite par le succès, ici la catastrophe, là le triomphe, aucun doute n'est plus possible, l'honnête homme se rallie à ce qui a prévalu, et, quoique cela soit utile à sa fortune et à sa famille, sans se laisser influencer par cette considération, et ne songeant qu'à la chose publique, il prête main-forte au vainqueur.

Que deviendrait l'État si personne ne consentait à servir? Tout s'arrêterait donc? Garder sa place est d'un bon citoyen. Sachez sacrifier vos préférences secrètes. Les emplois veulent être tenus. Il faut bien que quelqu'un se dévoue. Être fidèle aux fonctions publiques est une fidélité. La retraite des fonctionnaires serait la paralysie de l'État. Vous vous bannissez, c'est pitoyable. Est-ce un exemple? quelle vanité! Est-ce un défi? quelle audace! Quel personnage vous croyez-vous donc? Apprenez que nous vous valons. Nous ne désertons pas, nous. Si nous voulions nous aussi, nous serions intraitables et indomptables, et nous ferions de pires choses que vous. Mais nous aimons mieux être des gens intelligents. Parce que je suis Trimalcion, vous ne me croyez pas capable d'être Caton! Allons donc [188]!

III

Jamais situation ne fut plus nette et plus décisive que celle de 1660. Jamais la conduite à tenir n'avait été plus clairement indiquée à un bon esprit.

L'Angleterre était hors de Cromwell. Sous la république beaucoup de faits irréguliers s'étaient produits. On avait créé la suprématie britannique; on avait, avec l'aide de la guerre de Trente ans, dominé l'Allemagne, avec l'aide de la Fronde, abaissé la France, avec l'aide du duc de Bragance, amoindri l'Espagne. Cromwell avait domestiqué Mazarin ; dans les traités, le protecteur d'Angleterre signait au-dessus du roi de France ; on avait mis les Provinces-Unies à l'amende de huit millions, molesté Alger et Tunis, conquis la Jamaïque, humilié Lisbonne, suscité dans Barcelone la rivalité française, et dans Naples Masaniello ; on avait amarré le Portugal à l'Angleterre ; on avait fait, de Gibraltar à Candie, un balayage des barbaresques ; on avait fondé la domination maritime sous ces deux formes, la victoire et le commerce ; le 10 août 1653, l'homme des trente-trois batailles gagnées, le vieil amiral qui se qualifiait *Grand-Père des matelots*, ce Martin Happertz Tromp, qui avait battu la flotte espagnole, avait été détruit par la flotte anglaise ; on avait retiré l'Atlantique à la marine espagnole, le Pacifique à la marine hollandaise, la Méditerranée à la marine vénitienne, et, par l'acte de navigation, on avait pris possession du littoral universel ; par l'océan on tenait le monde ; le pavillon hollandais saluait humblement en mer le pavillon britannique ; la France, dans la personne de l'ambassadeur Mancini, faisait des génuflexions à Olivier Cromwell ; ce Cromwell jouait de Calais et de Dunkerque comme de deux volants sur une raquette ; on avait fait trembler le continent, dicté la paix, décrété la guerre, mis sur tous les faîtes le drapeau anglais ; le seul régiment des côtes-de-fer du protecteur pesait dans la terreur de l'Europe autant qu'une armée ; Cromwell disait : *Je veux qu'on respecte la république anglaise comme on a respecté la république romaine ;* il n'y avait plus rien de sacré ; la parole était libre, la presse était libre ; on disait en pleine rue ce qu'on voulait ; on imprimait sans contrôle ni censure ce qu'on voulait ; l'équilibre des trônes avait été rompu ; tout l'ordre monarchique européen, dont les Stuarts faisaient partie, avait été bouleversé. Enfin, on était sorti de cet odieux régime, et l'Angleterre avait son pardon.

Charles II, indulgent, avait donné la déclaration de Bréda. Il avait octroyé à l'Angleterre l'oubli de cette époque où le fils d'un brasseur de Huntingdon mettait le pied sur la tête de Louis XIV. L'Angleterre faisait son mea culpa, et respirait. L'épanouissement des cœurs, nous venons de le dire, était complet; les gibets des régicides s'ajoutant à la joie universelle. Une restauration est un sourire; mais un peu de potence ne messied pas, et il faut satisfaire la conscience publique. L'esprit d'indiscipline s'était dissipé, la loyauté se reconstituait. Être de bons sujets était désormais l'ambition unique. On était revenu des folies de la politique; on bafouait la révolution, on raillait la république, et ces temps singuliers où l'on avait toujours de grands mots à la bouche, *Droit, Liberté, Progrès;* on riait de ces emphases. Le retour au bon sens était admirable; l'Angleterre avait rêvé. Quel bonheur d'être hors de ces égarements! Y a-t-il rien de plus insensé? Où en serait-on si le premier venu avait des droits? Se figure-t-on tout le monde gouvernant? S'imagine-t-on la cité menée par les citoyens? Les citoyens sont un attelage, et l'attelage n'est pas le cocher. Mettre aux voix, c'est jeter aux vents. Voulez-vous faire flotter les États comme les nuées? Le désordre ne construit pas l'ordre. Si le chaos est l'architecte, l'édifice sera Babel. Et puis quelle tyrannie que cette prétendue liberté! Je veux m'amuser, moi, et non gouverner. Voter m'ennuie; je veux danser. Quelle providence qu'un prince qui se charge de tout! Certes ce roi est généreux de se donner pour nous cette peine! Et puis, il est élevé là-dedans, il sait ce que c'est. C'est son affaire. La paix, la guerre, la législation, les finances, est-ce que cela regarde les peuples? Sans doute il faut que le peuple paie, sans doute il faut que le peuple serve, mais cela doit lui suffire. Une part lui est faite dans la politique; c'est de lui que sortent les deux forces de l'État, l'armée et le budget. Être contribuable, et être soldat, est-ce que ce n'est pas assez? Qu'a-t-il besoin d'autre chose? Il est le bras militaire, il est le bras financier. Rôle magnifique. On règne pour lui. Il faut bien qu'il rétribue ce service. Impôt et liste civile sont des salaires acquittés par les peuples et gagnés par les princes. Le peuple donne son sang et son argent, moyennant quoi on le mène. Vouloir se conduire lui-même, quelle idée bizarre! un guide lui est nécessaire.

Étant ignorant, le peuple est aveugle. Est-ce que l'aveugle n'a pas un chien ? Seulement, pour le peuple, c'est un lion, le roi, qui consent à être le chien. Que de bonté ! Mais pourquoi le peuple est-il ignorant ? parce qu'il faut qu'il le soit. L'ignorance est gardienne de la vertu. Où il n'y a pas de perspective, il n'y a pas d'ambitions ; l'ignorant est dans une nuit utile, qui, supprimant le regard, supprime les convoitises. De là l'innocence. Qui lit pense, qui pense raisonne. Ne pas raisonner, c'est le devoir ; c'est aussi le bonheur. Ces vérités sont incontestables. La société est assise dessus [189].

Ainsi s'étaient rétablies les saines doctrines sociales en Angleterre. Ainsi la nation s'était réhabilitée. En même temps on revenait à la belle littérature. On dédaignait Shakespeare et l'on admirait Dryden. *Dryden est le plus grand poète de l'Angleterre et du siècle,* disait Atterbury, le traducteur d'*Achitophel.* C'était l'époque où M. Huet, évêque d'Avranches, écrivait à Saumaise qui avait fait à l'auteur du *Paradis perdu* l'honneur de le réfuter et de l'injurier : — *Comment pouvez-vous vous occuper de si peu de chose que ce Milton ?* Tout renaissait, tout reprenait sa place. Dryden en haut, Shakespeare en bas, Charles II sur le trône, Cromwell au gibet. L'Angleterre se relevait des hontes et des extravagances du passé. C'est un grand bonheur pour les nations d'être ramenées par la monarchie au bon ordre dans l'État et au bon goût dans les lettres [190].

Que de tels bienfaits pussent être méconnus, cela est difficile à croire. Tourner le dos à Charles II, récompenser par de l'ingratitude la magnanimité qu'il avait eue de remonter sur le trône, n'était-ce pas abominable ? Lord Linnæus Clancharlie avait fait aux honnêtes gens ce chagrin. Bouder le bonheur de sa patrie, quelle aberration !

On sait qu'en 1650 le parlement avait décrété cette rédaction : — *Je promets de demeurer fidèle à la république, sans roi, sans souverain, sans seigneur.* — Sous prétexte qu'il avait prêté ce serment monstrueux, lord Clancharlie vivait hors du royaume, et, en présence de la félicité générale, se croyait le droit d'être triste. Il avait la sombre estime de ce qui n'était plus ; attache bizarre à des choses évanouies.

L'excuser était impossible ; les plus bienveillants l'abandonnaient. Ses amis lui avaient fait longtemps l'honneur de croire qu'il n'était entré dans les rangs républicains que pour voir de plus près les défauts de la cuirasse de la république, et pour la frapper plus sûrement, le jour venu, au profit de la cause sacrée du roi. Ces attentes de l'heure utile pour tuer l'ennemi par-derrière font partie de la loyauté. On avait espéré cela de lord Clancharlie, tant on avait de pente à le juger favorablement. Mais, en présence de son étrange persistance républicaine, il avait bien fallu renoncer à cette bonne opinion. Évidemment lord Clancharlie était convaincu, c'est-à-dire idiot.

L'explication des indulgents flottait entre obstination puérile et opiniâtreté sénile.

Les sévères, les justes, allaient plus loin. Ils flétrissaient ce relaps. L'imbécillité a des droits, mais elle a des limites. On peut être une brute, on ne doit pas être un rebelle. Et puis, qu'était-ce après tout que lord Clancharlie ? un transfuge. Il avait quitté son camp, l'aristocratie, pour aller au camp opposé, le peuple. Ce fidèle était un traître. Il est vrai qu'il était « traître » au plus fort et fidèle au plus faible ; il est vrai que le camp répudié par lui était le camp vainqueur, et que le camp adopté par lui était le camp vaincu ; il est vrai qu'à cette « trahison » il perdait tout, son privilège politique et son foyer domestique, sa pairie et sa patrie ; il ne gagnait que le ridicule ; il n'avait de bénéfice que l'exil. Mais qu'est-ce que cela prouve ? qu'il était un niais. Accordé.

Traître et dupe en même temps, cela se voit.

Qu'on soit niais tant qu'on voudra, à la condition de ne pas donner le mauvais exemple. On ne demande aux niais que d'être honnêtes, moyennant quoi ils peuvent prétendre à être les bases des monarchies. La brièveté d'esprit de ce Clancharlie était inimaginable. Il était resté dans l'éblouissement de la fantasmagorie révolutionnaire. Il s'était laissé mettre dedans par la république, et dehors. Il faisait affront à son pays. Pure félonie que son attitude !

Être absent, c'est être injurieux. Il semblait se tenir à l'écart du bonheur public comme d'une peste. Dans son bannissement volontaire, il y avait on ne sait quel refuge contre la satisfaction nationale. Il traitait la royauté comme une contagion. Sur la vaste allégresse monarchique, dénoncée par lui comme lazaret, il était le drapeau noir. Quoi ! au-dessus de l'ordre reconstitué, de la nation relevée, de la religion restaurée, faire cette figure sinistre ! sur cette sérénité jeter cette ombre ! prendre en mauvaise part l'Angleterre contente ! être le point obscur dans ce grand ciel bleu ! ressembler à une menace ! protester contre le vœu de la nation ! refuser son oui au consentement universel ! Ce serait odieux si ce n'était pas bouffon. Ce Clancharlie ne s'était pas rendu compte qu'on peut s'égarer avec Cromwell, mais qu'il faut revenir avec Monk. Voyez Monk. Il commande l'armée de la république ; Charles II en exil, instruit de sa probité, lui écrit ; Monk, qui concilie la vertu avec les démarches rusées, dissimule d'abord, puis tout à coup, à la tête des troupes, casse le parlement factieux, et rétablit le roi, et Monk est créé duc d'Albemarle, a l'honneur d'avoir sauvé la société, devient très riche, illustre à jamais son époque, et est fait chevalier de la Jarretière avec la perspective d'un enterrement à Westminster. Telle est la gloire d'un Anglais fidèle. Lord Clancharlie n'avait pu s'élever jusqu'à l'intelligence du devoir ainsi pratiqué. Il avait l'infatuation et l'immobilité de l'exil. Il se satisfaisait avec des phrases creuses. Cet homme était ankylosé par l'orgueil. Les mots, conscience, dignité, etc., sont des mots après tout. Il faut voir le fond.

Ce fond, Clancharlie ne l'avait pas vu. C'était une conscience myope, voulant, avant de faire une action, la regarder d'assez près pour en sentir l'odeur. De là des dégoûts absurdes. On n'est pas homme d'État avec ces délicatesses. L'excès de conscience dégénère en infirmité. Le scrupule est manchot devant le sceptre à saisir et eunuque devant la fortune à épouser. Méfiez-vous des scrupules. Ils mènent loin. La fidélité déraisonnable se descend comme un escalier de cave. Une marche, puis une marche, puis une marche encore, et l'on se trouve dans le noir. Les habiles remontent, les naïfs restent. Il ne faut pas laisser légèrement sa conscience s'engager dans le farouche. De transition en transition on arrive aux nuances foncées de la pudeur politique. Alors on est perdu. C'était l'aventure de lord Clancharlie.

Les principes finissent par être un gouffre [191].

Il se promenait, les mains derrière le dos, le long du lac de Genève; la belle avance!

On parlait quelquefois à Londres de cet absent. C'était, devant l'opinion publique, à peu près un accusé. On plaidait le pour et le contre. La cause entendue, le bénéfice de la stupidité lui était acquis.

Beaucoup d'anciens zélés de l'ex-république avaient fait adhésion aux Stuarts. Ce dont on doit les louer. Naturellement ils le calomniaient un peu. Les entêtés sont importuns aux complaisants. Des gens d'esprit, bien vus et bien situés en cour, et ennuyés de son attitude désagréable, disaient volontiers: — *S'il ne s'est pas rallié, c'est qu'on ne l'a pas payé assez cher*, etc. — *Il voulait la place de chancelier que le roi a donnée à lord Hyde*, etc. — Un de ses «anciens amis» allait même jusqu'à chuchoter: — *Il me l'a dit à moi-même*. Quelquefois, tout solitaire qu'était Linnæus Clancharlie, par des proscrits qu'il rencontrait, par de vieux régicides tels que Andrew Broughton, lequel habitait Lausanne, il lui revenait quelque chose de ces propos. Clancharlie se bornait à un imperceptible haussement d'épaules, signe de profond abrutissement.

Une fois il compléta ce haussement d'épaules par ces quelques mots murmurés à demi-voix: *Je plains ceux qui croient cela.*

IV

Charles II, bon homme, le dédaigna. Le bonheur de l'Angleterre sous Charles II était plus que du bonheur, c'était de l'enchantement. Une restauration, c'est un ancien tableau poussé au noir qu'on revernit; tout le passé reparaît. Les bonnes vieilles mœurs faisaient leur rentrée, les jolies femmes régnaient et gouvernaient. Evelyn en a pris note ; on lit dans son journal : « Luxure, profanation, mépris de Dieu. J'ai vu un dimanche soir le roi avec ses filles de joie, la Portsmouth, la Cleveland, la Mazarin, et deux ou trois autres ; toutes à peu près nues dans la galerie du jeu. » On sent percer quelque humeur dans cette peinture ; mais Evelyn était un puritain grognon, entaché de rêverie républicaine. Il n'appréciait pas le profitable exemple que donnent les rois par ces grandes gaietés babyloniennes qui en définitive alimentent le luxe. Il ne comprenait pas l'utilité des vices. Règle : N'extirpez point les vices, si vous voulez avoir des femmes charmantes. Autrement vous ressembleriez aux imbéciles qui détruisent les chenilles tout en raffolant des papillons.

Charles II, nous venons de le dire, s'aperçut à peine qu'il existait un réfractaire appelé Clancharlie, mais Jacques II fut plus attentif. Charles II gouvernait mollement, c'était sa manière ; disons qu'il n'en gouvernait pas plus mal. Un marin quelquefois fait à un cordage destiné à maîtriser le vent un nœud lâche qu'il laisse serrer par le vent. Telle est la bêtise de l'ouragan, et du peuple.

Ce nœud large, devenu très vite nœud étroit, ce fut le gouvernement de Charles II.

Sous Jacques II, l'étranglement commença. Étranglement nécessaire de ce qui restait de la révolution. Jacques II eut l'ambition louable d'être un roi efficace. Le règne de Charles II n'était à ses yeux qu'une ébauche de restauration ; Jacques II voulut un retour à l'ordre plus complet encore. Il avait, en 1660, déploré qu'on se fût borné à une pendaison de dix régicides. Il fut un plus réel reconstructeur de l'autorité. Il donna vigueur aux principes sérieux ; il fit régner cette justice qui est la véritable, qui se met au-dessus des déclamations sentimentales, et qui se préoccupe avant tout des intérêts de la société. A ces sévérités protectrices, on reconnaît le père de l'État. Il confia la main de justice à Jeffreys, et l'épée à Kirke. Kirke multipliait les exemples. Ce colonel utile fit un jour pendre et dépendre trois fois de suite le même homme, un républicain, lui demandant à chaque fois : — Abjures-tu la république ? Le scélérat, ayant toujours dit non, fut achevé. — *Je l'ai pendu quatre fois,* dit Kirke satisfait. Les supplices recommencés sont un grand signe de force dans le pouvoir. Lady Lyle, qui pourtant avait envoyé son fils en guerre contre Montmouth, mais qui avait caché chez elle deux rebelles, fut mise à mort. Un autre rebelle, ayant eu l'honnêteté de déclarer qu'une femme anabaptiste lui avait donné asile, eut sa grâce, et la femme fut brûlée vive. Kirke, un autre jour, fit comprendre à une ville qu'il la savait républicaine en pendant dix-neuf bourgeois. Représailles bien légitimes, certes, quand on songe que sous Cromwell on coupait le nez et les oreilles aux saints de pierre dans les églises. Jacques II, qui avait su choisir Jeffreys et Kirke, était un prince imbu de vraie religion, il se mortifiait par la laideur de ses maîtresses, il écoutait le père La Colombière, ce prédicateur qui était presque aussi onctueux que le père Cheminais, mais avec plus de feu, et qui eut la gloire d'être dans la première moitié de sa vie le conseiller de Jacques II, et dans la seconde l'inspirateur de Marie Alacoque. C'est grâce à cette forte nourriture religieuse que plus tard Jacques II put supporter dignement l'exil et donner dans sa retraite de Saint-Germain le spectacle d'un roi supérieur à l'adversité, touchant avec calme les écrouelles, et conversant avec des jésuites.

On comprend qu'un tel roi dut, dans une certaine mesure, se préoccuper d'un rebelle comme lord Linnæus Clancharlie. Les pairies héréditairement transmissibles contenant une certaine quantité d'avenir, il était évident que, s'il y avait quelque précaution à prendre du côté de ce lord, Jacques II n'hésiterait pas.

II

LORD DAVID DIRRY-MOIR

I

Lord Linnæus Clancharlie n'avait pas toujours été vieux et proscrit. Il avait eu sa phase de jeunesse et de passion. On sait, par Harrison et Pride, que Cromwell jeune avait aimé les femmes et le plaisir, ce qui, parfois (autre aspect de la question femme), annonce un séditieux. Défiez-vous de la ceinture mal attachée. *Male praecinctum juvenem cavete* [192].

Lord Clancharlie avait eu, comme Cromwell, ses incorrections et ses irrégularités. On lui connaissait un enfant naturel, un fils. Ce fils, venu au monde à l'instant où la république finissait, était né en Angleterre pendant que son père partait pour l'exil. C'est pourquoi il n'avait jamais vu ce père qu'il avait. Ce bâtard de lord Clancharlie avait grandi page à la cour de Charles II. On l'appelait lord David Dirry-Moir [193] ; il était lord de courtoisie, sa mère étant femme de qualité. Cette mère, pendant que lord Clancharlie devenait hibou en Suisse, prit le parti, étant belle, de bouder moins, et se fit pardonner ce premier amant sauvage par un deuxième, celui-là incontestablement apprivoisé, et même royaliste, car c'était le roi. Elle fut un peu la maîtresse de

Charles II, assez pour que sa majesté, charmée d'avoir repris cette jolie femme à la république, donnât au petit lord David, fils de sa conquête, une commission de garde de la branche. Ce qui fit ce bâtard officier, avec bouche en cour, et par contrecoup stuartiste ardent. Lord David fut quelque temps, comme garde de la branche, un des cent soixante-dix portant la grosse épée ; puis il entra dans la bande des pensionnaires, et fut un des quarante qui portent la pertuisane dorée. Il eut en outre, étant de cette troupe noble instituée par Henri VIII pour garder son corps, le privilège de poser les plats sur la table du roi. Ce fut ainsi que, tandis que son père blanchissait en exil, lord David prospéra sous Charles II.

Après quoi il prospéra sous Jacques II.

Le roi est mort, vive le roi, c'est le *non deficit alter, aureus* [194].

Ce fut à cet avènement du duc d'York qu'il obtint la permission de s'appeler lord David Dirry-Moir, d'une seigneurie que sa mère, qui venait de mourir, lui avait léguée dans cette grande forêt d'Écosse où l'on trouve l'oiseau Krag, lequel creuse son nid avec son bec dans le tronc des chênes [195].

II

Jacques II était un roi, et avait la prétention d'être un général. Il aimait à s'entourer de jeunes officiers. Il se montrait volontiers en public à cheval avec un casque et une cuirasse, et une vaste perruque débordante sortant de dessous le casque par-dessus la cuirasse ; espèce de statue équestre de la guerre imbécile. Il prit en amitié la bonne grâce du jeune lord David. Il sut gré à ce royaliste d'être fils d'un républicain ; un père renié ne nuit point à une fortune de cour qui commence. Le roi fit lord David gentilhomme de la chambre du lit, à mille livres de gages.

C'était un bel avancement. Un gentilhomme du lit couche toutes les nuits près du roi sur un lit qu'on dresse. On est douze gentilshommes, et l'on se relaie.

Lord David, dans ce poste, fut le chef de l'avenier du

roi, celui qui donne l'avoine aux chevaux et qui a deux cent soixante livres de gages. Il eut sous lui les cinq cochers du roi, les cinq postillons du roi, les cinq palefreniers du roi, les douze valets de pied du roi, et les quatre porteurs de chaise du roi. Il eut le gouvernement des six chevaux de course que le roi entretient à Haymarket et qui coûtent six cents livres par an à sa majesté. Il fit la pluie et le beau temps dans la garde-robe du roi, laquelle fournit les habits de cérémonie aux chevaliers de la Jarretière. Il fut salué jusqu'à terre par l'huissier de la verge noire, qui est au roi. Cet huissier, sous Jacques II, était le chevalier Duppa. Lord David eut les respects de M. Baker, qui était clerc de la couronne, et de M. Brown, qui était clerc du parlement. La cour d'Angleterre, magnifique, est un patron d'hospitalité. Lord David présida, comme l'un des douze, aux tables et réceptions. Il eut la gloire d'être debout derrière le roi les jours d'offrande, quand le roi donne à l'église le besant d'or, *byzantium*, les jours de collier, quand le roi porte le collier de son ordre, et les jours de communion, quand personne ne communie, hors le roi et les princes. Ce fut lui qui, le jeudi saint, introduisit près de sa majesté les douze pauvres auxquels le roi donne autant de sous d'argent qu'il a d'années de vie et autant de shellings qu'il a d'années de règne. Il eut la fonction, quand le roi était malade, d'appeler, pour assister sa majesté, les deux grooms de l'aumônerie qui sont prêtres, et d'empêcher les médecins d'approcher sans permission du conseil d'État. De plus, il fut lieutenant-colonel du régiment écossais de la garde royale, lequel bat la marche d'Écosse.

En cette qualité il fit plusieurs campagnes, et très glorieusement, car il était vaillant homme de guerre. C'était un seigneur brave, bien fait, beau, généreux, fort grand de mine et de manières. Sa personne ressemblait à sa qualité. Il était de haute taille comme de haute naissance.

Il fut presque un moment en passe d'être nommé groom of the stole, ce qui lui eût donné le privilège de passer la chemise au roi ; mais il faut pour cela être prince ou pair.

Créer un pair, c'est beaucoup. C'est créer une pairie, cela fait des jaloux. C'est une faveur; une faveur fait au roi un ami, et cent ennemis, sans compter que l'ami devient ingrat. Jacques II, par politique, créait difficilement des pairies, mais les transférait volontiers. Une pairie transférée ne produit pas d'émoi. C'est simplement un nom qui continue. La lordship en est peu troublée.

La bonne volonté royale ne répugnait point à introduire lord David Dirry-Moir dans la chambre haute, pourvu que ce fût par la porte d'une pairie substituée. Sa majesté ne demandait pas mieux que d'avoir une occasion de faire David Dirry-Moir, de lord de courtoisie, lord de droit.

III

Cette occasion se présenta.

Un jour on apprit qu'il était arrivé au vieil absent, lord Linnæus Clancharlie, diverses choses dont la principale était qu'il était trépassé. La mort a cela de bon pour les gens, qu'elle fait un peu parler d'eux. On raconta ce qu'on savait, ou ce qu'on croyait savoir, des dernières années de lord Linnæus. Conjectures et légendes probablement. A en croire ces récits, sans doute très hasardés, vers la fin de sa vie lord Clancharlie aurait eu une recrudescence républicaine telle, qu'il en était venu, affirmait-on, jusqu'à épouser, étrange entêtement de l'exil, la fille d'un régicide, Ann Bradshaw, — on précisait le nom, — laquelle était morte aussi, mais, disait-on, en mettant au monde un enfant, un garçon, qui, si tous ces détails étaient exacts, se trouverait être le fils légitime et l'héritier légal de lord Clancharlie. Ces dires, fort vagues, ressemblaient plutôt à des bruits qu'à des faits. Ce qui se passait en Suisse était pour l'Angleterre d'alors aussi lointain que ce qui se passe en Chine pour l'Angleterre d'aujourd'hui. Lord Clancharlie aurait eu cinquante-neuf ans au moment de son mariage, et soixante à la naissance de son fils, et serait mort fort peu de temps après, laissant derrière lui cet enfant, orphelin de père et de mère. Possibilités, sans doute, mais invraisemblances. On ajoutait que cet enfant était « beau comme le jour », ce qui se lit dans tous les contes de fées [196]. Le roi Jacques mit fin à ces rumeurs, évidemment sans fondement aucun, en déclarant un beau matin lord David Dirry-Moir unique et définitif héritier, *à défaut d'enfant légitime,* et par le bon plaisir royal, de lord Linnæus Clancharlie, son père naturel, *l'absence de toute autre filiation et descendance étant constatée;* de quoi les patentes furent enregistrées en chambre des lords. Par ces patentes, le roi substituait lord David Dirry-Moir aux titres, droits et prérogatives dudit défunt lord Linnæus Clancharlie, à la seule condition que lord David épouserait, quand elle serait nubile, une fille, en ce moment-là tout enfant et âgée de quelques mois seulement, que le roi avait au berceau faite duchesse, on ne savait trop pourquoi. Lisez, si vous voulez, on savait trop pourquoi. On appelait cette petite la duchesse Josiane.

La mode anglaise était alors aux noms espagnols. Un des bâtards de Charles II s'appelait Carlos, comte de Plymouth. Il est probable que *Josiane* était la contraction de Josefa y Ana. Cependant peut-être y avait-il Josiane comme il y avait Josias. Un des gentilshommes de Henri III se nommait Josias du Passage [197].

C'est à cette petite duchesse que le roi donnait la pairie de Clancharlie. Elle était pairesse en attendant qu'il y eût un pair. Le pair serait son mari. Cette pairie reposait sur une double châtellenie, la baronnie de Clancharlie et la baronnie de Hunkerville; en outre les lords Clancharlie étaient, en récompense d'un ancien fait d'armes et par permission royale, marquis de Corleone en Sicile. Les pairs d'Angleterre ne peuvent porter de titres étrangers; il y a pourtant des exceptions; ainsi Henry Arundel, baron Arondel de Wardour, était, ainsi que lord Clifford, comte du Saint Empire, dont lord Cowper est prince; le duc de Hamilton est en France duc de Châtellerault; Basil Fellding, comte de Denbigh, est en Allemagne comte de Hapsbourg, de Lauffenbourg et de Rheinfelden. Le duc de Marlborough était prince de Mindelheim en Souabe, de même que le duc de Wellington était prince de Waterloo en Belgique. Le même lord Wellington était duc espagnol de Ciudad-Rodrigo, et comte portugais de Vimeira.

Il y avait en Angleterre, et il y a encore, des terres nobles et des terres roturières. Les terres des lords Clancharlie étaient toutes nobles. Ces terres, châteaux, bourgs, bailliages, fiefs, rentes, alleux et domaines adhérents à la pairie Clancharlie-Hunkerville appartenaient provisoirement à lady Josiane, et le roi déclarait qu'une fois Josiane épousée, lord David Dirry-Moir serait baron Clancharlie.

Outre l'héritage Clancharlie, lady Josiane avait sa fortune personnelle. Elle possédait de grands biens, dont plusieurs venaient des dons de Madame sans queue au duc d'York. *Madame sans queue,* cela veut dire Madame tout court. On appelait ainsi Henriette d'Angleterre, duchesse d'Orléans, la première femme de France après la reine.

IV

Après avoir prospéré sous Charles et Jacques, lord David prospéra sous Guillaume. Son jacobisme n'alla point jusqu'à suivre Jacques II en exil. Tout en continuant d'aimer son roi légitime, il eut le bon sens de servir l'usurpateur. Il était, du reste, quoique avec quelque indiscipline, excellent officier; il passa de l'armée de terre dans l'armée de mer, et se distingua dans l'escadre blanche. Il y devint ce qu'on appelait alors « capitaine de frégate légère ». Cela finit par faire un très galant homme, poussant fort loin l'élégance des vices, un peu poète comme tout le monde, bon serviteur de l'État, bon domestique du prince, assidu aux fêtes, aux galas, aux petits levers, aux cérémonies, aux batailles, servile comme il faut, très hautain, ayant la vue basse ou perçante selon l'objet à regarder, probe volontiers, obséquieux et arrogant à propos, d'un premier mouvement franc et sincère, quitte à se remasquer ensuite, très observateur de la bonne et mauvaise humeur royale, insouciant devant une pointe d'épée, toujours prêt à risquer sa vie sur un signe de sa majesté avec héroïsme et platitude, capable de toutes les incartades et d'aucune impolitesse, homme de courtoisie et d'étiquette, fier d'être à genoux dans les grandes occasions monarchiques, d'une vaillance gaie, courtisan en dessus, paladin en dessous, tout jeune à quarante-cinq ans.

Lord David chantait des chansons françaises, gaieté élégante qui avait plu à Charles II.

Il aimait l'éloquence et le beau langage. Il admirait fort ces boniments célèbres qu'on appelle les Oraisons funèbres de Bossuet [198].

Du côté de sa mère, il avait à peu près de quoi vivre, environ dix mille livres sterling de revenu, c'est-à-dire deux cent cinquante mille francs de rente. Il s'en tirait en faisant des dettes. En magnificence, extravagance et nouveauté, il était incomparable [199]. Dès qu'on le copiait, il changeait sa mode. A cheval, il portait des bottes aisées de vache retournée, avec éperons. Il avait des chapeaux que personne n'avait, des dentelles inouïes, et des rabats à lui tout seul.

III

LA DUCHESSE JOSIANE

I

Vers 1705, bien que lady Josiane eût vingt-trois ans et lord David quarante-quatre, le mariage n'avait pas encore eu lieu, et cela par les meilleures raisons du monde. Se haïssaient-ils? loin de là. Mais ce qui ne peut vous échapper n'inspire aucune hâte. Josiane voulait rester libre. David voulait rester jeune. N'avoir de lien que le plus tard possible, cela lui semblait un prolongement du bel âge. Les jeunes hommes retardataires abondaient dans ces époques galantes; on grisonnait dameret; la perruque était complice, plus tard la poudre fut auxiliaire. A cinquante-cinq ans, lord Charles Gerrard, baron Gerrard des Gerrards de Bromley, remplissait Londres de ses bonnes fortunes. La jolie et jeune duchesse de Buckingham, comtesse de Coventry, faisait des folies d'amour pour les soixante-sept ans du beau Thomas Bellasyse, vicomte Falcomberg. On citait les vers fameux de Corneille septuagénaire à une femme de vingt ans : *Marquise, si mon visage*. Les femmes aussi avaient des succès d'automne, témoin Ninon et Marion. Tels étaient les modèles.

Josiane et David étaient en coquetterie avec une nuance particulière. Ils ne s'aimaient pas, ils se plaisaient. Se côtoyer leur suffisait. Pourquoi se dépêcher d'en finir ? Les romans d'alors poussaient les amoureux et les fiancés à ce genre de stage qui était du plus bel air. Josiane, en outre, se sachant bâtarde, se sentait princesse, et le prenait de haut avec les arrangements quelconques. Elle avait du goût pour lord David. Lord David était beau, mais c'était par-dessus le marché. Elle le trouvait élégant.

Être élégant, c'est tout. Caliban élégant et magnifique distance Ariel pauvre. Lord David était beau, tant mieux ; l'écueil d'être beau, c'est d'être fade ; il ne l'était pas. Il pariait, boxait, s'endettait. Josiane faisait grand cas de ses chevaux, de ses chiens, de ses pertes au jeu, de ses maîtresses. Lord David de son côté subissait la fascination de la duchesse Josiane, fille sans tache et sans scrupule, altière, inaccessible et hardie [200]. Il lui adressait des sonnets que Josiane lisait quelquefois. Dans ces sonnets, il affirmait que posséder Josiane, ce serait monter jusqu'aux astres, ce qui ne l'empêchait pas de toujours remettre cette ascension à l'an prochain. Il faisait antichambre à la porte du cœur de Josiane, et cela leur convenait à tous les deux. A la cour on admirait le suprême bon goût de cet ajournement. Lady Josiane disait : C'est ennuyeux que je sois forcée d'épouser lord David, moi qui ne demanderais pas mieux que d'être amoureuse de lui !

Josiane, c'était la chair [201]. Rien de plus magnifique. Elle était très grande, trop grande. Ses cheveux étaient de cette nuance qu'on pourrait nommer le blond pourpre. Elle était grasse, fraîche, robuste, vermeille, avec énormément d'audace et d'esprit. Elle avait les yeux trop intelligibles. D'amant point ; de chasteté, pas davantage. Elle se murait dans l'orgueil. Les hommes, fi donc ! un dieu tout au plus était digne d'elle ; ou un monstre. Si la vertu consiste dans l'escarpement [202], Josiane était toute la vertu possible, sans aucune innocence. Elle n'avait pas d'aventures, par dédain ; mais on ne l'eût point fâchée de lui en supposer, pourvu qu'elles fussent étranges et proportionnées à une personne faite comme elle. Elle tenait peu à sa réputation et beaucoup à sa gloire. Sembler facile et être impossible, voilà le chef-d'œuvre. Josiane se sentait majesté et matière. C'était une beauté encombrante. Elle empiétait plus qu'elle ne charmait. Elle marchait sur les cœurs. Elle était terrestre. On l'eût aussi étonnée de lui montrer une âme dans sa poitrine que de lui faire voir des ailes sur son dos. Elle dissertait sur Locke. Elle avait de la politesse. On la soupçonnait de savoir l'arabe.

Être la chair et être la femme, c'est deux. Où la femme est vulnérable, au côté pitié, par exemple, qui devient si aisément amour, Josiane ne l'était pas. Non qu'elle fût insensible. L'antique comparaison de la chair avec le marbre est absolument fausse. La beauté de la chair, c'est de n'être point marbre; c'est de palpiter, c'est de trembler, c'est de rougir, c'est de saigner; c'est d'avoir la fermeté sans avoir la dureté; c'est d'être blanche sans être froide; c'est d'avoir ses tressaillements et ses infirmités; c'est d'être la vie, et le marbre est la mort. La chair, à un certain degré de beauté, a presque le droit de nudité; elle se couvre d'éblouissement comme d'un voile; qui eût vu Josiane nue n'aurait aperçu ce modelé qu'à travers une dilatation lumineuse. Elle se fût montrée volontiers à un satyre, ou à un eunuque. Elle avait l'aplomb mythologique. Faire de sa nudité un supplice, éluder un Tantale, l'eût amusée. Le roi l'avait faite duchesse, et Jupiter néréide. Double irradiation dont se composait la clarté étrange de cette créature[203]. A l'admirer on se sentait devenir païen et laquais. Son origine, c'était la bâtardise et l'Océan. Elle semblait sortir d'une écume. A vau-l'eau avait été le premier jet de sa destinée, mais dans le grand milieu royal. Elle avait en elle de la vague, du hasard, de la seigneurie, et de la tempête[204]. Elle était lettrée et savante. Jamais une passion ne l'avait approchée, et elle les avait sondées toutes. Elle avait le dégoût des réalisations, et le goût aussi. Si elle se fût poignardée, ce n'eût été, comme Lucrèce, qu'après. Toutes les corruptions, à l'état visionnaire, étaient dans cette vierge. C'était une Astarté possible dans une Diane réelle[205]. Elle était, par insolence de haute naissance, provocante et inabordable. Pourtant elle pouvait trouver divertissant de s'arranger à elle-même une chute. Elle habitait une gloire dans un nimbe avec la velléité d'en descendre, et peut-être avec la curiosité d'en tomber. Elle était un peu lourde pour son nuage. Faillir plaît. Le sans-gêne princier donne un privilège d'essai, et une personne ducale s'amuse où une bourgeoise se perdrait. Josiane était en tout, par la naissance, par la beauté, par l'ironie, par la lumière, à peu près reine. Elle avait eu un moment d'enthousiasme pour Louis de Boufflers qui cassait un fer à cheval entre ses doigts. Elle regrettait qu'Hercule fût mort. Elle vivait dans on ne sait quelle attente d'un idéal lascif et suprême.

Au moral, Josiane faisait penser au vers de l'épître aux Pisons : *Desinit in piscem.*

> Un beau torse de femme en hydre se termine.

C'était une noble poitrine, un sein splendide harmonieusement soulevé par un cœur royal, un vivant et clair regard, une figure pure et hautaine, et, qui sait? ayant sous l'eau, dans la transparence entrevue et trouble, un prolongement ondoyant surnaturel, peut-être draconien et difforme. Vertu superbe achevée en vices dans la profondeur des rêves [206].

II

Avec cela, précieuse.
C'était la mode.
Qu'on se rappelle Élisabeth.
Élisabeth est un type qui, en Angleterre, a dominé trois siècles, le seizième, le dix-septième et le dix-huitième. Élisabeth est plus qu'une Anglaise, c'est une anglicane. De là le respect profond de l'église épiscopale pour cette reine; respect ressenti par l'église catholique, qui le mélangeait d'un peu d'excommunication. Dans la bouche de Sixte-Quint anathématisant Élisabeth, la malédiction tourne au madrigal. *Un gran cervello di principessa,* dit-il. Marie Stuart, moins occupée de la question église et plus occupée de la question femme, était peu respectueuse pour sa sœur Élisabeth et lui écrivait de reine à reine et de coquette à prude : « Votre éloignement du

mariage provient de ce que vous ne voulez perdre liberté de vous faire faire l'amour. » Marie Stuart jouait de l'éventail et Élisabeth de la hache. Partie inégale. Du reste toutes deux rivalisaient en littérature. Marie Stuart faisait des vers français ; Élisabeth traduisait Horace. Élisabeth, laide, se décrétait belle, aimait les quatrains et les acrostiches, se faisait présenter les clefs des villes par des cupidons, pinçait la lèvre à l'italienne et roulait la prunelle à l'espagnole, avait dans sa garde-robe trois mille habits et toilettes, dont plusieurs costumes de Minerve et d'Amphitrite, estimait les Irlandais pour la largeur de leurs épaules, couvrait son vertugadin de paillons et de passequilles*, adorait les roses, jurait, sacrait, trépignait, cognait du poing ses filles d'honneur, envoyait au diable Dudley, battait le chancelier Burleigh, qui pleurait, la vieille bête, crachait sur Mathew, colletait Hatton, souffletait Essex, montrait sa cuisse à Bassompierre, était vierge.

Ce qu'elle avait fait pour Bassompierre, la reine de Saba l'avait fait pour Salomon**. Donc, c'était correct, l'écriture sainte ayant créé le précédent. Ce qui est biblique peut être anglican. Le précédent biblique va même jusqu'à faire un enfant qui s'appelle Ebnehaquem ou Melilechet, c'est-à-dire *le Fils du Sage*.

Pourquoi pas ces mœurs ? Cynisme vaut bien hypocrisie.

Aujourd'hui l'Angleterre, qui a un Loyola appelé Wesley, baisse un peu les yeux devant ce passé. Elle en est contrariée, mais fière.

Dans ces mœurs-là, le goût du difforme existait, particulièrement chez les femmes, et singulièrement chez les belles. A quoi bon être belle, si l'on n'a pas un magot [207] ? Que sert d'être reine si l'on n'est pas tutoyée par un poussah ? Marie Stuart avait eu des « bontés » pour un

---

*   Passequilles n'est attesté par aucun dictionnaire. On peut supposer qu'il s'agit de *quilles*, terme par lequel les marchandes de modes désignaient deux bandes de parements que l'on mettait à une robe le long de la couture. (Note de l'éditeur.)
** *Regina Saba eoram rege crura denudavit*. Schicklardus in Procemio Tarich. Jersici F. 65.

cron*, Bizzio. Marie-Thérèse d'Espagne avait été « un peu familière » avec un nègre. D'où *l'abbesse noire*. Dans les alcôves du grand siècle la bosse était bien portée ; témoin le maréchal de Luxembourg.

Et avant Luxembourg, Condé, « ce petit homme tant joli ».

Les belles elles-mêmes pouvaient, sans inconvénient, être contrefaites. C'était accepté. Anne de Boleyn avait un sein plus gros que l'autre, six doigts à une main, et une surdent. La Vallière était bancale. Cela n'empêcha pas Henri VIII d'être insensé et Louis XIV d'être éperdu.

Au moral, mêmes déviations. Presque pas de femme dans les hauts rangs qui ne fût un cas tératologique. Agnès contenait Mélusine [208]. On était femme le jour et goule la nuit. On allait en grève baiser sur le pieu de fer des têtes fraîches coupées. Marguerite de Valois, une aïeule des précieuses, avait porté à sa ceinture sous cadenas dans des boîtes de fer-blanc, cousues à son corps de jupe tous les cœurs de ses amants morts. Henri IV s'était caché sous ce vertugadin-là.

Au dix-huitième siècle la duchesse de Berry, fille du régent, résuma toutes ces créatures dans un type obscène et royal.

En outre les belles dames savaient le latin. C'était, depuis le seizième siècle, une grâce féminine. Jane Grey avait poussé l'élégance jusqu'à savoir l'hébreu.

La duchesse Josiane latinisait. De plus, autre belle manière, elle était catholique. En secret, disons-le, et plutôt comme son oncle Charles II que comme son père Jacques II. Jacques, à son catholicisme, avait perdu sa royauté, et Josiane ne voulait point risquer sa pairie. C'est pourquoi, catholique dans l'intimité et entre raffinés et raffinées, elle était protestante extérieure. Pour la canaille.

Cette façon d'entendre la religion est agréable ; on jouit de tous les biens attachés à l'église officielle épiscopale, et plus tard on meurt, comme Grotius, en odeur de catho-

---

* Être bossu et difforme. (Note de l'éditeur.)

licisme, et l'on a la gloire que le père Petau dise une messe pour vous.

Quoique grasse et bien portante, Josiane était, insistons-y, une précieuse parfaite.

Par moments, sa façon dormante et voluptueuse de traîner la fin des phrases imitait les allongements de pattes d'une tigresse marchant dans les jongles [209].

L'utilité d'être précieuse, c'est que cela déclasse le genre humain. On ne lui fait plus d'honneur d'en être.

Avant tout, mettre l'espèce humaine à distance, voilà ce qui importe.

Quand on n'a pas l'olympe, on prend l'hôtel de Rambouillet.

Junon se résout en Araminte. Une prétention de divinité non admise crée la mijaurée. A défaut de coups de tonnerre, on a l'impertinence. Le temple se ratatine en boudoir. Ne pouvant être déesse, on est idole.

Il y a en outre dans le précieux une certaine pédanterie qui plaît aux femmes.

La coquette et le pédant sont deux voisins. Leur adhérence est visible dans le fat.

Le subtil dérive du sensuel. La gourmandise affecte la délicatesse. Une grimace dégoûtée sied à la convoitise.

Et puis le côté faible de la femme se sent gardé par toute cette casuistique de la galanterie qui tient lieu de scrupules aux précieuses. C'est une circonvallation avec fossé. Toute précieuse a un air de répugnance. Cela protège.

On consentira, mais on méprise. En attendant [210].

Josiane avait un for intérieur inquiétant. Elle se sentait une telle pente à l'impudeur qu'elle était bégueule. Les reculs de fierté en sens inverse de nos vices nous mènent aux vices contraires. L'excès d'effort pour être chaste la faisait prude. Être trop sur la défensive, cela indique un secret désir d'attaque. Qui est farouche n'est pas sévère.

Elle s'enfermait dans l'exception arrogante de son rang et de sa naissance, tout en préméditant peut-être, nous l'avons dit, quelque brusque sortie.

On était à l'aurore du dix-huitième siècle. L'Angleterre ébauchait ce qui a été en France la régence. Walpole et

Dubois se tiennent. Marlborough se battait contre son ex-roi Jacques II auquel il avait, disait-on, vendu sa sœur Churchill. On voyait briller Bolingbroke et poindre Richelieu. La galanterie trouvait commode une certaine mêlée des rangs; le plain-pied se faisait par les vices. Il devait se faire plus tard par les idées. L'encanaillement, prélude aristocratique, commençait ce que la révolution devait achever. On n'était pas très loin de Jélyotte publiquement assis en plein jour sur le lit de la marquise d'Épinay. Il est vrai, car les mœurs se font écho, que le seizième siècle avait vu le bonnet de nuit de Smeton sur l'oreiller d'Anne de Boleyn.

Si femme signifie faute, comme je ne sais plus quel concile l'a affirmé, jamais la femme n'a plus été femme qu'en ces temps-là. Jamais, couvrant sa fragilité de son charme, et sa faiblesse de sa toute-puissance, elle ne s'est plus impérieusement fait absoudre. Faire du fruit défendu le fruit permis, c'est la chute d'Ève; mais faire du fruit permis le fruit défendu, c'est son triomphe. Elle finit par là. Au dix-huitième siècle la femme tire le verrou sur le mari. Elle s'enferme dans l'éden avec Satan. Adam est dehors [211].

III

Tous les instincts de Josiane inclinaient plutôt à se donner galamment qu'à se donner légalement. Se donner par galanterie implique de la littérature, rappelle Ménalque et Amaryllis, et est presque une action docte.

Mademoiselle de Scudéry, l'attrait de la laideur pour la laideur mis à part, n'avait pas eu d'autre motif pour céder à Pélisson.

La fille souveraine et la femme sujette, telles sont les vieilles coutumes anglaises. Josiane différait le plus qu'elle pouvait l'heure de cette sujétion. Qu'il fallût en venir au mariage avec lord David, puisque le bon plaisir royal l'exigeait, c'était une nécessité sans doute, mais quel dommage! Josiane agréait et éconduisait lord David. Il y avait entre eux accord tacite pour ne point conclure et pour ne point rompre. Ils s'éludaient. Cette façon de s'aimer avec un pas en avant et deux pas en arrière, est exprimée par les danses du temps, le menuet et la gavotte. Être des gens mariés, cela ne va pas à l'air du visage, cela fane les rubans qu'on porte, cela vieillit. L'épousaille, solution désolante de clarté. La livraison d'une femme par un notaire, quelle platitude ! La brutalité du mariage crée des situations définitives, supprime la volonté, tue le choix, a une syntaxe comme la grammaire, remplace l'inspiration par l'orthographe, fait de l'amour une dictée, met en déroute le mystérieux de la vie, inflige la transparence aux fonctions périodiques et fatales, ôte du nuage l'aspect en chemise de la femme, donne des droits diminuants pour qui les exerce comme pour qui les subit, dérange par un penchement de balance tout d'un côté le charmant équilibre du sexe robuste et du sexe puissant, de la force et de la beauté, et fait ici un maître et là une servante, tandis que, hors du mariage, il y a une esclave et une reine. Prosaïser le lit jusqu'à le rendre décent, conçoit-on rien de plus grossier ? Qu'il n'y ait plus de mal du tout à s'aimer, est-ce assez bête !

Lord David mûrissait. Quarante ans, c'est une heure qui sonne. Il ne s'en apercevait pas. Et de fait il avait toujours l'air de ses trente ans. Il trouvait plus amusant de désirer Josiane que de la posséder. Il en possédait d'autres ; il avait des femmes. Josiane de son côté avait des songes.

Les songes étaient pires.

La duchesse Josiane avait cette particularité, moins rare du reste qu'on ne croit, qu'un de ses yeux était bleu et l'autre noir. Ses prunelles étaient faites d'amour et de haine, de bonheur et de malheur. Le jour et la nuit étaient mêlés dans son regard [212].

Son ambition était ceci : se montrer capable de l'impossible.

Un jour elle avait dit à Swift :

— Vous vous figurez, vous autres, que votre mépris existe.

Vous autres, c'était le genre humain.

Elle était papiste à fleur de peau. Son catholicisme ne

dépassait point la quantité nécessaire pour l'élégance. Ce serait du puséysme [213] aujourd'hui. Elle portait de grosses robes de velours, ou de satin, ou de moire, quelques-unes amples de quinze et seize aunes, et des entoilages d'or et d'argent, et autour de sa ceinture force nœuds de perles alternés avec des nœuds de pierreries. Elle abusait des galons. Elle mettait parfois une veste de drap passementé comme un bachelier. Elle allait à cheval sur une selle d'homme, en dépit de l'invention des selles de femme introduite en Angleterre au quatorzième siècle par Anne, femme de Richard II. Elle se lavait le visage, les bras, les épaules et la gorge avec du sucre candi délayé dans du blanc d'œuf à la mode castillane. Elle avait, après qu'on avait spirituellement parlé auprès d'elle, un rire de réflexion d'une grâce singulière.

Du reste, aucune méchanceté. Elle était plutôt bonne.

IV

MAGISTER ELEGANTIARUM

Josiane s'ennuyait, cela va sans dire.
Lord David Dirry-Moir avait une situation magistrale dans la vie joyeuse de Londres. Nobility et gentry le vénéraient.
Enregistrons une gloire de lord David, il osait porter ses cheveux. La réaction contre la perruque commençait. De même qu'en 1824 Eugène Devéria osa le premier laisser pousser sa barbe, en 1702 Price Devereux osa le premier hasarder en public, sous la dissimulation d'une frisure savante, sa chevelure naturelle. Risquer sa chevelure, c'était presque risquer sa tête. L'indignation fut universelle; pourtant Price Devereux était vicomte Hereford, et pair d'Angleterre. Il fut insulté, et le fait est que la chose en valait la peine. Au plus fort de la huée, lord David parut tout à coup, lui aussi, avec ses cheveux et sans perruque. Ces choses-là annoncent la fin des sociétés. Lord David fut honni plus encore que le vicomte Hereford. Il tint bon. Price Devereux avait été le premier, David Dirry-Moir fut le second. Il est quelquefois plus difficile d'être le second que le premier. Il faut moins de génie, mais plus de courage. Le premier, enivré par l'innovation, a pu ignorer le danger; le second voit l'abîme, et s'y précipite. Cet abîme, ne plus porter perru-

que, David Dirry-Moir s'y jeta. Plus tard on les imita, on eut, après ces deux révolutionnaires, l'audace de se coiffer de ses cheveux, et la poudre vint, comme circonstance atténuante.

Pour fixer en passant cet important point d'histoire, disons que la vraie priorité dans la guerre à la perruque appartiendrait à une reine, Christine de Suède, laquelle mettait des habits d'homme, et s'était montrée dès 1680 avec ses cheveux châtains naturels, poudrés et hérissés sans coiffure en tête naissante. Elle avait en outre «quelques poils de barbe», dit Misson.

Le pape, de son côté, par sa bulle de mars 1694, avait un peu déconsidéré la perruque en l'ôtant de la tête des évêques et des prêtres, et en ordonnant aux gens d'église de laisser pousser leurs cheveux.

Lord David donc ne portait pas perruque et mettait des bottes de peau de vache.

Ces grandes choses le désignaient à l'admiration publique. Pas un club dont il ne fût le leader, pas une boxe où on ne le souhaitât pour referee. Le referee, c'est l'arbitre.

Il avait rédigé les chartes de plusieurs cercles de la high life; il avait fait des fondations d'élégance dont une, *Lady Guinea,* existait encore à Pall Mall en 1772. *Lady Guinea* était un cercle où foisonnait toute la jeune lordship. On y jouait. Le moindre enjeu était un rouleau de cinquante guinées, et il n'y avait jamais moins de vingt mille guinées sur la table. Près de chaque joueur se dressait un guéridon pour poser la tasse de thé et la sébile de bois doré où l'on met les rouleaux de guinées. Les joueurs avaient, comme les valets quand ils fourbissent les couteaux, des manches de cuir, lesquelles protégeaient leurs dentelles, des plastrons de cuir qui garantissaient leurs fraises, et sur la tête, pour abriter leurs yeux, à cause de la grande lumière des lampes, et maintenir en ordre leur frisure, de larges chapeaux de paille couverts de fleurs. Ils étaient masqués, pour qu'on ne vît pas leur émotion, surtout au jeu de quinze. Tous avaient sur le dos leurs habits à l'envers, afin d'attirer la chance.

Lord David était du Beefsteak Club, du Surly Club, et du Split-farthing Club, du Club des Bourrus et du Club des Gratte-Sous, du Nœud Scellé, Sealed Knot, club des royalistes, et du Martinus Scribblerus, fondé par Swift, en remplacement de la Rota, fondée par Milton.

Quoique beau, il était du Club des Laids. Ce club était dédié à la difformité. On y prenait l'engagement de se battre, non pour une belle femme, mais pour un homme laid. La salle du club avait pour ornement des portraits hideux, Thersite, Triboulet, Duns, Hudibras, Scarron ; sur la cheminée était Ésope entre deux borgnes, Coclès et Camoëns ; Coclès étant borgne de l'œil gauche et Camoëns de l'œil droit, chacun était sculpté de son côté borgne ; et ces deux profils sans yeux se faisaient vis-à-vis. Le jour où la belle madame Visart eut la petite vérole, le Club des Laids lui porta un toast. Ce club florissait encore au commencement du dix-neuvième siècle ; il avait envoyé un diplôme de membre honoraire à Mirabeau [214].

Depuis la restauration de Charles II, les clubs révolutionnaires étaient abolis. On avait démoli, dans la petite rue avoisinant Moorfields, la taverne où se tenait le Calf's Head Club, club de la Tête de Veau, ainsi nommé parce le 30 janvier 1649, jour où coula sur l'échafaud le sang de Charles Ier, on y avait bu dans un crâne de veau du vin rouge à la santé de Cromwell.

Aux clubs républicains avaient succédé les clubs monarchiques.

On s'y amusait décemment.

Il y avait le She romps Club. On prenait dans la rue une femme, une passante, une bourgeoise, aussi peu vieille et aussi peu laide que possible : on la poussait dans le club, de force, et on la faisait marcher sur les mains, les pieds en l'air, le visage voilé par ses jupes retombantes. Si elle y mettait de la mauvaise grâce, on cinglait un peu de la cravache ce qui n'était plus voilé. C'était sa faute. Les écuyers de ce genre de manège s'appelaient « les sauteurs ».

Il y avait le Club des Éclairs de chaleur, métaphoriquement Merry-danses. On y faisait danser par des nègres et des blanches les danses des picantes et des timtirimbas du Pérou, notamment la Mozamala, « mauvaise fille », danse qui a pour triomphe la danseuse s'asseyant sur un tas de son auquel en se relevant elle laisse une empreinte callipyge. On s'y donnait pour spectacle un vers de Lucrèce,

> *Tunc Ventus in sylvis jungebat corpora amantum* [215].

Il y avait le Hellfire Club, « Club des Flammes », où l'on jouait à être impie. C'était la joute des sacrilèges. L'enfer y était à l'enchère du plus gros blasphème.

Il y avait le Club des Coups de Tête, ainsi nommé parce qu'on y donnait des coups de tête aux gens. On avisait quelque portefaix à large poitrail et à l'air imbécile. On lui offrait, et au besoin on le contraignait, d'accepter un pot de porter pour se laisser donner quatre coups de tête dans la poitrine. Et là-dessus on pariait. Une fois, un homme, une grosse brute de Gallois nommé Gogangerdd, expira au troisième coup de tête. Ceci parut grave. Il y eut enquête, et le jury d'indictement rendit ce verdict : « Mort d'un gonflement de cœur causé par excès de boisson. » Gogangerdd avait en effet bu le pot de porter.

Il y avait le Fun Club. *Fun* est, comme *cant,* comme *humour,* un mot spécial intraduisible. Le fun est à la farce ce que le piment est au sel. Pénétrer dans une maison, y briser une glace de prix, y balafrer les portraits de famille, empoisonner le chien, mettre un chat dans la volière, cela s'appelle « tailler une pièce de fun ». Donner une fausse mauvaise nouvelle qui fait prendre aux personnes le deuil à tort, c'est du fun. C'est le fun qui a fait un trou carré dans un Holbein à Hampton-Court. Le fun serait fier si c'était lui qui avait cassé les bras à la Vénus de Milo. Sous Jacques II, un jeune lord millionnaire qui avait mis le feu la nuit à une chaumière fit rire Londres aux éclats et fut proclamé *roi du fun.* Les pauvres diables de la chaumière s'étaient sauvés en chemise. Les membres du Fun Club, tous de la plus haute aristocratie, couraient Londres à l'heure où les bourgeois dorment, arrachaient les gonds des volets, coupaient les tuyaux des pompes, défonçaient les citernes, décrochaient les enseignes, saccageaient les cultures, éteignaient les réverbères, sciaient les poutres d'étai des maisons, cassaient les carreaux des fenêtres, surtout dans les quartiers indigents. C'étaient les riches qui faisaient cela aux misérables [216]. C'est pourquoi nulle plainte possible. D'ailleurs c'était de la comédie. Ces mœurs n'ont pas tout à fait disparu. Sur divers points de l'Angleterre ou des possessions anglaises, à Guernesey par exemple, de temps en temps on vous dévaste un peu votre maison la nuit, on vous brise une clôture, on vous arrache le marteau de votre porte, etc. Si c'étaient des pauvres, on les enverrait au bagne ; mais ce sont d'aimables jeunes gens [217].

Le plus distingué des clubs était présidé par un empereur qui portait un croissant sur le front et qui s'appelait « le grand Mohock ». Le mohock dépassait le fun. Faire le mal pour le mal, tel était le programme. Le Mohock Club avait ce but grandiose, nuire. Pour remplir cette fonction, tous les moyens étaient bons. En devenant mohock, on prêtait serment d'être nuisible. Nuire à tout prix, n'importe quand, à n'importe qui, et n'importe comment, était le devoir. Tout membre du Mohock Club devait avoir un talent. L'un était « maître de danse », c'est-à-dire faisait gambader les manants en leur lardant les mollets de son épée. D'autres savaient « faire suer », c'est-à-dire improviser autour d'un belître quelconque une ronde de six ou huit gentilshommes la rapière à la main ; étant entouré de toutes parts, il était impossible que le belître ne tournât pas le dos à quelqu'un ; le gentilhomme à qui l'homme montrait le dos l'en châtiait par un coup de pointe qui le faisait pirouetter ; un nouveau coup de pointe aux reins avertissait le quidam que quelqu'un de noble était derrière lui, et ainsi de suite, chacun piquant à son tour ; quand l'homme, enfermé dans ce cercle d'épées, et tout ensanglanté avait assez tourné et dansé, on le faisait bâtonner par des laquais pour changer le cours de ses idées. D'autres « tapaient le lion », c'est-à-dire arrêtaient en riant un passant, lui écrasaient le nez d'un coup de poing, et lui enfonçaient leurs deux pouces dans les deux yeux. Si les yeux étaient crevés, on les lui payait.

C'étaient là, au commencement du dix-huitième siècle,

les passe-temps des opulents oisifs de Londres. Les oisifs de Paris en avaient d'autres. M. de Charolais lâchait son coup de fusil à un bourgeois sur le seuil de sa porte. De tout temps la jeunesse s'est amusée.

Lord David Dirry-Moir apportait dans ces diverses institutions de plaisir son esprit magnifique et libéral. Tout comme un autre, il brûlait gaiement une cabane de chaume et de bois, et roussissait un peu ceux qui étaient dedans, mais il leur rebâtissait leur maison en pierre. Il lui arriva de faire danser sur les mains deux femmes dans le She Romps Club. L'une était fille, il la dota; l'autre était mariée, il fit nommer son mari chapelain.

Les combats de coq lui durent de louables perfectionnements. C'était merveille de voir lord David habiller un coq pour le combat. Les coqs se prennent aux plumes comme les hommes aux cheveux. Aussi lord David faisait-il son coq le plus chauve possible. Il lui coupait avec des ciseaux toutes les plumes de la queue et, de la tête aux épaules, toutes les plumes du cou. — Autant de moins pour le bec de l'ennemi, disait-il. Puis il étendait les ailes de son coq, et taillait en pointe chaque plume l'une après l'autre, et cela faisait les ailes garnies de dards. — Voilà pour les yeux de l'ennemi, disait-il. Ensuite, il lui grattait les pattes avec un canif, lui aiguisait les ongles, lui emboîtait dans le maître ergot un éperon d'acier aigu et tranchant, lui crachait sur la tête, lui crachait sur le cou, l'oignait de salive comme on frottait d'huile les athlètes, et le lâchait, terrible, en s'écriant: — Voilà comment d'un coq on fait un aigle, et comment la bête de basse-cour devient une bête de la montagne !

Lord David assistait aux boxes, et il en était la règle vivante. Dans les grandes performances, c'était lui qui faisait planter les pieux et tendre les cordes, et qui fixait le nombre de toises qu'aurait le carré de combat. S'il était second, il suivait pied à pied son boxeur, une bouteille dans une main, une éponge dans l'autre, lui criait: *Strike fair**, lui suggérait les ruses, le conseillait combattant, l'essuyait sanglant, le ramassait renversé, le prenait sur

---

* Frappe ferme.

ses genoux, lui mettait le goulot entre les dents, et de sa propre bouche pleine d'eau lui soufflait une pluie fine dans les yeux et dans les oreilles, ce qui ranime le mourant. S'il était arbitre, il présidait à la loyauté des coups, interdisait à qui que ce fût, hors les seconds, d'assister les combattants, déclarait vaincu le champion qui ne se plaçait pas bien en face de l'adversaire, veillait à ce que le temps des ronds [218] ne dépassât pas une demi-minute, faisait obstacle au butting, donnait tort à qui cognait avec la tête, empêchait de frapper l'homme tombé à terre. Toute cette science ne le faisait point pédant et n'ôtait rien à son aisance dans le monde.

Ce n'est pas quand il était referee d'une boxe que les partenaires hâlés, bourgeonnés et velus de celui-ci ou de celui-là, se fussent permis, pour venir en aide à leurs boxeurs faiblissants et pour culbuter la balance des paris, d'enjamber la palissade, d'entrer dans l'enceinte, de casser les cordes, d'arracher les pieux, et d'intervenir violemment dans le combat. Lord David était du petit nombre des arbitres qu'on n'ose rosser.

Personne n'entraînait comme lui. Le boxeur dont il consentait à être le « trainer » était sûr de vaincre. Lord David choisissait un Hercule, massif comme une roche, haut comme une tour, et en faisait son enfant. Faire passer de l'état défensif à l'état offensif cet écueil humain [219], tel était le problème. Il y excellait. Une fois le cyclope adopté, il ne le quittait plus. Il devenait nourrice. Il lui mesurait le vin, il lui pesait la viande, il lui comptait le sommeil. Ce fut lui qui inventa cet admirable régime d'athlète, renouvelé depuis par Moreley : le matin un œuf cru et un verre de sherry, à midi gigot saignant et thé, à quatre heures pain grillé et thé, le soir pale ale et pain grillé. Après quoi il déshabillait l'homme, le massait et le couchait. Dans la rue il ne le perdait pas de vue, écartant de lui tous les dangers, les chevaux échappés, les roues de voitures, les soldats ivres, les jolies filles. Il veillait sur sa vertu. Cette sollicitude maternelle apportait sans cesse quelque nouveau perfectionnement à l'éducation du pupille. Il lui enseignait le coup de poing qui casse les dents et le coup de pouce qui fait jaillir l'œil. Rien de plus touchant.

Il se préparait de la sorte à la vie politique, à laquelle il devait plus tard être appelé. Ce n'est pas une petite affaire que de devenir un gentilhomme accompli.

Lord David Dirry-Moir aimait passionnément les exhibitions de carrefours, les tréteaux à parade, les circus à bêtes curieuses, les baraques de saltimbanques, les clowns, les tartailles*, les pasquins, les farces en plein vent et les prodiges de la foire. Le vrai seigneur est celui qui goûte de l'homme du peuple ; c'est pourquoi lord David hantait les tavernes et les cours des miracles de Londres et des Cinq-Ports. Afin de pouvoir au besoin, sans compromettre son rang dans l'escadre blanche, se colleter avec un gabier ou un calfat, il mettait, quand il allait dans ces bas-fonds, une jaquette de matelot. Pour ces transformations, ne pas porter perruque lui était commode, car, même sous Louis XIV, le peuple a gardé ses cheveux, comme le lion sa crinière. De cette façon, il était libre. Les petites gens, que lord David rencontrait dans ces cohues et auxquelles il se mêlait, le tenaient en haute estime, et ne savaient pas qu'il fût lord. On l'appelait Tom-Jim-Jack. Sous ce nom il était populaire, et fort illustre dans cette crapule. Il s'encanaillait en maître. Dans l'occasion, il faisait le coup de poing. Ce côté de sa vie élégante était connu et fort apprécié de lady Josiane [220].

---

* Tartailles : le contexte semble indiquer qu'il s'agit d'une francisation de Tartaglia, valet bavard et poltron de la comédie italienne. (Note de l'éditeur.)

V

LA REINE ANNE

I

Au-dessus de ce couple, il y avait Anne, reine d'Angleterre.

La première femme venue, c'était la reine Anne. Elle était gaie, bienveillante, auguste, à peu près. Aucune de ses qualités n'atteignait à la vertu, aucune de ses imperfections n'atteignait au mal. Son embonpoint était bouffi, sa malice était épaisse, sa bonté était bête. Elle était tenace et molle. Épouse, elle était infidèle et fidèle, ayant des favoris auxquels elle livrait son cœur, et un consort auquel elle gardait son lit. Chrétienne, elle était hérétique et bigote. Elle avait une beauté, le cou robuste d'une Niobé. Le reste de sa personne était mal réussi. Elle était gauchement coquette, et honnêtement. Sa peau était blanche et fine, elle la montrait beaucoup. C'est d'elle que venait la mode du collier de grosses perles serré au cou. Elle avait le front étroit, les lèvres sensuelles, les joues charnues, l'œil gros, la vue basse. Sa myopie s'étendait à son esprit. A part çà et là un éclat de jovialité, presque aussi pesante que sa colère, elle vivait dans une sorte de gronderie taciturne, et de silence grognon. Il lui échappait des mots qu'il fallait deviner. C'était un mé-

lange de la bonne femme et de la méchante diablesse.
Elle aimait l'inattendu, ce qui est profondément féminin.
Anne était un échantillon à peine dégrossi de l'Ève universelle [221]. A cette ébauche était échu ce hasard, le trône. Elle buvait. Son mari était un Danois, de race.

Tory, elle gouvernait par les whigs. En femme, en folle. Elle avait des rages. Elle était casseuse. Pas de personne plus maladroite pour manier les choses de l'État. Elle laissait tomber à terre les événements. Toute sa politique était fêlée. Elle excellait à faire de grosses catastrophes avec de petites causes. Quand une fantaisie d'autorité lui prenait, elle appelait cela: *donner le coup de poker.*

Elle disait avec un air de profonde rêverie des paroles telles que celles-ci: « Aucun pair ne peut être couvert devant le roi, excepté Courcy, baron Kinsale, pair d'Irlande. » Elle disait: « Ce serait une injustice que mon mari ne fût pas lord-amiral puisque mon père l'a été. » — Et elle faisait George de Danemark haut-amiral d'Angleterre, « and of all Her Majesty's Plantations ». Elle était perpétuellement en transpiration de mauvaise humeur; elle n'exprimait pas sa pensée, elle l'exsudait. Il y avait du sphinx dans cette oie [222].

Elle ne haïssait point le fun, la farce taquine et hostile. Si elle eût pu faire Apollon bossu, c'eût été sa joie. Mais elle l'eût laissé dieu. Bonne, elle avait pour idéal de ne désespérer personne, et d'ennuyer tout le monde. Elle avait souvent le mot cru, et, un peu plus, elle eût juré, comme Élisabeth. De temps en temps, elle prenait dans une poche d'homme qu'elle avait à sa jupe une petite boîte ronde d'argent repoussé, sur laquelle était son portrait de profil, entre les deux lettres Q. A.*, ouvrait cette boîte, et en tirait avec le bout de son doigt un peu de pommade dont elle se rougissait les lèvres. Alors, ayant arrangé sa bouche, elle riait. Elle était très friande des pains d'épice plats de Zélande. Elle était fière d'être grasse.

Puritaine plutôt qu'autre chose, elle eût pourtant vo-

---

* Queen Ann.

lontiers donné dans les spectacles. Elle eut une velléité d'académie de musique, copiée sur celle de France. En 1700, un Français nommé Forteroche voulut construire à Paris un « Cirque Royal » coûtant quatre cent mille livres, à quoi d'Argenson s'opposa; ce Forteroche passa en Angleterre, et proposa à la reine Anne, qui en fut un moment séduite, l'idée de bâtir à Londres un théâtre à machines, plus beau que celui du roi de France, et ayant un *quatrième dessous*. Comme Louis XIV, elle aimait que son carrosse galopât. Ses attelages et ses relais faisaient quelquefois en moins de cinq quarts d'heure le trajet de Windsor à Londres.

II

Du temps d'Anne, pas de réunion sans l'autorisation de deux juges de paix. Douze personnes assemblées, fût-ce pour manger des huîtres et boire du porter, étaient en félonie.

Sous ce règne, pourtant relativement débonnaire, la presse* pour la flotte se fit avec une extrême violence; sombre preuve que l'Anglais est plutôt sujet que citoyen. Depuis des siècles le roi d'Angleterre avait là un procédé de tyran qui démentait toutes les vieilles chartes de franchise, et dont la France en particulier triomphait et s'indignait. Ce qui diminue un peu ce triomphe, c'est que, en regard de la presse des matelots en Angleterre, il y avait en France la presse des soldats. Dans toutes les grandes villes de France, tout homme valide allant par les rues à ses affaires était exposé à être poussé par les racoleurs dans une maison appelée *four*. Là on l'enfermait pêle-mêle avec d'autres, on triait ceux qui étaient propres au service, et les recruteurs vendaient ces passants aux officiers. En 1695, il y avait à Paris trente fours.

Les lois contre l'Irlande, émanées de la reine Anne, furent atroces.

---

* La presse, en Angleterre, l'enrôlement forcé des matelots. (Note de l'éditeur.)

Anne était née en 1664, deux ans avant l'incendie de Londres, sur quoi les astrologues — (il y en avait encore, témoin Louis XIV, qui naquit assisté d'un astrologue et emmailloté dans un horoscope) — avaient prédit qu'étant « la sœur aînée du feu », elle serait reine. Elle le fut, grâce à l'astrologie, et à la révolution de 1688. Elle était humiliée de n'avoir pour parrain que Gilbert, archevêque de Cantorbery. Être filleule du pape n'était plus possible en Angleterre. Un simple primat est un parrain médiocre. Anne dut s'en contenter. C'était sa faute. Pourquoi était-elle protestante ?

Le Danemark avait payé sa virginité, *virginitas empta,* comme disent les vieilles chartes, d'un douaire de six mille deux cent cinquante livres sterling de rente, pris sur le bailliage de Wardinbourg et sur l'île de Fehmarn.

Anne suivait, sans conviction et par routine, les traditions de Guillaume. Les Anglais, sous cette royauté née d'une révolution, avaient tout ce qui peut tenir de liberté entre la Tour de Londres où l'on mettait l'orateur et le pilori où l'on mettait l'écrivain. Anne parlait un peu danois, pour ses apartés avec son mari, et un peu français, pour ses apartés avec Bolingbroke. Pur baragouin [223] ; mais c'était, à la cour surtout, la grande mode anglaise de parler français. Il n'y avait de bon mot qu'en français. Anne se préoccupait des monnaies, surtout des monnaies de cuivre, qui sont les basses et les populaires ; elle voulait y faire grande figure. Six farthings furent frappés sous son règne. Au revers des trois premiers, elle fit mettre simplement un trône ; au revers du quatrième, elle voulut un char de triomphe, et au revers du sixième une déesse tenant d'une main l'épée et de l'autre l'olivier avec l'exergue *Bello et Pace.* Fille de Jacques II, qui était ingénu et féroce, elle était brutale.

Et en même temps au fond elle était douce. Contradiction qui n'est qu'apparente. Une colère la métamorphosait. Chauffez le sucre, il bouillonnera.

Anne était populaire. L'Angleterre aime les femmes régnantes. Pourquoi ? la France les exclut. C'est déjà une raison. Peut-être même n'y en a-t-il point d'autres. Pour les historiens anglais, Élisabeth, c'est la grandeur, Anne, c'est la bonté. Comme on voudra. Soit. Mais rien de délicat dans ces règnes féminins. Les lignes sont lourdes. C'est de la grosse grandeur et de la grosse bonté. Quant à leur vertu immaculée, l'Angleterre y tient, nous ne nous y opposons point. Élisabeth est une vierge tempérée par Essex, et Anne est une épouse compliquée de Bolingbroke.

III

Une habitude idiote qu'ont les peuples, c'est d'attribuer au roi ce qu'ils font. Ils se battent. A qui la gloire ? au roi. Ils paient. Qui est magnifique ? le roi. Et le peuple l'aime d'être si riche. Le roi reçoit des pauvres un écu et rend aux pauvres un liard. Qu'il est généreux ! Le colosse piédestal contemple le pygmée fardeau. Que myrmidon est grand ! il est sur mon dos. Un nain a un excellent moyen d'être plus haut qu'un géant, c'est de se jucher sur ses épaules. Mais que le géant laisse faire, c'est là le singulier ; et qu'il admire la grandeur du nain, c'est là le bête. Naïveté humaine [224].

La statue équestre, réservée aux rois seuls, figure très bien la royauté ; le cheval, c'est le peuple. Seulement ce cheval se transfigure lentement. Au commencement c'est un âne, à la fin c'est un lion. Alors il jette par terre son cavalier, et l'on a 1642 en Angleterre et 1789 en France, et quelquefois il le dévore, et l'on a en Angleterre 1649 et en France 1793.

Que le lion puisse redevenir baudet, cela étonne, mais cela est. Cela se voyait en Angleterre. On avait repris le bât de l'idolâtrie royaliste. La Queen Ann, nous venons de le dire, était populaire. Que faisait-elle pour cela ? rien. Rien, c'est là tout ce qu'on demande au roi d'Angleterre. Il reçoit pour ce rien-là une trentaine de millions par an. En 1705, l'Angleterre, qui n'avait que treize vaisseaux de guerre sous Élisabeth et trente-six sous Jacques Ier, en comptait cent cinquante. Les Anglais avaient trois armées, cinq mille hommes en Catalogne, dix mille en Portugal, cinquante mille en Flandre, et en outre ils payaient quarante millions par an à l'Europe monarchique et diplomatique, sorte de fille publique que le peuple anglais a toujours entretenue. Le parlement ayant voté un emprunt patriotique de trente-quatre millions de rentes viagères, il y avait eu presse à l'échiquier pour y souscrire. L'Angleterre envoyait une escadre aux Indes orientales, et une escadre sur les côtes d'Espagne avec l'amiral Leake, sans compter un en-cas de quatre cents voiles sous l'amiral Showell. L'Angleterre venait de s'amalgamer l'Écosse. On était entre Hochstett et Ramillies, et l'une de ces victoires faisait entrevoir l'autre. L'Angleterre, dans ce coup de filet de Hochstett, avait fait prisonniers vingt-sept bataillons et quatre régiments de dragons, et ôté cent lieues de pays à la France, reculant éperdue du Danube au Rhin. L'Angleterre étendait la main vers la Sardaigne et les Baléares. Elle ramenait triomphalement dans ses ports dix vaisseaux de ligne espagnols et force galions chargés d'or. La baie et le détroit d'Hudson étaient déjà à demi lâchés par Louis XIV; on sentait qu'il allait lâcher aussi l'Acadie, Saint-Christophe et Terre-Neuve, et qu'il serait trop heureux si l'Angleterre tolérait au cap Breton le roi de France, pêchant la morue. L'Angleterre allait lui imposer cette honte de démolir lui-meme les fortifications de Dunkerque. En attendant elle avait pris Gibraltar et elle prenait Barcelone. Que de grandes choses accomplies! Comment ne pas admirer la reine Anne qui se donnait la peine de vivre pendant ce temps-là?

A un certain point de vue, le règne d'Anne semble une réverbération du règne de Louis XIV. Anne, un moment parallèle à ce roi dans cette rencontre qu'on appelle l'histoire, a avec lui une vague ressemblance de reflet. Comme lui elle joue au grand règne; elle a ses monuments, ses arts, ses victoires, ses capitaines, ses gens de lettres, sa cassette pensionnant les renommées, sa galerie de chefs-d'œuvre latérale à sa majesté. Sa cour, à elle aussi, fait cortège et a un aspect triomphal, un ordre et une marche. C'est une réduction en petit de tous les grands hommes de Versailles, déjà pas très grands. Le trompe-l'œil y est; qu'on y ajoute le *God save the queen,* qui eût pu dès lors être pris à Lulli, et l'ensemble fait illusion. Pas un personnage ne manque.

Christophe Wren est un Mansard fort passable ; Somers vaut Lamoignon. Anne a un Racine qui est Dryden, un Boileau qui est Pope, un Colbert qui est Godolphin, un Louvois qui est Pembroke, et un Turenne qui est Marlborough. Grandissez les perruques pourtant, et diminuez les fronts. Le tout est solennel et pompeux, et, Windsor, à cet instant-là, aurait presque un faux air de Marly. Pourtant tout est féminin, et le père Tellier d'Anne s'appelle Sarah Jennings. Du reste, un commencement d'ironie, qui cinquante ans plus tard sera la philosophie, s'ébauche dans la littérature, et le Tartuffe protestant est démasqué par Swift, de même que le Tartuffe catholique a été dénoncé par Molière. Bien qu'à cette époque l'Angleterre querelle et batte la France, elle l'imite et elle s'en éclaire ; et ce qui est sur la façade de l'Angleterre, c'est de la lumière française. C'est dommage que le règne d'Anne n'ait duré que douze ans, sans quoi les Anglais ne se feraient pas beaucoup prier pour dire le siècle d'Anne comme nous disons le siècle de Louis XIV. Anne apparaît en 1702, quand Louis XIV décline. C'est une des curiosités de l'histoire que le lever de cet astre pâle coïncide avec le coucher de l'astre de pourpre, et qu'à l'instant où la France avait le roi Soleil, l'Angleterre ait eu la reine Lune [225].

Détail qu'il faut noter. Louis XIV, bien qu'on fût en guerre avec lui, était fort admiré en Angleterre. *C'est le roi qu'il faut à la France*, disaient les Anglais. L'amour des Anglais pour leur liberté se complique d'une certaine acceptation de la servitude d'autrui. Cette bienveillance pour les chaînes qui attachent le voisin va quelquefois jusqu'à l'enthousiasme pour le despote d'à côté.

En somme, Anne a rendu son peuple *heureux*, comme le dit à trois reprises et avec une gracieuse insistance, pages 6 et 9 de sa dédicace, et page 3 de sa préface, le traducteur français du livre de Beeverell.

IV

La reine Anne en voulait un peu à la duchesse Josiane, pour deux raisons.

Premièrement, parce qu'elle trouvait la duchesse Josiane jolie.

Deuxièmement, parce qu'elle trouvait joli le fiancé de la duchesse Josiane.

Deux raisons pour être jalouse suffisent à une femme ; une seule suffit à une reine.

Ajoutons ceci. Elle lui en voulait d'être sa sœur.

Anne n'aimait pas que les femmes fussent jolies.

Elle trouvait cela contraire aux mœurs.

Quant à elle, elle était laide.

Non par choix pourtant.

Une partie de sa religion venait de cette laideur.

Josiane, belle et philosophe, importunait la reine.

Pour une reine laide une jolie duchesse n'est pas une sœur agréable.

Il y avait un autre grief, la naissance *improper* de Josiane.

Anne était fille d'Anne Hyde, simple lady, légitimement, mais fâcheusement épousée par Jacques II, lorsqu'il était duc d'York. Anne, ayant de ce sang inférieur dans les veines, ne se sentait qu'à demi royale, et Josiane, venue au monde tout à fait irrégulièrement, soulignait l'incorrection, moindre, mais réelle, de la naissance de la reine. La fille de la mésalliance voyait sans plaisir, pas très loin d'elle, la fille de la bâtardise. Il y avait là une ressemblance désobligeante. Josiane avait le droit de dire à Anne : ma mère vaut bien la vôtre. A la cour on ne le disait pas, mais évidemment on le pensait. C'était ennuyeux pour la majesté royale. Pourquoi cette Josiane ? Quelle idée avait-elle eue de naître ? A quoi bon une Josiane ? De certaines parentés sont diminuantes.

Pourtant Anne faisait bon visage à Josiane.

Peut-être l'eût-elle aimée, si elle n'eût été sa sœur [226].

VI

BARKILPHEDRO [227]

Il est utile de connaître les actions des personnes, et quelque surveillance est sage.

Josiane faisait un peu espionner lord David par un homme à elle, en qui elle avait confiance, et qui se nommait Barkilphedro.

Lord David faisait discrètement observer Josiane par un homme à lui, dont il était sûr, et qui se nommait Barkilphedro.

La reine Anne, de son côté, se faisait secrètement tenir au courant des faits et gestes de la duchesse Josiane, sa sœur bâtarde, et de lord David, son futur beau-frère de la main gauche, par un homme à elle, sur qui elle comptait pleinement, et qui se nommait Barkilphedro.

Ce Barkilphedro avait sous la main ce clavier : Josiane, lord David, la reine. Un homme entre deux femmes. Que de modulations possibles ! Quel amalgame d'âmes [228] !

Barkilphedro n'avait pas toujours eu cette situation magnifique de parler bas à trois oreilles.

C'était un ancien domestique du duc d'York. Il avait tâché d'être homme d'église, mais avait échoué. Le duc d'York, prince anglais et romain, composé de papisme royal et d'anglicanisme légal, avait sa maison catholique et sa maison protestante, et eût pu pousser Barkilphedro dans l'une ou l'autre hiérarchie, mais il ne le jugea point assez catholique pour le faire aumônier et assez protestant pour le faire chapelain. De sorte que Barkilphedro se trouva entre deux religions l'âme par terre.

Ce n'est point une posture mauvaise pour de certaines âmes reptiles [229].

De certains chemins ne sont faisables qu'à plat ventre.

Une domesticité obscure, mais nourrissante, fut longtemps toute l'existence de Barkilphedro. La domesticité, c'est quelque chose, mais il voulait de plus la puissance. Il allait peut-être y arriver quand Jacques II tomba. Tout était à recommencer. Rien à faire sous Guillaume III, maussade, et ayant dans sa façon de régner une pruderie qu'il croyait de la probité. Barkilphedro, son protecteur Jacques détrôné, ne fut pas tout de suite en guenilles. Un je ne sais quoi qui survit aux princes déchus alimente et soutient quelque temps leurs parasites. Le reste de sève épuisable fait vivre deux ou trois jours au bout des branches les feuilles de l'arbre déraciné ; puis tout à coup la feuille jaunit et sèche, et le courtisan aussi.

Grâce à cet embaumement qu'on nomme légitimité, le prince, lui, quoique tombé et jeté au loin, persiste et se conserve ; il n'en est pas de même du courtisan, bien plus mort que le roi. Le roi là-bas est momie, le courtisan ici est fantôme. Être l'ombre d'une ombre, c'est là une maigreur extrême. Donc Barkilphedro devint famélique. Alors il prit la qualité d'homme de lettres.

Mais on le repoussait même des cuisines. Quelquefois il ne savait où coucher. — Qui me tirera de la belle étoile ? disait-il. Et il luttait. Tout ce que la patience dans la détresse a d'intéressant, il l'avait. Il avait de plus le talent du termite, savoir faire une trouée de bas en haut. En s'aidant du nom de Jacques II, des souvenirs, de la fidélité, de l'attendrissement, etc., il perça jusqu'à la duchesse Josiane.

Josiane prit en gré cet homme qui avait de la misère et de l'esprit, deux choses qui émeuvent. Elle le présenta à lord Dirry-Moir, lui donna gîte dans ses communs, le tint pour de sa maison, fut bonne pour lui, et quelquefois même lui parla. Barkilphedro n'eut plus ni faim, ni froid. Josiane le tutoyait. C'était la mode des grandes dames de tutoyer les gens de lettres, qui se laissaient faire. La marquise de Mailly recevait, couchée, Roy qu'elle n'avait jamais vu, et lui disait: *C'est toi qui as fait l'Année galante? Bonjour*. Plus tard, les gens de lettres rendirent le tutoiement. Un jour vint où Fabre d'Églantine dit à la duchesse de Rohan:

— *N'es-tu pas la Chabot?*

Pour Barkilphedro, être tutoyé, c'était un succès. Il en fut ravi. Il avait ambitionné cette familiarité de haut en bas.

— Lady Josiane me tutoie! se disait-il. Et il se frottait les mains.

Il profita de ce tutoiement pour gagner du terrain. Il devint une sorte de familier des petits appartements de Josiane, point gênant, inaperçu; la duchesse eût presque changé de chemise devant lui. Tout cela pourtant était précaire. Barkilphedro visait à une situation. Une duchesse, c'est à moitié chemin. Une galerie souterraine qui n'arrivait pas jusqu'à la reine, c'était de l'ouvrage manqué.

Un jour Barkilphedro dit à Josiane:

— Votre grâce voudrait-elle faire mon bonheur?

— Qu'est-ce que tu veux? demanda Josiane.

— Un emploi.

— Un emploi! à toi!

— Oui, madame.

— Quelle idée as-tu de demander un emploi? tu n'es bon à rien.

— C'est pour cela.

Josiane se mit à rire.

— Dans les fonctions auxquelles tu n'es pas propre, laquelle désires-tu?

— Celle de déboucheur de bouteilles de l'océan [230].

Le rire de Josiane redoubla.

— Qu'est-ce que cela? Tu te moques.

— Non, madame.

— Je vais m'amuser à te répondre sérieusement, dit la duchesse. Qu'est-ce que tu veux être? Répète.

— Déboucheur de bouteilles de l'océan.
— Tout est possible à la cour. Est-ce qu'il y a un emploi comme cela ?
— Oui, madame.
— Apprends-moi des choses nouvelles. Continue.
— C'est un emploi qui est.
— Jure-le-moi sur l'âme que tu n'as pas.
— Je le jure.
— Je ne te crois point.
— Merci, madame.
— Donc tu voudrais ?... Recommence.
— Décacheter les bouteilles de la mer.
— Voilà une fonction qui ne doit pas donner grande fatigue. C'est comme peigner le cheval de bronze.
— A peu près.
— Ne rien faire. C'est en effet la place qu'il te faut. Tu es bon à cela.
— Vous voyez que je suis propre à quelque chose.
— Ah çà ! tu bouffonnes. La place existe-t-elle ?
Barkilphedro prit l'attitude de la gravité déférente.
— Madame, vous avez un père auguste, Jacques II, roi, et un beau-frère illustre, Georges de Danemark, duc de Cumberland. Votre père a été et votre beau-frère est lord-amiral d'Angleterre.
— Sont-ce là les nouveautés que tu viens m'apprendre ? Je sais cela aussi bien que toi.
— Mais voici ce que votre grâce ne sait pas. Il y a dans la mer trois sortes de choses : celles qui sont au fond de l'eau, *Lagon;* celles qui flottent sur l'eau, *Flotson;* et celles que l'eau rejette sur la terre, *Jetson* [231].
— Après ?
— Ces trois choses-là, Lagon, Flotson, Jetson, appartiennent au lord haut-amiral.
— Après.
— Votre grâce comprend ?
— Non.
— Tout ce qui est dans la mer, ce qui s'engloutit, ce qui surnage et ce qui s'échoue, tout appartient à l'amiral d'Angleterre.
— Tout. Soit. Ensuite ?

— Excepté l'esturgeon, qui appartient au roi.
— J'aurais cru, dit Josiane, que tout cela appartenait à Neptune.
— Neptune est un imbécile. Il a tout lâché. Il a laissé tout prendre aux Anglais.
— Conclus.
— Les prises de mer; c'est le nom qu'on donne à ces trouvailles-là.
— Soit.
— C'est inépuisable. Il y a toujours quelque chose qui flotte, quelque chose qui aborde. C'est la contribution de la mer. La mer paie impôt à l'Angleterre.
— Je veux bien. Mais conclus.
— Votre grâce comprend que de cette façon l'océan crée un bureau.
— Où ça?
— A l'amirauté.
— Quel bureau?
— Le bureau des prises de mer.
— Eh bien?
— Le bureau se subdivise en trois offices, Lagon, Flotson, Jetson; et pour chaque office il y a un officier.
— Et puis?
— Un navire en pleine mer veut donner un avis quelconque à la terre, qu'il navigue en telle latitude, qu'il rencontre un monstre marin, qu'il est en vue d'une côte, qu'il est en détresse, qu'il va sombrer, qu'il est perdu, et cætera, le patron prend une bouteille, met dedans un morceau de papier où il a écrit la chose, cachette le goulot, et jette la bouteille à la mer. Si la bouteille va au fond, cela regarde l'officier Lagon; si elle flotte, cela regarde l'officier Flotson; si elle est portée à terre par les vagues, cela regarde l'officier Jetson.
— Et tu voudrais être l'officier Jetson?
— Précisément.
— Et c'est ce que tu appelles être déboucheur de bouteilles de l'océan?
— Puisque la place existe.
— Pourquoi désires-tu cette dernière place plutôt que les deux autres?

— Parce qu'elle est vacante en ce moment.
— En quoi consiste l'emploi?
— Madame, en 1598, une bouteille goudronnée trouvée par un pêcheur de congre dans les sables d'échouage d'Epidium Promontorium fut portée à la reine Élisabeth, et un parchemin qu'on tira de cette bouteille fit savoir à l'Angleterre que la Hollande avait pris sans rien dire un pays inconnu, la Nouvelle-Zemble, *Nova Zemla,* que cette prise avait eu lieu en juin 1596, que dans ce pays-là on était mangé par les ours, et que la manière d'y passer l'hiver était indiquée sur un papier enfermé dans un étui de mousquet suspendu dans la cheminée de la maison de bois bâtie dans l'île et laissée par les Hollandais qui étaient tous morts et que cette cheminée était faite d'un tonneau défoncé, emboîté dans le toit.
— Je comprends peu ton amphigouri.
— Soit. Élisabeth comprit. Un pays de plus pour la Hollande, c'était un pays de moins pour l'Angleterre. La bouteille qui avait donné l'avis fut tenue pour chose importante. Et à partir de ce jour, ordre fut intimé à quiconque trouverait une bouteille cachetée au bord de la mer de la porter à l'amiral d'Angleterre, sous peine de potence. L'amiral commet pour ouvrir ces bouteilles-là un officier, lequel informe du contenu sa majesté, s'il y a lieu.
— Arrive-t-il souvent de ces bouteilles à l'amirauté?
— Rarement. Mais c'est égal. La place existe. Il y a pour la fonction chambre et logis à l'amirauté.
— Et cette manière de ne rien faire, combien la paie-t-on?
— Cent guinées par an.
— Tu me déranges pour cela?
— C'est de quoi vivre.
— Gueusement.
— Comme il sied à ceux de ma sorte.
— Cent guinées, c'est une fumée.
— Ce qui vous fait vivre une minute nous fait vivre un an, nous autres. C'est l'avantage qu'ont les pauvres.
— Tu auras la place.

Huit jours après, grâce à la bonne volonté de Josiane, grâce au crédit de lord David Dirry-Moir, Barkilphedro, sauvé désormais, tiré du provisoire, posant maintenant le pied sur un terrain solide, logé, défrayé, renté de cent guinées, était installé à l'amirauté.

VII

BARKILPHEDRO PERCE

Il y a d'abord une chose pressée : c'est d'être ingrat.
Barkilphedro n'y manqua point.
Ayant reçu tant de bienfaits de Josiane, naturellement il n'eut qu'une pensée, s'en venger.

Ajoutons que Josiane était belle, grande, jeune, riche, puissante, illustre, et que Barkilphedro était laid, petit, vieux, pauvre, protégé, obscur. Il fallait bien aussi qu'il se vengeât de cela.

Quand on n'est fait que de nuit, comment pardonner tant de rayons [232] ?

Barkilphedro était un Irlandais qui avait renié l'Irlande ; mauvaise espèce.

Barkilphedro n'avait qu'une chose en sa faveur ; c'est qu'il avait un très gros ventre.

Un gros ventre passe pour signe de bonté. Mais ce ventre s'ajoutait à l'hypocrisie de Barkilphedro. Car cet homme était très méchant.

Quel âge avait Barkilphedro ? aucun. L'âge nécessaire à son projet du moment. Il était vieux par les rides et les cheveux gris, et jeune par l'agilité d'esprit. Il était leste et lourd ; sorte d'hippopotame singe. Royaliste, certes ; républicain, qui sait ? catholique, peut-être ; protestant, sans doute. Pour Stuart, probablement ; pour Brunswick, évidemment. Être Pour n'est une force qu'à la condition d'être en même temps Contre, Barkilphedro pratiquait cette sagesse.

La place de « déboucheur de bouteilles de l'océan » n'était pas aussi risible qu'avait semblé le dire Barkilphedro. Les réclamations, qu'aujourd'hui on qualifierait déclamations, de Garcie-Ferrandez dans son *Routier de la mer* contre la spoliation des échouages, dite *droit de bris*, et contre le pillage des épaves par les gens des côtes, avaient fait sensation en Angleterre et avaient amené pour les naufragés ce progrès que leurs biens, effets et propriétés, au lieu d'être volés par les paysans, étaient confisqués par le lord-amiral.

Tous les débris de mer jetés à la rive anglaise, marchandises, carcasses de navires, ballots, caisses, etc., appartenaient au lord-amiral; mais, et ici se révélait l'importance de la place sollicitée par Barkilphedro, les récipients flottants contenant des messages et des informations éveillaient particulièrement l'attention de l'amirauté. Les naufrages sont une des graves préoccupations de l'Angleterre. La navigation étant sa vie, le naufrage est son souci. L'Angleterre a la perpétuelle inquiétude de la mer. La petite fiole de verre que jette aux vagues un navire en perdition contient un renseignement suprême, précieux à tous les points de vue. Renseignement sur le bâtiment, renseignement sur l'équipage, renseignement sur le lieu, l'époque et le mode du naufrage, renseignement sur les vents qui ont brisé le vaisseau, renseignement sur les courants qui ont porté la fiole flottante à la côte. La fonction que Barkilphedro occupait a été supprimée il y a plus d'un siècle, mais elle avait une véritable utilité. Le dernier titulaire fut William Hussey, de Doddington en Lincoln. L'homme qui tenait cet office était une sorte de rapporteur des choses de la mer. Tous les vases fermés et cachetés, bouteilles, fioles, jarres, etc., jetés au littoral anglais par le flux, lui étaient remis; il avait seul droit de les ouvrir; il était le premier dans le secret de leur contenu; il les classait et les étiquetait dans son greffe; l'expression *loger un panier au greffe*[233], encore usitée dans les îles de la Manche, vient de là. A la vérité, une précaution avait été prise. Aucun de ces récipients ne pouvait être décacheté et débouché qu'en présence de deux jurés de l'amirauté assermentés au secret, lesquels signaient, conjointement avec le titulaire de l'office Jetson, le procès-verbal d'ouverture. Mais ces jurés étant tenus au silence, il en résultait, pour Barkilphedro, une certaine latitude discrétionnaire; il dépendait de lui, jusqu'à un certain point, de supprimer un fait, ou de le mettre en lumière.

Ces fragiles épaves étaient loin d'être, comme Barkilphedro l'avait dit à Josiane, rares et insignifiantes. Tantôt elles atteignaient la terre assez vite; tantôt après des années. Cela dépendait des vents et des courants. Cette mode des bouteilles jetées à vau-l'eau a un peu passé comme celle des ex-voto; mais, dans ces temps religieux, ceux qui allaient mourir envoyaient volontiers de cette façon leur dernière pensée à Dieu et aux hommes, et parfois ces missives de la mer abondaient à l'amirauté. Un parchemin conservé au château d'Audlyene (vieille orthographe), et annoté par le comte de Suffolk, grand trésorier d'Angleterre sous Jacques Ier, constate qu'en la seule année 1615 cinquante-deux gourdes, ampoules, et fibules goudronnées, contenant des mentions de bâtiments en perdition, furent apportées et enregistrées au greffe du lord-amiral.

Les emplois de cour sont la goutte d'huile, ils vont toujours s'élargissant. C'est ainsi que le portier est devenu le chancelier et que le palefrenier est devenu le connétable. L'officier spécial chargé de la fonction souhaitée et obtenue par Barkilphedro était habituellement un homme de confiance. Élisabeth l'avait voulu ainsi. A la cour, qui dit confiance dit intrigue, et qui dit intrigue dit croissance. Ce fonctionnaire avait fini par être un peu un personnage. Il était clerc, et prenait rang immédiatement après les deux grooms de l'aumônerie. Il avait ses entrées au palais, pourtant, disons-le, ce qu'on appelait « l'entrée humble », *humilis introïtus,* et jusque dans la chambre de lit. Car l'usage était qu'il informât la personne royale, quand l'occasion en valait la peine, de ses trouvailles, souvent très curieuses, testaments de désespérés, adieux jetés à la patrie, révélations de barateries * et de crimes de mer, legs à la couronne, etc., qu'il maintînt son greffe en communication avec la cour, et qu'il rendît de temps en temps compte à sa majesté de ce décachetage de bouteilles sinistres. C'était le cabinet noir de l'océan.

Élisabeth, qui parlait volontiers latin, demandait à Tainfeld de Coley en Berkshire, l'officier Jetson de son temps, lorsqu'il lui apportait quelqu'une de ces paperasses sorties de la mer : *Quid mihi scribit Neptunus ?* Qu'est-ce que Neptune m'écrit ?

La percée était faite. Le termite avait réussi. Barkilphedro approchait la reine.

C'était tout ce qu'il voulait.

Pour faire sa fortune ?

Non.

Pour défaire celle des autres.

Bonheur plus grand.

Nuire, c'est jouir.

Avoir en soi un désir de nuire, vague mais implacable, et ne le jamais perdre de vue, ceci n'est pas donné à tout le monde. Barkilphedro avait cette fixité.

L'adhérence de gueule qu'a le bouledogue, sa pensée l'avait.

Se sentir inexorable lui donnait un fond de satisfaction sombre. Pourvu qu'il eût une proie sous la dent, ou dans l'âme une certitude de mal faire, rien ne lui manquait.

Il grelottait content, dans l'espoir du froid d'autrui.

Être méchant, c'est une opulence. Tel homme qu'on croit pauvre et qui l'est en effet, a toute sa richesse en malice, et la préfère ainsi. Tout est dans le contentement qu'on a. Faire un mauvais tour, qui est la même chose qu'un bon tour, c'est plus que de l'argent. Mauvais pour qui l'endure, bon pour qui le fait. Katesby, le collaborateur de Guy Fawkes dans le complot papiste des poudres, disait : *Voir sauter le parlement les quatre fers en l'air, je ne donnerais pas cela pour un million sterling.*

---

* Fraudes commises par le capitaine ou le patron d'un navire au détriment des armateurs ou des assureurs. (Note de l'éditeur.)

Qu'était-ce que Barkilphedro ? Ce qu'il y a de plus petit et ce qu'il y a de plus terrible. Un envieux.

L'envie est une chose dont on a toujours le placement à la cour.

La cour abonde en impertinents, en désœuvrés, en riches fainéants affamés de commérages, en chercheurs d'aiguilles dans les bottes de foin, en faiseurs de misères, en moqueurs moqués, en niais spirituels, qui ont besoin de la conversation d'un envieux.

Quelle chose rafraîchissante que le mal qu'on vous dit des autres !

L'envie est une bonne étoffe à faire un espion.

Il y a une profonde analogie entre cette passion naturelle, l'envie, et cette fonction sociale, l'espionnage. L'espion chasse pour le compte d'autrui, comme le chien ; l'envieux chasse pour son propre compte, comme le chat.

Un moi féroce, c'est là tout l'envieux.

Autres qualités, Barkilphedro était discret, secret, concret. Il gardait tout, et se creusait de sa haine. Une énorme bassesse implique une énorme vanité. Il était aimé de ceux qu'il amusait, et haï des autres ; mais il se sentait dédaigné par ceux qui le haïssaient, et méprisé par ceux qui l'aimaient. Il se contenait. Tous ses froissements bouillonnaient sans bruit dans sa résignation hostile. Il était indigné, comme si les coquins avaient ce droit-là. Il était silencieusement en proie aux furies. Tout avaler, c'était son talent. Il avait de sourds courroux intérieurs, des frénésies de rage souterraines, des flammes couvées et noires, dont on ne s'apercevait pas ; c'était un colérique fumivore. La surface souriait. Il était obligeant, empressé, facile, aimable, complaisant. N'importe qui, et n'importe où, il saluait. Pour un souffle de vent, il s'inclinait jusqu'à terre. Avoir un roseau dans la colonne vertébrale, quelle source de fortune !

Ces êtres cachés et vénéneux ne sont pas si rares qu'on le croit. Nous vivons entourés de glissements sinistres[234]. Pourquoi les malfaisants ? Question poignante. Le rêveur se la pose sans cesse, et le penseur ne la résout jamais. De là l'œil triste des philosophes toujours fixé sur cette montagne de ténèbres qui est la destinée, et du haut de laquelle le colossal spectre du mal laisse tomber des poignées de serpents sur la terre.

Barkilphedro avait le corps obèse et le visage maigre. Torse gras et face osseuse. Il avait les ongles cannelés et courts, les doigts noueux, les pouces plats, les cheveux gros, beaucoup de distance d'une tempe à l'autre, et un front de meurtrier, large et bas. L'œil bridé cachait la petitesse de son regard sous une broussaille de sourcils. Le nez long, pointu, bossu, et mou, s'appliquait presque sur la bouche. Barkilphedro, convenablement vêtu en empereur, eût un peu ressemblé à Domitien. Sa face d'un jaune rance était comme modelée dans une pâte visqueuse ; ses joues immobiles semblaient de mastic ; il avait toutes sortes de vilaines rides réfractaires, l'angle de la mâchoire massif, le menton lourd, l'oreille canaille. Au repos, de profil, sa lèvre supérieure relevée en angle aigu laissait voir deux dents. Ces dents avaient l'air de vous regarder. Les dents regardent, de même que l'œil mord.

Patience, tempérance, continence, réserve, retenue, aménité, déférence, douceur, politesse, sobriété, chasteté, complétaient et achevaient Barkilphedro. Il calomniait ces vertus en les ayant.

En peu de temps Barkilphedro prit pied à la cour.

VIII

INFERI

On peut, à la cour, prendre pied de deux façons : dans les nuées, on est auguste ; dans la boue, on est puissant.

Dans le premier cas, on est de l'olympe. Dans le second cas, on est de la garde-robe.

Qui est de l'olympe n'a que la foudre ; qui est de la garde-robe a la police [235].

La garde-robe contient tous les instruments de règne, et parfois, car elle est traître, le châtiment. Héliogabale y vient mourir. Alors elle s'appelle les latrines.

D'habitude elle est moins tragique. C'est là qu'Albéroni admire Vendôme. La garde-robe est volontiers le lieu d'audience des personnes royales. Elle fait fonction de trône. Louis XIV y reçoit la duchesse de Bourgogne ; Philippe V y est coude à coude avec la reine. Le prêtre y pénètre. La garde-robe est parfois une succursale du confessionnal.

C'est pourquoi il y a à la cour les fortunes du dessous. Ce ne sont pas les moindres.

Si vous voulez, sous Louis XI, être grand, soyez Pierre de Rohan, maréchal de France ; si vous voulez être influent, soyez Olivier le Daim, barbier. Si vous voulez, sous Marie de Médicis, être glorieux, soyez Sillery, chancelier ; si vous voulez être considérable, soyez la

Hannon, femme de chambre. Si vous voulez, sous Louis XV, être illustre, soyez Choiseul, ministre ; si vous voulez être redoutable, soyez Lebel, valet. Étant donné Louis XIV, Bontemps qui lui fait son lit est plus puissant que Louvois qui lui fait ses armées et que Turenne qui lui fait ses victoires. De Richelieu ôtez le père Joseph, voilà Richelieu presque vide. Il a de moins le mystère. L'éminence rouge est superbe, l'éminence grise est terrible. Être un ver, quelle force [236] ! Tous les Narvaez amalgamés avec tous les O'Donnell font moins de besogne qu'une sœur Patrocinio.

Par exemple, la condition de cette puissance, c'est la petitesse. Si vous voulez rester fort, restez chétif. Soyez le néant. Le serpent au repos, couché en rond, figure à la fois l'infini et zéro.

Une de ces fortunes vipérines était échue à Barkilphedro.

Il s'était glissé où il voulait.

Les bêtes plates entrent partout. Louis XIV avait des punaises dans son lit et des jésuites dans sa politique.

D'incompatibilité, point.

En ce monde tout est pendule. Graviter, c'est osciller. Un pôle veut l'autre. François Ier veut Triboulet ; Louis XV veut Lebel. Il existe une affinité profonde entre cette extrême hauteur et cet extrême abaissement.

C'est l'abaissement qui dirige. Rien de plus aisé à comprendre. Qui est dessous tient les fils.

Pas de position plus commode.

On est l'œil, et on a l'oreille.

On est l'œil du gouvernement.

On a l'oreille du roi.

Avoir l'oreille du roi, c'est tirer et pousser à sa fantaisie le verrou de la conscience royale, et fourrer dans cette conscience ce qu'on veut. L'esprit du roi, c'est votre armoire. Si vous êtes chiffonnier, c'est votre hotte. L'oreille des rois n'est pas aux rois ; c'est ce qui fait qu'en somme ces pauvres diables sont peu responsables. Qui ne possède pas sa pensée, ne possède pas son action. Un roi, cela obéit.

A quoi ?

A une mauvaise âme quelconque qui du dehors lui bourdonne dans l'oreille. Mouche sombre de l'abîme.

Ce bourdonnement commande. Un règne est une dictée.

La voix haute, c'est le souverain; la voix basse, c'est la souveraineté.

Ceux qui dans un règne savent distinguer cette voix basse et entendre ce qu'elle souffle à la voix haute, sont les vrais historiens [237].

IX

HAÏR EST AUSSI FORT QU'AIMER

La reine Anne avait autour d'elle plusieurs de ces voix basses. Barkilphedro en était une.

Outre la reine, il travaillait, influençait et pratiquait sourdement lady Josiane et lord David. Nous l'avons dit, il parlait bas à trois oreilles. Une oreille de plus que Dangeau. Dangeau ne parlait bas qu'à deux, du temps où, passant sa tête entre Louis XIV épris d'Henriette sa belle-sœur, et Henriette éprise de Louis XIV son beau-frère, secrétaire de Louis à l'insu d'Henriette et d'Henriette à l'insu de Louis, situé au beau milieu de l'amour des deux marionnettes, il faisait les demandes et les réponses.

Barkilphedro était si riant, si acceptant, si incapable de prendre la défense de qui que ce soit, si peu dévoué au fond, si laid, si méchant, qu'il était tout simple qu'une personne royale en vînt à ne pouvoir se passer de lui. Quand Anne eut goûté de Barkilphedro, elle ne voulut pas d'autre flatteur. Il la flattait comme on flattait Louis le Grand, par la piqûre à autrui. — Le roi étant ignorant, dit madame de Montchevreuil, on est obligé de bafouer les savants.

Empoisonner de temps en temps la piqûre, c'est le comble de l'art. Néron aime à voir travailler Locuste.

Les palais royaux sont très pénétrables, ces madrépores

ont une voirie intérieure vite devinée, pratiquée, fouillée, et au besoin évidée, par ce rongeur qu'on nomme le courtisan. Un prétexte pour entrer suffit. Barkilphedro ayant ce prétexte, sa charge, fut en très peu de temps chez la reine ce qu'il était chez la duchesse Josiane, l'animal domestique indispensable. Un mot qu'il hasarda un jour le mit tout de suite au fait de la reine; il sut à quoi s'en tenir sur la bonté de sa majesté. La reine aimait beaucoup son lord stewart, William Cavendish, duc de Devonshire, qui était très imbécile. Ce lord, qui avait tous les grades d'Oxford et ne savait pas l'orthographe, fit un beau matin la bêtise de mourir. Mourir, c'est fort imprudent à la cour, car personne ne se gêne plus pour parler de vous. La reine, Barkilphedro présent, se lamenta, et finit par s'écrier en soupirant: — C'est dommage que tant de vertus fussent portées et servies par une si pauvre intelligence!

— Dieu veuille avoir son âne! murmura Barkilphedro, à demi-voix et en français.

La reine sourit. Barkilphedro enregistra ce sourire.

Il en conclut: Mordre plaît.

Congé était donné à sa malice.

A partir de ce jour, il fourra sa curiosité partout, sa malignité aussi. On le laissait faire, tant on le craignait. Qui fait rire le roi fait trembler le reste.

C'était un puissant drôle.

Il faisait chaque jour des pas en avant, sous terre. On avait besoin de Barkilphedro. Plusieurs grands l'honoraient de leur confiance au point de le charger dans l'occasion d'une commission honteuse.

La cour est un engrenage. Barkilphedro y devint moteur. Avez-vous remarqué dans certains mécanismes la petitesse de la roue motrice?

Josiane, en particulier, qui utilisait, nous l'avons indiqué, le talent d'espion de Barkilphedro, avait en lui une telle confiance, qu'elle n'avait pas hésité à lui remettre une des clefs secrètes de son appartement, au moyen de laquelle il pouvait entrer chez elle à toute heure. Cette excessive livraison de sa vie intime était une mode au dix-septième siècle. Cela s'appelait: donner la clef. Josiane avait donné deux de ces clefs de confiance; lord David avait l'une, Barkilphedro avait l'autre.

Du reste, pénétrer d'emblée jusqu'aux chambres à coucher était dans les vieilles mœurs une chose nullement surprenante. De là des incidents. La Ferté, tirant brusquement les rideaux du lit de mademoiselle Lafont, y trouvait Sainson, mousquetaire noir, etc., etc.

Barkilphedro excellait à faire de ces découvertes sournoises qui subordonnent et soumettent les grands aux petits. Sa marche dans l'ombre était tortueuse, douce et savante. Comme tout espion parfait, il était composé d'une inclémence de bourreau et d'une patience de micrographe. Il était courtisan né. Tout courtisan est un noctambule. Le courtisan rôde dans cette nuit qu'on appelle la toute-puissance. Il a une lanterne sourde à la main. Il éclaire le point qu'il veut, et reste ténébreux. Ce qu'il cherche avec cette lanterne, ce n'est pas un homme; c'est une bête. Ce qu'il trouve, c'est le roi.

Les rois n'aiment pas qu'on prétende être grand autour d'eux. L'ironie à qui n'est pas eux les charme. Le talent de Barkilphedro consistait en un rapetissement perpétuel des lords et des princes, au profit de la majesté royale, grandie d'autant.

La clef intime qu'avait Barkilphedro était faite, ayant deux jeux, un à chaque extrémité, de façon à pouvoir ouvrir les petits appartements dans les deux résidences favorites de Josiane, Hunkerville-house à Londres, Corleone-lodge à Windsor. Ces deux hôtels faisaient partie de l'héritage Clancharlie. Hunkerville-house confinait à Oldgate. Oldgate à Londres était une porte par où l'on venait de Harwick, et où l'on voyait une statue de Charles II ayant sur sa tête un ange peint, et sous ses pieds un lion et une licorne sculptés. De Hunkerville-house, par le vent d'est, on entendait le carillon de Sainte-Marylebone. Corleone-lodge était un palais florentin en brique et en pierre avec colonnade de marbre, bâti sur pilotis à Windsor, au bout du pont de bois, et ayant une des plus superbes cours d'honneur de l'Angleterre.

Dans ce dernier palais, contigu au château de Windsor,

Josiane était à portée de la reine. Josiane s'y plaisait néanmoins.

Presque rien au-dehors, tout en racines, telle était l'influence de Barkilphedro sur la reine. Rien de plus difficile à arracher que ces mauvaises herbes de cour; elles s'enfoncent très avant et n'offrent aucune prise extérieure. Sarcler Roquelaure, Triboulet ou Brummel, est presque impossible.

De jour en jour, et de plus en plus, la reine Anne prenait en gré Barkilphedro.

Sarah Jennings est célèbre; Barkilphedro est inconnu; sa faveur resta obscure. Ce nom, Barkilphedro n'est pas arrivé jusqu'à l'histoire. Toutes les taupes ne sont pas prises par le taupier.

Barkilphedro, ancien candidat clergyman, avait un peu étudié tout; tout effleuré donne pour résultat rien. On peut être victime de l'*omnis res scibilis*. Avoir sous le crâne le tonneau des Danaïdes, c'est le malheur de toute une race de savants qu'on peut appeler les stériles. Ce que Barkilphedro avait mis dans son cerveau l'avait laissé vide.

L'esprit, comme la nature, a horreur du vide. Dans le vide, la nature met l'amour; l'esprit, souvent, y met la haine. La haine occupe.

La haine pour la haine existe. L'art pour l'art est dans la nature, plus qu'on ne croit.

On hait. Il faut bien faire quelque chose.

La haine gratuite, mot formidable. Cela veut dire la haine qui est à elle-même son propre paiement.

L'ours vit de se lécher la griffe.

Indéfiniment, non. Cette griffe, il faut la ravitailler. Il faut mettre quelque chose dessous.

Haïr indistinctement est doux et suffit quelque temps; mais il faut finir par avoir un objet. Une animosité diffuse sur la création épuise, comme toute jouissance solitaire. La haine sans objet ressemble au tir sans cible. Ce qui intéresse le jeu, c'est un cœur à percer.

On ne peut pas haïr uniquement pour l'honneur. Il faut un assaisonnement, un homme, une femme, quelqu'un à détruire.

Ce service d'intéresser le jeu, d'offrir un but, de passionner la haine en la fixant, d'amuser le chasseur par la vue de la proie vivante, de faire espérer au guetteur le bouillonnement tiède et fumant du sang qui va couler, d'épanouir l'oiseleur par la crédulité inutilement ailée de l'alouette, d'être une bête couvée à son insu pour le meurtre par un esprit, ce service exquis et horrible dont n'a pas conscience celui qui le rend, Josiane le rendit à Barkilphedro.

La pensée est un projectile. Barkilphedro, dès le premier jour, s'était mis à viser Josiane avec les mauvaises intentions qu'il avait dans l'esprit. Une intention et une escopette, cela se ressemble. Barkilphedro se tenait en arrêt, dirigeant contre la duchesse toute sa méchanceté secrète. Cela vous étonne ? Que vous a fait l'oiseau à qui vous tirez un coup de fusil ? C'est pour le manger, dites-vous. Barkilphedro aussi.

Josiane ne pouvait guère être frappée au cœur, l'endroit où est une énigme est difficilement vulnérable, mais elle pouvait être atteinte à la tête, c'est-à-dire à l'orgueil.

C'est par là qu'elle se croyait forte et qu'elle était faible.

Barkilphedro s'en était rendu compte.

Si Josiane avait pu voir clair dans la nuit de Barkilphedro, si elle avait pu distinguer ce qui était embusqué derrière ce sourire, cette fière personne, si haut située, eût probablement tremblé. Heureusement pour la tranquillité de ses sommeils, elle ignorait absolument ce qu'il y avait dans cet homme.

L'inattendu fuse on ne sait d'où. Les profonds dessous de la vie sont redoutables. Il n'y a point de haine petite. La haine est toujours énorme. Elle conserve sa stature dans le plus petit être, et reste monstre. Une haine est toute la haine. Un éléphant que hait une fourmi est en danger.

Même avant d'avoir frappé, Barkilphedro sentait avec joie un commencement de saveur de l'action mauvaise qu'il voulait commettre. Il ne savait encore ce qu'il ferait contre Josiane. Mais il était décidé à faire quelque chose. C'était déjà beaucoup qu'un tel parti pris.

Anéantir Josiane, c'eût été trop de succès. Il ne l'espérait point. Mais l'humilier, l'amoindrir, la désoler, rougir de larmes de rage ces yeux superbes, voilà une réussite. Il y comptait. Tenace, appliqué, fidèle au tourment d'autrui, inarrachable, la nature ne l'avait pas fait ainsi pour rien. Il entendait bien trouver le défaut de l'armure d'or de Josiane, et faire ruisseler le sang de cette olympienne. Quel bénéfice, insistons-y, y avait-il là pour lui ? Un bénéfice énorme. Faire du mal à qui nous a fait du bien.

Qu'est-ce qu'un envieux ? C'est un ingrat. Il déteste la lumière qui l'éclaire et le réchauffe. Zoïle hait ce bienfait, Homère.

Faire subir à Josiane ce qu'on appellerait aujourd'hui une vivisection, l'avoir, toute convulsive, sur sa table d'anatomie, la disséquer, vivante, à loisir dans une chirurgie quelconque, la déchiqueter en amateur pendant qu'elle hurlerait, ce rêve charmait Barkilphedro.

Pour arriver à ce résultat, il eût fallu souffrir un peu, qu'il l'eût trouvé bon. On peut se pincer à sa tenaille. Le couteau en se reployant vous coupe les doigts ; qu'importe ! Être un peu pris dans la torture de Josiane lui eût été égal. Le bourreau, manieur de fer rouge, a sa part de brûlure, et n'y prend pas garde. Parce que l'autre souffre davantage, on ne sent rien. Voir le supplicié se tordre vous ôte votre douleur.

Fais ce qui nuit, advienne que pourra.

La construction du mal d'autrui se complique d'une acceptation de responsabilité obscure. On se risque soi-même dans le danger qu'on fait courir à un autre, tant les enchaînements de tout peuvent amener d'écroulements inattendus. Ceci n'arrête point le vrai méchant. Il ressent en joie ce que le patient éprouve en angoisse. Il a le chatouillement de ce déchirement ; l'homme mauvais ne s'épanouit qu'affreusement. Le supplice se réverbère sur lui en bien-être. Le duc d'Albe se chauffait les mains aux bûchers. Foyer, douleur ; reflet, plaisir. Que de telles transpositions soient possibles, cela fait frissonner. Notre côté ténèbres est insondable. *Supplice exquis*, l'expression est dans Bodin*, ayant peut-être ce triple sens terri-

---

* Livre IV, page 196.

ble : recherche du tourment, souffrance du tourmenté, volupté du tourmenteur. Ambition, appétit, tous ces mots signifient quelqu'un sacrifié à quelqu'un satisfait. Chose triste, que l'espérance puisse être perverse. En vouloir à une créature, c'est lui vouloir du mal. Pourquoi pas du bien ? Serait-ce que le principal versant de notre volonté serait du côté du mal ? Un des plus rudes labeurs du juste, c'est de s'extraire continuellement de l'âme une malveillance difficilement épuisable. Presque toutes nos convoitises, examinées, contiennent de l'inavouable. Pour le méchant complet, et cette perfection hideuse existe, Tant pis pour les autres signifie Tant mieux pour moi. Ombre de l'homme. Cavernes [238].

Josiane avait cette plénitude de sécurité que donne l'orgueil ignorant, fait du mépris de tout. La faculté féminine de dédaigner est extraordinaire. Un dédain inconscient, involontaire et confiant, c'était là Josiane. Barkilphedro était pour elle à peu près une chose. On l'eût bien étonnée, si on lui eût dit que Barkilphedro, cela existait.

Elle allait, venait et riait, devant cet homme qui la contemplait obliquement.

Lui, pensif, il épiait une occasion.

A mesure qu'il attendait, sa détermination de jeter dans la vie de cette femme un désespoir quelconque augmentait.

Affût inexorable [239].

D'ailleurs il se donnait à lui-même d'excellentes raisons. Il ne faut pas croire que les coquins ne s'estiment pas. Ils se rendent des comptes dans des monologues altiers, et ils le prennent de très haut. Comment ! cette Josiane lui avait fait l'aumône ! Elle avait émietté sur lui, comme sur un mendiant, quelques liards de sa colossale richesse ! Elle l'avait rivé et cloué à une fonction inepte ! Si, lui Barkilphedro, presque homme d'église, capacité variée et profonde, personnage docte, ayant l'étoffe d'un révérend, il avait pour emploi d'enregistrer des tessons bons à racler les pustules de Job, s'il passait sa vie dans un galetas de greffe à déboucher gravement de stupides bouteilles incrustées de toutes les saletés de la mer, et à déchiffrer des parchemins moisis, des pourritures de grimoires, des ordures de testaments, on ne sait quelles balivernes illisibles, c'était la faute de cette Josiane ! Comment ! cette créature le tutoyait !

Et il ne se vengerait pas !

Et il ne punirait pas cette espèce !

Ah çà mais ! il n'y aurait donc plus de justice ici-bas !

X

FLAMBOIEMENTS QU'ON VERRAIT
SI L'HOMME ÉTAIT TRANSPARENT [240]

Quoi ! cette femme, cette extravagante, cette songeuse lubrique, vierge jusqu'à l'occasion, ce morceau de chair n'ayant pas encore fait sa livraison, cette effronterie à couronne princière, cette Diane par orgueil, pas encore prise par le premier venu, soit, peut-être, on le dit, j'y consens, faute d'un hasard, cette bâtarde d'une canaille de roi qui n'avait pas eu l'esprit de rester en place, cette duchesse de raccroc, qui, grande dame, jouait à la déesse, et qui, pauvre, eût été fille publique, cette lady à peu près, cette voleuse des biens d'un proscrit, cette hautaine gueuse, parce qu'un jour, lui Barkilphedro, n'avait pas de quoi dîner, et qu'il était sans asile, avait eu l'impudence de l'asseoir chez elle à un bout de table, et de le nicher dans un trou quelconque de son insupportable palais, où ça ? n'importe où, peut-être au grenier, peut-être à la cave, qu'est-ce que cela fait ? un peu mieux que les valets, un peu plus mal que les chevaux ! Elle avait abusé de sa détresse, à lui, Barkilphedro, pour se dépêcher de lui rendre traîtreusement service, ce que font les riches afin d'humilier les pauvres, et de se les attacher comme des bassets qu'on mène en laisse ! Qu'est-ce que ce service lui coûtait d'ailleurs ? Un service vaut ce qu'il coûte.

Elle avait des chambres de trop dans sa maison. Venir en aide à Barkilphedro! le bel effort qu'elle avait fait là! avait-elle mangé une cuillerée de soupe à la tortue de moins? s'était-elle privée de quelque chose dans le débordement haïssable de son superflu? Non. Elle avait ajouté à ce superflu une vanité, un objet de luxe, une bonne action en bague au doigt, un homme d'esprit secouru, un clergyman patronné! Elle pouvait prendre des airs, dire : je prodigue les bienfaits, je donne la becquée à des gens de lettres, faire sa protectrice! Est-il heureux de m'avoir trouvée, ce misérable! Quelle amie des arts je suis! Le tout pour avoir dressé un lit de sangle dans un méchant bouge sous les combles! Quant à la place à l'amirauté, Barkilphedro la tenait de Josiane, parbleu! jolie fonction! Josiane avait fait Barkilphedro ce qu'il était. Elle l'avait créé, soit. Oui, créé rien. Moins que rien. Car il se sentait, dans cette charge ridicule, ployé, ankylosé et contrefait. Que devait-il à Josiane? La reconnaissance du bossu pour sa mère qui l'a fait difforme. Voilà ces privilégiés, ces gens comblés, ces parvenus, ces préférés de la hideuse marâtre fortune! Et l'homme à talents, et Barkilphedro, était forcé de se ranger dans les escaliers, de saluer des laquais, de grimper le soir un tas d'étages, et d'être courtois, empressé, gracieux, déférent, agréable, et d'avoir toujours sur le museau une grimace respectueuse! S'il n'y a pas de quoi grincer de rage! Et pendant ce temps-là elle se mettait des perles au cou, et elle prenait des poses d'amoureuse avec son imbécile de lord David Dirry-Moir, la drôlesse!

Ne vous laissez jamais rendre service. On en abusera. Ne vous laissez pas prendre en flagrant délit d'inanition. On vous soulagerait. Parce qu'il était sans pain, cette femme avait trouvé le prétexte suffisant pour lui donner à manger! Désormais il était son domestique! Une défaillance d'estomac, et vous voilà à la chaîne pour la vie! Être obligé, c'est être exploité. Les heureux, les puissants, profitent du moment où vous tendez la main pour vous mettre un sou dedans, et de la minute où vous êtes lâche pour vous faire esclave, et esclave de la pire espèce, esclave d'une charité, esclave forcé d'aimer! quelle in-

famie ! quelle indélicatesse ! quelle surprise à notre fierté !
Et c'est fini, vous voilà condamné, à perpétuité, à trouver
bon cet homme, à trouver belle cette femme, à rester au
second plan du subalterne, à approuver, à applaudir, à
admirer, à encenser, à vous prosterner, à mettre à vos
rotules le calos de l'agenouillement, à sucrer vos paroles,
quand vous êtes rongé de colère, quand vous mâchez des
cris de fureur, et quand vous avez en vous plus de soulè-
vement sauvage et plus d'écume amère que l'océan.

C'est ainsi que les riches font prisonnier le pauvre.

Cette glu de la bonne action commise sur vous vous
barbouille et vous embourbe pour toujours.

Une aumône est irrémédiable. Reconnaissance, c'est
paralysie. Le bienfait a une adhérence visqueuse et répu-
gnante qui vous ôte vos libres mouvements. Les odieux
êtres opulents et gavés dont la pitié a sévi sur vous le
savent. C'est dit. Vous êtes leur chose. Ils vous ont
acheté. Combien ? un os, qu'ils ont retiré à leur chien
pour vous l'offrir. Ils vous ont lancé cet os à la tête. Vous
avez été lapidé autant que secouru. C'est égal. Avez-vous
rongé l'os, oui ou non ? Vous avez eu aussi votre part de
la niche. Donc remerciez. Remerciez à jamais. Adorez
vos maîtres. Génuflexion indéfinie. Le bienfait implique
un sous-entendu d'infériorité acceptée par vous. Ils exigent que vous vous sentiez pauvre diable et que vous les
sentiez dieux. Votre diminution les augmente. Votre
courbure les redresse. Il y a dans leur son de voix une
douce pointe impertinente. Leurs événements de famille,
mariages, baptêmes, la femelle pleine, les petits qu'on
met bas, cela vous regarde. Il leur naît un louveteau,
bien, vous composerez un sonnet. Vous êtes poète pour
être plat. Si ce n'est pas à faire crouler les astres ! Un peu
plus, ils vous feraient user leurs vieux souliers !

— Qu'est-ce que vous avez donc là chez vous, ma
chère ? qu'il est laid ! qu'est-ce que c'est que cet homme ?
— Je ne sais pas, c'est un grimaud que je nourris. —
Ainsi dialoguent ces dindes. Sans même baisser la voix.
Vous entendez, et vous restez mécaniquement aimable.
Du reste, si vous êtes malade, vos maîtres vous envoient
le médecin. Pas le leur. Dans l'occasion, ils s'informent.

N'étant pas de la même espèce que vous, et l'inaccessible étant de leur côté, ils sont affables. Leur escarpement les fait abordables. Ils savent que le plain-pied est impossible. A force de dédain, ils sont polis. A table, ils vous font un petit signe de tête. Quelquefois ils savent l'orthographe de votre nom. Ils ne vous font pas sentir qu'ils sont vos protecteurs autrement qu'en marchant naïvement sur tout ce que vous avez de susceptible et de délicat. Ils vous traitent avec bonté!

Est-ce assez abominable?

Certes, il était urgent de châtier la Josiane. Il fallait lui apprendre à qui elle avait eu affaire! Ah! messieurs les riches, parce que vous ne pouvez pas tout consommer, parce que l'opulence aboutirait à l'indigestion, vu la petitesse de vos estomacs égaux aux nôtres, après tout parce qu'il vaut mieux distribuer les restes que les perdre, vous érigez cette pâtée jetée aux pauvres en magnificence! Ah! vous nous donnez du pain, vous nous donnez un asile, vous nous donnez des vêtements, vous nous donnez un emploi, et vous poussez l'audace, la folie, la cruauté, l'ineptie et l'absurdité jusqu'à croire que nous sommes vos obligés! Ce pain, c'est un pain de servitude, cet asile, c'est une chambre de valet, ces vêtements, c'est une livrée, cet emploi, c'est une dérision, payée, soit, mais abrutissante! Ah! vous vous croyez le droit de nous flétrir avec du logement et de la nourriture, vous vous imaginez que nous vous sommes redevables, et vous comptez sur de la reconnaissance! Eh bien! nous vous mangerons le ventre! Eh bien! nous vous détripaillerons, belle madame, et nous vous dévorerons toute en vie, et nous vous couperons les attaches du cœur avec nos dents!

Cette Josiane! n'était-ce pas monstrueux? quel mérite avait-elle? Elle avait fait ce chef-d'œuvre de venir au monde en témoignage de la bêtise de son père et de la honte de sa mère, elle nous faisait la grâce d'exister, et cette complaisance qu'elle avait d'être un scandale public, on la lui payait des millions, elle avait des terres et des châteaux, des garennes, des chasses, des lacs, des forêts, est-ce que je sais, moi? et avec cela elle faisait sa sotte! et on lui adressait des vers! et lui, Barkilphedro, qui avait étudié et travaillé, qui s'était donné de la peine, qui s'était fourré de gros livres dans les yeux et dans la cervelle, qui avait pourri dans les bouquins et dans la science, qui avait énormément d'esprit, qui commanderait très bien des armées, qui écrirait des tragédies comme Orway et Dryden, s'il voulait, lui qui était fait pour être empereur, il avait été réduit à permettre à cette rien du tout de l'empêcher de crever de faim! L'usurpation de ces riches, exécrables élus du hasard, peut-elle aller plus loin! Faire semblant d'être généreux avec nous, et nous protéger, et nous sourire à nous qui boirions leur sang et qui nous lècherions les lèvres ensuite! Que la basse femme de cour ait l'odieuse puissance d'être bienfaitrice, et que l'homme supérieur puisse être condamné à ramasser de telles bribes tombant d'une telle main, quelle plus épouvantable iniquité! Et quelle société que celle qui a à ce point pour base la disproportion et l'injustice! Ne serait-ce pas le cas de tout prendre par les quatre coins, et d'envoyer pêle-mêle au plafond la nappe et le festin et l'orgie, et l'ivresse et l'ivrognerie, et les convives, et ceux qui sont à deux coudes sur la table, et ceux qui sont à quatre pattes dessous, et les insolents qui donnent et les idiots qui acceptent, et de recracher tout au nez de Dieu, et de jeter au ciel toute la terre! En attendant, enfonçons nos griffes dans Josiane.

Ainsi songeait Barkilphedro. C'étaient là les rugissements qu'il avait dans l'âme. C'est l'habitude de l'envieux de s'absoudre en amalgamant à son grief personnel le mal public. Toutes les formes farouches des passions haineuses allaient et venaient dans cette intelligence féroce. A l'angle des vieilles mappemondes du quinzième siècle on trouve un large espace vague sans forme et sans nom où sont écrits ces trois mots: *Hic sunt leones*. Ce coin sombre est aussi dans l'homme. Les passions rôdent et grondent quelque part en nous, et l'on peut dire aussi d'un côté obscur de notre âme: Il y a ici des lions.

Cet échafaudage de raisonnements fauves était-il absolument absurde? cela manquait-il d'un certain jugement? Il faut bien le dire, non.

Il est effrayant de penser que cette chose qu'on a en

soi, le jugement, n'est pas la justice. Le jugement, c'est le relatif. La justice, c'est l'absolu. Réfléchissez à la différence entre un juge et un juste.

Les méchants malmènent la conscience avec autorité. Il y a une gymnastique du faux. Un sophiste est un faussaire, et dans l'occasion ce faussaire brutalise le bon sens. Une certaine logique très souple, très implacable et très agile est au service du mal et excelle à meurtrir la vérité dans les ténèbres. Coups de poing sinistres de Satan à Dieu [241].

Tel sophiste, admiré des niais, n'a pas d'autre gloire que d'avoir fait des « bleus » à la conscience humaine.

L'affligeant, c'est que Barkilphedro pressentait un avortement. Il entreprenait un vaste travail, et en somme, il le craignait du moins, pour peu de ravage. Être un homme corrosif, avoir en soi une volonté d'acier, une haine de diamant, une curiosité ardente de la catastrophe, et ne rien brûler, ne rien décapiter, ne rien exterminer ! Être ce qu'il était, une force de dévastation, une animosité vorace, un rongeur du bonheur d'autrui, avoir été créé — (car il y a un créateur, le diable ou Dieu, n'importe qui !) avoir été créé de toutes pièces Barkilphedro pour ne réaliser peut-être qu'une chiquenaude ; est-ce possible ! Barkilphedro manquerait son coup ! Être un ressort à lancer des quartiers de rocher, et lâcher toute sa détente pour faire à une mijaurée une bosse au front ! une catapulte faisant le dégât d'une pichenette ! accomplir une besogne de Sisyphe pour un résultat de fourmi ? suer toute la haine pour à peu près rien ! Est-ce assez humiliant quand on est un mécanisme d'hostilité à broyer le monde ! Mettre en mouvement tous ses engrenages, faire dans l'ombre un tracas de machine de Marly, pour réussir peut-être à pincer le bout d'un petit doigt rose ! Il allait tourner et retourner des blocs pour arriver, qui sait ? à rider un peu la surface plate de la cour ! Dieu a cette manie de dépenser grandement les forces. Un remuement de montagne aboutit au déplacement d'une taupinière.

En outre, la cour étant donnée, terrain bizarre, rien n'est plus dangereux que de viser son ennemi, et de le manquer. D'abord cela vous démasque à votre ennemi, et cela l'irrite; ensuite, et surtout, cela déplaît au maître. Les rois goûtent peu les maladroits. Pas de contusions; pas de gourmades laides. Égorgez tout le monde, ne faites saigner du nez à personne. Qui tue est habile, qui blesse est inepte. Les rois n'aiment pas qu'on écloppe leurs domestiques. Ils vous en veulent si vous fêlez une porcelaine sur leur cheminée ou un courtisan dans leur cortège. La cour doit rester propre. Cassez, et remplacez; c'est bien.

Ceci se concilie du reste parfaitement avec le goût des médisances qu'ont les princes. Dites du mal, n'en faites point. Ou, si vous en faites, que ce soit en grand.

Poignardez, mais n'égratignez pas. A moins que l'épingle ne soit empoisonnée. Circonstance atténuante. C'était, rappelons-le, le cas de Barkilphedro.

Tout pygmée haineux est la fiole où est enfermé le dragon de Salomon. Fiole microscopique, dragon démesuré. Condensation formidable attendant l'heure gigantesque de la dilatation. Ennui consolé par la préméditation de l'explosion. Le contenu est plus grand que le contenant. Un géant latent, quelle chose étrange! un acarus dans lequel il y a une hydre! Être cette affreuse boîte à surprise, avoir en soi Léviathan, c'est pour le nain une torture et une volupté [242].

Aussi rien n'eût fait lâcher prise à Barkilphedro. Il attendait son heure. Viendrait-elle? Qu'importe? il l'attendait. Quand on est très mauvais, l'amour-propre s'en mêle. Faire des trous et des sapes à une fortune de cour, plus haute que nous, la miner à ses risques et périls, tout souterrain et tout caché qu'on est, insistons-y, c'est intéressant. On se passionne à un tel jeu. On s'éprend de cela comme d'un poème épique qu'on ferait. Être très petit et s'attaquer à quelqu'un de très grand est une action d'éclat. C'est beau d'être la puce d'un lion.

L'altière bête se sent piquée et dépense son énorme colère contre l'atome. Un tigre rencontré l'ennuierait moins. Et voilà les rôles changés. Le lion humilié a dans sa chair le dard de l'insecte, et la puce peut dire: j'ai en moi du sang de lion.

Pourtant, ce n'étaient là pour l'orgueil de Barkilphedro

que de demi-apaisements. Consolations. Palliatifs. Taquiner est une chose, torturer vaudrait mieux. Barkilphedro, pensée désagréable qui lui revenait sans cesse, n'aurait vraisemblablement pas d'autre succès que d'entamer chétivement l'épiderme de Josiane. Que pouvait-il espérer de plus, lui si infime contre elle si radieuse ? Une égratignure, que c'est peu, à qui voudrait toute la pourpre de l'écorchure vive, et les rugissements de la femme plus que nue, n'ayant même plus cette chemise, la peau ! avec de telles envies, que c'est fâcheux d'être impuissant ! Hélas ! rien n'est parfait.

En somme il se résignait. Ne pouvant mieux, il ne rêvait que la moitié de son rêve. Faire une farce noire, c'est là un but après tout.

Celui qui se venge d'un bienfait, quel homme ! Barkilphedro était ce colosse. Ordinairement l'ingratitude est de l'oubli ; chez ce privilégié du mal, elle était de la fureur. L'ingrat vulgaire est rempli de cendre. De quoi était plein Barkilphedro ? d'une fournaise. Fournaise murée de haine, de colère, de silence, de rancune, attendant pour combustible Josiane. Jamais un homme n'avait à ce point abhorré une femme sans raison. Quelle chose terrible ! Elle était son insomnie, sa préoccupation, son ennui, sa rage.

Peut-être en était-il un peu amoureux.

XI

BARKILPHEDRO EN EMBUSCADE

Trouver l'endroit sensible de Josiane et la frapper là ; telle était, pour toutes les causes que nous venons de dire, la volonté imperturbable de Barkilphedro.
Vouloir ne suffit pas ; il faut pouvoir.
Comment s'y prendre !
Là était la question.
Les chenapans vulgaires font soigneusement le scénario de la coquinerie qu'ils veulent commettre. Ils ne se sentent pas assez forts pour saisir l'incident au passage, pour en prendre possession de gré ou de force, et pour le contraindre à les servir. De là des combinaisons préliminaires que les méchants profonds dédaignent. Les méchants profonds ont pour tout *a priori* leur méchanceté ; ils se bornent à s'armer de toutes pièces, préparent plusieurs en-cas variés, et, comme Barkilphedro, épient tout bonnement l'occasion. Ils savent qu'un plan façonné d'avance court risque de mal s'emboîter dans l'événement qui se présentera. On ne se rend pas comme cela maître du possible et l'on n'en fait point ce qu'on veut. On n'a point de pourparler préalable avec la destinée. Demain ne nous obéit pas. Le hasard a une certaine indiscipline.

Aussi le guettent-ils pour lui demander sans préambule, d'autorité, et sur-le-champ, sa collaboration. Pas de plan, pas d'épure, pas de maquette, pas de soulier tout fait chaussant mal l'inattendu. Ils plongent à pic dans la noirceur. La mise à profit immédiate et rapide du fait quelconque qui peut aider, c'est à l'habileté qui distingue le méchant efficace, et qui élève le coquin à la dignité de démon. Brusquer le sort, c'est le génie.

Le vrai scélérat vous frappe comme une fronde, avec le premier caillou venu.

Les malfaiteurs capables comptent sur l'imprévu, cet auxiliaire stupéfait de tant de crimes.

Empoigner l'incident, sauter dessus ; il n'y a pas d'autre Art poétique pour ce genre de talent.

Et, en attendant, savoir à qui l'on a affaire. Sonder le terrain.

Pour Barkilphedro, le terrain était la reine Anne.

Barkilphedro approchait la reine.

De si près que, parfois, il s'imaginait entendre les monologues de sa majesté.

Quelquefois, il assistait, point compté, aux conversations des deux sœurs. On ne lui défendait pas le glissement d'un mot. Il en profitait pour s'amoindrir. Façon d'inspirer confiance.

C'est ainsi qu'un jour, à Hampton-Court, dans le jardin, étant derrière la duchesse, qui était derrière la reine, il entendit Anne, se conformant lourdement à la mode, émettre des sentences.

— Les bêtes sont heureuses, disait la reine, elles ne risquent pas d'aller en enfer.

— Elles y sont, répondit Josiane.

Cette réponse, qui substituait brusquement la philosophie à la religion, déplut. Si par hasard c'était profond, Anne se sentait choquée [243].

— Ma chère, dit-elle à Josiane, nous parlons de l'enfer comme deux sottes. Demandons à Barkilphedro ce qu'il en est. Il doit savoir ces choses-là.

— Comme diable ? demanda Josiane.

— Comme bête, répondit Barkilphedro.

Et il salua.

— Madame, dit la reine à Josiane, il a plus d'esprit que nous.

Pour un homme comme Barkilphedro, approcher la reine, c'était la tenir. Il pouvait dire : Je l'ai. Maintenant il lui fallait la manière de s'en servir.

Il avait pied en cour. Être posté, c'est superbe. Aucune chance ne pouvait lui échapper. Plus d'une fois il avait fait sourire méchamment la reine. C'était avoir un permis de chasse.

Mais n'y avait-il aucun gibier réservé ? Ce permis de chasse allait-il jusqu'à casser l'aile ou la patte à quelqu'un comme la propre sœur de sa majesté ?

Premier point à éclaircir. La reine aimait-elle sa sœur ?

Un faux pas peut tout perdre, Barkilphedro observait.

Avant d'entamer la partie, le joueur regarde ses cartes. Quels atouts a-t-il ? Barkilphedro commença par examiner l'âge des deux femmes : Josiane, vingt-trois ans ; Anne, quarante et un ans. C'était bien. Il avait du jeu.

Le moment où la femme cesse de compter par printemps et commence à compter par hiver, est irritant. Sourde rancune contre le temps, qu'on a en soi. Les jeunes belles épanouies, parfums pour les autres, sont pour vous épines, et de toutes ces roses vous sentez la piqûre. Il semble que toute cette fraîcheur vous est prise, et que la beauté ne décroît en vous que parce qu'elle croît chez les autres.

Exploiter cette mauvaise humeur secrète, creuser la ride d'une femme de quarante ans qui est reine, cela était indiqué à Barkilphedro.

L'envie excelle à exciter la jalousie comme le rat à faire sortir le crocodile.

Barkilphedro attachait sur Anne son regard magistral.

Il voyait dans la reine comme on voit dans une stagnation. Le marécage a sa transparence. Dans une eau sale on voit des vices ; dans une eau trouble on voit des inepties. Anne n'était qu'une eau trouble.

Des embryons de sentiments et des larves d'idées se mouvaient dans cette cervelle épaisse.

C'était peu distinct. Cela avait à peine des contours. C'étaient des réalités pourtant, mais informes. La reine pensait ceci. La reine désirait cela. Préciser quoi était difficile. Les transformations confuses qui s'opèrent dans l'eau croupissante sont malaisées à étudier.

La reine, habituellement obscure, avait par instants des échappées bêtes et brusques. C'était là ce qu'il fallait saisir. Il fallait la prendre sur le fait.

Qu'est-ce que la reine Anne, dans son for intérieur, voulait à la duchesse Josiane? Du bien, ou du mal?

Problème. Barkilphedro se le posa.

Ce problème résolu, on pourrait aller plus loin.

Divers hasards servirent Barkilphedro. Et surtout sa ténacité au guet.

Anne était, du côté de son mari, un peu parente de la nouvelle reine de Prusse, femme du roi aux cent chambellans, de laquelle elle avait un portrait peint sur émail d'après le procédé de Turquet de Mayerne. Cette reine de Prusse avait, elle aussi, une sœur cadette illégitime, la baronne Drika.

Un jour, Barkilphedro présent, Anne fit à l'ambassadeur de Prusse des questions sur cette Drika.

— On la dit riche?
— Très riche, répondit l'ambassadeur.
— Elle a des palais?
— Plus magnifiques que ceux de la reine sa sœur.
— Qui doit-elle épouser?
— Un très grand seigneur, le comte Gormo.
— Joli?
— Charmant.
— Elle est jeune?
— Toute jeune.
— Aussi belle que la reine?

L'ambassadeur baissa la voix et répondit:
— Plus belle.
— Ce qui est insolent, murmura Barkilphedro.

La reine eut un silence, puis s'écria:
— Ces bâtardes!

Barkilphedro nota ce pluriel.

Une autre fois, à une sortie de chapelle où Barkilphedro se tenait assez près de la reine derrière les deux grooms de l'aumônerie, lord David Dirry-Moir, traversant des rangées de femmes, fit sensation par sa bonne mine. Sur son passage éclatait un brouhaha d'exclamations féminines : — Qu'il est élégant ! — Qu'il est galant ! — Qu'il a grand air ! — Qu'il est beau !

— Comme c'est désagréable ! grommela la reine.

Barkilphedro entendit.

Il était fixé.

On pouvait nuire à la duchesse sans déplaire à la reine.

Le premier problème était résolu.

Maintenant le deuxième se présentait.

Comment faire pour nuire à la duchesse ?

Quelle ressource pouvait, pour un but si ardu, lui offrir son misérable emploi ?

Aucune, évidemment.

XII

ÉCOSSE, IRLANDE ET ANGLETERRE

Indiquons un détail : Josiane « avait le tour ».
On le comprendra en réfléchissant qu'elle était, quoique du petit côté, sœur de la reine, c'est-à-dire personne princière.
Avoir le tour. Qu'est cela ?
Le vicomte de Saint-John — prononcez Bolingbroke — écrivit à Thomas Lennard, comte de Sussex : « Deux choses font qu'on est grand. En Angleterre avoir le tour ; en France avoir le pour. »
Le pour, en France, c'était ceci : quand le roi était en voyage, le fourrier de la cour, le soir venu, au débotté à l'étape, assignait leur logement aux personnes suivant sa majesté. Parmi ces seigneurs, quelques-uns avaient un privilège immense : « Ils ont le *pour,* dit le Journal Historique de l'année 1694, page 6, c'est-à-dire que le fourrier qui marque les logis met *Pour* avant leur nom, comme : *Pour M. le prince de Soubise,* au lieu que, quand il marque le logis d'une personne qui n'est point prince, il ne met point de *Pour,* mais simplement son nom, par exemple « *Le duc de Gesvres, le duc de Mazarin,* etc. ». Ce *Pour* sur une porte indiquait un prince ou un favori. Favori, c'est pire que prince. Le roi accordait le *pour* comme le cordon bleu ou la pairie.

« Avoir le tour » en Angleterre était moins vaniteux, mais plus réel. C'était un signe de véritable approche de la personne régnante. Quiconque était, par naissance ou faveur, en posture de recevoir des communications directes de sa majesté, avait dans le mur de sa chambre de lit un tour où était ajusté un timbre. Le timbre sonnait, le tour s'ouvrait, une missive royale apparaissait sur une assiette d'or ou sur un coussin de velours, puis le tour se refermait. C'était intime et solennel. Le mystérieux dans le familier. Le tour ne servait à aucun autre usage. Sa sonnerie annonçait un message royal. On ne voyait pas qui l'apportait. C'était du reste tout simplement un page de la reine ou du roi. Leicester avait le tour sous Élisabeth, et Buckingham sous Jacques Ier. Josiane l'avait sous Anne, quoique peu favorite. Qui avait le tour était comme quelqu'un qui serait en relation directe avec la petite poste du ciel, et chez qui Dieu enverrait de temps en temps son facteur porter une lettre. Pas d'exception plus enviée. Ce privilège entraînait plus de servilité. On en était un peu plus valet. A la cour, ce qui élève abaisse. « Avoir le tour », cela se disait en français ; ce détail d'étiquette anglaise étant probablement une ancienne platitude française [244].

Lady Josiane, vierge pairesse comme Élisabeth avait été vierge reine, menait, tantôt à la ville, tantôt à la campagne, selon la saison, une existence quasi princière, et tenait à peu près une cour dont lord David était courtisan, avec plusieurs. N'étant pas encore mariés, lord David et lady Josiane pouvaient sans ridicule se montrer ensemble en public, ce qu'ils faisaient volontiers. Ils allaient souvent aux spectacles et aux courses dans le même carrosse et dans la même tribune. Le mariage, qui leur était permis et même imposé, les refroidissait ; mais en somme leur attrait était de se voir. Les privautés permises aux « engaged » ont une frontière aisée à franchir. Ils s'en abstenaient, ce qui est facile étant de mauvais goût.

Les plus belles boxes d'alors avaient lieu à Lambeth, paroisse où le lord archevêque de Cantorbery a un palais, quoique l'air y soit malsain, et une riche bibliothèque ouverte à de certaines heures aux honnêtes gens. Une fois, c'était en hiver, il y eut là, dans une prairie fermée à clef, un assaut de deux hommes auquel assista Josiane, menée par David. Elle avait demandé : Est-ce que les femmes sont admises ? et David avait répondu : *sunt fœmmœ magnates*. Traduction libre : *Pas les bourgeoises*. Traduction littérale : *Les grandes dames existent*. Une duchesse entre partout. C'est pourquoi lady Josiane vit la boxe.

Lady Josiane fit seulement la concession de se vêtir en cavalier, chose fort usité alors. Les femmes ne voyageaient guère autrement. Sur six personnes que contenait le coach de Windsor, il était rare qu'il n'y eût point une ou deux femmes habillées en hommes. C'était signe de gentry.

Lord David, étant en compagnie d'une femme, ne pouvait figurer dans le match, et devait rester simple assistant.

Lady Josiane ne trahissait sa qualité que par ceci, qu'elle regardait à travers une lorgnette, ce qui était acte de gentilhomme.

La « noble rencon‘ ‘ » était présidée par lord Germaine, arrière-grand-père ou grand-oncle de ce lord Germaine qui, vers la fin du dix-huitième siècle, fut colonel, lâcha pied dans une bataille, puis fut ministre de la guerre, et n'échappa aux biscayens de l'ennemi que pour tomber sous les sarcasmes de Sheridan, mitraille pire. Force gentilshommes pariaient ; Harry Bellew de Carleton, ayant des prétentions à la pairie éteinte de Bella-Aqua, contre Henry, lord Hyde, membre du parlement pour le bourg de Dunhivid, qu'on appelle aussi Launceston ; l'honorable Peregrine Bertie, membre pour le bourg de Truro, contre sir Thomas Colepeper, membre pour Maidstone ; le laird de Lamyrbau, qui est de la marche de Lothian, contre Samuel Trefusis, du bourg de Penryn ; sir Bartholomew Gracedieu, du bourg Saint-Yves, contre le très honorable Charles Bodville, qui s'appelle lord Robartes, et qui est Custos Rotulorum du comté de Cornouailles. D'autres encore.

Les deux boxeurs étaient un Irlandais de Tipperary

nommé du nom de sa montagne natale Phelem-ghe-madone, et un Écossais appelé Helmsgail. Cela mettait deux orgueils nationaux en présence. Irlande et Écosse allaient se cogner; Érin allait donner des coups de poing à Gajothel. Aussi les paris dépassaient quarante mille guinées, sans compter les jeux fermes.

Les deux champions étaient nus avec une culotte très courte bouclée aux hanches, et des brodequins à semelles cloutées, lacés aux chevilles.

Helmsgail, l'Écossais, était un petit d'à peine dix-neuf ans, mais il avait déjà le front recousu; c'est pourquoi on tenait pour lui deux et un tiers. Le mois précédent il avait enfoncé une côte et crevé les deux yeux au boxeur Sixmileswater; ce qui expliquait l'enthousiasme. Il y avait eu pour ses parieurs gain de douze mille livres sterling. Outre son front recousu, Helmsgail avait la mâchoire ébréchée. Il était leste et alerte. Il était haut comme une femme petite, ramassé, trapu, d'une stature basse et menaçante, et rien n'avait été perdu de la pâte dont il avait été fait; pas un muscle qui n'allât au but, le pugilat. Il y avait de la concision dans son torce ferme, luisant et brun comme l'airain. Il souriait, et trois dents qu'il avait de moins s'ajoutaient à son sourire.

Son adversaire était vaste et large, c'est-à-dire faible.

C'était un homme de quarante ans. Il avait six pieds de haut, un poitrail d'hippopotame, et l'air doux. Son coup de poing fendait le pont d'un navire, mais il ne savait pas le donner. L'Irlandais Phelem-ghe-madone était surtout une surface et semblait être dans les boxes plutôt pour recevoir que pour rendre. Seulement on sentait qu'il durerait longtemps. Espèce de rostbeef pas assez cuit, difficile à mordre et impossible à manger. Il était ce qu'on appelle, en argot local, de la viande crue, *raw flesh*. Il louchait. Il semblait résigné.

Ces deux hommes avaient passé la nuit précédente côte à côte dans le même lit, et dormi ensemble. Ils avaient bu dans le même verre chacun trois doigts de vin de Porto.

Ils avaient l'un et l'autre leur groupe de souteneurs, gens de rude mine, menaçant au besoin les arbitres. Dans le groupe pour Helmsgail, on remarquait John Gromane, fameux pour porter un bœuf sur son dos, et un nommé John Bray qui un jour avait pris sur ses épaules dix boisseaux de farine à quinze gallons par boisseau, plus le meunier, et avait marché avec cette charge plus de deux cents pas loin. Du côté de Phelem-ghe-madone, lord Hyde avait amené de Launceston un certain Kilter, lequel demeurait au Château-Vert, et lançait par-dessus son épaule une pierre de vingt livres plus haut que la plus haute tour du château. Ces trois hommes, Kilter, Bray et Gromane, étaient de Cornouailles, ce qui honore le comté.

D'autres souteneurs étaient des garnements brutes, au râble solide, aux jambes arquées, aux grosses pattes noueuses, à la face inepte, en haillons, et ne craignant rien, étant presque tous repris de justice.

Beaucoup s'entendaient admirablement à griser les gens de police. Chaque profession doit avoir ses talents.

Le pré choisi était plus loin que le Jardin des Ours, où l'on faisait autrefois battre les ours, les taureaux et les dogues, au-delà des dernières bâtisses en construction, à côté de la masure du prieuré de Sainte Marie Over Ry, ruiné par Henri VIII. Vent du nord et givre était le temps; une pluie fine tombait, vite figée en verglas. On reconnaissait dans les gentlemen présents ceux qui étaient pères de famille, parce qu'ils avaient ouvert leurs parapluies.

Du côté de Phelem-ghe-madone, colonel Moncreif, arbitre, et Kilter, pour tenir le genou.

Du côté de Helmsgail, l'honorable Pughe Beaumaris, arbitre, et lord Desertum, qui est de Kilcarry, pour tenir le genou.

Les deux boxeurs furent quelques instants immobiles dans l'enceinte pendant qu'on réglait les montres. Puis ils marchèrent l'un à l'autre et se donnèrent la main.

Phelem-ghe-madone dit à Helmsgail: — J'aimerais m'en aller chez moi.

Helmsgail répondit avec honnêteté: — Il faut que la gentry se soit dérangée pour quelque chose.

Nus comme ils étaient ils avaient froid. Phelem-ghe-madone tremblait. Ses mâchoires claquaient.

Docteur Eleanor Sharp, neveu de l'archevêque d'York, leur cria: Tapez-vous, mes drôles. Ça vous réchauffera.

Cette parole d'aménité les dégela.

Ils s'attaquèrent.

Mais ni l'un ni l'autre n'étaient en colère. On compta trois reprises molles. Révérend Docteur Gumdraith, un des quarante associés d'All Soules Colleges*, cria: Qu'on leur entonne du gin!

Mais les deux referees et les deux parrains, juges tous quatre, maintinrent la règle. Il faisait pourtant bien froid.

On entendit le cri: *first blood!* Le premier sang était réclamé. On les replaça bien en face l'un de l'autre.

Ils se regardèrent, s'approchèrent, allongèrent les bras, se touchèrent les poings, puis reculèrent. Tout à coup, Helmsgail, le petit homme, bondit.

Le vrai combat commença.

Phelem-ghe-madone fut frappé en plein front entre les deux sourcils. Tout son visage ruissela de sang. La foule cria: *Helmsgail a fait couler le bordeaux***! On applaudit. Phelem-ghe-madone, tournant ses bras comme un moulin ses ailes, se mit à démener ses deux poings au hasard.

L'honorable Peregrine Bertie dit: — Aveuglé. Mais pas encore aveugle.

Alors Helmsgail entendit de toutes parts éclater cet encouragement: *Bung his peepers****!

choisis, et, quoique le temps fût peu favorable, on comprit que le match réussirait. Le quasi-géant Phelem-ghe-madone avait les inconvénients de ses avantages; il se mouvait pesamment. Ses bras étaient massue, mais son corps était masse. Le petit courait, frappait, sautait, grinçait, doublait la vigueur par la vitesse, savait les ruses. D'un côté le coup de poing primitif, sauvage, inculte, à l'état d'ignorance; de l'autre le coup de poing de la civilisation. Helmsgail combattait autant avec ses nerfs qu'avec ses muscles et avec sa méchanceté qu'avec sa

---

* Collège de Toutes-les-Ames.
** *Helmsgail has tapped his claret.*
*** Crève-lui les quinquets.

force ; Phelem-ghe-madone était une espèce d'assommeur inerte, un peu assommé au préalable. C'était l'art contre la nature. C'était le féroce contre le barbare [245].

Il était clair que le barbare serait battu. Mais pas très vite. De là l'intérêt.

Un petit contre un grand. La chance est pour le petit. Un chat a raison d'un dogue. Les Goliath sont toujours vaincus par les David.

Une grêle d'apostrophes tombait sur les combattants : — *Bravo, Helmsgail! good! well done, Highlander! — Now, Phelem*!*

Et les amis de Helmsgail lui répétaient avec bienveillance l'exhortation : Crève-lui les quinquets!

Helmsgail fit mieux. Brusquement baissé et redressé avec une ondulation de reptile, il frappa Phelem-ghe-madone au sternum. Le colosse chancela.

— Mauvais coup! cria le vicomte Barnard.

Pholem-ghe-madone s'affaissa sur le genou de Kilter en disant : — Je commence à me réchauffer.

Lord Desertum consulta les referees, et dit : — Il y aura cinq minutes de rond**.

Phelem-ghe-madone défaillait. Kilter lui essuya le sang des yeux et la sueur du corps avec une flanelle et lui mit un goulot dans la bouche. On était à la onzième passe. Phelem-ghe-madone, outre sa plaie au front, avait les pectoraux déformés de coups, le ventre tuméfié et le sinciput meurtri. Helmsgail n'avait rien.

Un certain tumulte éclatait parmi les gentlemen.

Lord Barnard répétait : — Mauvais coup.

— Pari nul, dit le laird de Lamyrbau.

— Je réclame mon enjeu, reprit sir Thomas Colepeper.

Et l'honorable membre pour le bourg Saint-Yves, sir Bartholomew Gracedieu, ajouta :

— Qu'on me rende mes cinq cents guinées, je m'en vais.

---

* Bravo, Helmsgail! bon! c'est bien, montagnard! — A ton tour, Phelem!
** Suspension.

— Cessez le match, cria l'assistance.
Mais Phelem-ghe-madone se leva presque aussi branlant qu'un homme ivre, et dit:
— Continuons le match, à une condition. J'aurai aussi, moi, le droit de donner un mauvais coup.
On cria de toutes parts: — Accordé.
Helmsgail haussa les épaules.
Les cinq minutes passées, la reprise se fit.
Le combat, qui était une agonie pour Phelem-ghe-madone, était un jeu pour Helmsgail.
Ce que c'est que la science! le petite homme trouva moyen de mettre le grand en chancery, c'est-à-dire que tout à coup Helmsgail prit sous son bras gauche courbé comme un croissant d'acier la grosse tête de Phelem-ghe-madone, et le tint là sous son aisselle, cou ployé et nuque basse, pendant que de son poing droit, tombant et retombant comme un marteau sur un clou, mais de bas en haut et en dessous, il lui écrasait à l'aise la face. Quand Phelem-ghe-madone, enfin lâché, releva la tête, il n'avait plus de visage.

Ce qui avait été un nez, des yeux et une bouche, n'était plus qu'une apparence d'éponge noire trempée dans le sang. Il cracha. On vit à terre quatre dents.

Puis il tomba. Kilter le reçut sur son genou.

Helmsgail était à peine touché. Il avait quelques bleus insignifiants et une égratignure à une clavicule.

Personne n'avait plus froid. On faisait seize et un quart pour Helmsgail contre Phelem-ghe-madone.

Harry de Carleton cria:
— Il n'y a plus de Phelem-ghe-madone. Je parie pour Helmsgail ma pairie de Bella-Aqua et mon titre de lord Bellew contre une vieille perruque de l'archevêque de Cantorbery.
— Donne ton mufle, dit Kilter à Phelem-ghe-madone, et, fourrant sa flanelle sanglante dans la bouteille, il le débarbouilla avec du gin. On revit la bouche, et Phelem-ghe-madone ouvrit une paupière. Les tempes semblaient fêlées.
— Encore une reprise, ami, dit Kilter. Et il ajouta:
— Pour l'honneur de la basse ville.

Les Gallois et les Irlandais s'entendent; pourtant Phelem-ghe-madone ne fit aucun signe pouvant indiquer qu'il avait encore quelque chose dans l'esprit.

Phelem-ghe-madone se releva, Kilter le soutenant. C'était la vingt-cinquième reprise. A la manière dont ce cyclope, car il n'avait plus qu'un œil, se remit en posture, on comprit que c'était la fin et personne ne douta qu'il ne fût perdu. Il posa sa garde au-dessus du menton, gaucherie de moribond. Helmsgail, à peine en sueur, cria: je parie pour moi. Mille contre un.

Helmsgail, levant le bras, frappa, et, ce fut étrange, tous deux tombèrent. On entendit un grognement gai.

C'était Phelem-ghe-madone qui était content.

Il avait profité du coup terrible qu'Helmsgail lui avait donné sur le crâne pour lui en donner un, mauvais, au nombril.

Helmsgail, gisant, râlait.

L'assistance regarda Helmsgail à terre et dit: — Remboursé.

Tout le monde battit des mains, même les perdants.

Phelem-ghe-madone avait rendu mauvais coup pour mauvais coup, et agi dans son droit.

On emporta Helmsgail sur une civière. L'opinion était qu'il n'en reviendrait point. Lord Robartes s'écria: Je gagne douze cents guinées. Phelem-ghe-madone était évidemment estropié pour la vie.

En sortant, Josiane prit le bras de lord David, ce qui est toléré entre «engaged». Elle lui dit:

— C'est très beau. Mais...
— Mais quoi?
— J'aurais cru que cela m'ôterait mon ennui. Eh! bien, non.

Lord David s'arrêta, regarda Josiane, ferma la bouche et enfla les joues en secouant la tête, ce qui signifie: attention! et dit à la duchesse:

— Pour l'ennui il n'y a qu'un remède.
— Lequel?
— Gwynplaine.

La duchesse demanda:

— Qu'est-ce-que c'est que Gwynplaine?

LIVRE DEUXIÈME

GWYNPLAINE ET DEA

I

OU L'ON VOIT LE VISAGE
DE CELUI DONT ON N'A ENCORE VU
QUE LES ACTIONS

La nature avait été prodigue de ses bienfaits envers Gwynplaine. Elle lui avait donné une bouche s'ouvrant jusqu'aux oreilles, des oreilles se repliant jusque sur les yeux, un nez informe fait pour l'oscillation des lunettes de grimacier, et un visage qu'on ne pouvait regarder sans rire.

Nous venons de le dire, la nature avait comblé Gwynplaine de ses dons. Mais était-ce la nature?

Ne l'avait-on pas aidée?

Deux yeux pareils à des jours de souffrance, un hiatus pour bouche, une protubérance camuse avec deux trous qui étaient les narines, pour face un écrasement, et tout cela ayant pour résultante le rire, il est certain que la nature ne produit pas toute seule de tels chefs-d'œuvre.

Seulement, le rire est-il synonyme de la joie?

Si, en présence de ce bateleur, — car c'était un bateleur, — on laissait se dissiper la première impression de gaieté, et si l'on observait cet homme avec attention, on y reconnaissait la trace de l'art. Un pareil visage n'est pas fortuit, mais voulu. Être à ce point complet n'est pas dans la nature. L'homme ne peut rien sur sa beauté, mais peut tout sur sa laideur. D'un profil hottentot vous ne ferez pas un profil romain, mais d'un nez grec vous pouvez faire un nez kalmouck. Il suffit d'oblitérer la racine du nez et d'épater les narines. Le bas latin du Moyen Age n'a pas créé pour rien le verbe *denasare*. Gwynplaine enfant avait-il été assez digne d'attention pour qu'on s'occupât de lui au point de modifier son visage ? Pourquoi pas ? ne fût-ce que dans un but d'exhibition et de spéculation. Selon toute apparence, d'industrieux manieurs d'enfants avaient travaillé à cette figure. Il semblait évident qu'une science mystérieuse, probablement occulte, qui était à la chirurgie ce que l'alchimie est à la chimie, avait ciselé cette chair, à coup sûr dans le très bas âge, et créé, avec préméditation, ce visage. Cette science, habile aux sections, aux obtusions et aux ligatures, avait fendu la bouche, débridé les lèvres, dénudé les gencives, distendu les oreilles, décloisonné les cartilages, désordonné les sourcils et les joues, élargi le muscle zygomatique, estompé les coutures et les cicatrices, ramené la peau sur les lésions, tout en maintenant la face à l'état béant, et de cette sculpture puissante et profonde était sorti ce masque, Gwynplaine [246].

On ne naît pas ainsi.

Quoi qu'il en fût, Gwynplaine était admirablement réussi. Gwynplaine était un don fait par la providence à la tristesse des hommes. Par quelle providence ? Y a-t-il une providence Démon comme il y a une providence Dieu ? Nous posons la question sans la résoudre [247].

Gwynplaine était saltimbanque. Il se faisait voir en public. Pas d'effet comparable au sien. Il guérissait les hypocondries rien qu'en se montrant. Il était à éviter pour des gens en deuil, confus et forcés, s'ils l'apercevaient, de rire indécemment. Un jour le bourreau vint, et Gwynplaine le fit rire. On voyait Gwynplaine, on se tenait les côtes ; il parlait, on se roulait à terre. Il était le pôle opposé du chagrin. Spleen était à un bout, et Gwynplaine à l'autre.

Aussi était-il parvenu rapidement, dans les champs de foire et dans les carrefours, à une fort satisfaisante renommée d'homme horrible.

C'est en riant que Gwynplaine faisait rire. Et pourtant il ne riait pas. Sa face riait, sa pensée non. L'espèce de visage inouï que le hasard ou une industrie bizarrement spéciale lui avait façonné, riait tout seul. Gwynplaine ne s'en mêlait pas. Le dehors ne dépendait pas du dedans. Ce rire qu'il n'avait point mis sur son front, sur ses joues, sur ses sourcils, sur sa bouche, il ne pouvait l'en ôter. On lui avait à jamais appliqué le rire sur le visage. C'était un rire automatique, et d'autant plus irrésistible qu'il était pétrifié. Personne ne se dérobait à ce rictus. Deux convulsions de la bouche sont communicatives, le rire et le bâillement. Par la vertu de la mystérieuse opération probablement subie par Gwynplaine enfant, toutes les parties de son visage contribuaient à ce rictus, toute sa physionomie y aboutissait, comme une roue se concentre sur le moyeu; toutes ses émotions, quelles qu'elles fussent, augmentaient cette étrange figure de joie, disons mieux, l'aggravaient. Un étonnement qu'il aurait eu, une souffrance qu'il aurait ressentie, une colère qui lui serait survenue, une pitié qu'il aurait éprouvée, n'eussent fait qu'accroître cette hilarité des muscles; s'il eût pleuré, il eût ri; et, quoi que fît Gwynplaine, quoi qu'il voulût, quoi qu'il pensât, dès qu'il levait la tête, la foule, si la foule était là, avait devant les yeux cette apparition, l'éclat de rire foudroyant.

Qu'on se figure une tête de Méduse gaie [248].

Tout ce qu'on avait dans l'esprit était mis en déroute par cet inattendu, et il fallait rire.

L'art antique appliquait jadis au fronton des théâtres de la Grèce une face d'airain joyeuse. Cette face s'appelait la Comédie. Ce bronze semblait rire et faisait rire, et était pensif [249]. Toute la parodie, qui aboutit à la démence, toute l'ironie, qui aboutit à la sagesse, se condensaient et s'amalgamaient sur cette figure; la somme des soucis, des désillusions, des dégoûts et des chagrins se faisait sur ce front impassible, et donnait ce total lugubre, la gaieté; un coin de la bouche était relevé, du côté du genre humain, par la moquerie, et l'autre coin, du côté des dieux, par le blasphème; les hommes venaient confronter à ce modèle du sarcasme idéal l'exemplaire d'ironie que chacun a en soi ; et la foule, sans cesse renouvelée autour de ce rire fixe, se pâmait d'aise devant l'immobilité sépulcrale du ricanement. Ce sombre masque mort de la comédie antique ajusté à un homme vivant, on pourrait presque dire que c'était là Gwynplaine. Cette tête infernale de l'hilarité implacable, il l'avait sur le cou. Quel fardeau pour les épaules d'un homme, le rire éternel[250] !

Rire éternel. Entendons-nous, et expliquons-nous. A en croire les manichéens, l'absolu plie par moments, et Dieu lui-même a des intermittences. Entendons-nous aussi sur la volonté. Qu'elle puisse jamais être tout à fait impuissante, nous ne l'admettons pas. Toute existence ressemble à une lettre, que modifie le post-scriptum. Pour Gwynplaine, le post-scriptum était ceci : à force de volonté, en y concentrant toute son attention, et à la condition qu'aucune émotion ne vînt le distraire et détendre la fixité de son effort, il pouvait parvenir à suspendre l'éternel rictus de sa face et à y jeter une sorte de voile tragique, et alors on ne riait plus devant lui, on frissonnait[251].

Cet effort, Gwynplaine, disons-le, ne le faisait presque jamais, car c'était une fatigue douloureuse et une tension insupportable. Il suffisait d'ailleurs de la moindre distraction et de la moindre émotion pour que, chassé un moment, ce rire, irrésistible comme un reflux, reparût sur sa face, et il était d'autant plus intense que l'émotion, quelle qu'elle fût, était plus forte.

A cette restriction près, le rire de Gwynplaine était éternel.

On voyait Gwynplaine, on riait. Quand on avait ri, on détournait la tête. Les femmes surtout avaient horreur. Cet homme était effroyable. La convulsion bouffonne était comme un tribut payé ; on la subissait joyeusement, mais presque mécaniquement. Après quoi, une fois le rire refroidi, Gwynplaine, pour une femme, était insupportable à voir et impossible à regarder.

Il était du reste grand, bien fait, agile, nullement difforme, si ce n'est de visage. Ceci était une indication de plus parmi les présomptions qui laissaient entrevoir dans Gwynplaine plutôt une création de l'art qu'une œuvre de la nature. Gwynplaine, beau de corps, avait probablement été beau de figure. En naissant, il avait dû être un enfant comme un autre. On avait conservé le corps intact et seulement retouché la face. Gwynplaine avait été fait exprès.

C'était là du moins la vraisemblance.

On lui avait laissé les dents. Les dents sont nécessaires au rire. La tête de mort les garde.

L'opération faite sur lui avait dû être affreuse. Il ne s'en souvenait pas, ce qui ne prouvait point qu'il ne l'eût pas subie. Cette sculpture chirurgicale n'avait pu réussir que sur un enfant tout petit, et par conséquent ayant peu conscience de ce qui lui arrivait, et pouvant aisément prendre une plaie pour une maladie. En outre, dès ce temps-là, on se le rappelle, les moyens d'endormir le patient et de supprimer la souffrance étaient connus. Seulement, à cette époque, on les appelait magie. Aujourd'hui, on les appelle anesthésie.

Outre ce visage, ceux qui l'avaient élevé lui avaient donné des ressources de gymnaste et d'athlète; ses articulations, utilement disloquées, et propres à des flexions en sens inverse, avaient reçu une éducation de clown et pouvaient, comme des gonds de porte, se mouvoir dans tous les sens. Dans son appropriation au métier de saltimbanque rien n'avait été négligé.

Ses cheveux avaient été teints couleur d'ocre une fois pour toutes; secret qu'on a retrouvé de nos jours. Les jolies femmes en usent; ce qui enlaidissait autrefois est aujourd'hui jugé bon pour embellir. Gwynplaine avait les cheveux jaunes. Cette peinture des cheveux, apparemment corrosive, les avait laissés laineux et bourrus au toucher. Ce hérissement fauve, plutôt crinière que chevelure, couvrait et cachait un profond crâne fait pour contenir de la pensée. L'opération quelconque, qui avait ôté l'harmonie au visage et mis toute cette chair en désordre, n'avait pas eu prise sur la boîte osseuse. L'angle facial de Gwynplaine était puissant et surprenant. Derrière ce rire il y avait une âme, faisant, comme nous tous, un songe [252].

Du reste, ce rire était pour Gwynplaine tout un talent.

Il n'y pouvait rien, et il en tirait parti. Au moyen de ce rire, il gagnait sa vie.

Gwynplaine — on l'a sans doute déjà reconnu — était cet enfant abandonné un soir d'hiver sur la côte de Portland, et recueilli dans une pauvre cahute roulante à Weymouth.

II

DEA

L'enfant était à cette heure un homme. Quinze ans s'étaient écoulés. On était en 1705. Gwynplaine touchait à ses vingt-cinq ans.

Ursus avait gardé avec lui les deux enfants. Cela avait fait un groupe nomade.

Ursus et Homo avaient vieilli. Ursus était devenu tout à fait chauve. Le loup grisonnait. L'âge des loups n'est pas fixé comme l'âge des chiens. Selon Molin, il y a des loups qui vivent quatre-vingts ans, entre autres le petit koupara, *caviæ vorus*, et le loup odorant, *canis nubilus* de Say.

La petite fille trouvée sur la femme morte était maintenant une grande créature de seize ans, pâle avec des cheveux bruns, mince, frêle, presque tremblante à force de délicatesse et donnant la peur de la briser, admirablement belle, les yeux pleins de lumière, aveugle [253].

La fatale nuit d'hiver qui avait renversé la mendiante et son enfant dans la neige, avait fait coup double. Elle avait tué la mère et aveuglé la fille.

La goutte sereine avait à jamais paralysé les prunelles de cette fille, devenue femme à son tour. Sur son visage, à travers lequel le jour ne passait point, les coins des lèvres tristement abaissés exprimaient ce désappointement amer. Ses yeux, grands et clairs, avaient cela d'étrange qu'éteints pour elle, pour les autres ils brillaient. Mystérieux flambeaux allumés n'éclairant que le dehors. Elle donnait de la lumière, elle qui n'en avait pas. Ces yeux disparus resplendissaient. Cette captive des ténèbres blanchissait le milieu sombre où elle était. Du fond de son obscurité incurable, de derrière ce mur noir qu'on nomme la cécité, elle jetait un rayonnement. Elle ne voyait pas hors d'elle le soleil et l'on voyait en elle son âme [254].

Son regard mort avait on ne sait quelle fixité céleste.

Elle était la nuit, et de cette ombre irrémédiable amalgamée à elle-même, elle sortait astre.

Ursus, maniaque de noms latins, l'avait baptisée Dea. Il avait un peu consulté son loup; il lui avait dit: Tu représentes l'homme, je représente la bête; nous sommes le monde d'en bas; cette petite représentera le monde d'en haut. Tant de faiblesse, c'est la toute-puissance. De cette façon l'univers complet, humanité, bestialité, divinité, sera dans notre cahute. — Le loup n'avait pas fait d'objection [255].

Et c'est ainsi que l'enfant trouvé s'appelait Dea.

Quant à Gwynplaine, Ursus n'avait pas eu la peine de lui inventer un nom. Le matin même du jour où il avait constaté le défigurement du petit garçon et la cécité de la petite fille, il avait demandé: — Boy, comment t'appelles-tu? — Et le garçon avait répondu: — On m'appelle Gwynplaine.

— Va pour Gwynplaine, avait dit Ursus.

Dea assistait Gwynplaine dans ses exercices.

Si la misère humaine pouvait être résumée, elle l'eût été par Gwynplaine et Dea. Ils semblaient être nés chacun dans un compartiment du sépulcre; Gwynplaine dans l'horrible, Dea dans le noir. Leurs existences étaient faites avec des ténèbres d'espèce différente, prises dans les deux côtés formidables de la nuit. Ces ténèbres, Dea les avait en elle et Gwynplaine les avait sur lui. Il y avait du fantôme dans Dea et du spectre dans Gwynplaine. Dea était dans le lugubre, et Gwynplaine dans le pire. Il y avait pour Gwynplaine voyant, une possibilité poignante qui n'existait pas pour Dea aveugle, se comparer aux autres hommes. Or, dans une situation comme celle de Gwynplaine, en admettant qu'il cherchât à s'en rendre compte, se comparer, c'était ne plus se comprendre. Avoir, comme Dea, un regard vide d'où le monde est absent, c'est une suprême détresse, moindre pourtant que celle-ci : être sa propre énigme ; sentir aussi quelque chose d'absent qui est soi-même ; voir l'univers et ne pas se voir. Dea avait un voile, la nuit, et Gwynplaine avait un masque, sa face. Chose inexprimable, c'était avec sa propre chair que Gwynplaine était masqué. Quel était son visage, il l'ignorait. Sa figure était dans l'évanouissement. On avait mis sur lui un faux lui-même. Il avait pour face une disparition. Sa tête vivait et son visage était mort. Il ne se souvenait pas de l'avoir vu. Le genre humain, pour Dea comme pour Gwynplaine, était un fait extérieur ; ils en étaient loin ; elle était seule, il était seul ; l'isolement de Dea était funèbre, elle ne voyait rien ; l'isolement de Gwynplaine était sinistre, il voyait tout [256]. Pour Dea, la création ne dépassait point l'ouïe et le toucher ; le réel était borné, limité, court, tout de suite perdu ; elle n'avait pas d'autre infini que l'ombre. Pour Gwynplaine, vivre, c'était avoir à jamais la foule devant soi et hors de soi. Dea était la proscrite de la lumière ; Gwynplaine était le banni de la vie. Certes, c'étaient là deux désespérés. Le fond de la calamité possible était touché. Ils y étaient, lui comme elle. Un observateur qui les eût vus eût senti sa rêverie s'achever en une incommensurable pitié. Que ne devaient-ils pas souffrir ? Un décret de malheur pesait visiblement sur ces deux créatures humaines, et jamais la fatalité, autour de deux êtres qui n'avaient rien fait, n'avait mieux arrangé la destinée en torture et la vie en enfer.

Ils étaient dans un paradis [257].

Ils s'aimaient.

Gwynplaine adorait Dea. Dea idolâtrait Gwynplaine.

— Tu es si beau ! lui disait-elle.

III

« OCULOS NON HABET, ET VIDET [258] »

Une seule femme sur la terre voyait Gwynplaine. C'était cette aveugle.

Ce que Gwynplaine avait été pour elle, elle le savait par Ursus, à qui Gwynplaine avait raconté sa rude marche de Portland à Weymouth, et les agonies mêlées à son abandon. Elle savait que, toute petite, expirante sur sa mère expirée, tétant un cadavre, un être, un peu moins petit qu'elle, l'avait ramassée; que cet être, éliminé et comme enseveli sous le sombre refus universel, avait entendu son cri; que, tous étant sourds pour lui, il n'avait pas été sourd pour elle; que cet enfant, isolé, faible, rejeté, sans point d'appui ici-bas, se traînant dans le désert, épuisé de fatigue, brisé, avait accepté des mains de la nuit ce fardeau, un autre enfant; que lui, qui n'avait point de part à attendre dans cette distribution obscure qu'on appelle le sort, il s'était chargé d'une destinée; que, dénuement, angoisse et détresse, il s'était fait providence; que, le ciel se fermant, il avait ouvert son cœur; que, perdu, il avait sauvé; que, n'ayant pas de toit ni d'abri, il avait été asile; qu'il s'était fait mère et nourrice; que, lui qui était seul au monde, il avait répondu au délaissement par une adoption; que, dans les ténèbres, il avait donné cet exemple; que, ne se trouvant pas assez accablé, il avait bien voulu de la misère d'un autre par surcroît ; que sur cette terre où il semblait qu'il n'y eût rien pour lui il avait découvert le devoir ; que là où tous eussent hésité, il avait avancé ; que là où tous eussent reculé, il avait consenti [259] ; qu'il avait mis sa main dans l'ouverture du sépulcre et qu'il l'en avait retirée, elle, Dea ; que, demi-nu, il lui avait donné son haillon, parce qu'elle avait froid ; qu'affamé, il avait songé à la faire boire et manger ; que pour cette petite, ce petit avait combattu la mort ; qu'il l'avait combattue sous toutes les formes, sous la forme hiver et neige, sous la forme solitude, sous la forme terreur, sous la forme froid, faim et soif, sous la forme ouragan ; que pour elle, Dea, ce titan de dix ans avait livré bataille à l'immensité nocturne [260]. Elle savait qu'il avait fait cela, enfant, et que maintenant, homme, il était sa force à elle débile, sa richesse à elle indigente, sa guérison à elle malade, son regard à elle aveugle. A travers les épaisseurs inconnues par qui elle se sentait tenue à distance, elle distinguait nettement ce dévouement, cette abnégation, ce courage. L'héroïsme, dans la région immatérielle, a un contour. Elle saisissait ce contour sublime ; dans l'inexprimable abstraction où vit une pensée que n'éclaire pas le soleil, elle percevait ce mystérieux linéament de la vertu. Dans cet entourage de choses obscures mises en mouvement qui était la seule impression que lui fît la réalité, dans cette stagnation inquiète de la créature passive toujours au guet du péril possible, dans cette sensation d'être là sans défense qui est toute la vie de l'aveugle, elle constatait au-dessus d'elle Gwynplaine, Gwynplaine jamais refroidi, jamais absent, jamais éclipsé, Gwynplaine attendri, secourable et doux ; Dea tressaillait de certitude et de reconnaissance, son anxiété rassurée aboutissait à l'extase, et de ses yeux pleins de ténèbres elle contemplait au zénith de son abîme cette bonté, lumière profonde.

Dans l'idéal, la bonté, c'est le soleil ; et Gwynplaine éblouissait Dea [261].

Pour la foule, qui a trop de têtes pour avoir une pensée et trop d'yeux pour avoir un regard, pour la foule qui, surface elle-même, s'arrête aux surfaces, Gwynplaine était un clown, un bateleur, un saltimbanque, un grotesque, un peu plus et un peu moins qu'une bête. La foule ne connaissait que le visage.

Pour Dea, Gwynplaine était le sauveur qui l'avait ramassée dans la tombe et emportée dehors, le consolateur qui lui faisait la vie possible, le libérateur dont elle sentait la main dans la sienne en ce labyrinthe qui est la cécité ; Gwynplaine était le frère, l'ami, le guide, le soutien, le semblable d'en haut, l'époux ailé et rayonnant, et là où la multitude voyait le monstre, elle voyait l'archange.

C'est que Dea, aveugle, apercevait l'âme.

IV

LES AMOUREUX ASSORTIS

Ursus, philosophe, comprenait. Il approuvait la fascination de Dea.
— L'aveugle voit l'invisible.
Il disait:
— La conscience est vision.
Il regardait Gwynplaine, et il grommelait:
— Demi-monstre, mais demi-dieu [262].
Gwynplaine, de son côté, était enivré de Dea. Il y a l'œil invisible, l'esprit, et l'œil visible, la prunelle. Lui, c'est avec l'œil visible qu'il la voyait. Dea avait l'éblouissement idéal, Gwynplaine avait l'éblouissement réel. Gwynplaine n'était pas laid, il était effrayant; il avait devant lui son contraste. Autant il était terrible, autant Dea était suave. Il était l'horreur, elle était la grâce. Il y avait du rêve en Dea. Elle semblait un songe ayant un peu pris corps. Il y avait dans toute sa personne, dans sa structure éolienne, dans sa fine et souple taille inquiète comme le roseau, dans ses épaules peut-être invisiblement ailées, dans les rondeurs discrètes de son contour indiquant le sexe, mais à l'âme plutôt qu'aux sens, dans sa blancheur qui était presque de la transparence, dans l'auguste occlusion sereine de son regard divinement fermé à la terre, dans l'innocence sacrée de

son sourire, un voisinage exquis de l'ange, et elle était tout juste assez femme [263].

Gwynplaine, nous l'avons dit, se comparait, et il comparait Dea.

Son existence, telle qu'elle était, était le résultat d'un double choix inouï. C'était le point d'intersection des deux rayons d'en bas et d'en haut, du rayon noir et du rayon blanc. La même miette peut être becquetée à la fois par les deux becs du mal et du bien, l'un donnant la morsure, l'autre le baiser. Gwynplaine était cette miette, atome meurtri et caressé. Gwynplaine était le produit d'une fatalité, compliquée d'une providence [264]. Le malheur avait mis le doigt sur lui, le bonheur aussi. Deux destinées extrêmes composaient son sort étrange. Il y avait sur lui un anathème et une bénédiction. Il était le maudit élu. Qui était-il? Il ne le savait. Quand il se regardait, il voyait un inconnu. Mais cet inconnu était monstrueux. Gwynplaine vivait dans une sorte de décapitation, ayant un visage qui n'était pas lui. Ce visage était épouvantable, si épouvantable qu'il amusait. Il faisait tant peur qu'il faisait rire. Il était infernalement bouffon. C'était le naufrage de la figure humaine dans un mascaron bestial. Jamais on n'avait vu plus totale éclipse de l'homme sur le visage humain, jamais parodie n'avait été plus complète, jamais ébauche plus affreuse n'avait ricané dans un cauchemar, jamais tout ce qui peut repousser une femme n'avait été plus hideusement amalgamé dans un homme; l'infortuné cœur, masqué et calomnié par cette face, semblait à jamais condamné à la solitude sous ce visage comme sous un couvercle de tombe. Eh bien, non! où s'était épuisée la méchanceté inconnue, la bonté invisible à son tour se dépensait. Dans ce pauvre déchu, tout à coup relevé, à côté de tout ce qui repousse elle mettait ce qui attire, dans l'écueil elle mettait l'aimant, elle faisait accourir à tire d'aile vers cet abandonné une âme, elle chargeait la colombe de consoler le foudroyé, et elle faisait adorer la difformité par la beauté [265].

Pour que cela fût possible, il fallait que la belle ne vît pas le défiguré. Pour ce bonheur, il fallait ce malheur. La providence avait fait Dea aveugle.

Gwynplaine se sentait vaguement l'objet d'une rédemption. Pourquoi la persécution ? il l'ignorait. Pourquoi le rachat ? il l'ignorait. Une auréole était venue se poser sur sa flétrissure ; c'est tout ce qu'il savait. Ursus, quand Gwynplaine avait été en âge de comprendre, lui avait lu et expliqué le texte du docteur Conquest *de Denasatis*, et, dans un autre in-folio, *Hugo Plagon**, le passage *nares habens mutilas* [266] ; mais Ursus s'était prudemment abstenu « d'hypothèses », et s'était bien gardé de conclure quoi que ce soit. Des suppositions étaient possibles, la probabilité d'une voie de fait sur l'enfance de Gwynplaine était entrevue ; mais pour Gwynplaine il n'y avait qu'une évidence, le résultat. Sa destinée était de vivre sous un stigmate. Pourquoi ce stigmate ? pas de réponse. Silence et solitude autour de Gwynplaine. Tout était fuyant dans les conjectures qu'on pouvait ajuster à cette réalité tragique, et, excepté le fait terrible, rien n'était certain. Dans cet accablement, Dea intervenait ; sorte d'interposition céleste entre Gwynplaine et le désespoir. Il percevait, ému et comme réchauffé, la douceur de cette fille exquise tournée vers son horreur ; l'étonnement paradisiaque attendrissait sa face draconienne ; fait pour l'effroi, il avait cette exception prodigieuse d'être admiré et adoré dans l'idéal par la lumière, et, monstre, il sentait sur lui la contemplation d'une étoile [267].

Gwynplaine et Dea, c'était un couple, et ces deux cœurs pathétiques s'adoraient. Un nid, et deux oiseaux ; c'était là leur histoire. Ils avaient fait leur rentrée dans la loi universelle qui est de se plaire, de se chercher et de se trouver.

De sorte que la haine s'était trompée. Les persécuteurs de Gwynplaine, quels qu'ils fussent, l'énigmatique acharnement, de quelque part qu'il vînt, avaient manqué leur but. On avait voulu faire un désespéré, on avait fait un enchanté. On l'avait d'avance fiancé à une plaie guérissante. On l'avait prédestiné à être consolé par une affliction. La tenaille de bourreau s'était doucement faite main de femme. Gwynplaine était horrible, artificielle-

* *Versio Gallica Will*, Tyrii, lib. II, cap. XXIII.

ment horrible, horrible de la main des hommes ; on avait espéré l'isoler à jamais, de la famille d'abord, s'il avait une famille, de l'humanité ensuite ; enfant, on avait fait de lui une ruine, mais cette ruine, la nature l'avait reprise comme elle reprend toutes les ruines ; cette solitude, la nature l'avait consolée comme elle console toutes les solitudes ; la nature vient au secours de tous les abandons ; là où tout manque, elle se redonne tout entière ; elle refleurit et reverdit sur tous les écroulements ; elle a le lierre pour les pierres et l'amour pour les hommes.

Générosité profonde de l'ombre [268].

V

LE BLEU DANS LE NOIR [269]

Ainsi vivaient l'un par l'autre ces infortunés, Dea appuyée, Gwynplaine accepté.

Cette orpheline avait cet orphelin. Cette infirme avait ce difforme.

Ces veuvages s'épousaient.

Une ineffable action de grâces se dégageait de ces deux détresses. Elles remerciaient.

Qui ?

L'immensité obscure.

Remercier devant soi, c'est assez. L'action de grâces a des ailes et va où elle doit aller. Votre prière en sait plus long que vous.

Que d'hommes ont cru prier Jupiter et ont prié Jéhovah ! Que de croyants aux amulettes sont écoutés par l'infini ! Combien d'athées ne s'aperçoivent pas que, par le seul fait d'être bons et tristes, ils prient Dieu !

Gwynplaine et Dea étaient reconnaissants.

La difformité, c'est l'expulsion. La cécité, c'est le précipice. L'expulsion était adoptée ; le précipice était habitable.

Gwynplaine voyait descendre vers lui en pleine lumière, dans un arrangement de destinée qui ressemblait à la mise en perspective d'un songe, une blanche nuée de beauté ayant la forme d'une femme, une vision radieuse dans laquelle il y avait un cœur, et cette apparition, presque nuage et pourtant femme, l'étreignait, et cette vision l'embrassait, et ce cœur voulait bien de lui; Gwynplaine n'était plus difforme, étant aimé; une rose demandait la chenille en mariage, sentant dans cette chenille le papillon divin; Gwynplaine, le rejeté, était choisi [270].

Avoir son nécessaire, tout est là. Gwynplaine avait le sien. Dea avait le sien.

L'abjection du défiguré, allégée et comme sublimée, se dilatait en ivresse, en ravissement, en croyance; et une main venait au-devant de la sombre hésitation de l'aveugle dans la nuit.

C'était la pénétration de deux détresses dans l'idéal, celle-ci absorbant celle-là. Deux exclusions s'admettaient. Deux lacunes se combinaient pour se compléter. Ils se tenaient par ce qui leur manquait. Par où l'un était pauvre, l'autre était riche. Le malheur de l'un faisait le trésor de l'autre. Si Dea n'eût pas été aveugle, eût-elle choisi Gwynplaine? Si Gwynplaine n'eût pas été défiguré, eût-il préféré Dea? Elle probablement n'eût pas plus voulu du difforme que lui de l'infirme. Quel bonheur pour Dea que Gwynplaine fût hideux! Quelle chance pour Gwynplaine que Dea fût aveugle! En dehors de leur appareillement providentiel, ils étaient impossibles. Un prodigieux besoin l'un de l'autre était au fond de leur amour. Gwynplaine sauvait Dea, Dea sauvait Gwynplaine. Rencontre de misères produisant l'adhérence. Embrassement d'engloutis dans le gouffre. Rien de plus étroit, rien de plus désespéré, rien de plus exquis.

Gwynplaine avait une pensée :
— Que serais-je sans elle!
Dea avait une pensée :
— Que serais-je sans lui!

Ces deux exils aboutissaient à une patrie; ces deux fatalités incurables, le stigmate de Gwynplaine, la cécité de Dea, opéraient leur jonction dans le contentement. Ils se suffisaient, ils n'imaginaient rien au-delà d'eux-mêmes; se parler était un délice, s'approcher était une béatitude; à force d'intuition réciproque, ils en étaient venus à l'unité de rêverie; ils pensaient à deux la même pensée [271]. Quand Gwynplaine marchait, Dea croyait entendre un pas d'apothéose. Ils se serraient l'un contre l'autre dans une sorte de clair-obscur sidéral plein de parfums, de lueurs, de musiques, d'architectures lumineuses, de songes; ils s'appartenaient; ils se savaient ensemble à jamais dans la même joie et dans la même extase; et rien n'était étrange comme cette construction d'un éden par deux damnés [272].

Ils étaient inexprimablement heureux.

Avec leur enfer ils avaient fait du ciel; telle est votre puissance, amour!

Dea entendait rire Gwynplaine. Et Gwynplaine voyait Dea sourire.

Ainsi la félicité idéale était trouvée, la joie parfaite de la vie était réalisée, le mystérieux problème du bonheur était résolu. Et par qui? par deux misérables.

Pour Gwynplaine Dea était la splendeur. Pour Dea Gwynplaine était la présence.

La présence, profond mystère qui divinise l'invisible et d'où résulte cet autre mystère, la confiance. Il n'y a dans les religions que cela d'irréductible. Mais cet irréductible suffit. On ne voit pas l'immense être nécessaire; on le sent.

Gwynplaine était la religion de Dea.

Parfois, éperdue d'amour, elle se mettait à genoux devant lui, sorte de belle prêtresse adorant un gnome de pagode, épanoui.

Figurez-vous l'abîme, et au milieu de l'abîme une oasis de clarté, et dans cette oasis ces deux êtres hors de la vie, s'éblouissant [273].

Pas de pureté comparable à ces amours. Dea ignorait ce que c'était qu'un baiser, bien que peut-être elle le désirât; car la cécité, surtout d'une femme, a ses rêves, et, quoique tremblante devant les approches de l'inconnu, ne les hait pas toutes. Quant à Gwynplaine, la jeunesse frissonnante le rendait pensif; plus il se sentait ivre, plus il était timide; il eût pu tout oser avec cette compagne de son premier âge, avec cette ignorante de la faute comme de la lumière, avec cette aveugle qui voyait une chose, c'est qu'elle l'adorait. Mais il eût cru voler ce qu'elle lui eût donné; il se résignait avec une mélancolie satisfaite à aimer angéliquement, et le sentiment de sa difformité se résolvait en une pudeur auguste.

Ces heureux habitaient l'idéal. Ils y étaient époux à distance comme les sphères. Ils échangeaient dans le bleu l'effluve profond qui dans l'infini est l'attraction et sur la terre le sexe. Ils se donnaient des baisers d'âme [274].

Ils avaient toujours eu la vie commune. Ils ne se connaissaient pas autrement ensemble. L'enfance de Dea avait coïncidé avec l'adolescence de Gwynplaine. Ils avaient grandi côte à côte. Ils avaient longtemps dormi dans le même lit, la cahute n'étant point une vaste chambre à coucher. Eux sur le coffre, Ursus sur le plancher; voilà quel était l'arrangement. Puis un beau jour, Dea étant encore petite, Gwynplaine s'était vu grand, et c'est du côté de l'homme qu'avait commencé la honte. Il avait dit à Ursus : Je veux dormir à terre, moi aussi. Et, le soir venu, il s'était étendu près du vieillard, sur la peau d'ours. Alors Dea avait pleuré. Elle avait réclamé son camarade de lit. Mais Gwynplaine, devenu inquiet, car il commençait à aimer, avait tenu bon. A partir de ce moment, il s'était mis à coucher sur le plancher avec Ursus. L'été, dans les belles nuits, il couchait dehors, avec Homo. Dea avait treize ans qu'elle n'était pas encore résignée. Souvent le soir elle disait : Gwynplaine, viens près de moi; cela me fera dormir. Un homme à côté d'elle était un besoin du sommeil de l'innocence. La nudité, c'est de se voir nu; aussi ignorait-elle la nudité. Ingénuité d'Arcadie ou d'Otaïti. Dea sauvage faisait Gwynplaine farouche. Il arrivait parfois à Dea, étant déjà presque jeune fille, de se peigner ses longs cheveux, assise sur son lit, sa chemise défaite et à demi tombante, laissant voir la statue féminine ébauchée et un vague commencement d'Ève, et d'appeler Gwynplaine [275]. Gwynplaine rougissait, baissait les yeux, ne savait que devenir devant cette chair naïve, balbutiait, détournait la tête, avait peur, et s'en allait, et ce Daphnis des ténèbres prenait la fuite devant cette Chloé de l'ombre.

Telle était cette idylle éclose dans une tragédie.

Ursus leur disait :

— Vieilles brutes ! adorez-vous.

VI

URSUS INSTITUTEUR, ET URSUS TUTEUR

Ursus ajoutait :
— Je leur ferai un de ces jours un mauvais tour. Je les marierai.

Ursus faisait à Gwynplaine la théorie de l'amour. Il lui disait :
— L'amour, sais-tu comment le bon Dieu allume ce feu-là ? Il met la femme en bas, le diable entre deux ; l'homme sur le diable. Une allumette, c'est-à-dire un regard, et voilà que tout flambe.

— Un regard n'est pas nécessaire, répondait Gwynplaine, songeant à Dea.

Et Ursus répliquait :
— Dadais ! est-ce que les âmes, pour se regarder, ont besoin des yeux ?

Parfois Ursus était bon diable. Gwynplaine, par moments, éperdu de Dea jusqu'à en devenir sombre, se garait d'Ursus comme d'un témoin. Un jour Ursus lui dit :
— Bah ! ne te gêne pas. En amour le coq se montre.
— Mais l'aigle se cache, répondit Gwynplaine.

Dans d'autres instants, Ursus se disait en aparté :
— Il est sage de mettre des bâtons dans les roues du char de Cythérée. Ils s'aiment trop. Cela peut avoir des

inconvénients. Obvions à l'incendie. Modérons ces cœurs.

Et Ursus avait recours à des avertissements de ce genre, parlant à Gwynplaine quand Dea dormait, et à Dea quand Gwynplaine avait le dos tourné :

— Dea, il ne faut pas trop t'attacher à Gwynplaine. Vivre dans un autre est périlleux. L'égoïsme est une bonne racine du bonheur. Les hommes, ça échappe aux femmes. Et puis, Gwynplaine peut finir par s'infatuer. Il a tant de succès ! tu ne te figures pas le succès qu'il a !

— Gwynplaine, les disproportions ne valent rien. Trop de laideur d'un côté, trop de beauté de l'autre, cela doit donner à réfléchir. Tempère ton ardeur, mon boy. Ne t'enthousiasme pas trop de Dea. Te crois-tu sérieusement fait pour elle ? Mais considère donc ta difformité et sa perfection. Vois la distance entre elle et toi. Elle a tout, cette Dea ! quelle peau blanche, quels cheveux, des lèvres qui sont des fraises, et son pied ! quant à sa main ! Ses épaules sont d'une courbe exquise, le visage est sublime, elle marche, il sort d'elle de la lumière, et ce parler grave avec ce son de voix charmant ! et avec tout cela songer que c'est une femme ! elle n'est pas si sotte que d'être un ange. C'est la beauté absolue. Dis-toi tout cela pour te calmer [276].

De là des redoublements d'amour entre Dea et Gwynplaine, et Ursus s'étonnait de son insuccès, un peu comme quelqu'un qui dirait :

— C'est singulier, j'ai beau jeter de l'huile sur le feu, je ne parviens pas à l'éteindre.

Les éteindre, moins même, les refroidir, le voulait-il ? non certes. Il eût été bien attrapé s'il avait réussi. Au fond, cet amour, flamme pour eux, chaleur pour lui, le ravissait.

Mais il faut bien taquiner un peu ce qui nous charme. Cette taquinerie-là, c'est ce que les hommes appellent la sagesse.

Ursus avait été pour Gwynplaine et Dea à peu près père et mère. Tout en murmurant, il les avait élevés ; tout en grondant, il les avait nourris. Cette adoption ayant fait la cahute roulante plus lourde, il avait dû s'atteler plus fréquemment avec Homo pour la traîner.

Disons que, les premières années passées, quand Gwynplaine fut presque grand et Ursus tout à fait vieux, ç'avait été le tour de Gwynplaine de traîner Ursus.

Ursus, en voyant grandir Gwynplaine, avait tiré l'horoscope de sa difformité. — *On a fait ta fortune*, lui avait-il dit.

Cette famille d'un vieillard, de deux enfants et d'un loup, avait formé, tout en rôdant, un groupe de plus en plus étroit.

La vie errante n'avait pas empêché l'éducation. Errer, c'est croître, disait Ursus [277]. Gwynplaine étant évidemment fait pour être « montré dans les foires », Ursus avait cultivé en lui le saltimbanque, et dans ce saltimbanque il avait incrusté de son mieux la science et la sagesse. Ursus, en arrêt devant le masque ahurissant de Gwynplaine, grommelait : Il a été bien commencé. C'est pourquoi il l'avait complété par tous les ornements de la philosophie et du savoir.

Il répétait souvent à Gwynplaine : — Sois un philosophe. Être sage, c'est être invulnérable. Tel que tu me vois, je n'ai jamais pleuré. Force de ma sagesse. Crois-tu que, si j'avais voulu pleurer, j'aurais manqué d'occasion ?

Ursus, dans ses monologues écoutés par le loup, disait : — J'ai enseigné à Gwynplaine Tout, y compris le latin, et à Dea Rien, y compris la musique. — Il leur avait appris à tous deux à chanter. Il avait lui-même un joli talent sur la muse de blé, une petite flûte de ce temps-là. Il en jouait agréablement, ainsi que de la chiffonie, sorte de vielle de mendiant, que la chronique de Bertrand Duguesclin qualifie « instrument truand », et qui est le point de départ de la symphonie. Ces musiques attiraient le monde, Ursus montrait à la foule sa chiffonie et disait : — En latin *organistrum*.

Il avait enseigné à Dea et à Gwynplaine le chant selon la méthode d'Orphée et d'Égide Binchois. Il lui était arrivé plus d'une fois de couper les leçons de ce cri d'enthousiasme : — Orphée, musicien de la Grèce ! Binchois, musicien de la Picardie [278].

Ces complications d'éducation soignée n'avaient pas occupé les deux enfants au point de les empêcher de s'adorer. Ils avaient grandi en mêlant leurs cœurs, comme deux arbrisseaux plantés près, en devenant arbres, mêlent leurs branches.

— C'est égal, murmurait Ursus, je les marierai.

Et il bougonnait en aparté :

— Ils m'ennuient avec leur amour.

Le passé, le peu qu'ils en avaient du moins, n'existait point pour Gwynplaine et Dea. Ils en savaient ce qu'Ursus leur en avait dit. Ils appelaient Ursus « Père ».

Gwynplaine n'avait souvenir de son enfance que comme d'un passage de démons sur son berceau. Il en avait une impression comme d'avoir été trépigné dans l'obscurité sous des pieds difformes. Était-ce exprès, ou sans le vouloir ? il l'ignorait. Ce qu'il se rappelait nettement, et dans les moindres détails, c'était la tragique aventure de son abandon. La trouvaille de Dea faisait pour lui de cette nuit lugubre une date radieuse.

La mémoire de Dea était, plus encore que celle de Gwynplaine, dans la nuée. Si petite, tout s'était dissipé. Elle se rappelait sa mère comme une chose froide. Avait-elle vu le soleil ? Peut-être. Elle faisait effort pour replonger son esprit dans cet évanouissement qui était derrière elle. Le soleil ? qu'était-ce ? Elle se souvenait d'on ne sait quoi de lumineux et de chaud que Gwynplaine avait remplacé.

Ils se disaient des choses à voix basse. Il est certain que roucouler est ce qu'il y a de plus important sur la terre. Dea disait à Gwynplaine : La lumière, c'est quand tu parles [279].

Une fois, n'y tenant plus, Gwynplaine, apercevant à travers une manche de mousseline le bras de Dea, effleura de ses lèvres cette transparence. Bouche difforme, baiser idéal. Dea sentit un ravissement profond. Elle devint toute rose. Ce baiser d'un monstre fit l'aurore sur ce beau front plein de nuit. Cependant Gwynplaine soupirait avec une sorte de terreur, et, comme la gorgère de Dea s'entrebâillait, il ne pouvait s'empêcher de regarder des blancheurs visibles par cette ouverture de paradis.

Dea releva sa manche et tendit à Gwynplaine son bras nu en disant : Encore ! Gwynplaine se tira d'affaire par l'évasion.

Le lendemain ce jeu recommençait, avec des variantes. Glissement céleste dans ce doux abîme qui est l'amour.

Ce sont là des choses auxquelles le bon Dieu, en sa qualité de vieux philosophe, sourit.

VII

LA CÉCITÉ DONNE DES LEÇONS DE CLAIRVOYANCE

Parfois Gwynplaine s'adressait des reproches. Il se faisait de son bonheur un cas de conscience. Il s'imaginait que se laisser aimer par cette femme qui ne pouvait le voir, c'était la tromper. Que dirait-elle si ses yeux s'ouvraient tout à coup? comme ce qui l'attire la repousserait! comme elle reculerait devant son effroyable aimant! quel cri! quelles mains voilant son visage! quelle fuite! Un pénible scrupule le harcelait. Il se disait que, monstre, il n'avait pas droit à l'amour. Hydre idolâtrée par l'astre, il était de son devoir d'éclairer cette étoile aveugle.

Une fois il dit à Dea:

— Tu sais que je suis très laid.

— Je sais que tu es sublime, répondit-elle.

Il reprit:

— Quand tu entends tout le monde rire, c'est de moi qu'on rit, parce que je suis horrible.

— Je t'aime, lui dit Dea.

Après un silence, elle ajouta:

— J'étais dans la mort; tu m'as remise dans la vie. Toi là, c'est le ciel à côté de moi. Donne-moi ta main, que je touche Dieu!

Leurs mains se cherchèrent et s'étreignirent, et ils ne

dirent plus une parole, rendus silencieux par la plénitude de s'aimer.

Ursus, bourru, avait entendu. Le lendemain, comme ils étaient tous trois ensemble, il dit :

— D'ailleurs Dea est laide aussi.

Le mot manqua son effet. Dea et Gwynplaine n'écoutaient pas. Absorbés l'un dans l'autre, ils percevaient rarement les épiphonèmes d'Ursus. Ursus était profond en pure perte.

Cette fois pourtant la précaution d'Ursus « Dea est laide aussi » indiquait chez cet homme docte une certaine science de la femme. Il est certain que Gwynplaine avait fait, loyalement, une imprudence. Dit à une toute autre femme et à une toute autre aveugle que Dea, le mot : *Je suis laid,* eût pu être dangereux. Être aveugle et amoureux, c'est être deux fois aveugle. Dans cette situation-là on fait des songes ; l'illusion est le pain du songe ; ôter l'illusion à l'amour, c'est lui ôter l'aliment. Tous les enthousiasmes entrent utilement dans sa formation ; aussi bien l'admiration physique que l'admiration morale. D'ailleurs, il ne faut jamais dire à une femme de mot difficile à comprendre. Elle rêve là-dessus. Et souvent elle rêve mal. Une énigme dans une rêverie fait du dégât. La percussion d'un mot qu'on a laissé tomber désagrège ce qui adhérait. Il arrive parfois que, sans qu'on sache comment, parce qu'il a reçu le choc obscur d'une parole en l'air, un cœur se vide insensiblement. L'être qui aime s'aperçoit d'une baisse dans son bonheur. Rien n'est redoutable comme cette exsudation lente de vase fêlé [280].

Heureusement Dea n'était point de cette argile. La pâte à faire toutes les femmes n'avait point servi pour elle. C'était une nature rare que Dea. Le corps était fragile, le cœur non. Ce qui était le fond de son être, c'était une divine persévérance d'amour.

Tout le creusement que produisit en elle le mot de Gwynplaine aboutit à lui faire dire un jour cette parole :

— Être laid, qu'est-ce que cela ? c'est faire du mal. Gwynplaine ne fait que du bien. Il est beau.

Puis, toujours sous cette forme d'interrogation familière aux enfants et aux aveugles, elle reprit :

— Voir ? qu'appelez-vous voir, vous autres ? moi je ne vois pas, je sais. Il paraît que voir, cela cache.
— Que veux-tu dire ? demanda Gwynplaine.
Dea répondit :
— Voir est une chose qui cache le vrai.
— Non, dit Gwynplaine.
— Mais si ! répliqua Dea, puisque tu dis que tu es laid !
Elle songea un moment, et ajouta :
— Menteur !
Et Gwynplaine avait cette joie d'avoir avoué et de n'être pas cru. Sa conscience était en repos, son amour aussi.
Ils étaient arrivés ainsi, elle à seize ans, lui à près de vingt-cinq.
Ils n'étaient pas, comme on dirait aujourd'hui, « plus avancés » que le premier jour. Moins ; puisque, l'on s'en souvient, ils avaient eu leur nuit de noces, elle âgée de neuf mois, lui de dix ans. Une sorte de sainte enfance continuait dans leur amour ; c'est ainsi qu'il arrive parfois que le rossignol attardé prolonge son chant de nuit jusque dans l'aurore.
Leurs caresses n'allaient guère au-delà des mains pressées, et parfois du bras nu, effleuré. Une volupté doucement bégayante leur suffisait.
Vingt-quatre ans, seize ans. Cela fit qu'un matin, Ursus, ne perdant pas de vue son « mauvais tour », leur dit :
— Un de ces jours vous choisirez une religion.
— Pourquoi faire ? demanda Gwynplaine.
— Pour vous marier.
— Mais c'est fait, répondit Dea.
Dea ne comprenait point qu'on pût être mari et femme plus qu'ils ne l'étaient.
Au fond, ce contentement chimérique et virginal, ce naïf assouvissement de l'âme par l'âme, ce célibat pris pour mariage, ne déplaisait point à Ursus. Ce qu'il en disait, c'était parce qu'il faut bien parler. Mais le médecin qu'il y avait en lui trouvait Dea, sinon trop jeune, du moins trop délicate et trop frêle pour ce qu'il appelait « l'hyménée en chair et en os ».

Cela viendrait toujours assez tôt.

D'ailleurs, mariés, ne l'étaient-ils point? Si l'indissoluble existait quelque part, n'était-ce pas dans cette cohésion, Gwynplaine et Dea? Chose admirable, ils étaient adorablement jetés dans les bras l'un de l'autre par le malheur. Et comme si ce n'était pas assez de ce premier lien, sur le malheur était venu se rattacher, s'enrouler et se serrer l'amour. Quelle force peut jamais rompre la chaîne de fer consolidée par le nœud de fleurs?

Certes, les inséparables étaient là.

Dea avait la beauté; Gwynplaine avait la lumière. Chacun apportait sa dot; et ils faisaient plus que le couple, ils faisaient la paire; séparés seulement par l'innocence, interposition sacrée.

Cependant Gwynplaine avait beau rêver et s'absorber le plus qu'il pouvait dans la contemplation de Dea et dans le for intérieur de son amour, il était homme. Les lois fatales ne s'éludent point. Il subissait, comme toute l'immense nature, les fermentations obscures voulues par le créateur. Cela parfois, quand il paraissait en public, lui faisait regarder les femmes qui étaient dans la foule; mais il détournait tout de suite ce regard en contravention, et il se hâtait de rentrer, repentant, dans son âme.

Ajoutons que l'encouragement manquait. Sur le visage de toutes les femmes qu'il regardait il voyait l'aversion, l'antipathie, la répugnance, le rejet. Il était clair qu'aucune autre que Dea n'était possible pour lui. Cela l'aidait à se repentir.

VIII

NON SEULEMENT LE BONHEUR,
MAIS LA PROSPÉRITÉ

Que de choses vraies dans les contes! La brûlure du diable invisible qui vous touche, c'est le remords d'une mauvaise pensée.

Chez Gwynplaine, la mauvaise pensée ne parvenait point à éclore, et il n'y avait jamais remords. Mais il y avait parfois regret.

Vagues brumes de la conscience.

Qu'était-ce? Rien.

Leur bonheur était complet. Tellement complet qu'ils n'étaient même plus pauvres.

De 1689 à 1704 une transfiguration avait eu lieu.

Il arrivait parfois, en cette année 1704, qu'à la nuit tombante, dans telle ou telle petite ville du littoral, un vaste et lourd fourgon, traîné par deux chevaux robustes, faisait son entrée. Cela ressemblait à une coque de navire qu'on aurait renversée, la quille pour toit, le pont pour plancher, et mise sur quatre roues[281]. Les roues étaient égales toutes quatre et hautes comme des roues de fardier. Roues, timon et fourgon, tout était badigeonné en vert, avec une gradation rythmique de nuances qui allait du vert bouteille pour les roues au vert pomme pour la toiture. Cette couleur verte avait fini par faire remarquer cette voiture, et elle était connue dans les champs de foire ; on l'appelait la Green-Box, ce qui veut dire la Boîte-Verte. Cette Green-Box n'avait que deux fenêtres, une à chaque extrémité, et à l'arrière une porte avec marchepied. Sur le toit, d'un tuyau peint en vert comme le reste, sortait une fumée. Cette maison en marche était toujours vernie à neuf et lavée de frais. A l'avant, sur un strapontin adhérent au fourgon et ayant pour porte la fenêtre, au-dessus de la croupe des chevaux, à côté d'un vieillard qui tenait les guides et dirigeait l'attelage, deux femmes bréhaignes, c'est-à-dire bohémiennes, vêtues en déesses, sonnaient de la trompette. L'ébahissement des bourgeois contemplait et commentait cette machine, fièrement cahotante.

C'était l'ancien établissement d'Ursus, amplifié par le succès, et de tréteau promu théâtre.

Une espèce d'être entre chien et loup était enchaîné sous le fourgon. C'était Homo.

Le vieux cocher qui menait les hackneys était la personne même du philosophe.

D'où venait cette croissance de la cahute misérable en berlingot olympique ?

De ceci : Gwynplaine était célèbre.

C'était avec un flair vrai de ce qui est la réussite parmi les hommes qu'Ursus avait dit à Gwynplaine : On a fait ta fortune.

Ursus, on s'en souvient, avait fait de Gwynplaine son élève. Des inconnus avaient travaillé le visage. Il avait, lui, travaillé l'intelligence, et derrière ce masque si bien réussi il avait mis le plus qu'il avait pu de pensée. Dès que l'enfant grandi lui en avait paru digne, il l'avait produit sur la scène, c'est-à-dire sur le devant de la cahute. L'effet de cette apparition avait été extraordinaire. Tout de suite les passants avaient admiré. Jamais on n'avait rien vu de comparable à ce surprenant mime du rire. On ignorait comment ce miracle d'hilarité communicable était obtenu, les uns le croyaient naturel, les autres le déclaraient artificiel, et, les conjectures s'ajoutant à la réalité, partout, dans les carrefours, dans les marchés, dans toutes les stations de foire et de fête, la foule se ruait vers Gwynplaine. Grâce à cette « great attraction » il y avait eu dans la pauvre escarcelle du groupe nomade pluie de liards d'abord, ensuite de gros sous, et enfin de shellings. Un lieu de curiosité épuisé, on passait à l'autre. Rouler n'enrichit pas une pierre, mais enrichit une cahute ; et d'année en année, de ville en ville, avec l'accroissement de la taille et de la laideur de Gwynplaine, la fortune prédite par Ursus était venue.

— Quel service on t'a rendu là, mon garçon ! disait Ursus.

Cette « fortune » avait permis à Ursus, administrateur du succès de Gwynplaine, de faire construire la charrette de ses rêves, c'est-à-dire un fourgon assez vaste pour porter un théâtre et semer la science et l'art dans les carrefours. De plus, Ursus avait pu ajouter au groupe composé de lui, d'Homo, de Gwynplaine et de Dea, deux chevaux et deux femmes, lesquelles étaient dans la troupe déesses, nous venons de le dire, et servantes. Un frontispice mythologique était utile alors à une baraque de bateleurs. — Nous sommes un temple errant, disait Ursus.

Ces deux bréhaignes, ramassées par le philosophe dans le pêle-mêle nomade des bourgs et faubourgs, étaient laides et jeunes, et s'appelaient, par la volonté d'Ursus, l'une Phœbé et l'autre Vénus. Lisez : *Fibi* et *Vinos*. Attendu qu'il est convenable de se conformer à la prononciation anglaise.

Phœbé faisait la cuisine et Vénus scrobait[282] le temple.

De plus, les jours de performance, elles habillaient Dea.

En dehors de ce qui est, pour les bateleurs comme pour les princes, « la vie publique », Dea était, comme Fibi et Vinos, vêtue d'une jupe florentine en toile fleurie et d'un capingot de femme qui, n'ayant pas de manches, laissait les bras libres. Ursus et Gwynplaine portaient des capingots d'hommes, et, comme les matelots de guerre, de grandes chausses à la marine. Gwynplaine avait en outre, pour les travaux et les exercices de force, autour du cou et sur les épaules une esclavine de cuir. Il soignait les chevaux. Ursus et Homo avaient soin l'un de l'autre.

Dea, à force d'être habituée à la Green-Box, allait et venait dans l'intérieur de la maison roulante presque avec aisance, et comme si elle y voyait.

L'œil qui eût pu pénétrer dans la structure intime et dans l'arrangement de cet édifice ambulant eût aperçu dans un angle, amarrée aux parois et immobile sur ses quatre roues, l'antique cahute d'Ursus mise à la retraite, ayant permission de se rouiller, et désormais dispensée de rouler comme Homo de traîner.

Cette cahute, rencognée à l'arrière à droite de la porte, servait de chambre et de vestiaire à Ursus et à Gwynplaine. Elle contenait maintenant deux lits. Dans le coin vis-à-vis était la cuisine.

Un aménagement de navire n'est pas plus concis et plus précis que ne l'était l'appropriation intérieure de la Green-Box. Tout y était casé, rangé, prévu, voulu.

Le berlingot était coupé en trois compartiments cloisonnés. Les compartiments communiquaient par des baies libres et sans porte. Une pièce d'étoffe tombante les fermait à peu près. Le compartiment d'arrière était le logis des hommes, le compartiment d'avant était le logis des femmes, le compartiment du milieu, séparant les deux sexes, était le théâtre. Les effets d'orchestre et de machines étaient dans la cuisine. Une soupente sous la voussure du toit contenait les décors, et en ouvrant une trappe à cette soupente on démasquait des lampes qui produisaient des magies d'éclairage.

Ursus était le poète de ces magies. C'était lui qui faisait les pièces.

Il avait des talents divers, il faisait des tours de passe-passe très particuliers. Outre les voix qu'il faisait entendre, il produisait toutes sortes de choses inattendues, des chocs de lumière et d'obscurité, des formations spontanées de chiffres ou de mots à volonté sur une cloison, des clairs-obscurs mêlés d'évanouissements de figures, force bizarreries, parmi lesquelles, inattentif à la foule qui s'émerveillait, il semblait méditer [283].

Un jour Gwynplaine lui avait dit :
— Père, vous avez l'air d'un sorcier.
Et Ursus avait répondu :

— Cela tient peut-être à ce que je le suis.

La Green-Box, fabriquée sur la savante épure d'Ursus, offrait ce raffinement ingénieux qu'entre les deux roues de devant et de derrière, le panneau central de la façade de gauche tournait sur charnière à l'aide d'un jeu de chaînes et de poulies, et s'abattait à volonté comme un pont-levis. En s'abattant il mettait en liberté trois supports fléaux à gonds qui, gardant la verticale pendant que le panneau s'abaissait, venaient se poser droits sur le sol comme les pieds d'une table, et soutenaient au-dessus du pavé, ainsi qu'une estrade, le panneau devenu plateau. En même temps le théâtre apparaissait, augmenté du plateau qui en faisait l'avant-scène. Cette ouverture ressemblait absolument à une bouche de l'enfer [284], au dire des prêcheurs puritains en plein vent qui s'en détournaient avec horreur. Il est probable que c'est pour une invention impie de ce genre que Solon donna des coups de bâton à Thespis.

Thespis du reste a duré plus longtemps qu'on ne croit. La charrette-théâtre existe encore. C'est sur des théâtres roulants de ce genre qu'au seizième et au dix-septième siècle on a joué en Angleterre les ballets et ballades d'Amner et de Pilkington, en France les pastorales de Gilbert Colin, en Flandre, aux kermesses, les doubles-chœurs de Clément, dit Non Papa, en Allemagne l'Adam et Ève de Theiles, et en Italie les parades vénitiennes d'Animuccia et de Ca-Fossis, les sylves de Gesualdo, prince de Venouse, *le Satyre* de Laura Guidiccioni, *le Désespoir de Philène, la mort d'Ugolin* de Vincent Galilée, père de l'astronome, lequel Vincent Galilée chantait lui-même sa musique en s'accompagnant de la viole de gambe, et tous ces premiers essais d'opéra italien qui, dès 1580, ont substitué l'inspiration libre au genre madrigalesque.

Le chariot couleur d'espérance qui portait Ursus, Gwynplaine et leur fortune, et en tête duquel Fibi et Vinos trompetaient comme deux renommées, faisait partie de tout ce grand ensemble bohémien et littéraire. Thespis n'eût pas plus désavoué Ursus que Congrio n'eût désavoué Gwynplaine.

A l'arrivée, sur les places des villages et des villes,

dans les intervalles de la fanfare de Fibi et de Vinos, Ursus commentait les trompettes par des révélations instructives.

— Cette symphonie est grégorienne, s'écriait-il. Citoyens bourgeois, le sacramentaire grégorien, ce grand progrès, s'est heurté en Italie contre le rit ambrosien, et en Espagne contre le rit mozarabique, et n'en a triomphé que difficilement.

Après quoi, la Green-Box s'arrêtait dans un lieu quelconque du choix d'Ursus, et, le soir venu, le panneau avant-scène s'abaissait, le théâtre s'ouvrait et la performance commençait.

Le théâtre de la Green-Box représentait un paysage peint par Ursus qui ne savait pas peindre, ce qui fait qu'au besoin le paysage pouvait représenter un souterrain [285].

Le rideau, ce que nous appelons la toile, était une triveline de soie à carreaux contrastés.

Le public était dehors, dans la rue, sur la place, arrondi en demi-cercle devant le spectacle, sous le soleil, sous les averses, disposition qui faisait la pluie moins désirable pour les théâtres de ce temps-là que pour les théâtres d'à présent. Quand on le pouvait, on donnait les représentations dans une cour d'auberge, ce qui faisait qu'on avait autant de rangs de loges que d'étages de fenêtres. De cette manière, le théâtre étant plus clos, le public était plus payant.

Ursus était de tout, de la pièce, de la troupe, de la cuisine, de l'orchestre. Vinos battait du carcaveau*, dont elle maniait à merveille les baguettes, et Fibi pinçait de la morache, qui est une sorte de guiterne**. Le loup avait été promu utilité. Il faisait décidément partie de « la compagnie », et jouait dans l'occasion des bouts de rôle. Souvent, quand ils paraissaient côte à côte sur le théâtre, Ursus et Homo, Ursus dans sa peau d'ours bien lacée, Homo dans sa peau de loup mieux ajustée encore, on ne savait lequel des deux était la bête ; ce qui flattait Ursus.

---

* Au Moyen Age, espèce de clavier en bois sur lequel on frappait à l'aide de baguettes. (Note de l'éditeur.)
** Guiterne, ancienne guitare. (Note de l'éditeur.)

IX

EXTRAVAGANCES QUE LES GENS SANS GOÛT APPELLENT POÉSIE

Les pièces d'Ursus étaient des interludes, genre un peu passé de mode aujourd'hui. Une de ces pièces, qui n'est pas venue jusqu'à nous, était intitulée *Ursus Rursus*. Il est probable qu'il y jouait le principal rôle. Une fausse sortie suivie d'une rentrée, c'était vraisemblablement le sujet, sobre et louable [286].

Le titre des interludes d'Ursus était quelquefois en latin, comme on le voit, et la poésie quelquefois en espagnol. Les vers espagnols d'Ursus étaient rimés comme presque tous les sonnets castillans de ce temps-là. Cela ne gênait point le peuple. L'espagnol était alors une langue courante, et les marins anglais parlaient castillan de même que les soldats romains parlaient carthaginois. Voyez Plaute. D'ailleurs, au spectacle comme à la messe, la langue latine ou autre, que l'auditoire ne comprenait pas, n'embarrassait personne. On s'en tirait en l'accompagnant gaiement de paroles connues. Notre vieille France gauloise particulièrement avait cette manière-là d'être dévote. A l'église, sur un *Immolatus* les fidèles chantaient *Liesse pendrai*, et sur un *Sanctus, Baise-moi, ma mie*. Il fallut le concile de Trente pour mettre fin à ces familiarités.

Ursus avait fait spécialement pour Gwynplaine un interlude, dont il était content. C'était son œuvre capitale [287]. Il s'y était mis tout entier. Donner sa somme dans son produit, c'est le triomphe de quiconque crée. La crapaude qui fait un crapaud fait un chef-d'œuvre. Vous doutez? Essayez d'en faire autant.

Ursus avait beaucoup léché cet interlude. Cet ourson était intitulé : *Chaos vaincu* [288].

Voici ce que c'était :

Un effet de nuit. Au moment où la triveline s'écartait, la foule massée devant la Green-Box ne voyait que du noir. Dans ce noir se mouvaient, à l'état reptile, trois formes confuses, un loup, un ours, et un homme. Le loup était le loup, Ursus était l'ours, Gwynplaine était l'homme. Le loup et l'ours représentaient les forces féroces de la nature, les faims inconscientes, l'obscurité sauvage, et tous deux se ruaient sur Gwynplaine, et c'était le chaos combattant l'homme. On ne distinguait la figure d'aucun. Gwynplaine se débattait couvert d'un linceul, et son visage était caché par ses épais cheveux tombants. D'ailleurs tout était ténèbres. L'ours grondait, le loup grinçait, l'homme criait. L'homme avait le dessous, les deux bêtes l'accablaient; il demandait aide et secours, il jetait dans l'inconnu un profond appel. Il râlait. On assistait à cette agonie de l'homme ébauche, encore à peine distinct des brutes; c'était lugubre, la foule regardait haletante; une minute de plus, les fauves triomphaient, et le chaos allait résorber l'homme. Lutte, cris, hurlements, et tout à coup silence. Un chant dans l'ombre. Un souffle avait passé, on entendait une voix. Des musiques mystérieuses flottaient, accompagnant ce chant de l'invisible, et subitement, sans qu'on sût d'où ni comment, une blancheur surgissait. Cette blancheur était une lumière, cette lumière était une femme, cette femme était l'esprit. Dea, calme, candide, belle, formidable de sérénité et de douceur, apparaissait au centre d'un nimbe [289]. Silhouette de clarté dans de l'aurore. La voix, c'était elle. Voix légère, profonde, ineffable. D'invisible faite visible, dans cette aube, elle chantait. On croyait entendre une chanson d'ange ou un hymne d'oiseau. A cette apparition, l'homme, dressé dans un sursaut d'éblouissement, abattait ses deux poings sur les deux brutes terrassées.

Alors la vision, portée sur un glissement difficile à comprendre et d'autant plus admiré, chantait ces vers, d'une pureté espagnole suffisante pour les matelots anglais qui écoutaient :

> Ora ! Hora !
> De palabra
> Nace razon,
> Da luze el son*.

Puis elle baissait les yeux au-dessous d'elle comme si elle eût un gouffre, et reprenait :

> Noche quita te de alli
> El alba canta hallali**.

A mesure qu'elle chantait, l'homme se levait de plus en plus, et, de gisant, il était maintenant agenouillé, les mains levées vers la vision, ses deux genoux posés sur les deux bêtes immobiles et comme foudroyées. Elle continuait, tournée vers lui :

> Es menester a cielos ir,
> Y tu que llorabas reir***.

Et, s'approchant, avec une majesté d'astre, elle ajoutait :

> Gebra barzon !
> Dexa, monstro,
> A tu negro
> Caparazon****.

Et elle lui posait la main sur le front.

Alors une autre voix s'élevait, plus profonde et par conséquent plus douce encore, voix navrée et ravie,

*   Prie ! pleure ! — Du verbe naît la raison. — Le chant crée la lumière.
**   Nuit ! va-t'en ! — l'aube chante hallali !
***   Il faut aller au ciel, — et rire, toi qui pleurais.
**** Brise le joug ! — quitte, monstre, — ta noire — carapace.

d'une gravité tendre et farouche, et c'était le chant humain répondant au chant sidéral. Gwynplaine, toujours agenouillé dans l'obscurité sur l'ours et le loup vaincus, la tête sous la main de Dea, chantait :

> O ven ! ama !
> Eres alma,
> Soy corazon*.

Et brusquement, dans cette ombre, un jet de lumière frappait Gwynplaine en pleine face.

On voyait dans ces ténèbres le monstre épanoui.

Dire la commotion de la foule est impossible. Un soleil de rire surgissant, tel était l'effet [290]. Le rire naît de l'inattendu, et rien de plus inattendu que ce dénouement. Pas de saisissement comparable à ce soufflet de lumière sur ce masque bouffon et terrible. On riait autour de ce rire ; partout, en haut, en bas, sur le devant, au fond, les hommes, les femmes, les vieilles faces chauves, les roses figures d'enfants, les bons, les méchants, les gens gais, les gens tristes, tout le monde ; et même dans la rue, les passants, ceux qui ne voyaient pas, en entendant rire, riaient. Et ce rire s'achevait en battements de mains et en trépignements. La triveline refermée, on rappelait Gwynplaine avec frénésie. De là un succès énorme. Avez-vous vu *Chaos vaincu* ? On courait à Gwynplaine. Les insouciances venaient rire, les mélancolies venaient rire, les mauvaises consciences venaient rire. Rire si irrésistible que par moments il pouvait sembler maladif. Mais s'il y a une peste que l'homme ne fuit pas, c'est la contagion de la joie. Le succès au surplus ne dépassait point la populace. Grosse foule, c'est petit peuple. On voyait *Chaos vaincu* pour un penny. Le beau monde ne va pas où l'on va pour un sou.

Ursus ne haïssait point cette œuvre, longtemps couvée par lui.

— C'est dans le genre d'un nommé Shakespeare, disait-il avec modestie.

La juxtaposition de Dea ajoutait à l'inexprimable effet

---

* Oh ! viens ! aime ! — tu es âme, — je suis cœur.

de Gwynplaine. Cette blanche figure à côté de ce gnome représentait ce qu'on pourrait appeler l'étonnement divin. Le peuple regardait Dea avec une sorte d'anxiété mystérieuse. Elle avait ce je ne sais quoi de suprême de la vierge et de la prêtresse, qui ignore l'homme et connaît Dieu. On voyait qu'elle était aveugle et l'on sentait qu'elle était voyante. Elle semblait debout sur le seuil du surnaturel [291]. Elle paraissait être à moitié dans notre lumière et à moitié dans l'autre clarté. Elle venait travailler sur la terre, et travailler de la façon dont travaille le ciel, avec de l'aurore. Elle trouvait une hydre et faisait une âme. Elle avait l'air de la puissance créatrice, satisfaite et stupéfaite de sa création; on croyait voir sur son visage adorablement effaré la volonté de la cause et la surprise du résultat. On sentait qu'elle aimait son monstre. Le savait-elle monstre? Oui, puisqu'elle le touchait. Non, puisqu'elle l'acceptait. Toute cette nuit et tout ce jour mêlés se résolvaient dans l'esprit du spectateur en un clair-obscur où apparaissaient des perspectives infinies. Comment la divinité adhère à l'ébauche, de quelle façon s'accomplit la pénétration de l'âme dans la matière, comment le rayon solaire est un cordon ombilical, comment le défiguré se transfigure, comment l'informe devient paradisiaque, tous ces mystères entrevus compliquaient d'une émotion presque cosmique la convulsion d'hilarité soulevée par Gwynplaine. Sans aller au fond, car le spectateur n'aime point la fatigue de l'approfondissement, on comprenait quelque chose au-delà de ce qu'on apercevait, et ce spectacle étrange avait une transparence d'avatar [292].

Quant à Dea, ce qu'elle éprouvait échappe à la parole humaine. Elle se sentait au milieu d'une foule, et ne savait ce que c'était qu'une foule. Elle entendait une rumeur, et c'est tout. Pour elle une foule était un souffle; et au fond ce n'est que cela. Les générations sont des haleines qui passent. L'homme respire, aspire et expire. Dans cette foule, Dea se sentait seule, et avait le frisson d'une suspension au-dessus d'un précipice. Tout à coup, dans ce trouble de l'innocent en détresse prêt à accuser l'inconnu, dans ce mécontentement de la chute possible,

Dea, sereine pourtant, et supérieure à la vague angoisse du péril, mais intérieurement frémissante de son isolement, retrouvait sa certitude et son support ; elle ressaisissait son fil de sauvetage dans l'univers des ténèbres, elle posait sa main sur la puissante tête de Gwynplaine. Joie inouïe ! elle appuyait ses doigts roses sur cette forêt de cheveux crépus. La laine touchée éveille une idée de douceur. Dea touchait un mouton qu'elle savait être un lion. Tout son cœur se fondait en un ineffable amour. Elle se sentait hors de danger, elle trouvait le sauveur. Le public croyait voir le contraire. Pour les spectateurs, l'être sauvé, c'était Gwynplaine, et l'être sauveur, c'était Dea. Qu'importe ! pensait Ursus, pour qui le cœur de Dea était visible. Et Dea, rassurée, consolée, ravie, adorait l'ange, pendant que le peuple contemplait le monstre, et subissait, fasciné lui aussi, mais en sens inverse, cet immense rire prométhéen [293].

L'amour vrai ne se blase point. Étant tout âme, il ne peut s'attiédir. Une braise se couvre de cendre, une étoile non. Ces impressions exquises se renouvelaient tous les soirs pour Dea, et elle était prête à pleurer de tendresse pendant qu'on se tordait de rire. Autour d'elle, on n'était que joyeux ; elle, elle était heureuse.

Du reste l'effet de gaieté, dû au rictus imprévu et stupéfiant de Gwynplaine, n'était évidemment pas voulu par Ursus. Il eût préféré plus de sourire et moins de rire, et une admiration plus littéraire. Mais triomphe console. Il se réconciliait tous les soirs avec son succès excessif, en comptant combien les piles de farthings faisaient de shellings, et combien les piles de shellings faisaient de pounds. Et puis il se disait qu'après tout ce rire passé, *Chaos vaincu* se retrouvait au fond des esprits et qu'il leur en restait quelque chose. Il ne se trompait peut-être point tout à fait ; le tassement d'une œuvre se fait dans le public. La vérité est que cette populace, attentive à ce loup, à cet ours, à cet homme, puis à cette musique, à ces hurlements domptés par l'harmonie, à cette nuit dissipée par l'aube, à ce chant dégageant la lumière, acceptait avec une sympathie confuse et profonde, et même avec un certain respect attendri, ce drame-poème de *Chaos vaincu,* cette victoire de l'esprit sur la matière, aboutissant à la joie de l'homme [294].

Tels étaient les plaisirs grossiers du peuple.

Ils lui suffisaient. Le peuple n'avait pas le moyen d'aller aux « nobles matches » de la gentry, et ne pouvait, comme les seigneurs et gentilshommes, parier mille guinées pour Helmsgail contre Phelem-ghe-madone.

X

COUP D'ŒIL DE CELUI QUI EST HORS DE TOUT
SUR LES CHOSES ET SUR LES HOMMES

L'homme a une pensée, se venger du plaisir qu'on lui fait. De là le mépris pour le comédien.
Cet être me charme, me divertit, me distrait, m'enseigne, m'enchante, me console, me verse l'idéal, m'est agréable et utile, quel mal puis-je lui rendre ? L'humiliation. Le dédain, c'est le soufflet à distance. Souffletons-le. Il me plaît, donc il est vil. Il me sert, donc je le hais. Où y a-t-il une pierre que je la lui jette ? Prêtre, donne la tienne. Philosophe, donne la tienne. Bossuet, excommunie-le. Rousseau, insulte-le. Orateur, crache-lui les cailloux de ta bouche. Ours, lance-lui ton pavé. Lapidons l'arbre, meurtrissons le fruit, et mangeons-le. Bravo ! et A bas ! Dire les vers des poètes, c'est être pestiféré. Histrion, va ! mettons-le au carcan dans son succès. Achevons-lui son triomphe en huée. Qu'il amasse la foule et qu'il crée la solitude. Et c'est ainsi que les classes riches, dites hautes classes, ont inventé pour le comédien cette forme d'isolement, l'applaudissement.

La populace est moins féroce. Elle ne haïssait point Gwynplaine. Elle ne le méprisait pas non plus. Seulement le dernier calfat du dernier équipage de la dernière caraque amarrée dans le dernier des ports d'Angleterre se considérait comme incommensurablement supérieur à cet amuseur de « la canaille », et estimait qu'un calfat est autant au-dessus d'un saltimbanque qu'un lord est au-dessus d'un calfat.

Gwynplaine était donc, comme tous les comédiens, applaudi et isolé. Du reste, ici-bas tout succès est crime, et s'expie. Qui a la médaille a le revers.

Pour Gwynplaine il n'y avait point de revers. En ce sens que les deux côtés de son succès lui agréaient. Il était satisfait de l'applaudissement, et content de l'isolement. Par l'applaudissement, il était riche ; par l'isolement, il était heureux.

Être riche, dans ces bas-fonds, c'est n'être plus misérable. C'est n'avoir plus de trous à ses vêtements, plus de froid dans son âtre, plus de vide dans son estomac. C'est manger à son appétit et boire à sa soif. C'est avoir tout le nécessaire, y compris un sou à donner à un pauvre. Cette richesse indigente, suffisante à la liberté, Gwynplaine l'avait.

Du côté de l'âme, il était opulent. Il avait l'amour. Que pouvait-il désirer ?

Il ne désirait rien.

La difformité de moins, il semble que ce pouvait être là une offre à lui faire. Comme il l'eût repoussée ! Quitter ce masque et reprendre son visage, redevenir ce qu'il avait été peut-être, beau et charmant, certes, il n'eût pas voulu ! Et avec quoi eût-il nourri Dea ? que fût devenue la pauvre et douce aveugle qui l'aimait ? Sans ce rictus qui faisait de lui un clown unique, il ne serait plus qu'un saltimbanque comme un autre, le premier équilibriste venu, un ramasseur de liards entre les fentes des pavés, et Dea n'aurait peut-être pas du pain tous les jours ! Il se sentait avec un profond orgueil de tendresse le protecteur de cette infirme céleste. Nuit, Solitude, Dénuement, Impuissance, Ignorance, Faim et Soif, les sept gueules béantes de la misère se dressaient autour d'elle, et il était le saint Georges combattant ce dragon. Et il triomphait de la misère. Comment ? par sa difformité [295]. Par sa difformité, il était utile, secourable, victorieux, grand. Il n'avait qu'à se montrer, et l'argent venait. Il était le maître des foules ; il se constatait le souverain des populaces. Il pouvait tout pour Dea. Ses besoins, il y pourvoyait; ses désirs, ses envies, ses fantaisies, dans la sphère limitée des souhaits possibles à un aveugle, il les contentait. Gwynplaine et Dea étaient, nous l'avons montré déjà, la providence l'un de l'autre. Il se sentait enlevé sur ses ailes, elle se sentait portée dans ses bras. Protéger qui vous aime, donner le nécessaire à qui vous donne les étoiles, il n'est rien de plus doux. Gwynplaine avait cette félicité suprême. Et il la devait à sa difformité. Cette difformité le faisait supérieur à tout. Par elle il gagnait sa vie, et la vie des autres; par elle il avait l'indépendance, la liberté, la célébrité, la satisfaction intime, la fierté. Dans cette difformité il était inaccessible. Les fatalités ne pouvaient rien contre lui au-delà de ce coup où elles s'étaient épuisées, et qui lui avait tourné en triomphe. Ce fond du malheur était devenu un sommet élyséen. Gwynplaine était emprisonné dans sa difformité, mais avec Dea. C'était, nous l'avons dit, être au cachot dans le paradis. Il y avait entre eux et le monde des vivants une muraille [296]. Tant mieux. Cette muraille les parquait, mais les défendait. Que pouvait-on contre Dea, que pouvait-on contre Gwynplaine, avec une telle fermeture de la vie autour d'eux? Lui ôter le succès? impossible. Il eût fallu lui ôter sa face. Lui ôter l'amour? impossible. Dea ne le voyait point. L'aveuglement de Dea était divinement incurable. Quel inconvénient avait pour Gwynplaine sa difformité? Aucun. Quel avantage avait-elle? Tous. Il était aimé malgré cette horreur, et peut-être à cause d'elle. Infirmité et difformité s'étaient, d'instinct, rapprochées, et accouplées. Être aimé, est-ce que ce n'est pas tout? Gwynplaine ne songeait à sa défiguration qu'avec reconnaissance. Il était béni dans ce stigmate. Il le sentait avec joie imperdable et éternel. Quelle chance que ce bienfait fût irrémédiable! Tant qu'il y aurait des carrefours, des champs de foire, des routes où aller devant soi, du peuple en bas, du ciel en haut, on serait sûr de vivre, Dea ne manquerait de rien, on aurait l'amour! Gwynplaine n'eût pas changé de visage avec Apollon. Être monstre était pour lui la forme du bonheur.

Aussi disions-nous en commençant que la destinée l'avait comblé. Ce réprouvé était un préféré.

Il était si heureux qu'il en venait à plaindre les hommes autour de lui. Il avait de la pitié de reste. C'était d'ailleurs son instinct de regarder un peu dehors, car aucun homme n'est tout d'une pièce et une nature n'est pas une abstraction ; il était ravi d'être muré, mais de temps en temps il levait la tête par-dessus le mur. Il n'en rentrait qu'avec plus de joie dans son isolement près de Dea, après avoir comparé.

Que voyait-il autour de lui ? Qu'était-ce que ces vivants dont son existence nomade lui montrait tous les échantillons, chaque jour remplacés par d'autres ? Toujours de nouvelles foules, et toujours la même multitude. Toujours de nouveaux visages, et toujours les mêmes infortunes. Une promiscuité de ruines. Chaque soir toutes les fatalités sociales venaient faire cercle autour de sa félicité.

La Green-Box était populaire.

Le bas prix appelle la basse classe. Ce qui venait à lui c'étaient les faibles, les pauvres, les petits. On allait à Gwynplaine comme on va au gin. On venait acheter pour deux sous d'oubli. Du haut de son tréteau, Gwynplaine passait en revue le sombre peuple. Son esprit s'emplissait de toutes ces apparitions successives de l'immense misère [297]. La physionomie humaine est faite par la conscience et par la vie, et est la résultante d'une foule de creusements mystérieux. Pas une souffrance, pas une colère, pas une ignominie, pas un désespoir, dont Gwynplaine ne vît la ride. Ces bouches d'enfants n'avaient pas mangé. Cet homme était un père, cette femme était une mère, et derrière eux on devinait des familles en perdition. Tel visage sortait du vice et entrait au crime ; et l'on comprenait le pourquoi : ignorance et indigence. Tel autre offrait une empreinte de bonté première raturée par l'accablement social et devenue haine. Sur ce front de vieille femme on voyait la famine ; sur ce front de jeune fille on voyait la prostitution. Le même fait, offrant chez la jeune la ressource, et plus lugubre là. Dans cette cohue il y avait des bras, mais pas d'outils ; ces travailleurs [298] ne demandaient pas mieux, mais le travail manquait. Parfois près de l'ouvrier un soldat venait s'asseoir, quelquefois un invalide, et Gwynplaine apercevait ce spectre, la guerre. Ici Gwynplaine lisait chômage, là exploitation, là servitude. Sur certains fronts il constatait on ne sait quel refoulement vers l'animalité, et ce lent retour de l'homme à la bête produit en bas par la pression des pesanteurs obscures du bonheur d'en haut. Dans ces ténèbres, il y avait pour Gwynplaine un soupirail. Ils avaient, lui et Dea, du bonheur par un jour de souffrance. Tout le reste était damnation. Gwynplaine sentait au-dessus de lui le piétinement inconscient des puissants, des opulents, des magnifiques, des grands, des élus du hasard; au-dessous, il distinguait le tas de faces pâles des déshérités; il se voyait, lui et Dea, avec leur tout petit bonheur, si immense, entre deux mondes; en haut le monde allant et venant, libre, joyeux, dansant, foulant aux pieds; en haut, le monde qui marche; en bas le monde sur qui l'on marche[299]. Chose fatale, et qui indique un profond mal social, la lumière écrase l'ombre! Gwynplaine constatait ce deuil. Quoi! une destinée si reptile! L'homme se traînant ainsi! une telle adhérence à la poussière et à la fange, un tel dégoût, une telle abdication, et une telle abjection, qu'on a envie de mettre le pied dessus! de quel papillon cette vie terrestre est-elle donc la chenille[300]? Quoi! dans cette foule qui a faim et qui ignore, partout, devant tous, le point d'interrogation du crime ou de la honte! l'inflexibilité des lois produisant l'amollissement des consciences! pas un enfant qui ne croisse pour le rapetissement! pas une vierge qui ne grandisse pour l'offre! pas une rose qui ne naisse pour la bave! Ses yeux parfois, curieux d'une curiosité émue, cherchaient à voir jusqu'au fond de cette obscurité où agonisaient tant d'efforts inutiles et où luttaient tant de lassitudes, familles dévorées par la société, mœurs torturées par les lois, plaies faites gangrènes par la pénalité, indigences rongées par l'impôt, intelligences à vau-l'eau dans un engloutissement d'ignorance, radeaux en détresse couverts d'affamés, guerres, disettes, râles, cris, disparitions; et il sentait le vague saisissement de cette poignante angoisse universelle. Il avait la vision de toute cette écume du malheur sur le sombre pêle-mêle humain. Lui, il était au port, et il regardait autour de lui ce naufrage. Par moment, il prenait dans ses mains sa tête défigurée, et songeait [301].

Quelle folie que d'être heureux! comme on rêve! il lui venait des idées. L'absurde lui traversait le cerveau. Parce qu'il avait autrefois secouru un enfant, il sentait des velléités de secourir le monde. Des nuages de rêverie lui obscurcissaient parfois sa propre réalité; il perdait le sentiment de la proportion jusqu'à se dire: Que pourrait-on faire pour ce pauvre peuple? Quelquefois son absorption était telle qu'il le disait tout haut. Alors Ursus haussait les épaules et le regardait fixement. Et Gwynplaine continuait de rêver: — Oh! si j'étais puissant, comme je viendrais en aide aux malheureux! Mais que suis-je? un atome. Que puis-je? rien [302].

Il se trompait. Il pouvait beaucoup pour les malheureux. Il les faisait rire.

Et, nous l'avons dit, faire rire, c'est faire oublier.

Quel bienfaiteur sur la terre, qu'un distributeur d'oubli!

XI

GWYNPLAINE EST DANS LE JUSTE, URSUS EST DANS LE VRAI

Un philosophe est un espion. Ursus, guetteur de rêves, étudiait son élève. Nos monologues ont sur notre front une vague réverbération distincte au regard du physionomiste. C'est pourquoi ce qui se passait en Gwynplaine n'échappait point à Ursus. Un jour que Gwynplaine méditait, Ursus, le tirant par son capingot, s'écria :

— Tu me fais l'effet d'un observateur, imbécile ! Prends-y garde, cela ne te regarde pas. Tu as une chose à faire, aimer Dea. Tu es heureux de deux bonheurs ; le premier, c'est que la foule voit ton museau ; le second, c'est que Dea ne le voit pas. Ce bonheur que tu as, tu n'y as pas droit. Nulle femme, voyant ta bouche, n'acceptera ton baiser. Et cette bouche qui fait ta fortune, cette face qui fait ta richesse, ça n'est pas à toi. Tu n'étais pas né avec ce visage-là. Tu l'as pris à la grimace qui est au fond de l'infini. Tu as volé son masque au diable. Tu es hideux, contente-toi de ce quine. Il y a dans ce monde, qui est une chose très bien faite, les heureux de droit et les heureux de raccroc. Tu es un heureux de raccroc. Tu es dans une cave où se trouve prise une étoile. La pauvre étoile est à toi. N'essaie pas de sortir de ta cave, et garde ton astre, araignée ! Tu as dans ta toile l'escarboucle

Vénus [303]. Fais-moi le plaisir d'être satisfait. Je te vois rêvasser, c'est idiot. Écoute, je vais te parler le langage de la vraie poésie : que Dea mange des tranches de bœuf et des côtelettes de mouton, dans six mois elle sera forte comme une Turque ; épouse-la tout net, et fais-lui un enfant, deux enfants, trois enfants, une ribambelle d'enfants. Voilà ce que j'appelle philosopher. De plus, on est heureux, ce qui n'est pas bête. Avoir des petits, c'est là le bleu. Aie des mioches, torche-les, mouche-les, couche-les, barbouille-les et débarbouille-les, que tout cela grouille autour de toi ; s'ils rient, c'est bien ; s'ils gueulent, c'est mieux ; crier, c'est vivre ; regarde-les téter à six mois, ramper à un an, marcher à deux ans, grandir à quinze ans, aimer à vingt ans. Qui a ces joies, a tout. Moi, j'ai manqué cela, c'est ce qui fait que je suis une brute. Le bon Dieu, un faiseur de beaux poèmes, et qui est le premier des hommes de lettres, a dicté à son collaborateur Moïse : *Multipliez!* Tel est le texte. Multiplie, animal. Quant au monde, il est ce qu'il est ; il n'a pas besoin de toi pour aller mal. N'en prends pas souci. Ne t'occupe pas de ce qui est dehors. Laisse l'horizon tranquille. Un comédien est fait pour être regardé, non pour regarder. Sais-tu ce qu'il y a dehors ? les heureux de droit. Toi, je te le répète, tu es l'heureux du hasard. Tu es le filou du bonheur dont ils sont les propriétaires. Ils sont les légitimes, tu es l'intrus, tu vis en concubinage avec la chance. Que veux-tu de plus que ce que tu as ? Que Schiboleth me soit en aide ! ce polisson est un maroufle. Se multiplier par Dea, c'est pourtant agréable. Une telle félicité ressemble à une escroquerie. Ceux qui ont le bonheur ici-bas par privilège de là-haut n'aiment pas qu'on se permette d'avoir tant de joie au-dessous d'eux. S'ils te demandaient : de quel droit es-tu heureux ? tu ne saurais que répondre. Tu n'as pas de patente, eux ils en ont une. Jupiter, Allah, Vishnou, Sabaoth, n'importe, leur a donné le visa pour être heureux. Crains-les. Ne te mêle pas d'eux afin qu'ils ne se mêlent pas de toi. Sais-tu ce que c'est, misérable, que l'heureux de droit ? C'est un être terrible, c'est le lord. Ah ! le lord, en voilà un qui a dû intriguer dans l'inconnu du diable avant d'être au monde, pour entrer dans la vie par cette porte-là ! Comme il a dû lui être difficile de naître ! Il ne s'est donné que cette peine-là, mais, juste ciel ! c'en est une ! obtenir du destin, ce butor aveugle, qu'il vous fasse d'emblée au berceau maître des hommes ! corrompre ce buraliste pour qu'il vous donne la meilleure place au spectacle ! Lis le memento qui est dans la cahute que j'ai mise à la retraite, lis ce bréviaire de ma sagesse, et tu verras ce que c'est que le lord. Un lord, c'est celui qui a tout et qui est tout. Un lord est celui qui existe au-dessus de sa propre nature ; un lord est celui qui a, jeune, les droits du vieillard, vieux, les bonnes fortunes du jeune homme, vicieux, le respect des gens de bien, poltron, le commandement des gens de cœur, fainéant, le fruit du travail, ignorant, le diplôme de Cambridge et d'Oxford, bête, l'admiration des poètes, laid, le sourire des femmes, Thersite, le casque d'Achille, lièvre, la peau du lion. N'abuse pas de mes paroles, je ne dis pas qu'un lord soit nécessairement ignorant, poltron, laid, bête et vieux ; je dis seulement qu'il peut être tout cela sans que cela lui fasse du tort. Au contraire. Les lords sont les princes. Le roi d'Angleterre n'est qu'un lord, le premier seigneur de la seigneurie ; c'est tout, c'est beaucoup. Les rois jadis s'appelaient lords ; le lord de Danemark, le lord d'Irlande, le lord des Iles. Le lord de Norvège ne s'est appelé roi que depuis trois cents ans. Lucius, le plus ancien roi d'Angleterre, était qualifié par saint Télesphore *milord Lucius*. Les lords sont pairs, c'est-à-dire égaux. De qui ? du roi. Je ne fais pas la faute de confondre les lords avec le parlement. L'assemblée du peuple, que les Saxons, avant la conquête, intitulaient *wittenagemot*, les Normands, après la conquête, l'ont intitulée *parliamentum*. Peu à peu on a mis le peuple à la porte. Les lettres closes du roi convoquant les communes portaient jadis *ad consilium impendendum*, elles portent aujourd'hui *ad consentiendum*. Les communes ont le droit de consentement. Dire oui est leur liberté. Les pairs peuvent dire non. Et la preuve, c'est qu'ils l'ont dit. Les pairs peuvent couper la tête au roi, le peuple point. Le coup de hache à Charles Ier est un empiétement, non sur le roi, mais sur les pairs, et l'on a bien fait de mettre aux fourches la carcasse de Cromwell. Les lords ont la puissance, pourquoi ? parce qu'ils ont la richesse. Qui est-ce qui a feuilleté le Doomsday-book ? C'est la preuve que les lords possèdent l'Angleterre, c'est le registre des biens des sujets dressé sous Guillaume le Conquérant, et il est sous la garde du chancelier de l'échiquier. Pour y copier quelque chose, on paie quatre sous par ligne. C'est un fier livre. Sais-tu que j'ai été docteur domestique chez un lord qui s'appelait Marmaduke et qui avait neuf cent mille francs de France de rente par an ? Tire-toi de là, affreux crétin. Sais-tu que rien qu'avec les lapins des garennes du comte Lindsey on nourrirait toute la canaille des Cinq ports ? Aussi frottez-vous-y. On y met bon ordre. Tout braconnier est pendu. Pour deux longues oreilles poilues qui passaient hors de sa gibecière, j'ai vu accrocher à la potence un père de six enfants. Telle est la seigneurie. Le lapin d'un lord est plus que l'homme du bon Dieu. Les seigneurs sont, entends-tu, maraud ? et nous devons le trouver bon. Et puis si nous le trouvons mauvais, qu'est-ce que cela leur fait ? Le peuple faisant des objections ! Plaute lui-même n'approcherait pas de ce comique. Un philosophe serait plaisant s'il conseillait à cette pauvre diablesse de multitude de se récrier contre la largeur et la lourdeur des lords. Autant faire discuter par la chenille la patte de l'éléphant. J'ai vu un jour un hippopotame marcher sur une taupinière ; il écrasait tout ; il était innocent. Il ne savait même pas qu'il y eût des taupes, ce gros bonasse de mastodonte. Mon cher, des taupes qu'on écrase, c'est le genre humain. L'écrasement est une loi. Et crois-tu que la taupe elle-même n'écrase rien ? Elle est le mastodonte du ciron, qui est le mastodonte du volvoce. Mais ne raisonnons pas. Mon garçon, les carrosses existent. Le lord est dedans, le peuple est sous la roue, le sage se range [304]. Mets-toi de côté, et laisse passer. Quant à moi, j'aime les lords, et je les évite. J'ai vécu chez un. Cela suffit à la beauté de mes souvenirs. Je me rappelle son château, comme une gloire dans un nuage. Moi, mes rêves sont en arrière. Rien de plus admirable que Marmaduke-Lodge pour la grandeur, la belle symétrie, les riches revenus, les ornements et les accompagnements de l'édifice. Du reste, les maisons, hôtels et palais des lords offrent un recueil de ce qu'il y a de plus grand et magnifique dans ce florissant royaume. J'aime nos seigneurs. Je les remercie d'être opulents, puissants et prospères. Moi qui suis vêtu de ténèbres, je vois avec intérêt et plaisir cet échantillon de l'azur céleste qu'on appelle un lord. On entrait à Marmaduke-Lodge par une cour extrêmement spacieuse, qui faisait un carré long partagé en huit carreaux, fermés de balustrades, laissant de tous côtés un large chemin ouvert, avec une superbe fontaine hexagone au milieu, à deux bassins, couverte d'un dôme d'un ouvrage exquis à jour, qui était suspendu sur six colonnes. C'est là que j'ai connu un docte français, M. l'abbé du Cros, qui était de la maison des Jacobins de la rue Saint-Jacques. Il y avait à Marmaduke-Lodge une moitié de la bibliothèque d'Erpenius, dont l'autre moitié est à l'auditoire de théologie de Cambridge. J'y lisais des livres, assis sous le portail qui est enjolivé. Ces choses-là ne sont ordinairement vues que par un petit nombre de voyageurs curieux. Sais-tu, ridicule boy, que monseigneur William North, qui est lord Gray de Rolleston, et qui siège le quatorzième au banc des barons, a plus d'arbres de haute futaie dans sa montagne que tu n'as de cheveux sur ton horrible caboche? Sais-tu que lord Norreys de Rycott, qui est la même chose que le comte d'Abingdon, a un donjon carré de deux cents pieds de haut portant cette devise *Virtus ariete fortior*, ce qui a l'air de vouloir dire *la vertu est plus forte qu'un bélier*, mais ce qui veut dire, imbécile! *Le courage est plus fort qu'une machine de guerre?* Oui, j'honore, accepte, respecte et révère nos seigneurs. Ce sont les lords qui, avec la majesté royale, travaillent à procurer et à conserver les avantages de la nation. Leur sagesse consommée éclate dans les conjonctures épineuses. La préséance sur tous, je voudrais bien voir qu'ils ne l'eussent pas. Ils l'ont. Ce qui s'appelle en Allemagne principauté et en Espagne grandesse, s'appelle pairie en Angleterre et en France. Comme on était en droit de trouver ce monde assez misérable, Dieu a senti où le bât le blessait, il a voulu prouver qu'il savait faire des gens heureux, et il a créé les lords pour donner satisfaction aux philosophes. Cette création-là corrige l'autre et tire d'affaire le bon Dieu. C'est pour lui une sortie décente d'une fausse position. Les grands sont grands. Un pair en parlant de lui-même dit *nos*. Un pair est un pluriel. Le roi qualifie les pairs *consanguinei nostri*. Les pairs ont fait une foule de lois sages, entre autres celle qui condamne à mort l'homme qui coupe un peuplier de trois ans. Leur suprématie est telle qu'ils ont une langue à eux. En style héraldique, le noir, qui s'appelle *sable* pour le peuple des nobles, s'appelle *saturne* pour les princes et *diamant* pour les pairs. Poudre de diamant, nuit étoilée, c'est le noir des heureux [305]. Et, même entre eux, ils ont des nuances, ces hauts seigneurs. Un baron ne peut laver avec un vicomte sans sa permission. Ce sont là des choses excellentes, et qui conservent les nations. Que c'est beau pour un peuple d'avoir vingt-cinq ducs, cinq marquis, soixante-seize comtes, neuf vicomtes et soixante et un barons, qui font cent soixante-seize pairs, qui les uns sont grâce et les autres seigneurie! Après cela, quand il y aurait quelques haillons par-ci par-là! Tout ne peut pas être en or. Haillons soit; est-ce que ne voilà pas de la pourpre? L'un achète l'autre. Il faut bien que quelque chose soit construit avec quelque chose. Eh bien, oui, il y a des indigents, la belle affaire! Ils étoffent le bonheur des opulents. Morbleu! nos lords sont notre gloire. La meute de Charles Mohun, baron Mohun, coûte à elle seule autant que l'hôpital des lépreux de Mooregate, et que l'hôpital de Christ, fondé pour les enfants en 1553 par Édouard VI. Thomas Osborne, duc de Leeds, dépense par an, rien que pour ses livrées, cinq mille guinées d'or. Les grands d'Espagne ont un gardien nommé par le roi qui les empêche de se ruiner. C'est pleutre. Nos lords, à nous, sont extravagants et magnifiques. J'estime cela. Ne déblatérons pas comme des envieux. Je sais gré à une belle vision qui passe. Je n'ai pas la lumière, mais j'ai le reflet. Reflet de mon ulcère, diras-tu. Va-t'en au diable. Je suis un Job heureux de contempler Trimalcion. Oh! la belle planète radieuse là-haut! c'est quelque chose que d'avoir ce clair de lune. Supprimer les lords, c'est une opinion qu'Oreste n'oserait soutenir, tout insensé qu'il était. Dire que les lords sont nuisibles ou inutiles, cela revient à dire qu'il faut ébranler les États, et que les hommes ne sont pas faits pour vivre comme les troupeaux, broutant l'herbe et mordus par le chien. Le pré est tondu par le mouton, le mouton est tondu par le berger. Quoi de plus juste? A tondeur, tondeur et demi. Moi, tout m'est égal; je suis un philosophe, et je tiens à la vie comme une mouche. La vie n'est qu'un pied-à-terre. Quand je pense que Henry Bowes Howard, comte de Berkshire, a dans ses écuries vingt-quatre carrosses de gala, dont un à harnais d'argent et un autre à harnais d'or! Mon Dieu, je sais bien que tout le monde n'a pas vingt-quatre carrosses de gala, mais il ne faut point déclamer. Parce que tu as eu froid une nuit, ne voilà-t-il pas! Il n'y a pas que toi. D'autres aussi ont froid et faim. Sais-tu que sans ce froid Dea ne serait pas aveugle, et que, si Dea n'était pas aveugle, elle ne t'aimerait pas! raisonne, buse! Et puis, si tous les gens qui sont épars se plaignaient, ce serait un beau vacarme. Silence, voilà la règle. Je suis convaincu que le bon Dieu ordonne aux damnés de se taire, sans quoi ce serait Dieu qui serait damné d'entendre un cri éternel. Le bonheur de l'Olympe est au prix du silence du Cocyte [306]. Donc, peuple, tais-toi. Je fais mieux, moi, j'approuve et j'admire. Tout à l'heure, j'énumérais les lords, mais il faut y ajouter deux archevêques et vingt-quatre évêques! En vérité, je suis attendri quand j'y songe. Je me rappelle avoir vu, chez le dîmeur du révérend doyen de Raphoë, lequel doyen fait partie de la seigneurie et de l'église, une vaste meule du plus beau blé prise aux paysans d'alentour et que le doyen n'avait pas eu la peine de faire pousser. Cela lui laissait le temps de prier Dieu. Sais-tu que lord Marmaduke mon maître était lord grand trésorier d'Irlande, et haut sénéchal de la souveraineté de Knaresburg dans le comté d'York! Sais-tu que le lord haut chambellan, qui est un office héréditaire dans la famille des ducs d'Ancaster, habille le roi le jour du couronnement, et reçoit pour sa peine quarante aunes de velours cramoisi, plus le lit où le roi a dormi ; et que l'huissier de la verge noire est son député ? Je voudrais bien te voir faire résistance à ceci, que le plus ancien vicomte d'Angleterre est le sire Robert Brent, créé vicomte par Henri V. Tous les titres des lords indiquent une souveraineté sur une terre, le comte Rivers excepté, qui a pour titre son nom de famille. Comme c'est admirable ce droit qu'ils ont de taxer les autres, et de prélever, par exemple, comme en ce moment-ci, quatre shellings par livre sterling de rente, ce qu'on vient de continuer pour un an, et tous ces beaux impôts sur les esprits distillés, sur les accises du vin et de la bière, sur le tonnage et le pondage, sur le cidre, le poiré, le mum, le malt et l'orge préparé, et sur le charbon de terre et cent autres semblables ! Vénérons ce qui est. Le clergé lui-même relève des lords. L'évêque de Man est le sujet du comte de Derby. Les lords ont des bêtes féroces à eux qu'ils mettent dans leurs armoiries. Comme Dieu n'en a pas fait assez, ils en inventent. Ils ont créé le sanglier héraldique qui est autant au-dessus du sanglier que le sanglier est au-dessus du porc, et que le seigneur est au-dessus du prêtre. Ils ont créé le griffon, qui est aigle aux lions et lion aux aigles, et qui fait peur aux lions par ses ailes et aux aigles par sa crinière. Ils ont la guivre, la licorne, la serpente, la salamandre, la tarasque, la drée, le dragon, l'hippogriffe. Tout cela, terreur pour nous, leur est ornement et parure. Ils ont une ménagerie qui s'appelle le blason et où rugissent les monstres inconnus. Pas de forêt comparable pour l'inattendu des prodiges à leur orgueil. Leur vanité est pleine de fantômes qui s'y promènent comme dans une nuit sublime, armés, casqués, cuirassés, éperonnés, le bâton d'empire à la main, et disant d'une voix grave : Nous sommes les aïeux ! Les scarabées mangent les racines, et les panoplies mangent le peuple. Pourquoi pas ! Allons-nous changer les lois ? La seigneurie fait partie de l'ordre. Sais-tu qu'il y a un duc en Écosse qui galope trente lieues sans sortir de chez lui ? Sais-tu que le lord archevêque de Canterbury a un million de France de revenu ? Sais-tu que sa majesté a par an sept cent mille livres sterling de liste civile, sans compter les châteaux, forêts, domaines, fiefs, tenances, alleux, prébendes, dîmes et redevances, confiscations et amendes, qui dépassent un million sterling ? Ceux qui ne sont pas contents sont difficiles.

— Oui, murmura Gwynplaine pensif, c'est de l'enfer des pauvres qu'est fait le paradis des riches [307].

XII

URSUS LE POÈTE
ENTRAÎNE URSUS LE PHILOSOPHE

Puis Dea entra ; il la regarda, et ne vit plus qu'elle. L'amour est ainsi ; on peut être envahi un moment par une obsession de pensées quelconques ; la femme qu'on aime arrive, et fait brusquement évanouir tout ce qui n'est pas sa présence, sans se douter qu'elle efface peut-être en nous un monde.

Disons ici un détail. Dans *Chaos vaincu*, un mot, *monstro*, adressé à Gwynplaine, déplaisait à Dea. Quelquefois, avec le peu d'espagnol que tout le monde savait dans ce temps-là, elle faisait le petit coup de tête de le remplacer par *quiero*, qui signifie *je le veux*. Ursus tolérait, non sans quelque impatience, ces altérations du texte. Il eût volontiers dit à Dea, comme de nos jours Moëssard à Visot : *Tu manques de respect au répertoire*.

« L'Homme qui rit. » Telle était la forme qu'avait prise la célébrité de Gwynplaine. Son nom, Gwynplaine, à peu près ignoré, avait disparu sous ce sobriquet, de même que sa face sous le rire. Sa popularité était comme son visage un masque.

Son nom pourtant se lisait sur un large écriteau placardé à l'avant de la Green-Box, lequel offrait à la foule cette rédaction due à Ursus :

« Ici l'on voit Gwynplaine, abandonné à l'âge de dix ans, la nuit du 29 janvier 1690, par les scélérats comprachicos, au bord de la mer à Portland, de petit devenu grand, et aujourd'hui appelé

« L'HOMME QUI RIT. »

L'existence de ces saltimbanques était une existence de lépreux dans une ladrerie et de bienheureux dans une atlantide. C'était chaque jour un brusque passage de l'exhibition foraine la plus bruyante à l'abstraction la plus complète. Tous les soirs ils faisaient leur sortie de ce monde. C'étaient comme des morts qui s'en allaient, quittes à renaître le lendemain. Le comédien est un phare à éclipses, apparition, puis disparition, et il n'existe guère pour le public que comme fantôme et lueur dans cette vie à feux tournants [308].

Au carrefour succédait la claustration. Sitôt le spectacle fini, pendant que l'auditoire se désagrégeait et que le brouhaha de satisfaction de la foule se dissipait dans la dispersion des rues, la Green-Box redressait son panneau comme une forteresse son pont-levis, et la communication avec le genre humain était coupée. D'un côté l'univers et de l'autre cette baraque ; et dans cette baraque il y avait la liberté, la bonne conscience, le courage, le dévouement, l'innocence, le bonheur, l'amour, toutes les constellations.

La cécité voyante et la difformité aimée s'asseyaient côte à côte, la main pressant la main, le front touchant le front, et, ivres, se parlaient tout bas.

Le compartiment du milieu était à deux fins ; pour le public théâtre, pour les acteurs salle à manger.

Ursus, toujours satisfait de placer une comparaison, profitait de cette diversité de destination pour assimiler le compartiment central de la Green-Box à l'arradash* d'une hutte abyssinienne.

Ursus comptait la recette, puis l'on soupait. Pour

---

* Il n'a pas été possible d'élucider absolument ce terme. *Dash* signifie maison en abyssinien. (Note de l'éditeur.)

l'amour tout est de l'idéal, et boire et manger ensemble quand on aime, cela admet toutes sortes de douces promiscuités furtives qui font qu'une bouchée devient un baiser. On boit l'ale ou le vin au même verre, comme on boirait la rosée au même lys. Deux âmes, dans l'agape, ont la même grâce que deux oiseaux. Gwynplaine servait Dea, lui coupait les morceaux, lui versait à boire, s'approchait trop près.

— Hum! disait Ursus, et il détournait son grondement achevé malgré lui en sourire.

Le loup, sous la table, soupait, inattentif à ce qui n'était point son os.

Vinos et Fibi partageaient le repas, mais gênaient peu. Ces deux vagabondes, à demi sauvages et restées effarées, parlaient bréhaigne entre elles.

Ensuite Dea rentrait au gynécée avec Fibi et Vinos, Ursus allait mettre Homo à la chaîne sous la Green-Box, et Gwynplaine s'occupait des chevaux, et d'amant devenait palefrenier, comme s'il eût été un héros d'Homère ou un paladin de Charlemagne. A minuit, tout dormait, le loup excepté, qui de temps en temps, pénétré de sa responsabilité, ouvrait un œil.

Le lendemain, au réveil, on se retrouvait; on déjeunait ensemble, habituellement de jambon et de thé; le thé, en Angleterre, date de 1678. Puis Dea, à la mode espagnole, et par le conseil d'Ursus qui la trouvait délicate, dormait quelques heures, pendant que Gwynplaine et Ursus faisaient tous les petits travaux du dehors et du dedans qu'exige la vie nomade.

Il était rare que Gwynplaine rôdât hors de la Green-Box, excepté dans les routes désertes et les lieux solitaires. Dans les villes, il ne sortait qu'à la nuit, caché par un large chapeau rabattu, afin de ne point user son visage dans la rue.

On ne le voyait à face découverte que sur le théâtre.

Du reste la Green-Box avait peu fréquenté les villes; Gwynplaine, à vingt-quatre ans, n'avait guère vu de plus grandes cités que les Cinq ports. Sa renommée cependant croissait. Elle commençait à déborder la populace, et elle montait plus haut. Parmi les amateurs de bizarreries foraines et les coureurs de curiosités et de prodiges, on savait qu'il existait quelque part, à l'état de vie errante, tantôt ici, tantôt là, un masque extraordinaire. On en parlait, on le cherchait, on se demandait: Où est-ce? L'Homme qui rit devenait décidément fameux. Un certain lustre en rejaillissait sur *Chaos vaincu*.

Tellement qu'un jour Ursus, ambitieux, dit:

— Il faut aller à Londres [309].

NOTES

1. *Angleterre :* invitation, dès le début, à rendre hommage à un système démocratique, en opposition au régime de Napoléon le Petit.

2. *Quatrevingt-treize :* voir les commentaires de Hugo dans sa correspondance, annexe 2, tome II.

3. *Homo :* Ursus et Homo, couple formé sur l'antithèse *sauvage/humain*, et de ton satirique ; les deux termes (en latin ou sous la forme loup et homme) occupent les trois premiers paragraphes. Vient alors le portrait détaillé d'Ursus. Le chapitre II montrera que ces deux êtres n'en font qu'un.

4. *aussi :* de là leurs noms latins !

5. *aube :* Ursus peut reproduire les voix des hommes (individus et foule) et de la nature, et sur tous les tons ; expression de la *Foule* et de la *Solitude*, il est la conscience critique et lyrique, le Poète, et, sur le plan mythologique, l'insaisissable Protée.

6. *invraisemblable :* c'est-à-dire qu'il signifie le *vrai* sous ses divers masques de médecin, de misanthrope, d'alchimiste, de « marchand de superstition » selon ses propres termes.

7. *simples :* plantes médicinales dont Hugo va fournir le catalogue dans les lignes suivantes.

8. *femme :* ironie d'auteur, qui dialogue avec les discours d'Ursus, son porte-parole.

9. *cornue* et *matras*, *transmutation* et *panacées :* attirail et vocabulaire de l'alchimie.

10. *il hippocratisait et il pindarisait :* médecin et poète lyrique à la façon antique, capable d'écrire dans tous les genres, il est victime de son érudition : « Tant de science ne pouvait aboutir qu'à la famine. »

11. *dactyle :* mesure de vers anciens, faite d'une syllabe longue et de deux brèves ; *anapeste :* mesure de deux syllabes brèves et d'une longue ; *amphimacre :* une syllabe brève entre deux longues. Autrement dit — bourde volontaire ? (cf. page précédente : « Ursus était savantasse ») — confusion dans l'emploi des deux premiers termes...

12. *école de Salerne* : célèbre école de médecine du Moyen Age, qui rédigea collectivement des recettes d'hygiène en vers latins, sous le titre de *Schola Salernitana*.

13. *épiphonème* : en rhétorique, exclamation sentencieuse par laquelle s'achève un développement. Dans un sens plus général, sentence finale.

14. *hermaphrodite* : le ton satirique ne saurait effacer la profondeur du lexique : même sous une forme dégradée, celui qui deviendra le père spirituel de Dea et Gwynplaine, les deux héros du roman, est comme l'effigie du dieu PAN : il est TOUT, il sait *tout*, avec la conscience permanente de la vanité de sa science.

15. *dégénéré* : exemple typique de l'ironie d'auteur, prenant le relais d'Ursus qui, à la fin du deuxième paragraphe, disait à son compagnon : « Surtout ne dégénère pas en homme. »

16. *brouée* : brouillard.

17. *pommes de terre* : toujours les deux domaines, le sublime et le réel, sur le mode satirique (« cuire de l'alchimie »).

18. *chez un lord* : ces dernières lignes — rythmées par la double sentence au présent : « la taille courbée du vieillard, c'est le tassement de la vie » ; « Un vieux homme est une ruine pensante » — parachèvent le portrait d'Ursus sur le ton de la confidence grave, qu'illumine la dernière proposition : Ursus, homme errant, est totalement *libre* : « Dans sa jeunesse il avait été philosophe chez un lord. »

19. *Pas beaucoup plus* : nouvelle affirmation satirique d'un auteur qui se fait le double du bateleur *Ursus* — rime avec le dernier terme du chapitre ! Rappel, aussi, que Victor Hugo ne fait pas un roman *historique*.

20. *loup venu* : tout comme Ursus, c'est une figure complexe, qui unit divers types de chiens sauvages (*culpeu ; lycaon*), synthèse de sauvagerie et de culture.

21. *le regard oblique* : correspondance avec le discours de son compagnon philosophe.

22. *maigreur de forêt* : frère du loup de La Fontaine, et libre comme Ursus, — non engraissé chez les lords.

23. *des sottises* : Ursus a besoin d'un double affectif, non d'un interlocuteur sur le plan intellectuel. On sait le rôle de l'Ane chez Hugo ; nous y reviendrons au tome II.

24. *tome second* : insistance, sur le monde ironique, qui va se parachever à la fin du paragraphe suivant : *copie conforme*.

25. *palais* : formule finale, applicable à l'homme et à l'animal.

26. *cabane-voiture* : après la *Maison du Berger*, voici le théâtre ambulant du loup-philosophe ! Comme le symbole de Vigny, ce véhicule unit des contraires : refuge et moyen de déplacement ; la suite immédiate va faire de lui une secrète affiche ambulante de sédition,

d'appel à la révolte des pauvres contre l'insolence des riches. Bref, insaisissable demeure, analogue à ses habitants, sauvage protestation contre la civilisation, ce sera le seul abri à s'ouvrir aux deux enfants rejetés par la société.

27. *énigmatique et transparente :* admirable définition des discours — écrits et oraux — d'Ursus.

28. *marshalls :* ici, comme en d'autres matières, nous ne croyons pas utile de définir chaque terme ni d'ajouter de pesants commentaires aux jeux verbaux du poète : tantôt, il se plaît à l'accumulation rabelaisienne — cf. les chapitres du *Livre deuxième* sur la mer et la navigation ; tantôt, il donne lui-même la clé des termes spéciaux ou étrangers — ici avec « et autres porte-perruques de la loi ».

29. *Jeffrys :* féroce juge d'inquisition, George Jeffreys se montre particulièrement cruel lors des *Assises sanglantes* (affaire Monmouth).

30. *savoir :* tableau des vanités de l'Aristocratie, — de l'Homme ; le titre ironique dit tout : il faut savoir ces choses pour survivre, c'est le reste qui, de ce point de vue, est vanité.

31. Dieu *milord :* ces lignes finales assurent la toute-puissance des lords et s'ouvrent sur le domaine métaphysique.

32. *rien :* Catalogue des biens concrétisant la superbe des lords aux yeux des *misérables,* cette deuxième inscription s'offre, elle aussi, sous un titre d'ironie satirique. Le goût de Hugo pour les inscriptions de tout genre (cf. *Notre-Dame de Paris, Le Rhin, Le Dernier Jour d'un condamné...*) n'est pas gratuit : Ursus est bien le poète complet, qui s'exprime par la harangue et par l'écriture.

33. *corridor courtisan :* remarque analogue, plus haut, sur la couleur de la roulotte !

34. *serpents :* la croyance aux sornettes des charlatans n'est pas le privilège du peuple : Ursus, « marchand de superstition », le sait.

35. *roi :* expression ultime de l'insolente puissance des lords face au roi d'Angleterre, répétée au paragraphe suivant.

36. *le dos :* autre excès d'insolence figuré ici par ce lion, plus loin par une étoile et, enfin (le comble de la vanité inscrivant alors le signe d'un prochain désastre dans son propre domaine), — « au centre d'un bassin une pyramide ronde imitant la tour de Babel ».

37. *rebelle ; exil :* autant de termes politiques qui, en regard des conclusions de la première inscription, peuvent prendre un sens symbolique, sur le plan mythique, religieux. La lutte entre les lords et les misérables se dédoublera en un combat du Satyre contre les dieux de l'Olympe — on sait l'analogie romantique là-dessus — et représentera l'affrontement de Satan-Lucifer et Dieu. Voir pour ces problèmes l'ouvrage de P. Albouy, *La Création mythologique chez Victor Hugo.*

C'est bien fait : expression du langage parlé, naïf et direct ; Ursus renonce un instant aux détours de son érudition satirique (qui masque *et* révèle). Quand ce « dernier nom », lord Clancharlie, s'incarnera en

Gwynplaine, Ursus et le lecteur auront l'occasion de méditer sur la complexité des choses et des êtres.

38. *opposition :* esquisse et non véritable incarnation du Révolté, de Lucifer, Ursus est, pour l'instant, discoureur, non acteur, et discoureur *oblique* (à la manière de son loup), — seul moyen d'échapper aux puissants, aux princes et à leurs valets. C'est son fils spirituel, Gwynplaine, *et* lord *et* misérable, qui, à la manière du Satyre devant les Dieux de l'Olympe, s'adressera *directement* aux lords.

39. *celui qui est seul :* après *furieux ; mécontent de la création ; voyageait librement,* ce dernier trait confirme que Lucifer naîtra dans cette cahute.

40. *rochers :* Lucifer ou le Satyre, le dieu Pan : c'est bien la mythologie romantique qui s'illustre ici.

41. *voyager dans un antre :* comment mieux dire le sens mythique de tout ce chapitre ? Voyez *La Légende des siècles,* « La Conscience » et « Le Satyre » : c'est l'œil des cavernes et de l'intérieur humain qui observe le monde et les hommes.

42. *refus :* « rire amer » et « haïr le genre humain » complètent le portrait d'Ursus, avant l'exposé de sa vision de l'existence humaine. Or, sarcasme mis à part, c'est la vision même de l'auteur qui est exposée, — moins l'amour... c'est-à-dire tout, en somme... C'est dire, aussi, que dans la construction du roman, la formation du couple Gwynplaine-Dea dans la caverne-voiture métamorphosera Ursus sans que ses discours perdent de leur validité.

43. *exister :* Ursus peut, en ce chapitre préliminaire, passer aux yeux du lecteur pour le héros annoncé par le titre. C'est à la fois vrai et incomplet : la liaison Ursus-Gwynplaine est désormais assurée.

44. *Ursus philosophe :* Le solitaire sauvage, témoin *naturel,* tire la leçon, elle aussi *naturelle,* de ses observations : de là, *clôture* du chapitre, « cette enseigne, écrite à l'intérieur, mais visible du dehors, et charbonnée en grosses lettres ». Comment dire toute la richesse d'une telle étiquette, *à usage interne,* tracée avec un instrument plus proche de la nature que le crayon ? Elle réunit, en conclusion, sauvagerie et culture, dans un paradoxe insoutenable. Rire amer, sarcasme, Ursus philosophe : c'est la part désespérée du romancier qui s'exprime ici, mais le message n'est pas complet. Il faudra y revenir à la scène finale, où les critiques s'opposent : pessimisme ou optimisme du roman ; la logique d'ensemble du récit devrait nous permettre de trancher.

45. *poudre de succession :* nom donné par la Voisin au poison qu'elle vendait (affaire des Poisons, sous Louis XIV).

46. *l'immense fait Esclavage :* métaphore maximale, qui souligne une fois de plus que le romancier, avec « le grand regard de l'histoire, qui voit les ensembles », est philosophe, non simple chroniqueur.

47. *les rois aussi :* Rien de plus éclairant, à travers le roman, que les différents *modes* du rire ; voir le commentaire de P. Albouy sur le couple roi-bouffon dans sa thèse, déjà citée, et dans sa présentation du roman, t. XIV, Club français du livre, en particulier p. 19-20.

48. *philosophe* : c'est-à-dire l'auteur, disciple d'Ursus, — rire amer et méditation unis dans l'examen de l'existence humaine.

49. *les heureux* : autrement dit, chapitre inséparable des autres romans — écrits ou à composer — destinés à former un *ensemble* philosophique.

50. *l'ébauche* : on sait le parti que tire Rimbaud de ces réflexions, pour la théorie de la voyance, exposée dans ses deux fameuses lettres. L'entreprise maléfique, chez Hugo déjà, quitte le plan humain pour constituer une véritable entreprise métaphysique, un attentat contre Dieu analogue à celui de Nemrod. Chez Rimbaud, le *comprachicos* travaille sur son propre visage !

51. *bini* : (du distributif latin *deux à deux*). Deux pénitents, dont l'un est chargé d'accompagner l'autre, de marcher à côté de lui (Voir t. II, note 179).

52. *effigie divine* : il se confirme que cette *orthopédie en sens inverse* participe d'une véritable folie sacrilège, action d'un Prométhée criminel et non plus philanthrope, — désireux de se substituer à Dieu, non d'abattre les divinités sanguinaires et leurs représentants.

53. *le spectre* : allusion trop brève à une scène commentée par Hugo dans *Le Rhin*, Lettre XXVIII, et dont il vaut la peine de citer quelques lignes, en rapport avec le thème du *bouffon/roi* et du rire :

« A mon sens, ce qu'il y a de plus lugubre et de plus amer dans cette ruine de Heidelberg, ce ne sont pas tous ces princes et tous ces rois morts, c'est ce bouffon vivant [représenté par une statue de bois].

« C'était le fou du Palatin Charles-Philippe. Il s'appelait PERKEO [...] Il faisait beaucoup rire [...] Pauvres princes d'une époque décrépite, occupés de nains et de géants, et oubliant les hommes !

« Au fond, dans la gaieté grimaçante de ce misérable, il y avait nécessairement du sarcasme et du dédain. Les princes, dans leur tourbillon, ne s'en apercevaient pas. Le rayonnement splendide de la cour palatine couvrait les lueurs de haine qui éclairaient par instants ce visage ; mais aujourd'hui, dans l'ombre des ruines, elles reparaissent ; elles font lire distinctement la pensée secrète du bouffon. La mort, qui a passé sur ce rire, en a ôté la facétie et n'y a laissé que l'ironie.

« Il semble que la statue de Perkeo raille celle de Charlemagne.

« Il ne faut pas retourner voir Perkeo. La première fois il attriste, la seconde fois il effraie. Rien de plus sinistre que le rire immobile. Dans ce palais désert, près de ce tonneau vide, on songe à ce pauvre fou battu par ses maîtres quand il n'était pas ivre, et ce masque hideusement joyeux fait peur. Ce n'est même plus le rire d'un bouffon qui se moque, c'est le ricanement d'un démon qui se venge. Dans cette ruine pleine de fantômes, Perkeo aussi est un spectre. » (T. VI, CFL, p. 433-434.)

Il faut aussi relire l'évocation des mascarons du Pont-Neuf, dans *Toute la Lyre* ; dans CFL, t. X, *La Révolution*, p. 226-228.

54. *décadence* : reprise du thème ironique traité par Ursus et par le commentateur, dans le chapitre précédent.

55. *il mange* : récit d'actualité, sous le masque de l'histoire : l'exilé s'adresse à la cour de Napoléon III.

56. *Monmouth :* James, duc de, fils présumé de Charles II, exilé après un complot manqué contre le duc d'York ; revenu en Angleterre à l'avènement de Jacques II, qui le fait décapiter.

57. *Penn :* vertueux Quaker, fondateur en 1682 d'une colonie américaine qui prit le nom de Pennsylvanie, dotée d'une Constitution libérale.

58. *trabucaire :* bandit espagnol.

59. *français :* phrase supprimée à la demande de Vacquerie — il ne fallait pas blesser inutilement les partisans du classicisme — mais que Hugo projetait de rétablir dans les éditions suivantes.

60. *haillons : résidu ; gueuserie ; arlequin,* c'est le thème, constant chez Hugo, de la subtile, mais essentielle différence qui distingue (en tout domaine) la synthèse d'éléments contrastés et l'amalgame — fragile — d'éléments hétéroclites. On peut, en effet, appliquer ce thème au politique, à l'historique et au poétique. Cf., plus haut, les diverses couleurs du courtisan, du corridor « courtisan » et de la roulotte d'Ursus.

61. *loi d'existence :* sur ce point, Ursus ne se distinguerait guère de cette association criminelle ; mais, comme dans *Les Misérables,* Hugo ne méconnaît pas le terrible mystère des « âmes-écrevisses » — Thénardier, Patron-Minet et autres malfaiteurs — zone d'ombre peut-être ineffaçable et à laquelle échapper constitue — pour Jean Valjean comme pour Ursus — une épreuve métaphysique.

62. *cabale :* société secrète pour le mal, caricature de franc-maçonnerie, qui pourrait, par conséquent, avoir une doctrine dissimulée au profane.

63. *tohu-bohu :* en accord avec *peuple arlequin,* les comprachicos parlent un *jargon* de la confusion babélique, perversion des langues humaines. Instruments de règne, criminels nécessaires aux grands, n'étaient-ils pas tout à l'heure représentés par cette tour de Babel dans le jardin d'un lord ? « Peuple *serpentant* parmi les peuples ; ruisseaux d'hommes vénéneux » ajoute Hugo : ici encore, le romancier, philosophe de l'histoire, agrandit le point de vue : les comprachicos ne sont qu'une des figures du mal sécrété par l'Église et le pouvoir absolu, de tout temps.

64. *Portland :* il existe une version primitive de ce début — texte capital, quoique écarté du roman.

65. *pouillés :* dénombrement d'un diocèse.

66. *Pie powder Court :* comme dans *Les Travailleurs de la mer,* Hugo se livre, çà et là, à des commentaires de termes anglais bizarres, qu'on pourrait parfois croire inventés ; ici, il s'agit de tribunaux attachés à des foires ou à des marchés : Pie Poudre Courts.

67. *ourque biscayenne :* petite barque espagnole qui, avant de figurer dans le titre du *Livre deuxième,* suggère l'entrée en scène des comprachicos.

68. *soleil absent : le soleil noir* — espèce d'absence *visible* — concrétise chez Hugo l'angoisse métaphysique d'une éclipse de Dieu

— de la conscience. Sur le plan romanesque, accentuer le sens de la nuit permettra d'illustrer le titre du Livre, « La nuit moins noire que l'homme » sur un plan véritablement mythique.

69. *la tempête :* comme la voiture d'Ursus, la « singulière nef » permet d'affronter toutes les situations et annonce le *sombre* travail de ses occupants.

70. *Ce tatouage :* imitant le « bariolage » des montagnes de Biscaye, il fait le génie artistique des misérables Basques : « ils ne recousent pas le haillon, ils le brodent ».

71. *des fils du soleil :* parenthèse de lumière, de gaieté, de rire, souvenirs espagnols lointains, qui vont, eux aussi, accentuer l'ombre, celle des hommes et de la nature : « ... Portland, âpre montagne de la mer », en opposition à ce « farouche Jaïzquivel [...] plein d'idylles ».

72. *leur visage :* « l'ombre, ce masque » en fait l'équivalent des bandits des *Misérables*, en opposition à Ursus et à Jean Valjean, eux aussi dans l'ombre, mais destinés à retrouver la lumière : voyez la mort de Valjean, le départ d'Ursus à la fin du roman.

73. *Isolement :* ce terme définit la situation matérielle du groupe et de l'enfant, celui-ci mis en évidence à la fin du chapitre précédent. Le titre suivant, *Solitude,* dira l'abandon total.

74. *L'enfant :* l'anonymat, respecté jusqu'à la fin de ce Livre, insiste sur l'enjeu : un enfant, en butte aux hommes, à la nature, à la Destinée, va sortir plus fort des terribles épreuves.

75. *un argot : chuchotement composite, bande,* tout se rattache aux réflexions sur les comprachicos. Voir aussi le chapitre sur le patois et l'argot dans *Les Misérables*.

76. *troupe bariolée :* toujours l'hétéroclite du dangereux, du criminel.

77. *panagia des vieux cantabres :* déesse protectrice des celtibériques, terme faisant la synthèse entre la déesse-mère antique et la Vierge chrétienne.

78. *Matuina :* le « nom du navire, illisible en ce moment à cause de l'obscurité » : omniscient, le narrateur ne révèle ni ne cache sans motifs; l'accumulation de l'or (la Vierge et l'enfant, l'ange à leurs pieds, les majuscules) et cette *Aube* disent ironiquement le futur naufrage des bandits et l'affirmation, en même temps, de la lumière, au sens propre et figuré, au sein de l'*ombre*.

79. *à terre :* encore un chapitre fermé sur l'enfant, seul ; voir le début abandonné du chapitre III, où se révélait trop tôt le visage de « l'Homme qui rit » ; ce sera pour la dernière page du premier tome (édition originale), fin de la première partie.

80. *au bord d'un styx :* le climat onirique de la fin s'installe sur le plan mythologique ; c'est un narrateur *visionné* — pour reprendre un terme de Hugo — qui va chercher à nous peindre l'inexprimable. Par ailleurs, l'ourque et l'enfant vont traverser la mort — le bateau dans l'océan, l'enfant dans la nuit, tous deux engloutis sous *l'orage de neige*.

81. *pèsent Dieu:* les premiers traits du héros enfant esquissent la figure romantique par excellence, Prométhée; comme le personnage d'Eschyle, il oppose le silence à l'assaut de la Fatalité; l'enfant est situé à la fois comme le révolté antique et comme le Gilliatt des *Travailleurs*, à la fin du drame. Mais le trait de génie tient ici dans le *renversement* du mythe: c'est l'innocent qui est « comme cloué sur la roche » — destin clos avant d'avoir été joué!

82. *Il reçut ce coup de foudre, debout:* confirmation décisive du portrait symbolique.

83. *hors de la vie:* la cohérence symbolique est entière: voici le frère moderne de Prométhée, jeté aux abîmes: Lucifer.

84. *les vagues:* océan d'en haut, océan d'en bas, nuit intérieure et nuit extérieure vont entraîner l'enfant dans une descente aux enfers. L'effet se complète, à la manière de Hugo, avec la phrase suivante, notation terre-à-terre dans le sublime: « Il étira ses petits bras maigres et bâilla », équivalent du « Hein? » lancé par une voix céleste au quêteur de la Divinité, dans le poème *Dieu*.

85. *clown peut-être:* suggestion du narrateur pour préfigurer le rôle futur du bateleur tragique que tiendra l'enfant aux côtés d'Ursus, puis à la Chambre des Lords. Voir, plus loin, *singe* et *saltimbanque*.

86. *il gravissait et grimpait:* formule qui, à elle seule, suffirait à dire l'aspect initiatique et salvateur de cette fuite. Voir l'article de Léon Cellier, « *Chaos vaincu*, V.H. et le roman initiatique », recueilli dans *Parcours initiatiques*.

87. *pas un astre en haut:* c'est dans la nuit totale du refus que la nef et l'enfant vont disparaître, chute au-delà du temps et de l'espace, évanouissement de la création d'où va surgir le chaos primitif. De là, plus tard (pour réaliser son programme: « affirmer l'âme ») la place centrale que donne Hugo au drame composé par Ursus, *Chaos vaincu*.

88. *à la main une étoile:* du côté des bandits et de leur mort prochaine (« un linceul »), affirmation, pourtant, de l'âme: l'étoile va s'effacer, mais un message, sorti de l'océan, reviendra s'échouer sur les côtes. Enfin — *scène finale* — Gwynplaine marche à l'étoile, visible pour lui seul.

89. *l'âme de la nature:* la nature qui *s'anime* ne propose pas un message divin tel qu'en déchiffre le poète des *Contemplations;* elle apparaît comme l'incarnation de forces sombres, néfastes, archaïques, dissociantes: cf. « Un chaos allait faire son entrée. »

90. *un homme:* à l'horreur de la nature s'ajoute celle de la vie humaine et de la société, pire que la première, le titre du Livre le dit. Ce *néant visible*, morceau de nuit totale, le pendu, avait inspiré le Nerval du *Voyage en Orient* en des pages reprises en écho par Baudelaire (« Un voyage à Cythère ») et, peut-être, par Hugo (« Cérigo » dans *Les Contemplations*), sur le thème de l'amour et de la mort. « De la nuit dessus et de la nuit dedans », « zéro et total », « simulacre », « matière inquiétante », autant d'expressions qui font de ces pages une profonde vision métaphysique sur l'âme et Dieu, comme un vertige d'angoisse et

NOTES

de doute, sous une lumière de *soleil noir*. Double et synonymique clôture du chapitre (fins des deux derniers paragraphes) : « les énormes rêveries de l'ombre » : « Quand l'infini s'ouvre, pas de fermeture plus formidable. »

91. *fonction des souffles :* le cauchemar s'accentue avec ces souffles donnés comme antithèse des *vents de l'esprit*.

92. *compelle intrare :* « presse-les d'entrer » Luc, XIV, 23, mais ces « obscures portes entrebâillées » ne conduisent nulle part, à ce moment du récit.

93. *envie de reculer :* succession d'antithèses sur le motif du labyrinthe et de l'abîme (intérieurs et extérieurs), premières épreuves que l'enfant surmontera *d'instinct*. Cf. Jean Valjean dans les égouts de Paris.

94. *conservé le rire :* expression — propre à l'homme, comme on sait — figée dans l'horreur de la mort, et qu'on retrouvera, figée, sur le visage du héros; celui-ci ne s'en délivrera qu'à la fin du récit : « Il souriait ». Voir là-dessus les remarquables commentaires de L. Cellier, art. cit.

95. *larves :* spectres de la religion antique, regard d'une Méduse auquel l'enfant — « presque statue » — n'échappera que par une étrange *volonté* des choses inertes : la mort et les ténèbres mêmes (pendu et corbeaux) se font souffle qui réveille et « bruit d'ailes » salvateur, comme un refus de voir l'innocent écrasé à jamais.

96. *la vie en ébauche et la vie en ruine :* sommet tragique du renversement, indiqué plus haut, du mythe, avec cette rencontre des extrêmes.

97. *sorte de combat spectre :* l'absolu du noir et de la matière aboutit à l'absolu de la vision abstraite, qui transforme le spectacle naturel en purs effets, au-delà du sensible.

98. *le suicide :* la mort comme délivrance (Ursus l'avait dit au début) loin de l'horreur et de la souffrance. Hugo la distingue du suicide proprement dit, jugé par lui « acte irréligieux ». Ce passage me semble capital pour le sens du roman : affirmer l'âme ne serait-ce pas admettre que l'homme — non l'enfant — tout en commettant une faute, mais acculé par les volontés paniques des choses (décrites dans ces pages) ou par l'oppression de la société (seconde partie de l'intrigue), est justifié en telles circonstances de « s'évader des choses » ?

99. *option entre les chances obscures :* reprise du paradoxe mythique, le *petit être* doit *choisir son chemin* avant même d'être entré dans l'existence humaine.

100. *il dégringolait :* épreuve physique, parcourue par un lexique symbolique : *écroulement, profondeur*, qui redescend du noir à l'horreur du blanc, elle aussi annoncée en termes métaphysiques d'apocalypse (« au loin [...] un profond chant de clairon ») et qui va faire de la mer et de la terre une seule page blanche : *l'orage de neige* — ce sera aussitôt le début du Livre deuxième — confond noir et blanc dans l'horreur.

101. *invisible :* l'effluve — terme d'ordinaire masculin — est, pour Hugo, émanation de fluide qui combine les effets de l'électricité statique et ceux de l'inconnu, du mystérieux, qui échappe à la science.

102. *inconnu :* union du visible et de l'invisible, accentuée par les sonorités (forces-flotte-flots), qui métamorphose la mer en éléments véritablement animés, à l'instar du cosmos.

103. *visible :* cette interprétation de la tempête de neige — l'invisible se fait visible — suffit à installer tout l'épisode dans le domaine du songe et du métaphysique.

104. *neige :* sensualité et diabolique mêlés dans le cosmos, comme, plus loin, dans l'humain avec la rencontre de Gwynplaine et de la duchesse Josiane.

105. *délivrance :* dans la lumière crépusculaire du large, les masques tombent : *bigarrure* et *misérables* reprennent le thème de l'hétéroclite et de la nature complexe des sinistres voyageurs ; *misérable* signifie criminel mais aussi, selon les termes mêmes de Hugo, *vénérable* (« Dans l'orient, les insensés sont sacrés ; ils ont le ciel en eux ; l'idiot sourd-muet est un noyé de l'inspiration. »)

106. *tonsure :* prophète de l'ombre, le mystérieux vieillard porte les marques extérieures du sacré.

107. *abstrait :* la fin de ce chapitre va de l'étrange au mythique, grâce aux traits qui, accumulés, transfigurent le personnage, ici page blanche.

108. *songeur tragique :* vie et mort, pétrification et sensibilité, fossile et grimaces, bandit et prêtre, chrétien et fataliste, c'est une espèce de philosophe, de visionnaire du mal qui arpente le pont.

109. *conscience :* lueur des yeux et ténèbres morales font de lui une part secrète de l'écrivain.

110. *l'éclair consultant la nuit :* la dernière phrase du chapitre accomplit la métamorphose, en une de ces formules qu'après Albouy on pourrait appeler un *petit mythe*.

111. *la alma :* omniscient, polyglotte, homme de nulle part et de partout, fou et sage, c'est, en un individu, la synthèse de la condition humaine.

112. *pierres :* nouvelle transfiguration mythique, avec l'image de la vitre fêlée qui donne à l'ensemble une allure de combat entre Dieu et Lucifer, entre l'Océan et les hommes.

113. *la mer :* hydres, léviathans, araignée, dans le décor du banc Chambours, animent un tableau symétrique de la fameuse description du cirque de Gavarnie. Autant que les *comprachicos*, explicitement utilisés, quelle pâture pour Rimbaud que cette « transparence visionnaire de l'engloutissement » !

114. *pédant de l'abîme :* c'est, une fois de plus, par l'humour que le romancier s'assure la complicité du lecteur dans sa peinture du grotesque et du sublime.

NOTES 413

115. *toile d'araignée de la mer :* lieu commun qui, annoncé plus haut par l'araignée monstrueuse et cachée, se développe avec *point noirs sur le flot* et *bouteille à l'encre ;* le dialogue oppose ainsi le philosophe visionnaire, qui voit au fond des choses et le patron de la barque, simple déchiffreur des effets immédiats et trompeurs.

116. *je consens :* reprise plus loin par « je dis oui », la formule sépare définitivement le vieillard prophétique de son compagnon ; voyez le début du chapitre : « le patron était absorbé par la mer, le vieillard par le ciel ».

117. *méfie-toi du fond :* jeu de mots dont seul le vieillard tient la clé, nouvel Œdipe qui sait tout effort humain inutile contre la démence de l'univers.

118. *les âmes noires :* intériorisée, l'image de la nuit, après *mouches* et *bouteille à l'encre,* scelle le destin de la barque. Le docteur, au regard de hibou et au langage énigmatique, ne s'adresse pas au patron, mais à sa propre conscience, — « Son œil était redevenu intérieur ».

119. *rêverie :* l'effigie du poète, telle est bien la signification d'un personnage qui est à la fois délire prophétique et observation minutieuse. Lui seul lit le monde, le cosmos et sa propre pensée, pendant que les autres, mouches affolées, balbutient, *épellent.*

120. *démence :* centre d'un chapitre bref, tracé comme une gravure de Piranèse, ou, mieux, comme un dessin de Hugo, architecture et mobilités unies dans une seule vision effarée, page noire après la page blanche. Sur le plan romanesque, l'effacement général par l'horreur et la nuit constitue un point culminant de ce début ; séparation et union de l'enfant et de ses bourreaux : « Tous s'enfonçant dans la nuit », comment mieux dire que la descente aux enfers va s'ouvrir sur deux chemins opposés ?

121. *des âmes :* le titre du chapitre — *Horreur sacrée* — suggérait déjà que l'ourque est entrée dans la *nuit de la destinée,* que le combat se livre sur une aire métaphysique, avec une surabondance de détails techniques et de rebondissements narratifs. Ainsi s'uniront l'abstrait (« on croit deviner que l'univers est un procès ») et le concret (vent polaire ; électrique ; grêlons...) pour former un tableau qui se répétera dans l'affrontement entre Gwynplaine et la duchesse Josiane — reflets mutuels du social et du naturel.

122. *l'ouragan :* expression de l'abîme, le phénomène physique se situe à la fois sur le plan de la sexualité et sur celui du langage ; la notion de *monstre,* c'est-à-dire d'insupportable, de scandaleux par excès lie les deux domaines. C'est bien, pour le cosmos, une préfiguration du monstre Gwynplaine.

123. *bégaiement du prodige :* c'est sur ce point que l'analyse de L. Cellier prend tout son poids : au *centre* du roman, le langage du poète l'emporte sur ce discours informe qui menace d'anéantir l'ordre et l'harmonie des civilisations, consolidés d'âge en âge par le travail poétique.

124. *création :* de là le titre de la pièce composée par Ursus : *Chaos vaincu.*

125. *sur nous :* la *nuit du tombeau* — pour reprendre Racine et Nerval — menace sans cesse d'envahir la conscience lumineuse du poète vivant, à son tour Œdipe, mais incapable de trouver *toute* l'énigme.

126. *ténèbres :* ici se confirme le sens d'*ailleurs total* que le romancier donne à l'Océan où s'empêtre la barque ; tout ce chapitre va jouer sur le *renversement :* au sommet, la cloche — qui semble confirmer, de la terre, la libération de la barque — vient en réalité de la mer, comme un glas ; le blanc, c'est le noir, ou, comme le suggérait admirablement le titre, « nix et nox ».

127. *Écoutez !* la vérité sort de la bouche d'ombre du savant désormais invisible, traducteur de l'ouragan et des phénomènes cosmiques.

128. *voiles :* on corrige ici une double coquille, reprise dans toutes les éditions : *itagues* et *cargues,* et non *itaques* et *cagues.*

129. *un phare :* dans le monde renversé où s'abime l'ourque, la lumière salvatrice guide vers la tombe.

130. *extravagante :* Hugo décrit une gravure anglaise ; il en a donné une interprétation graphique. Voir *V. H. dessinateur*, La Guilde du Livre, Lausanne, 1963 ; par ailleurs les dessins rassemblés pour *Les Travailleurs de la mer* intéressent aussi cette première partie de *L'HQR* (t. 17 et 18, CFL ; en particulier, le rocher Ortach, N°s 343 et 705 ; les Casquets, N° 689 et l'étonnant « Ma destinée », N° 737-738).

131. *brûlées :* la description qui fait l'essentiel du chapitre ne concerne pas le phare aperçu d'abord... « Effronterie de lumière », « défi », il concrétise l'aveuglement des hommes face au gouffre de l'Océan.

132. *ironie :* fatalité du démon ? fatalité de Dieu ? Hugo constate, on le sait, sans pouvoir trancher. Ici, le final est celui d'un Rabelais cosmique.

133. *s'effaça :* peinture analogue à celle de la chute de Satan, durant laquelle, un à un, les soleils s'éteignent ; *complication* — pour reprendre un leitmotiv du romancier — de l'épisode : s'effacent à la fois le danger mortel, l'écueil des Casquets et l'illusoire salut, le feu du phare.

134. *l'abîme :* on ne saurait parler de simple suspense romanesque, tant les signes de la noyade proche se sont accumulés ; il faut, pourtant, noter ces flux et reflux de *l'horreur sacrée,* qui viennent battre à chaque fin de chapitre. Le mouvement s'inversera avec la marche de l'enfant : après avoir échappé aux labyrinthes naturels, il trouvera les hommes sourds à son appel.

135. *à vau-l'ombre :* l'obscurité totale, mer et nuit confondues, se transforme en une seule matière liquide.

136. *l'abîme :* le rocher Ortach est comme une pétrification de cette eau, en écho à « Ils en étaient pétrifiés ». Autant d'expressions et de rapports qui illustrent la suggestion de Pierre Albouy : roman à lire comme un poème.

137. *tonnerre :* vision cosmique d'un bourreau-Jupiter ; Hugo, adversaire de la peine de mort, traduit ici en images son angoisse métaphysique devant le châtiment, qu'il vienne de Dieu ou des hommes.

138. *Portentosum mare :* formule latine, « la mer prodigieuse », déjà utilisée par Hugo, qui vise à donner une couleur mythologique au combat décrit.

139. *finit là :* seul, le narrateur connaît la situation géographique de la barque ; troisième et dernier obstacle, Aurigny : ce terme clôt deux paragraphes, avant de se voir accompagné d'une liste de noms dont le pittoresque se métamorphose soudain en topologie d'apocalypse (monstres, hydres, de l'espèce écueil) et de Fatalité (le But).

140. *fragile :* rien de plus attachant que ces tableaux symboliques, où s'efface un instant l'intrigue tandis qu'apparaît le narrateur-philosophe ; le lecteur se voit aussitôt impliqué dans de telles évocations (avoir sur *soi* ; avoir autour de *soi* ; *on* croit ; ce qui *vous* tient). Il faut relire, de ce point de vue, les chapitres des *Misérables* qui décrivent une noyade (« L'Onde et l'ombre », I, II, 8) et un enlisement (« Pour le sable comme pour la femme il y a une finesse qui est perfidie », V, III, 5).

141. *se turent :* ce chapitre se réfère explicitement à l'*Apocalypse* de saint Jean, et se termine sur le verbe *sombrer*. Cf. l'étonnante phrase : « il se fit un silence dans le ciel, d'environ une demi-heure » (*Apocalypse*, VIII, 1).

142. *l'abîme :* au titre « Douceur subite de l'énigme » et aux « clairons forcenés de l'espace » ont succédé d'abord des remarques météorologiques ; l'effet de ce paragraphe visionnaire en prend d'autant plus de force. « Le cinquième ange sonna de la trompette, et je vis une étoile qui était tombée du ciel sur la terre, et la clef du puits de l'abîme lui fut donnée » (*Apocalypse*, IX, 1). « Paix de ténèbres » : les passagers de l'ourque vont obtenir ici la clé de l'énigme dans une atmosphère figurant l'apaisement intérieur qui les habitera au moment du naufrage.

143. *fini en effet :* le passage de la lutte physique au combat métaphysique s'accomplit avec le sinistre double sens de *fini*.

144. *infini :* la religion de Hugo illustre le problème du mal d'ici jusqu'à la fin du *Livre ;* se reporter au grand poème « Ce que dit la Bouche d'Ombre » des *Contemplations*, avec les commentaires de L. Cellier, Garnier, p. 773 et sq. « Sur son manuscrit, Hugo a écrit : « J'ai fini ce poème de *la fatalité universelle* et de *l'espérance universelle* le vendredi 13 octobre 1854 » (c'est moi qui souligne). Voilà bien l'itinéraire de notre passage : les « misérables » de l'ourque s'enfoncent sous leur propre poids et sont engloutis dans un bâillement des choses : l'univers de l'océan n'a plus à lutter pour vaincre, la fatalité naturelle s'exerce : *Le mal, c'est la matière (Les Contemplations).*

Fatalité, — mais espérance : à la fin du *Livre*, elle est doublement figurée : par la prière dirigée par le Docteur (et, dès lors, suivant son exemple, les passagers de l'ourque *consentent*) et par « la gourde goudronnée que son enveloppe d'osier soutenait », nouveau berceau de Moïse.

145. *crime :* cf. « Ce que dit la Bouche d'Ombre » :
> *Dieu n'a créé que l'être impondérable.*
> *[...]*
>   *Or, la première faute*
> *Fut le premier poids.*

146. *Dieu :* ce que le romancier appelle dans sa notice liminaire des *Misérables* « l'atrophie de l'enfant par la nuit » constitue, à ses yeux, le crime suprême, qu'on dirait inexpiable si le Dieu de Hugo n'était Justice et Amour.

147. *prière :* ici encore, la comparaison avec *Les Contemplations* éclairera ce passage : « Le Pont », premier poème du Livre VI, *Au bord de l'Infini ; boussole*, en fonction du contexte, l'image de la prière, *pont* sur l'abîme, entre le fini et l'infini, apparaît ici même, un peu plus loin (voir note 151).

148. *impossible :* formule déjà utilisée ailleurs par Hugo et qui entremêle étroitement le commentaire de l'auteur aux propos du Docteur.

149. *mourant :* le Docteur va se faire prêtre au chevet des comprachicos ; il les guidera — telle est la fonction du poète — vers la lumière, du sein des ténèbres absolues.

150. *soleil :* on notera que cette prophétie est un commentaire de l'auteur aussitôt suivie de l'accord des naufragés.

151. *lourd :* Ame du complot, le mystérieux philosophe a pris le poids suprême du crime sur lui. Pour l'image du *pont*, voir note 147.

152. *Écoutez :* « lecture que toute l'ombre semblait écouter » ; le message qui va flotter sur les flots de la destinée retentit comme une plaidoirie finale des misérables devant le juge évoqué plus haut : « Il y a peut-être au-dessus de nos têtes une âme qui nous accuse devant un juge qui nous regarde. »

153. *Geestemunde :* ce nom, emprunté à la ville d'Allemagne Geestemünde (ou Wesermünde) est, à mon avis, le *signe* le plus clair du personnage, compte tenu de la fantaisie hugolienne en matière de langues étrangères : Geist - Mund, la bouche de l'Esprit, de l'Ame.

154. *Babel :* le *brouhaha lugubre des catacombes* est, ici, la dernière manifestation du *composite* criminel, à laquelle semble seul répondre « l'effrayant refus céleste ». C'est le Docteur, polyglotte sur le plan humain et mage sur le plan religieux, qui peut intervenir face à l'infini : voyez le saisissant paragraphe suivant.

155. *scélérates :* la métamorphose *visible* des bandits conclut bien sur le rôle de la prière et du Docteur : une réponse, sous forme de lueur, vient à eux.

156. *ténèbres :* étoilé de larmes blanches — flocons de neige — voici, dressé, le Commandeur-Poète ; il a jeté la dernière torche à la mer et, dans les ténèbres, analogie de la mort (mais la lumière est proche : *éclipse*, dit Hugo !), il n'est plus que *voix* et *clarté*. Cela ne suffit-il pas à confirmer le sens de son patronyme ?

157. *infini :* dernier échange dans le dialogue entre le poète et l'infini, manifestation de la «confiance désespérée en Dieu».

158. *abîmes :* redoublement du combat mythique qui vient de s'achever par le naufrage, la lutte de l'enfant contre les choses et les hommes se poursuit. Comme sur la mer, la narration joue sur le double registre du matériel et du métaphysique. Ainsi, par exemple, cette page d'érudition, dont l'ironie, à divers niveaux, nous ramène à Ursus!

159. *machiné :* comme la baie de Portland, le Chess-Hill décrit ici n'existe plus : même si l'humour le dit («les wagons roulent où rampaient les phoques»), c'est l'atmosphère mythique qui bénéficie de cette métamorphose due aux coups portés par l'homme et par les éléments naturels. De là, un nouvel effet de rencontre *sublime/quotidien ; fêlure* et *vitre* du registre métaphysique et *troisième dessous* du familier : discours où parleraient, à la fois, Ursus et la Bouche d'Ombre...

160. *tombe :* l'innocence, l'instinct permettent à l'enfant d'éviter les pièges et de sortir *vivant* de la tombe où viennent, au large, de s'enfoncer ses tortionnaires.

161. *salut :* tout le lexique confirme ici l'analyse de L. Cellier : c'est un voyage initiatique que l'enfant accomplit (aventures de l'abîme, salut, issue, spirale, gueules du gouffre, etc.).

162. *dédale :* antithèse dans l'apparente analogie : «l'enfant, en détresse comme le navire, mais autrement»; d'où le double rôle de la neige, linceul sur la barque, page blanche sur terre, où l'enfant déchiffre les pas d'une femme.

163. *invisible :* fin d'un paragraphe capital, construit sur l'entrecroisement de ce que le poète appelle (dans *Les Contemplations*) l'énigme du berceau et l'énigme de la tombe. Après la voix du vieux bandit-prêtre, l'appel d'un enfant, relais des empreintes de pas soudain interrompues. La lente prise de forme (de *cela*, trois fois répété, à *C'était une petite fille*) est moins un procédé romanesque qu'une nouvelle figuration des échanges entre l'infini et l'humain, dans la perspective religieuse de Hugo.

164. *gelée :* la *majesté maternelle*, par-delà la mort, fait du froid et de la neige des instruments de salut contre la fatalité des choses et réunit les deux enfants perdus.

165. *ténèbres :* ultime antithèse du naufrage — à la conscience qui voit peut-être les misérables s'enfonçant dans la mer se substitue la mère assistant au «premier baiser de ces deux âmes», et au sauvetage de la fille par le garçon. Tout est dit pour la destinée de Gwynplaine : il trouvera, en échange, le salut en suivant celle qu'il tire du tombeau.

166. *pousser :* le naufrage, analogue à celui de l'ourque et *autre*, se poursuit à travers de nouveaux renversements; aux «naturels» draps blancs et noirs de la terre et du ciel succède «l'épreuve négative» (ville blanche sur horizon noir) et l'émotion de la vigie voyant enfin la terre : signes d'une nouvelle épreuve, puisque les hommes vont repousser l'enfant.

167. *ville :* voici, en effet, le garçon et son fardeau *repris* par un

milieu urbain défini en termes de nature (détroits de maisons; écart de deux falaises).

168. *incorrect :* image qui se superpose à l'hétéroclite des comprachicos ou des lords du début, pour dire l'hostilité de la société contre les misérables.

169. *songes :* deux citations peuvent éclairer cette poignante méditation sur la marche hallucinée du «petit errant» :
«L'endormi devient le réveillé de l'ombre [...] il vole dans l'immensité [...] il voit dans l'infini» (Platon, séance des Tables du 29 avril 1855).
«Les forêts sont des apocalypses; et le battement d'aile d'une petite âme fait un bruit d'agonie sous leur voûte monstrueuse» (Cosette dans la forêt, *Les Misérables*).

170. *lui :* ultime effet d'analogie avec l'ourque («ancre de miséricorde»), ultime renversement; si le chapitre se termine, en effet, sur une menace, c'est le *but* salvateur qui s'annonce avec le grondement d'Homo, et non la douceur apocalyptique de la tempête.

171. *ineffable :* ainsi l'œil d'Orphée retrouvant Eurydice; le terme *réverbération* dit, comme sur le visage des naufragés, l'approbation de l'Inconnu.

172. *nuit :* sur le mode ironique que nous lui connaissons déjà, Ursus *voit* le sort de l'ourque et lui donne son sens mythique.

173. *voleur :* après deux phrases qui construisent un de ces *petits mythes* chers à Hugo, le contraste du quotidien.

174. *baiser :* l'union spirituelle et charnelle des deux enfants clôt, d'étrange et ambivalente manière, le rappel des diverses énigmes figurées jusqu'ici : le pendu, le naufrage, la mère morte.

175. *abîme : fiançailles/catastrophe ; charmant/effrayant ;* obscurité sacrée : c'est toute la sexualité de Hugo qui s'exprime dans cette conclusion; on se souvient du vers de *La Légende des siècles :*
La splendide Vénus, nue, effrayante, obscure.
C'est la lutte entre Gwynplaine, la duchesse Josiane et Dea qui s'annonce.

176. *mer :* l'harmonie s'est établie entre le dedans et le dehors : cahute chaude ; plus d'ouragan ; deux respirations alternant comme deux ondes tranquilles. Unité paradisiaque qui ne tient pourtant qu'au sommeil de l'enfance et que le réel viendra bientôt rompre.

177. *lire :* combien de passages, dans l'œuvre de Hugo, où le héros rêve en face d'un mur couvert de dessins ou de phrases ! Ici, la situation est, peut-être, une des plus étonnantes, dans la mesure où le futur disciple d'Ursus *s'imprègne,* en somme, de l'inscription !

178. *chaire :* en toute cohérence avec le *travail de rêverie,* le loup Homo, par cette attitude — il est le *double* animal — incarne et mime les thèmes qu'enseignera Ursus aux deux enfants.

179. *toi :* le relais avec le Docteur est ainsi bien indiqué ; «Arrivé au bord de l'épave, il regarda dans l'infini, et dit avec un accent profond :

NOTES   419

— Bist du bei mir? (Es-tu près de moi?)» (chapitre «La ressource suprême»).

180. *semper :* «La bouche fendue jusqu'aux oreilles, les gencives mises à nu, le nez écrasé, tu seras un masque, et tu riras toujours.»

181. *aveugle :* ici s'achevait le tome I de l'édition originale. La figure traditionnelle du Voyant est donc représentée désormais par le *couple* — indissoluble — du garçon-bouffon et de la fillette-aveugle, sous la conduite d'Ursus, autre figuration du Poète et, sur le plan romanesque, jouant le rôle de père et de mère.

182. *Clancharlie :* portrait d'un lord exilé pour sa fidélité à la République; la transposition autobiographique est évidente; mes commentaires porteront donc sur des problèmes qui concernent la création romanesque elle-même.

183. *enfantillage :* «exilé» volontaire, «proscrit», vieilli dans la «fidélité à la république morte», le personnage prend, dès le début, des traits épiques.

184. *Ludlow :* de l'épopée au mythe; le héros vit dans un décor à sa mesure — *âpre* recoin du lac; entre deux monuments de patriotes archétypes; les Alpes jouent le rôle de l'Océan, pour transformer en lieu *sombre* la Vevey de Rousseau.

185. *siècle :* «pleines de crépuscules, de souffles et de nuées»; le procédé stylistique, par le pluriel de ces trois termes, anime puis transforme le paysage, pure abstraction du néant ténébreux. Du coup, l'exilé devient figure mythique, éternelle et universelle, tout en préfigurant, sur le plan du récit, la situation de Gwynplaine et Dea, autres Exilés au milieu de la société.

186. *Chamberlayne :* déjà cité par Hugo, il est l'auteur d'un ouvrage qui connut grand succès : *État actuel de l'Angleterre, avec diverses réflexions sur l'état ancien de ce royaume* (1668, traduit en français en 1688).

187. *fou :* «vêtu des mêmes habits que le peuple», et non *déguisé* comme les lords qui se rendent dans les bas-quartiers de Londres! c'est le poète halluciné, double du Docteur, sage et fou; noter ici le jeu sur les notions *sourire - rire - s'indigner,* suscitées par cette «insolence d'isolement» : c'est la voix d'Ursus qui résonne.

188. *Allons donc :* dès le troisième paragraphe («Et puis, en somme...»), un véritable monologue intérieur commence, tirade des lords (des pairs de France!) *raisonnables.* Remarquable final avec ce passage du *nous* au *je :* Ursus, déguisé en lord, discourt, et pirouette, à la fin, pour redonner la parole à l'auteur-historien.

189. *dessus :* les réflexions sur 1660 empruntent tour à tour les deux tonalités : celle du philosophe érudit et celle du poète satirique; de là, à nouveau, le discours direct attribué aux gens en place : «Voter m'ennuie; je veux danser. Quelle providence qu'un prince qui se charge de tout!»

190. *lettres :* contre-définition ironique du lien politique entre le romantisme et la république.

191. *gouffre :* déjà, plus haut, *chaos* et *Babel* imprègnent le double discours de sa nécessaire coloration mythique. Ici, la conclusion métaphysique s'impose : l'exilé est rejeté à l'Enfer — Satan — Prométhée dont les descendants reprendront le flambeau de la Révolte pour défier les lords sur leur propre domaine.

192. *cavete :* « méfie-toi du jeune homme à la ceinture mal attachée ». Adaptation d'une phrase de Suétone, *Divus Iulius*, XLV, 5, rapportant cet avertissement de Sylla à propos de Jules César, à l'élégance suspecte.

193. *lord David Dirry-Moir :* bâtard de lord Clancharlie, antithèse de l'homme juste et fidèle à la République. On aimerait savoir d'où Hugo a tiré ce nom (on pourrait y lire Miroir - grimoire - rit - moire...).

194. *aureus :* « un premier rameau arraché, un second ne manque pas de pousser, également d'or ». Virgile, *Énéide*, chant VI, v. 143. Paroles de la Sibylle de Cumes à Énée, désireux de descendre aux Enfers.

195. *chênes :* la remarque érudite sur l'oiseau Krag clôt le portrait sur une note aussi incongrue, en apparence, que la citation de Virgile. On sait bien, pourtant, qu'Ursus (ou le narrateur) cache le vrai sous le sarcasme et la pédanterie. Or, au deuxième paragraphe, on a vu que « lord Clancharlie devenait hibou en Suisse ». Le décor shakespearien (« cette grande forêt d'Écosse ») et un oiseau légendaire installé dans l'arbre royal forment donc un *emblème* du fils en opposition à l'oiseau nocturne, œil effaré dans les ténèbres de l'exil.

196. *fées :* l'accumulation de détails possibles, mais invraisemblables, culmine, et suggère le vrai — il existe un descendant digne de l'exilé — scandaleux pour les lords et le pouvoir. Quoi que dise la vanité royale (« le roi Jacques mit fin à ces rumeurs évidemment sans fondement aucun, en déclarant », etc.), l'insolence de lord Clancharlie ne saurait s'arrêter au tombeau ! John Bradshaw a présidé la Cour de Justice qui condamna Charles Ier : Ann, que Hugo marie à l'exilé, est donc bien « fille d'un régicide » ; son prénom renvoie ironiquement à la reine et à la duchesse ! Dans la réalité, J. Bradshaw n'avait pas d'enfant.

197. *Passage :* l'héroïne noble, Josiane, qui va s'opposer à Dea, est un hybride anglo-espagnol ; ainsi se retrouve l'amalgame initial des comprachicos au service du pouvoir anglais.

198. *Bossuet :* jugement ironique que le prudent Vacquerie n'a pas suggéré d'effacer — comme la remarque sur Racine — pour ne pas blesser les partisans du classicisme (voir note 59)...

199. *incomparable :* Lord David est défini, dans toute cette fin, par une succession d'oppositions satiriques du type *servile/hautain ;* masque bariolé, tout de surface, il appartient bien à la catégorie du chaos, de l'hétéroclite babeliens.

200. *hardie :* sensualité et virginité unies en la même femme composent d'emblée une *chimère*, une *sphinx* à laquelle se heurtera Gwynplaine.

NOTES 421

201. *chair* : on aurait tort d'en rester à l'antithèse *matière/âme*, celle-ci représentée par Dea. Plus subtil, le romancier a déjà esquissé en cette dernière la *femme* ; il va décrire Josiane dans une perspective analogue : les deux personnages féminins appartiennent au monde des Titans, non à la société des hommes.

202. *escarpement* : gouffre d'en haut ou d'en bas, c'est toujours en des extrêmes que se situent les héros du roman. Ainsi ce même terme s'est-il appliqué à lord Clancharlie (I, II).

203. *créature* : *duchesse* et *néréide* et, en relation de chiasme, *païen* et *laquais* unissent l'histoire et la mythologie classique, sur un ton sarcastique. Déjà, pourtant, le lexique du mythe *complique* ce schéma : *éblouissement ; dilatation lumineuse ; double irradiation ; clarté étrange*, avec, pour matière aux images, la lumière et l'eau, opposées au minéral comme la vie à la mort.

204. *tempête* : au sein d'un fatras mythologique — par ailleurs d'un symbolisme très clair — deux termes sont dispersés, mais *tus* : 1. *Aphrodite* (« Elle semblait sortir d'une écume »), qui signifie « née de l'écume », selon une étymologie fantaisiste, mais répandue dès l'Antiquité ; on remarquera la modification *une*, qui donne double sens à *écume* ; 2. *sirène* (« à peu près reine » mène à l'évocation érudite *Desinit in piscem* et à la formule réticente, mais précise qui complète le portrait d'une Mélusine : « qui sait ? ayant sous l'eau, dans la transparence entrevue et trouble, un prolongement ondoyant surnaturel, peut-être draconien et difforme ». Voir la note 208. On notera que ce dernier paragraphe, accumulation de métonymies touchant le physique, dépend toujours du paragraphe précédent et de sa formule initiale : *Au moral*.

205. *réelle* : Astarté, analogue, chez Hugo, à Isis (voir la *Fin de Satan*) et à Vénus, divinités sombres de la sensualité, en opposition à la vierge et lumineuse Diane.

206. *rêves* : ici se confirme l'hypothèse proposée à la note 201 : *chair* est un terme complexe. Comme les autres personnages, Josiane, d'abord terrestre, s'achève en abstraction métaphysique.

207. *magot* : variante, appuyée par des exemples historiques, de l'antithèse classique de la belle et la bête, — en termes hugoliens, du sublime et du grotesque, et, par conséquent, annonce de la *figure* que formeront Josiane et Gwynplaine.

208. *Mélusine* : redondance des oppositions *virginité/sensualité*, *Diane/Astarté*, *reine/sirène*, *figure pure/prolongement draconien*. L'adjectif *draconien* est pris au sens 2 de Littré : « terme de zoologie. Qui ressemble à un dragon », c'est-à-dire une hydre, serpent biblique ou mythologique. Où Horace disait simplement *piscem* (poisson), Hugo emploie les termes du mythe. Agnès joue aussi bien sur Agnès Sorel « Dame de Beauté », modèle de *La Vierge à l'Enfant* de Fouquet, que sur l'Ingénue de Molière ; l'archétype est sainte Agnès, vierge et martyre sous Dioclétien. Mélusine, « goule », est figure de blason, femme nue dont le corps se continue en queue de serpent à partir des hanches, alliance de visible beauté humaine, séduisante et de menaçante sensua-

lité animale, secrète. C'est la légende médiévale de Mélusine et de Lusignan, qui a fasciné Heine, Gautier, Nerval...

209. *jongles :* de la race des grands fauves, Josiane se trahit par son langage. C'est redire combien une lecture poétique s'impose tout au long du roman. *Tigresse,* mais sur un plan satirique, la duchesse se situe à son tour, mais *autrement* que l'exilé Clancharlie, en dehors de l'espèce humaine (voir note 212).

210. *attendant :* le verbe consentir, nous l'avons déjà vu, va prendre chez Hugo des résonances métaphysiques; le futur, ici, suivi au présent d'un verbe de sens politique et familier, commence la métamorphose des formules satiriques (« Quand on n'a pas l'olympe, on prend l'hôtel de Rambouillet ») en mythes politico-religieux; l'ébauche en apparaît dès ces pages : « L'encanaillement, prélude aristocratique, commençait ce que la révolution devait achever » ; « la femme s'enferme dans l'éden avec Satan. Adam est dehors » (fin de la partie II, p. 271).

211. *dehors :* théorie générale que l'intrigue du roman va bientôt illustrer.

212. *regard :* portant les marques visibles du paradoxe, Josiane va suivre le chemin d'un voyage initiatique *à rebours :* nulle harmonie au bout, mais retour au chaos de l'Océan et de la tempête dont elle est née — cf. *la vague tigre* du début.

213. *puséysme :* doctrine d'une secte anglicane (Dr Pusey, 1800-1882), qui a tenté un rapprochement avec le catholicisme.

214. *Mirabeau :* prise à l'histoire, galerie de portraits grotesques dont le Satyre est l'archétype. Le Club des Laids montre aussi l'aveuglement des puissants : c'est le rire, le chant, la révolte des masques qui ébranlent l'Olympe. Il faut relire *Le Satyre* (poème central de *La Légende des siècles*) et, en particulier :

« *Et maintenant, ô dieux! écoutez ce mot : L'âme!* »
[...]
Phoebus lui dit : « Veux-tu la lyre?
— *Je veux bien »*
Dit le faune ; et, tranquille, il prit la grande lyre.
Alors il se dressa debout dans le délire
Des rêves, des frissons, des aurores, des cieux,
Avec deux profondeurs splendides dans les yeux.
« *Il est beau!* » *murmura Vénus épouvantée.*

215. *amantum :* « Alors Vénus, dans les forêts, unissait les corps des amants. » Les deux Clubs évoqués ici l'un après l'autre n'en font qu'un : « Éclairs de chaleur » et « Flammes » (*Hellfire,* feu de l'enfer : Hugo ne traduit pas tout...) insultent à l'amour, sacre de la chair.

216. *misérables :* c'est, en termes politiques, la faute commise contre Dieu par l'intermédiaire des enfants que mutilent les comprachicos. Gwynplaine le redira bientôt. Comparer l'exercice du *fun* avec les exploits des « Chevaliers de la Désœuvrance » dans *La Rabouilleuse* de Balzac.

217. *gens :* souvenir vécu, noté dans le carnet du 6 mai 1860 :

« Cette nuit, de jeunes *sixty* aimables ont cassé tous les marteaux de porte de la rue Hauteville. C'est une farce aristocratique guernesiaise. » CFL, t. XII, p. 1328.

218. *ronds* : the round, la reprise dans un match de boxe. Hugo a tenté, en vain, d'imposer la traduction française ; l'expression « il faisait obstacle au *butting* » est répétée par « donnait tort à qui *cognait avec la tête* »... C'est un des nombreux exemples de la fantaisie d'un auteur qui a décidé qu'il ne savait pas l'anglais.

219. *humain* : les personnages secondaires n'échappent pas à la métamorphose mythologique et à leur intégration dans le thème de l'Océan (ici, *Hercule, roche, écueil, cyclope*).

220. *Josiane* : s'encanailler jusqu'à *faire le coup de poing* fascine celle qui se contente d'*attendre*.

221. *universelle* : la fantaisie satirique de Hugo-Ursus s'en donne à cœur joie pour tracer un portrait qui fasse de la reine un être caricatural, mais inscrit dans le domaine mythologique où vont s'affronter Josiane et Anne — l'écho sonore ajoutant son ironie.

222. *oie* : le bestiaire s'enrichit tout en respectant la formule *sublime/bas*.

223. *baragouin* : Josiane est lettrée et savante, parle l'espagnol ; Anne, ici encore, n'est qu'une ébauche, une caricature ; de là, le combat entre les deux femmes.

224. *humaine* : sur le mode propre à l'ensemble du roman, c'est la révolte des misérables piétinés qui est peinte dans les deux premiers paragraphes ; la suite permet au narrateur de faire coup double : la maxime « le règne d'Anne semble une réverbération du règne de Louis XIV » mène à la satire du classicisme (« Sa cour [...] est une réduction en petit de tous les grands hommes de Versailles, déjà pas très grands ») et à celle — par renversement — de la France impériale.

225. *Lune* : la formule est, ici aussi, à la fois satirique et mythologique, correspondance astrale chère à l'alchimie.

226. *sœur* : le schéma s'équilibre, puisque les deux sœurs s'affronteront à travers la double (et fraternelle) figure de lord Dirry-Moir et de Gwynplaine, avec la bâtardise pour point commun.

227. *Barkilphedro* : « Hugo a su être neuf, après Basile et Tartuffe » estime Pierre Larousse, peut-être inspiré par la sonorité initiale ? Quant à *-phedro*, l'étymologie grecque « briller » conviendrait, par antiphrase, à ce sinistre « agent triple », figure satanique, âme souterraine...

228. *âmes* : *clavier - modulations - amalgame* (avec le jeu final sur âme et gamme !), métaphore prolongée de type satirique et qui s'ouvre sur le plan métaphysique grâce à l'exclamation finale.

229. *reptiles* : Cf. les « âmes écrevisses » des *Misérables*, où l'on peut lire cette formule : « Les animaux ne sont autre chose que les figures de nos vertus et de nos vices, errantes devant nos yeux, les fantômes visibles de nos âmes. » « Les animaux sont la figure de nos

passions », déclare Éliphas Lévi ; image reprise par Baudelaire, par Nerval — tous inspirés sans doute par Charles Fourier.

230. *océan* : la cour est le monde de l'absurde, de l'invraisemblable ; c'est grâce à cette fonction que le message salvateur jeté à la mer par le Docteur Geestemunde prouvera l'invraisemblable : Lord Fermain Clancharlie a laissé un second fils, Gwynplaine. C'est aussi une nouvelle formule d'un Rabelais cosmique qui fait rire Josiane.

231. *Jetson* : dans le langage juridique anglais, *Flotsam and Jetsam* désignent les épaves flottantes jetées sur la terre ; le terme *Lagon* désigne les marchandises attachées à une bouée et jetées à la mer. Ces trois termes résument ici, concrétisent les destins possibles de toute idée forte : *sombrer, flotter, aborder*.

232. *rayons* : combat de la nuit contre la lumière, antithèse hugolienne caractéristique qui se complique en profondeur : Barkilphedro et Josiane sont, intérieurement, des êtres hétéroclites, et, tous deux, en dehors de l'humanité commune. On l'a déjà vu pour la duchesse, on le voit ici pour Barkilphedro, avec cette notation : « Quel âge avait Barkilphedro ? aucun. » Encore un être-Protée, insaisissable.

233. *greffe* : *panier* a été corrigé en *papier* par l'éd. CFL. Mais ce que classe le fonctionnaire est appelé « vases, bouteilles, fioles, jarres, etc. » puis « récipients ». *Panier* a, d'autre part, l'avantage de rappeler la gourde d'osier jetée par les comprachicos. Dans *Les Travailleurs de la mer*, Hugo fait la même remarque (« expression encore usitée dans les îles de la Manche ») pour un homme. Bref, *panier* n'est pas forcément une coquille.

234. *sinistres* : avant de tracer un étonnant portrait physique, le romancier prend la parole en dehors du récit proprement dit, pour exposer une des questions métaphysiques qui l'angoissent : « Pourquoi les malfaisants ? » *Glissements sinistres* transforme alors le personnage-serpent en force abstraite, témoignage possible qu'il existe une volonté du Démon. Ce problème sans solution se heurte à la doctrine du rachat de tous les êtres et du refus de l'enfer éternel. Autrement dit encore, comment apercevoir dans ces âmes-serpents une lueur qui présagerait leur salut futur ? Voir *Les Misérables*, sur ces problèmes, et, plus loin, note 247.

235. *police* : nouveau commentaire d'auteur, qui rappelle celui des *Misérables* à propos des égouts de Paris. L'ensemble du chapitre unit le plus trivial, le plus bas *(garde-robe ; latrines)* au plus élevé *(Olympe, souverain)*. Le titre dit bien l'intention mythique : *Inferi*, les Enfers (en latin, c'est-à-dire en langage élevé), le *dessous* (en langage familier).

236. *force* : *ver - punaise - serpent - vipérin*, le bestiaire du petit contre le grand (du ciron contre Salomon) culmine avec la phrase sans verbe *Mouche sombre de l'abîme*, qui donne à la satire contre l'apparente puissance des rois sa dimension cosmique.

237. *historiens* : en opposition aux historiographes, domestiques du pouvoir ou simples observateurs, les « vrais historiens » — c'est-à-dire le poète-romancier, philosophe *et* rêveur — sont seuls capables de

descendre aux enfers, de saisir la réalité profonde des êtres et des événements, pour en rapporter la signification en toute clarté.

238. *cavernes :* le style, haché, réduit à des exclamations et à des syntagmes (ici, *Ombre de l'homme ;* plus bas — paragraphe à lui seul ! —*Affût inexorable*), permet au romancier de passer à un véritable monologue intérieur, encadré par deux *Comment !* et prolongé dans le chapitre suivant ; le *Quoi !* initial s'associe alors à un «*j*'y consens », qui est bien la *voix* du héros.

239. *inexorable :* « cet homme qui la contemplait obliquement » ; « pensif » ; « Affût inexorable » — deux métaphores s'unissent pour signifier la menace sur Josiane : celle de la bête — fauve ou araignée chez Hugo — qui guette et de l'œil satanique qui lance des rayons nocturnes ; *oblique* dit à la fois l'hypocrisie et le mode de la lumière, en rapport et en opposition avec l'Apollon-soleil de la poésie grecque, lui aussi appelé l'*Oblique*, qui guérit et tue, qui prononce des oracles ambigus.

240. *transparent :* le narrateur, en donnant la parole à son héros, se montre seul capable de nous révéler ces *flamboiements* intérieurs. Comment mieux dire, aussi, que Barkilphedro est un astre noir ?

241. *Dieu :* reprise des réflexions sur le mal métaphysique et métaphore de la boxe, annonçant les pages suivantes, où de misérables boxeurs s'entretueront pour divertir les puissants. Ainsi le reportage pittoresque prendra-t-il d'autres dimensions.

242. *volupté :* étonnant schéma mythologique : du nain sortir le monstre du mal ! On croirait lire d'abord La Fontaine, si le lexique et les mouvements du mythe hugolien ne structuraient ces pages *(pygmée/ dragon ; acarus/hydre* et *Léviathan ; condensation/dilatation)*, à quoi il convient d'ajouter les lignes sur le « poème épique » et de revoir, plus haut, la définition de Dieu comme artiste.

243. *choquée :* c'est la religion même de Hugo, telle qu'il l'expose dans *Les Contemplations*. L'homme, libre, ne voit pas clairement Dieu, doute ou nie ; les bêtes, qui contiennent une âme punie pour ses précédents forfaits, voient Dieu, mais ne peuvent ni proclamer son existence ni implorer sa bonté : de là, leur enfer.

244. *française :* comme l'indique le titre du chapitre, le commentaire de l'auteur reprend sur le plan de l'histoire et se poursuit, par conséquent, avec le parallèle France-Angleterre.

245. *barbare :* chaîne d'oppositions métaphoriques qui vont du littéraire *(Art/nature)* au mythologique *(David/Goliath)*. Le commentaire « Les Goliath sont toujours vaincus par les David » est contredit à la fin du combat, en toute logique romanesque : le petit combattant râle, mais le grand est « évidemment estropié pour la vie » ; les lords ont dirigé le combat et, fidèles à leur manière de mener toute chose de ce monde, ont perverti les deux misérables.

246. *Gwynplaine :* répétition de faits déjà connus du lecteur, nécessaire parce que le point de vue adopté ici pose, en accord avec la présentation de Barkilphedro, le problème des malfaisants ; ainsi s'an-

nonce la révolte par le rire, en contraste avec les deux boxeurs esclaves.

247. *résoudre :* voir note 234. Dès ce chapitre — une des cimes du roman — nous saurons qu'après Ursus, c'est son disciple Gwynplaine qui devient le héros principal, l'Homme qui rit.

248. *gaie :* « éclat de rire foudroyant », « tête de Méduse gaie » : le monstre, d'abord simple masque et saltimbanque, passe sur le plan cosmique. Par le biais de la mythologie grecque, il est, forgé pour les dieux, un substitut de la foudre, instrument du pouvoir de Zeus et synonyme de la Méduse pétrifiante — arme qui va se retourner contre les tout-puissants.

249. *pensif :* tout ce paragraphe accumule les contrastes et passe de l'Antiquité au mythe chrétien, pour faire de Gwynplaine une figure de la synthèse harmonieuse, et non plus de l'hétéroclite. L'adjectif *pensif,* si fréquent chez Hugo, suffit à placer le rire du bouffon dans la métaphysique répandue à travers les pages précédentes.

250. *éternel :* repris plus loin *(éternel rictus),* cet adjectif, qui traduit l'horreur d'une destinée irrémédiable, ne saurait s'installer dans le système religieux du poète : c'est à la fois sa croyance et son projet romanesque qui le conduisent à l'optimiste et remarquable formule : « Toute existence ressemble à une lettre, que modifie le post-scriptum. » Remarquable, à mon avis, parce qu'elle se situe dans le domaine de la création artistique et qu'elle justifie la fin du récit, où Gwynplaine, sauvé par Dea, *sourit.*

251. *frissonnait :* sentiment, donné ici dans l'abstrait *(on),* qu'expriment les dieux menacés par le Satyre, dans *La Légende des siècles,* et, dans ce roman, aussi bien les spectateurs de la cahute roulante que les lords écoutant le discours de Gwynplaine ; dépassant son maître Ursus (c'est bien le sens de tout scénario initiatique), Gwynplaine, à la manière du poète-voyant, fait entrevoir l'invisible, exprime l'ineffable — mais en *voilant* les apparences !

252. *songe :* cette lente affirmation de l'âme et la soudaine généralisation (« ... faisant, comme nous tous, un songe ») transforment le personnage en une saisissante figure : « cheveux jaunes », « hérissement fauve, plutôt crinière que chevelure », il est lion solaire et pensée préservée par un « profond crâne ». C'est bien l'ensemble du roman qui trouve son sens : discours et narration poétiques donnent corps et intrigue à la vie humaine aux prises avec Dieu et le Réel.

253. *aveugle :* parce que le poète est un *monde* complet, parce que les problèmes débattus (« la vie est-elle un songe ? » pourrait-on paraphraser) ne peuvent se poser en termes de logique pure, mais exigent la mise en œuvre des sentiments (et, d'abord, de l'amour), Dea est complémentaire de Gwynplaine. Ame voyante et solaire (« les yeux pleins de lumière ») mais physiquement aveugle, sur le modèle des prophètes antiques. Coupée du monde visible, elle apportera l'antidote aux tentations offertes à celui qui voit le monde extérieur.

254. *âme :* parfait antonyme de la duchesse Josiane ou de Barkilphedro, elle oppose la véritable lumière, intérieure, aux astres qui rayonnent de leur nuit intérieure.

255. *objection :* nouvelle affirmation fondée sur l'antonymie. Barkilphedro, ver infime, l'emporte sur le lion royal, mais dans l'univers du mal ; « Tant de faiblesse, c'est la toute-puissance » obéit à un mouvement en apparence analogue, mais, en réalité, annonce la victoire de la lumière sur la nuit. « Elle était la nuit et de cette ombre irrémédiable amalgamée à elle-même, elle sortait astre. » Dans la vision générale de Hugo, optimiste en sa finalité, c'est donc un triple univers qui se constitue : 1. le monde des malfaisants, du dessous ; 2. le monde d'en bas ; 3. le monde d'en haut. La « maison du berger » unit les deux derniers : l'astre féminin éclaire hommes et bête, et s'intègre à leur microcosme, pour s'y unir à Gwynplaine, avant de l'entraîner vers les espaces supérieurs. C'est aussitôt suggérer que la monstruosité imposée à celui-ci par les hommes en fait un *être d'exception,* condition nécessaire de son union finale avec l'étoile salvatrice.

256. *tout :* ici se déroule le long et admirable exposé qui justifiera la superposition des deux héros, Gwynplaine et Dea, et leur identification avec l'archétypique figure de Satan-Lucifer. « Dea était la *proscrite de la lumière ;* Gwynplaine était le *banni de la vie.* Certes, c'était là deux *désespérés.* » (C'est moi qui souligne les trois expressions synonymiques de l'exil absolu, vécu par Satan, jusqu'au moment où il sera sauvé par l'Ange Liberté, sa fille.) On sait que, dans *Les Contemplations,* une relation homologue unit le poète vivant et sa fille morte, Léopoldine.

Les deux héros occupent une situation hors du commun : voyez, plus haut, la formule étonnante : « Ils semblaient être nés chacun dans un compartiment du sépulcre. »

257. *paradis :* renversement total, bien marqué par la juxtaposition *enfer/paradis,* figuration extrême du couple *extérieur/intérieur, apparence/réel.*

258. *videt :* « elle n'a pas d'yeux, et elle voit ». Renversement de la phrase des *Évangiles :* « Ils ont des yeux, et ils ne voient pas. » Chapitre construit comme une équation, à partir du chapitre précédent : capable de montrer en ses yeux éteints la lumière de l'âme, Dea perçoit l'invisible ; il faut lire ici la dernière phrase du chapitre !

259. *consenti :* par ce terme, souvent répété par Hugo, c'est la fraternité des *misérables-vénérables* qui s'exprime ; qu'on se souvienne, par exemple, du consentement du Dr Geestemunde.

260. *nocturne :* rappel du premier combat de Gwynplaine, sur le modèle *David/Goliath.* « Ce titan de dix ans » va plus loin affronter, devenu adulte, la *titane* Josiane, en une lutte que le lecteur sait déjà plus âpre ; le sous-titre du Livre I l'a dit clairement : « La Nuit moins noire que l'homme » ; le Livre VII, VII, le répète : « Les tempêtes d'hommes pires que les tempêtes d'Océan. »

261. *Dea :* par l'intuition de l'amour et la voyance, Dea est seule à percer le masque. Cette fin de chapitre établit bien ce que suggérait Ursus : Gwynplaine appartient au monde d'en haut. Une fois de plus, Hugo utilise le double registre de la mythologie et du christianisme *(sauveur, libérateur ; labyrinthe ; archange),* où la synthèse s'accomplit grâce à ces termes appliquables aussi bien au Christ qu'à Orphée ou à Thésée.

262. *demi-dieu :* Ursus, à la fois *brute* et *philosophe*, est le porte-parole de Hugo ; à la manière du Satyre — c'est un thème aussi de Vigny, dans *La Maison du Berger* — Gwynplaine représente l'esprit humain aux prises avec la matière, gangue dont il se dégage peu à peu pour aller vers l'Esprit pur, la lumière. Sur ce point, l'analogie est frappante avec la *sirène* Josiane, mi-femme, mi-animal.

263. *femme :* par ces quelques notations (*corps ; taille fine ; rondeurs discrètes de son contour indiquant le sexe* — périphrase pour *sein*, en une modulation non ridicule, mais cohérente avec le *ton* du portrait), Hugo empêche la future lutte entre Dea et Josiane de se réduire à une banale opposition *chair/âme*. A mon avis, si on lit attentivement la nouvelle de Balzac *Massimilla Doni*, l'opposition entre une duchesse et une cantatrice dépasse, là aussi, ce type d'antithèse. C'est l'érotique du romantisme qu'il conviendrait de relire d'un œil sans préjugé.

264. *providence :* question obsédante que le romancier pose sous diverses formes, pour parvenir ici à une formulation baudelairienne, définissant le Poète : « Il y avait sur lui un anathème et une bénédiction. Il était le maudit élu. » L. Cellier l'a montré pour G. Sand et pour Hugo : sous la haine — et ses effarantes expressions — que Baudelaire professait à l'égard de l'une et de l'autre, on ne peut pas manquer de découvrir de profondes affinités.

265. *beauté :* sublime fin de paragraphe, où le mythe de Satan sauvé se déroule dans un contexte d'Océan et de déluge biblique, en harmonie avec les données premières du roman. Du coup, une double figure m'apparaît comme instrument de la fatalité-providence : la gourde d'osier venue des profondeurs de l'Océan et la colombe du monde d'en haut apportent à Gwynplaine un double salut : le premier, illusoire, sur le plan politique et social, le second — et c'est dire sa supériorité absolue — sur le plan spirituel.

266. *mutilas :* « ayant les narines mutilées ».

267. *étoile :* monstre aimé, contemplé d'un astre, c'est le schéma inversé du « ver de terre amoureux d'une étoile » — le triomphe de l'amour dans l'idéal.

268. *ombre :* renversement final où *la nature* vainc la méchanceté des hommes. On peut se demander si cette notion, espèce de volonté divine en action sur terre, se distingue vraiment de la fatalité des choses, déchaînées dans les tempêtes de l'Océan et de la terre. Pourtant, la dernière formule, « Générosité profonde de l'ombre » semble exclure cette hypothèse. Le romancier, en cette fin de chapitre, répond à l'angoissante question par un choix optimiste : derrière les accidents incompréhensibles des choses et de la vie, c'est une véritable Providence qui finit par s'exercer.

269. *noir :* titre qui renvoie au *Satyre ;* ici et là, on se gardera de donner à *noir* un sens négatif. En effet, dans le poème de *La Légende des siècles*, le *noir* succède au *bleu* et précède la transfiguration finale, l'*étoilé*. Rimbaud, nourri de Hugo, dit pour sa part : « j'écartai du ciel l'azur, qui est du noir et je vécus, étincelle d'or de la lumière *nature* ». *Une saison en enfer, Délires II,* Pléiade, p. 110.

Ainsi apparaît bien la cohérence du récit : la nuit — extérieure ou illusoire — est, en profondeur, transformable en lumière.

270. *choisi* : l'image *chenille/papillon* (utilisée plus loin encore, voir la note 300) va permettre l'union totale des deux héros. De façon analogue, dans *Les Misérables*, Jean Valjean est, aux yeux de Marius, la chrysalide de Cosette : « En s'envolant [vers ses noces], Cosette, ailée et transfigurée, laissait derrière elle à terre, vide et hideuse, sa chrysalide, Jean Valjean. »

271. *pensée* : « intuition réciproque », la démarche spirituelle des deux enfants perdus et retrouvés mène à une communion totale ; ils vont désormais former un couple indissociable, au-delà de la société où ils vivent.

272. *damnés* : tandis que se confirme l'aspect mythique de l'aventure, on reconnaît ici une véritable analogie des *Correspondances*, où les « transports de l'esprit et des sens » se traduisent en un lexique baudelairien : *parfums, lueurs, musiques, architectures lumineuses, songes...*

273. *s'éblouissant* : *abîme* désignant ici ténèbres physiques et morales, c'est la rencontre des deux soleils intérieurs qui s'opère dans cette fascination mutuelle.

274. *âme* : le mystère inquiétant de la sexualité aboutit à cette paradoxale formule — *baisers d'âme* — qui contient le désir indéfinissable de Dea et la résignation de Gwynplaine. C'est l'opposition *aveugle/voyant* qui fera bientôt diverger les deux itinéraires.

275. *Gwynplaine* : « commencement d'Ève », « chair naïve », que l'adolescent contemple avec effroi préparent l'affrontement avec *la chair*, Josiane.

276. *calmer* : Ursus, dont Hugo avait noté la pédanterie, vient *raisonner* Dea et Gwynplaine, puis feint de s'étonner en voyant croître leur amour ; il sait, en réalité, que la sensualité est en train de modifier les rapports entre les deux innocents.

277. *Ursus* : « errer, c'est croître » introduit une nouvelle modalité du thème de la connaissance comme moyen de puissance, de révolte ; opposition à l'ancrage qu'apporteraient l'amour, le mariage, les enfants, dans la société des hommes.

278. *Picardie* : trait satirique contre le bon goût du classicisme éternel : il s'agit de *chanter* selon les modes du sublime et du familier.

279. *tu parles* : présence physique et discours de Gwynplaine suffisent à Dea pour se trouver en paradis solaire et purement idéal. L'*abîme* sensuel s'ouvre pour l'adolescent et va provoquer le drame.

280. *fêlé* : c'est le terme qui servira, dans la suite, pour annoncer la séparation entre les deux amants. On sait que le motif de la vitre fêlée prend des accents métaphysiques dans la poésie de Hugo.

281. *roues* : la cahute s'est métamorphosée en navire *renversé* ; la Green-Box (Boîte-Verte, a soin de traduire Hugo, qui précisera que le

vert est *couleur d'espérance*) efface la sinistre ourque, tout en menant Gwynplaine à la tentation du succès purement extérieur.

282. *scrobait* : du verbe anglais to scrub, gratter, frotter le plancher (ou le pont du navire!). Navire-temple, l'ensemble, parodique, ne dit pas moins l'essentiel : aux côtés de Dea, la Divinité, deux servantes, Phœbé (Diane vierge) et Vénus (déesse de la volupté) — dégradées dans la perspective satirique du contexte : bréhaignes, laides et jeunes, cuisinière et femmes de ménage (et parlant bréhaigne entre elles)! Les connotations mythiques sont lumineuses.

283. *méditer* : voici Ursus maître des illusions théâtrales, portraituré de manière plaisante, mais à résonances profondes : « il produisait des chocs de lumière et d'obscurité, des formations spontanées de chiffres et de mots [...] des clairs-obscurs de figures [...] parmi lesquelles, inattentif à la foule qui s'émerveillait, il semblait méditer ». Quel étonnant autoportrait intellectuel, encadré par « poète de ces magies » et « — Père, vous avez l'air d'un sorcier »!

284. *enfer* : dernière transformation du théâtre ambulant; jugement polémique attribué, certes, à des « prêcheurs puritains », mais qui annonce bien que de ce temple sortira la Révolte sainte contre les lords, ces dieux cruels et limités de l'Olympe anglais.

285. *souterrain* : ironique vérité, puisque — à l'inverse de malfaisants mineurs comme Barkilphedro — les acteurs de la Green-Box creusent les sapes bénéfiques.

286. *louable* : interlude *classique*, anodin, qui va contraster avec le suivant, grave, *mystère* sacré, accordé au temple errant qu'est devenue la cahute.

287. *capitale* : présentée *à distance* par le narrateur, cette *œuvre capitale* d'Ursus doit bien être lue comme l'a proposé L. Cellier; c'est le cœur du roman, le microcosme de son intrigue.

288. *Chaos vaincu* : le titre suffit à dégager la signification profonde du drame, lutte victorieuse de l'homme contre lui-même (« agonie de l'homme ébauche ») et contre « les forces féroces de la nature, prêtes à le résorber ».

289. *nimbe : souffle ; chant de l'invisible ; lumière subite*, une femme apparaît, « l'esprit ». C'est Dea qui tient ce rôle salvateur, et l'on notera qu'ici encore, les adjectifs introduisent une atmosphère ambivalente, synthétisée par l'expression « *formidable* de sérénité et de douceur », en une phrase encadrée par *Dea* (mythologie) et *nimbe* (métonymie de sainte chrétienne). Le texte espagnol, traduit en note par Hugo, chante la victoire de la lumière-âme sur le noir-matière pour conclure avec l'alliance de l'humain et du sidéral. Gwynplaine et Dea viennent donc de jouer leur destinée. L'emploi de l'espagnol produit un triple effet : historique (« langue courante », connue des marins anglais); structurel (reprise et inversion du thème des errants — *comprachicos/troupe d'Ursus*); phonique (*Ora-Hora ; ama-alma* — où une seule lettre suffit pour passer de *prie* à *pleure* et d'*aime* à *âme* ; le vers *Dexa, monstro*, enfin, où il suffit de biffer l'*x* pour trouver l'alliance Dea-Gwynplaine).

290. *l'effet :* Un soleil de rire surgissant est parmi les images les plus fortes, les plus émouvantes du roman. D'abord « éclat de rire foudroyant » (voir note 248), Gwynplaine, frappé par la lumière, resplendit, « masque bouffon et terrible », d'un rire qui secoue bientôt la populace, avant de l'éclairer.

291. *surnaturel :* médiatrice entre notre monde et celui d'en haut, Dea incarne, au féminin, le poète voyant, révélateur de l'invisible, puissance créatrice, Prométhée que Rimbaud évoquera dans sa fameuse lettre.
C'est au-delà du langage parlé et chanté que le peuple accède aux mystères fondamentaux évoqués par une succession de synonymes, à la fin de ce paragraphe, « mystères entrevus [qui] compliquaient d'une émotion presque cosmique la convulsion d'hilarité soulevée par Gwynplaine ». La *juxtaposition* de Dea empêche que le rire des spectateurs tourne en pure moquerie à l'adresse du monstre.

292. *avatar :* le terme est pris ici au sens propre, « dans la religion indienne descente d'un Dieu sur la terre, et, en particulier, les incarnations de Vishnou qui sont en dix principales formes : poisson, tortue, sanglier, homme-lion, nain, les deux Sama, Crischna, Bouddha et Calci » (Littré).
Belle définition du théâtre populaire, qui, par intuition, magies et rêverie, entraîne le spectateur dans l'ineffable et l'invisible et les métamorphoses du réel. Grâce à son spectacle, Ursus-Hugo réalise l'hypothèse du chapitre x de la partie précédente : « flamboiements qu'on verrait si l'homme était transparent ».

293. *prométhéen :* l'échange se fait entre Dea et Gwynplaine, sauveurs l'un de l'autre. Seul, Ursus, créateur-philosophe et père spirituel des deux jeunes gens, voit la signification complète de la représentation. L'adjectif final rappelle que le Poète, à la manière du héros antique, se révolte contre les dieux parce qu'il est ami des hommes : le travail d'Ursus, par l'entremise de sa pièce et de ses deux acteurs, vise à soulager la misère humaine ; Gwynplaine songera à la supprimer.

294. *l'homme :* tout le vocabulaire répète ici l'idée que la populace participe en profondeur à cette lente sortie des ténèbres. On voit combien l'ensemble s'oppose aux sinistres distractions des lords décrites plus haut. Ursus conclut — sarcastique antiphrase — : « Tels étaient les plaisirs grossiers du peuple. »

295. *difformité :* rejeté à la manière de Satan — la périphrase du titre « celui qui est hors de tout » est explicite à cet égard — par sa laideur, Gwynplaine se trouve dans une situation paradoxale extrême ; l'enfer où l'ont précipité les comprachicos s'est transformé en paradis grâce à la rencontre de Dea !

296. *muraille :* c'est en face d'un type analogue de paradoxe que Jean Valjean se trouve (voir le chapitre « Une tempête sous un crâne »), devant « ce poignant dilemme [...] — Rester dans le paradis et y devenir démon ! Rentrer dans l'enfer et y devenir ange ! »

297. *misère :* après l'échange entre Dea et Gwynplaine, l'échange

entre les spectateurs et le héros de *Chaos vaincu.* Le mythe hugolien s'enrichit, *se complique* d'admirable façon : analogue au Christ (frère de Satan, par ailleurs, toute la religion romantique le dit), Gwynplaine, touché par l'*immense misère*, va prendre peu à peu conscience que son bonheur égoïste s'obscurcit du malheur qui accable le « sombre peuple ». « Ce qui venait à lui c'étaient les faibles, les pauvres, les petits » : on a reconnu l'allusion évangélique. Toute cette fin de chapitre traite de la responsabilité, de la mission de l'écrivain et de l'homme politique. « Ignorance et indigence », cause des crimes, c'est le grand thème de Hugo, dans *Les Contemplations,* dans son discours à l'Assemblée nationale sur la misère, et, enfin, dans le discours de Gwynplaine aux lords. Quelle meilleure définition de sa conception de l'art que la dernière phrase du chapitre : « Quel bienfaiteur sur la terre, qu'un distributeur d'oubli ! » ?

298. *ces travailleurs :* ce terme — et, plus loin, *guerre; chômage; exploitation; servitude* — est à prendre dans sa forte acception politique — comme dans le titre *Les Travailleurs de la mer.* Voir là-dessus Jean Dubois, *Le Vocabulaire politique et social en France de 1869 à 1872,* Larousse, 1962.

299. *marche :* Gwynplaine, constatant l'écrasement des petits par les grands, éprouve l'aspect insupportable de la place intermédiaire qu'il occupe avec Dea : tentation positive, qui luttera avec la tentation négative, offerte par Josiane ; le voilà destiné à prendre parti dans la lutte sociale, qui l'éloignera de Dea.

300. *chenille :* image utilisée plus haut, non plus appliquée à un individu (Gwynplaine ou Jean Valjean, voir note 270), mais à la *vie terrestre.* C'est la mort salvatrice de la conclusion qui est préfigurée ici.

301. *songeait :* une fois encore, les réflexions sociales et politiques débouchent sur le métaphysique. De la chenille Gwynplaine sort lentement le révolté Prométhée. On notera, dans les dernières lignes de ce paragraphe, le système des métaphores, cohérent avec l'aventure océane de Gwynplaine enfant.

302. *rien :* « Ursus haussait les épaules et le regardait fixement » : le philosophe, résigné, s'effare de voir son disciple en proie à de funestes désirs d'action. Les dernières lignes, voix de l'auteur, semblent, à leur tour, réduire Gwynplaine en un acteur bénéfique, certes, pour le « pauvre peuple », mais, au fond, mystificateur. Ni Gwynplaine ni Hugo n'en restent là, cependant. Tout le chapitre suivant, sur le mode de l'ironie propre à Ursus, persuadera Gwynplaine de la nécessité de s'engager dans la lutte. On se tromperait en voyant ici Ursus comme un authentique prêcheur de l'égoïsme et du renoncement ; relisons le début du chapitre IX : « Ursus, philosophe, comprenait. Il approuvait la fascination de Dea » ; il pressent bien, par conséquent, le destin de Gwynplaine et, en toute logique du contexte romanesque, il prêche *le vrai* (cf. le titre du chapitre), tout en sachant que Gwynplaine, disciple dépassant le maître, choisira *le juste,* le sacrifice du bonheur individuel à l'alliance avec les misérables.

303. *Vénus :* sous l'aspect de l'araignée, c'est Satan (cf. « Tu as volé

son masque au diable ») heureux d'être prisonnier des bas-fonds en compagnie de l'astre d'amour! On sait les multiples emplois de l'araignée chez Hugo; ici, le contexte en fait l'image de l'être des ténèbres, non maléfique, mais condamné à vivre dans sa cave. Si elle est *fatalité* pour la *pauvre étoile* prise dans sa toile, c'est une double fatalité de *bonheur* qui illumine le récit. « Garde ton astre, araignée! » pourrait aussi s'éclairer obliquement par le poème « Puissance égale bonté » de *La Légende des siècles*, où Satan-Iblis crée le petit et l'hétéroclite — la sauterelle — puis se courbe, ébloui

> *Car Dieu, de l'araignée, avait fait le soleil.*

304. *se range :* dans le poème de *La Révolution* sur les mascarons du Pont-Neuf, situation analogue : les roues des carrosses, les chaussures ferrées passent sur les corps pris dans la gangue du pont. « Le sage se range » et, plus bas, « Moi, mes rêves sont en arrière » disent bien qu'Ursus lègue sa révolte à son fils spirituel, comme un astre s'éteint (« Moi qui suis vêtu de ténèbres ») au lever d'un nouveau soleil.

305. *heureux :* en opposition à l'argot, langue de la misère (Cf. *Les Misérables*), voici celle des puissants, baragouin extravagant, perversion de la réalité. Que l'exemple choisi soit le *noir* n'est sans doute pas dû au hasard : *sable*, c'est-à-dire gris, bas pour « le peuple des nobles » ; *saturne*, c'est-à-dire dévorateur pour les princes, et *diamant* pour les pairs, c'est-à-dire, au sommet, le comble du mensonge.

306. *Cocyte :* cette amère et violente tirade d'Ursus dit le vrai et suggère le juste : Gwynplaine entend bien la leçon. Toujours le double registre : *bon Dieu - damnés ; Olympe - Cocyte* (fleuve des enfers mythologiques)...

307. *riches : songer, rêver, méditer, pensif,* tous appliqués à Gwynplaine, sont à prendre dans le sens le plus profond ; le poète, face aux énigmes suprêmes, va se métamorphoser en Vengeur des misérables Ce *Oui* murmuré souligne bien le sens secret du discours d'Ursus.

308. *tournants :* le début du chapitre suggère que la femme — c'est la voix du romancier qui a repris — éclipse, dans le rayonnement de l'amour, les lueurs entrevues par le poète. Pourtant, la suite assure l'essence et la fonction mythiques de Gwynplaine, en remplaçant son nom par la formule épique : « L'Homme qui rit », puis en le plaçant dans la catégorie des astres-guides, engagés dans le cycle de la vie et de la mort. « Le comédien est un phare à éclipses, apparition, puis disparition » inscrit le métaphysique dans le discours à l'aide de l'imagerie nautique propre au roman. La Green-Box, navire renversé et temple ambulant, devient ici arche divine, enfermant, au milieu de l'univers et coupée de lui, « toutes les constellations » salvatrices.

309. *Londres :* fin du tome II dans l'édition originale. C'est l'ambition poétique d'Ursus qui va précipiter la troupe errante au milieu des lords ; en termes réalistes, c'est l'équivalent de l'ascension mythologique du Satyre vers l'Olympe.

**TABLE DES MATIÈRES
DU TOME PREMIER**

Chronologie 5
Introduction 17
Bibliographie 37

Première partie

LA MER ET LA NUIT

DEUX CHAPITRES PRÉLIMINAIRES

I.	Ursus	49
II.	Les comprachicos	69

LIVRE PREMIER

LA NUIT MOINS NOIRE QUE L'HOMME

I.	La pointe sud de Portland	85
II.	Isolement	92
III.	Solitude	96
IV.	Questions	102
V.	L'arbre d'invention humaine	104
VI.	Bataille entre la mort et la nuit	109
VII.	La pointe nord de Portland	116

LIVRE DEUXIÈME

L'OURQUE EN MER

I.	Les lois qui sont hors de l'homme	123
II.	Les silhouettes du commencement fixées	127
III.	Les hommes inquiets sur la mer inquiète	132
IV.	Entrée en scène d'un nuage différent des autres	137
V.	Hardquanonne	147
VI.	Ils se croient aidés	150
VII.	Horreur sacrée	152
VIII.	*Nix et nox*	156
IX.	Soin confié à la mer furieuse	160
X.	La grande sauvage, c'est la tempête	162
XI.	Les Casquets	166
XII.	Corps à corps avec l'écueil	169
XIII.	Face à face avec la nuit	173
XIV.	Ortach	175
XV.	*Portentosum mare*	177
XVI.	Douceur subite de l'énigme	183
XVII.	La ressource dernière	186
XVIII.	La ressource suprême	190

LIVRE TROISIÈME

L'ENFANT DANS L'OMBRE

I.	Le Chess-Hill	201
II.	Effet de neige	207
III.	Toute voie douloureuse se complique d'un fardeau	212
IV.	Autre forme du désert	217
V.	La misanthropie fait des siennes	222
VI.	Le réveil	237

Deuxième partie

PAR ORDRE DU ROI

LIVRE PREMIER

ÉTERNELLE PRÉSENCE DU PASSÉ ; LES HOMMES REFLÈTENT L'HOMME

I.	Lord Clancharlie	245
II.	Lord David Dirry-Moir	257
III.	La duchesse Josiane	264
IV.	*Magister elegantiarum*	274
V.	La reine Anne	282
VI.	Barkilphedro	290
VII.	Barkilphedro perce	297
VIII.	*Inferi*	303
IX.	Haïr est aussi fort qu'aimer	306
X.	Flamboiements qu'on verrait si l'homme était transparent	314
XI.	Barkilphedro en embuscade	322
XII.	Écosse, Irlande et Angleterre	327

LIVRE DEUXIÈME

GWYNPLAINE ET DEA

I.	Où l'on voit le visage de celui dont on n'a encore vu que les actions	339
II.	Dea	345
III.	*Oculos non habet, et videt.*	348
IV.	Les amoureux assortis	351
V.	Le bleu dans le noir	355
VI.	Ursus instituteur, et Ursus tuteur	360
VII.	La cécité donne des leçons de clair-voyance	365

VIII.	Non seulement le bonheur, mais la prospérité	369
IX.	Extravagances que les gens sans goût appellent poésie	375
X.	Coup d'œil de celui qui est hors de tout sur les choses et sur les hommes	382
XI.	Gwynplaine est dans le juste, Ursus est dans le vrai	388
XII.	Ursus le poète entraîne Ursus le philosophe	397

Notes 403

DERNIÈRES PARUTIONS

ARISTOTE
Parties des animaux, livre I (784)

AUFKLÄRUNG. LES LUMIÈRES ALLEMANDES (793)

AVERROÈS
Discours décisif (bilingue) (871)

BACON
La Nouvelle Atlantide (770)

BALZAC
César Birotteau (854)
La Femme de trente ans (885)
La Peau de chagrin (899)
La Rabouilleuse (821)
Le Père Goriot (826)

BARBEY D'AUREVILLY
Une vieille maîtresse (955)

BICHAT
Recherches physiologiques sur la vie et la mort (808)

BORON
Merlin (829)

LE BOUDDHA
Dhammapada (849)

BÜCHNER
La Mort de Danton. Léonce et Léna. Woyzeck. Lenz (888)

CALDERÓN
La vie est un songe (bilingue) (973)

CHATEAUBRIAND
Mémoires d'Outre-Tombe, livres I à V (dossier) (906)

CHRÉTIEN DE TROYES
Érec et Énide (bilingue) (763)
Perceval ou le Conte du graal (bilingue) (814)

CONFUCIUS
Entretiens avec ses disciples (799)

CORNEILLE
L'Illusion comique (951)

CRÉBILLON
Le Sopha (846)

DESCARTES
Les Passions de l'âme (865)
Lettre-préface des Principes de la philosophie (975)

DIDEROT
Jacques le Fataliste (dossier) (904)

DOSTOÏEVSKI
Le Joueur (866)

DUMAS
La Dame de Monsoreau I (850)
La Dame de Monsoreau II (851)
La Reine Margot (798)

ÉPICTÈTE
Manuel (797)

ÉSOPE
Fables (bilingue) (721)

FABLES FRANÇAISES DU MOYEN ÂGE (bilingue) (831)

GOETHE
Écrits sur l'art (893)

GOLDONI
La Locandiera. Les Rustres (949)

GRADUS PHILOSOPHIQUE (773)

HAWTHORNE
La Maison aux sept pignons (585)

HEGEL
Préface de la Phénoménologie de l'esprit (bilingue) (953)

HÉLOÏSE ET ABÉLARD (827)

HISTOIRES D'AMOUR ET DE MORT DE LA CHINE ANCIENNE (985)

**HISTOIRE
DE LA LITTÉRATURE FRANÇAISE :**
Le Moyen Âge (957)
De Villon à Ronsard (958)
De Montaigne à Corneille (959)

HUGO
Hernani (968)
Les Contemplations (843)
Ruy Blas (908)

HUME
L'Entendement. Traité de la nature humaine, livre I (701)

IBSEN
Le Canard sauvage (855)
Hedda Gabler (867)

JOYCE
Les Gens de Dublin (709)

KANT
Métaphysique des mœurs I (715)
Métaphysique des mœurs II (716)

LACLOS
Les Liaisons dangereuses (758)

LAFAYETTE
La Princesse de Clèves (757)

LA FONTAINE
Fables (781)

LAFORGUE
Les Complaintes (897)

LAIS DE MARIE DE FRANCE (759)

LAMARCK
Philosophie zoologique (707)

LA VIE DE LAZARILLO DE TORMÈS (bilingue) (646)

LEIBNIZ
Principes de la nature et de la grâce. Monadologie et autres textes (863)
Système de la nature et de la communication des substances (774)

LESSING
Nathan le Sage (bilingue) (994)

LONGUS
Daphnis et Chloé. Héro et Léandre (819)

LOTI
Pêcheur d'Islande (898)

LUCRÈCE
De la nature (bilingue) (993)

MALEBRANCHE
Traité de morale (837)

MARIVAUX
La Double Inconstance (952)

MARLOWE
Le Docteur Faust (bilingue) (875)

MARX
Manuscrits de 1844 (784)

MAUPASSANT
Les Sœurs Rondoli (832)

MOLIÈRE
Le Misanthrope (dossier) (981)

MONTESQUIEU
Lettres persanes (844)

MUSSET
On ne badine pas avec l'amour (dossier) (907)

NERVAL
Leo Burckart. L'Imagier de Harlem (597)
Les Chimères. Les Filles du feu (782)

NIETZSCHE
Ainsi parlait Zarathoustra (881)
L'Antéchrist (753)
Le Gai Savoir (718)
Généalogie de la morale (754)

PASTEUR
Écrits scientifiques et médicaux (825)

PLATON
Apologie de Socrate. Criton (848)
Lachès. Euthyphron (652)
Parménide (688)
Platon par lui-même (785)
Protagoras (761)

PLUTARQUE
Vies parallèles I (820)
Vies parallèles II (841)

PONGE
Comment une figue de paroles et pourquoi (901)

PRÉVOST
Manon Lescaut (853)

RACINE
Bajazet (861)
Bérénice (dossier) (902)
Britannicus (860)
Phèdre (859)

RILKE
Les Cahiers de Malte Laurids Brigge (566)
Lettres à un jeune poète (787)

ROBERT LE DIABLE (878)

LE ROMAN D'ALEXANDRE (788)

RONSARD
Le Bocage. Les Meslanges (810)

ROUSSEAU
Profession de foi du vicaire savoyard (883)
Les Rêveries du promeneur solitaire (dossier) (905)

SAY
Cours d'économie politique (879)

SCHOPENHAUER
Sur la religion (794)

SÉNÈQUE
Médée (992)

SHAKESPEARE
Antoine et Cléopâtre (bilingue) (895)
Hamlet (bilingue) (762)
La Nuit des rois (bilingue) (756)
Le Marchand de Venise (bilingue) (845)
Le Roi Lear (bilingue) (882)
Le Songe d'une nuit d'été (bilingue) (891)

STEVENSON
Le Cas étrange du Dr Jekyll et de M. Hyde (625)

STRINDBERG
Mademoiselle Julie. Le Pélican (970)

TCHÉKHOV
Oncle Vania. Les Trois Sœurs (807)

TITE-LIVE
La Seconde Guerre punique II (940)
La Conquête de l'Italie (950)

THOMAS D'AQUIN
Contre Averroès (713)

TURGOT
Formation et distribution des richesses (983)

TWAIN
Tom Sawyer (812)

TZARA
Dada est tatou. Tout est dada (892)

VOLTAIRE
Candide. Zadig. Micromégas (811)
La Princesse de Babylone. L'Ingénu (858)

WHARTON
Fièvre romaine (818)

WILDE
Le Portrait de Dorian Gray (764)

ZOLA
Naïs Micoulin (984)

GF — TEXTE INTÉGRAL — GF

97/10/60855/X-1997 — Impr. MAURY Eurolivres SA, 45300 Manchecourt.
N° d'édition FG035913. — Avril 1982. — Printed in France.